dtv

Ein Flugzeug stürzt über einem unwegsamen Gebiet in den Rocky Mountains ab. Einzige Überlebende ist die dreißigjährige Ally. Völlig auf sich gestellt, muss sie versuchen, sich durch die Wildnis zu kämpfen. Doch jemand ist ihr auf den Fersen – jemand, der ihr nicht helfen will. Ganz im Gegenteil.
Tausende von Kilometern entfernt will Allys Mutter Maggie nicht glauben, dass ihre Tochter tot ist. Jahrelang hatte sie keinen Kontakt mehr zu ihr, jetzt lassen ihr Trauer und Schuldgefühle keine Ruhe. Sie setzt alles daran, die Wahrheit herauszufinden – und was sie über das Leben ihrer Tochter in den letzten Jahren erfährt, lässt sie bis ins Innerste erschrecken.
»Die ungewöhnliche Story und die beiden starken Frauen sorgen dafür, dass man das Buch nicht aus der Hand legen kann.« (Express, Köln)
»Klug und voller scharfsinniger Beobachtungen über weibliche Identität und Empowerment.« (Kirkus Reviews)

Jessica Barry wuchs in einer Kleinstadt in Massachusetts auf, unter dauerhafter Zufuhr von Büchern aus der Leihbibliothek und öffentlich-rechtlichem Bildungsfernsehen. Sie studierte an der Boston University und am University College London Englisch und Kunstgeschichte. Heute ist sie in der Verlagsbranche tätig und lebt mit Ehemann und zwei Katzen in London. ›Freefall‹, ihr Debütthriller, sorgte für internationales Aufsehen und wurde in 19 Länder verkauft.

JESSICA BARRY

FREE FALL

DIE WAHRHEIT IST DEIN TOD

Thriller

Deutsch von
Susanne Goga-Klinkenberg

dtv

Ausführliche Informationen über unsere Autorinnen und Autoren und ihre Bücher finden Sie unter www.dtv.de

Von Jessica Barry
ist bei dtv außerdem erschienen:
Nachtflucht – Hinter dir der Tod (26282)

FSC
www.fsc.org
MIX
Papier aus verantwortungsvollen Quellen
FSC® C019821

Ungekürzte Ausgabe 2021
dtv Verlagsgesellschaft mbH & Co. KG, München

Titel der englischen Originalausgabe:
›Freefall‹ (Harvill Secker, London 2019)

Umschlaggestaltung: Lisa Höfner/dtv unter Verwendung von Fotos von Arcangel Images/Marc Owen und shutterstock.com
Satz: Uhl + Massopust, Aalen
Gesetzt aus der Sabon LT Pro 9,7˙
Druck und Bindung: Druckerei C.H.Beck, Nördlingen
Printed in Germany · ISBN 978-3-423-21937-2

Für meine Eltern,
in Liebe und Dankbarkeit

Allison

Atme. Atme.

Ich öffne die Augen. Über mir ein Baldachin aus Bäumen. Ein Vogelschwarm starrt zu mir herunter und fliegt davon.

Ich habe überlebt.

Er vielleicht auch.

Ich muss nachsehen. Barfuß taste ich mich durch die Trümmer. Wo sind meine Schuhe? Egal. Überall verbogenes Metall. Eine Tragfläche klemmt in der Astgabel eines nahen Baumes. Das Cockpit sieht aus wie eine aufgeschlitzte Blechdose, darin zwei Reihen cremefarbener Ledersitze. Ich trete näher und spähe hinein.

Da ist er, über den Instrumenten zusammengesackt.

»Hallo?« Meine eigene Stimme überrascht mich. »Kannst du mich hören?«

Stille. Der Motor zischt. Das Kerosin tickt ins Gras.

Rein ins Cockpit. Das scharfgezackte Metall vermeiden. Er hält noch das Funkgerät in der Hand, das Kabel ist durchtrennt. Ich stoße ihn behutsam an. Sein Körper fällt gegen die Seitenwand.

Sein Gesicht ist weg.

Raus. Raus.

Ich würge, setze mich hin. *Konzentrier dich.*

Das sind die Fakten: Ich bin allein. Ich bin auf einem Berg. Das Flugzeug ist abgestürzt. Mein Körper ist mit Prellungen und Schnitten übersät, an meinem linken Bein klafft eine Wunde, die sich entzünden wird, wenn ich sie nicht bald reinige. Mein Finger ist verstaucht oder gebrochen und schwillt zusehends an. Ich habe fast nichts zu essen und zu trinken. Die Sonne steht noch hoch am Himmel, aber in ein paar Stunden wird es dunkel, und dann habe ich als einzigen Schutz ein verbogenes Metallungetüm, das jeden Moment explodieren kann.

Mir ist schlecht vor Angst. Am liebsten würde ich mich auf die grasbewachsene Böschung legen und meine schweren Lider schließen. Ich frage mich, wie es ist, wenn man stirbt. Wie beim Einschlafen, wenn man wegkippt und versinkt? Gibt es ein Licht, dem man folgen kann, oder nur die Dunkelheit?

Stopp.

Ich will nicht sterben. Ich brauche einen Plan.

Du musst los.

Die Stimme in meinem Kopf ist drängend, beharrlich.

Dumusstlosdumusstlosdumusstlos.

Am Leben bleiben.

Meine Reisetasche. In einem Baum. Runterholen. Den brennenden Schmerz in der Schulter ignorieren. Ich wühle mich durch die Sachen, die ich für ein Wochenende in Chicago zusammengepackt hatte. Raus mit den Cocktailkleidern, den Pfennigabsätzen, dem hauchdünnen BH und den beiden Spitzenhöschen. Sportkleidung. Gott sei Dank. Etwas Nützliches. Runter mit dem Baumwollkleid, der lächerlichen Unterwäsche, weg damit. *Denk nicht an die Blutergüsse an deinen Beinen. Denk nicht an die Schnittwunden an deinen Hüften. Denk nicht an den schiefen kleinen Finger, der sich bedenklich blau färbt. Denk nicht an das Blut auf deinem weißen Kleid, deinem Bauch, deinen Oberschenkeln. Denk gar nicht nach. Beweg dich*. Sportleggings an, Sport-BH, Socken, das T-Shirt, das du mal bei einem Halbmarathon bekommen hast.

Mein Handy. Ich muss mein Handy finden. Wo ist es? Ich blicke suchend über das Trümmerfeld. Nichts.

Beweg dich. Beweg dich. Die teure Flasche Parfum, Shampoo und Conditioner, Reinigungsöl, Reinigungsmilch und Peeling, die verschiedenen Lotionen für Körper, Gesicht, Hände, Augen: raus damit. Föhn und Lockenstab: weg. Moment. Die Kabel. Abreißen und mitnehmen. Die leere Tonerflasche, der Puder mit Kosmetikspiegel, die Minidose Haarspray. Alles nützlich. Vielleicht. Beiseitelegen. Raus mit dem Deo und dem Make-up und der Haarbürste. Der Lippenpflegestift kommt in ein Fach mit Reißverschluss. Die Tasche ist deutlich leichter geworden. Jetzt sein Koffer. Der Ärmel eines Turnbull-&-Asser-Oberhemds lugt durch einen Riss im Futter. Ein Ersatz-T-Shirt. Sein Harvard-Sweatshirt kommt mit. *Denk nicht dran, wie sehr es nach ihm riecht. O Gott.*

Du musst los.

Dann die Hightech-Windjacke. Ein Paar Socken. Das war's.

Was sonst noch. Denk nach. Die Sachen halten dich am Leben.

Die Cockpitplane flattert von einem niedrigen Ast. Aufrollen. An der Tasche festbinden. Der Erste-Hilfe-Kasten klemmt hinter einem morschen Baumstumpf. Die Plastikdose ist zerbrochen, der Inhalt intakt: Jod, Wundbenzin, Verbände, Schere, Schmerzmittel, Antihistamin, Pinzette, Nähzeug, Klebeband.

Mein Blick bleibt an der Kabine hängen. Das Handy. *Du musst noch mal rein*. Da drin ist etwas zu essen. Wasser. Ohne das halte ich keine zwei Tage durch. Aus dem Motor steigt Rauch, schwarz und dick. *Rein. Rein. Rein.*

Die Plastiktüte. Genau da, wo ich sie gelassen habe, in der

Kabine, hinter dem vorderen Sitz. Vier Powerriegel, eine Tüte Nussmischung, eine ungeöffnete Flasche Wasser. Die Dose Cola light. Einen Moment ist mir schwindlig. Meine Hand sucht den Boden ab und ertastet scharfkantiges Glas. Ich hole es hervor und blicke auf das, was von meinem Handy übrig ist. Ich versuche es einzuschalten, aber der zertrümmerte Bildschirm bleibt schwarz. Kaputt. *Fuckfuckfuck*. Ich stecke es trotzdem ein. Meine Augen tränen vom Rauch. *Konzentrier dich. Konzentrier dich*. Ich greife hinter den Rücksitz. Eine Fleecedecke, eine Rolle Klebeband, ein Seil. Ich greife noch mal hin. Ein metallenes Feuerzeug. Alles in die Tasche. Es dämmert allmählich. Ich muss los.

Raus. Raus. Raus, schreit mein Instinkt, aber ich zögere. Was ist mein Plan? *Am Leben bleiben*. Ich klettere hinaus, meide die scharfen Kanten, verdränge den Schmerz in meiner Schulter und das zerstörte Gesicht des Mannes, den ich kürzlich noch berührt habe.

Schneebedeckte Gipfel recken sich in einen dramatisch blauen Himmel. Unter mir sanft gewellte grüne Hügel, gesäumt von Bäumen und mit Wildblumen getupft. Das Land erstreckt sich ins Unendliche, bis zum Horizont. Keine Anzeichen von Menschen, nur ein Pfad. Er fällt ziemlich steil, aber gleichmäßig ab, ohne die abrupten felsigen Abgründe, die sich sonst überall auftun. Unten im Tal sehe ich einen dünnen Streifen Spiegelglas. Wasser. Der Plan. Der Weg ist der Plan.

Raus. Raus. Raus. Ich springe vom Wrack hinunter.

Ich hieve mir die Tasche auf die Schultern, wobei ich vor Schmerz aufschreie, schiebe die Arme durch die Griffe und schnalle sie mit dem langen Riemen sicher um die Taille. Der Motor zischt endlich nicht mehr, raucht aber noch. Ich werfe einen letzten Blick auf die Lichtung und sehe Glassplitter und zerbrochenes Plastik und den Haufen Habseligkeiten, die ich weggeworfen habe.

Hier ist nichts mehr, was ich retten könnte.

Die Sonne geht unter. *Du musst los*.

Maggie

Es war früh am Morgen, der Himmel ein dunkles Rosa, das noch nicht zu Blau verblasst war. Im Hintergrund lief leise NPR, ein Becher Kaffee kühlte auf der Arbeitsplatte ab, und Barney strich um meine Beine, weil er auf ein zweites Frühstück hoffte. Die Dielenbretter knarrten wie eh und je unter meinen Füßen. Ich warf einen Blick auf die Rezeptkarte, obwohl das gar nicht nötig war. Ich backte seit Jahren dieses Brot und kannte das Rezept auswendig, aber Charles hatte es mit seiner kräftigen, sicheren Hand geschrieben, und daher hatte ich es beim Backen gern in meiner Nähe. Es gehörte zum Ritual.

Der Teig war warm und weich, ich dehnte und faltete ihn und spürte, wie er unter meinen Händen fest wurde. Eigentlich sollte ich keinen Teig kneten – es verschlimmert die Arthritis in meinen Fingergelenken –, doch ich backte jede Woche ein Brot, obwohl es inzwischen oft altbacken und schimmlig wird.

Es klingelte an der Tür. Ich achtete nicht darauf. Wenn ich jetzt aufhörte, würde das Brot misslingen. Außerdem waren meine Haare völlig zerzaust, und ich trug noch meinen Morgenmantel und die Pantoffeln von LL Bean, die mir Charles vor sechs Jahren geschenkt hatte. Vermutlich war es der Postbote. Er würde eine Paketkarte unter der Tür durchschieben und weiterfahren.

Es klingelte wieder. Seufzend wischte ich mir die mehlbestäubten Hände an einem Geschirrtuch ab. *Ich kann nur hoffen, du hast einen guten Grund*, dachte ich bei mir.

Als ich die Tür öffnete und Jim in seiner vollen Polizeichef-Montur vor mir stehen sah, glaubte ich zuerst, er wäre wegen Lindas Auflaufform gekommen. Sie hatte mir neulich eine Lasagne gebracht und wachte immer mit Argusaugen über ihre Backformen. Dann aber bemerkte ich sein Gesicht und die nervöse kleine Person in der zugeknöpften Uniform, die hinter ihm stand, und wusste, dass Jim nicht wegen einer Backform hier war.

»Dürfen wir reinkommen?«, fragte er, nahm die Mütze ab und hielt sie über sein Herz. Jim Quinn und ich kannten uns seit der Highschool, wo er mir mit dem Bleistift gegen den Hinterkopf geschnippt und in Amerikanischer Geschichte bei mir abgeschrieben hatte. Er hatte noch nie um Erlaubnis gebeten, mein Haus zu betreten. Plötzlich sah ich nur noch seine Uniform und das glänzend polierte Abzeichen.

»Was ist los, Jim?«, fragte ich zu laut.

»Warum setzen wir uns nicht?« Er trat ein, die Polizistin folgte uns.

»Das ist Officer Draper«, sagte er.

»Freut mich«, erwiderte ich und nickte. Dann wandte ich mich wieder an Jim. »Nun sag schon, was los ist.«

Er ergriff meinen Ellbogen und führte mich zum Küchentisch. »Setz dich«, sagte er sanft, drückte mich auf den Stuhl und nahm mir gegenüber Platz. »Maggie, es hat einen Unfall gegeben.«

Mein Herz zog sich zusammen. »Ist es Linda? Geht es ihr gut?« Doch ich ahnte schon, dass er nicht wegen seiner Frau hier war.

Er schüttelte den Kopf. »Linda geht es bestens.«

Da wusste ich es. Einfach so. Alle Eltern wissen tief im

Inneren, dass es passieren wird. Dass sie eines Tages einen Anruf bekommen oder es an der Tür klopft und ihre Welt in diesem Augenblick zu existieren aufhört.

»Ally«, sagte ich.

Er nickte und schaute mich aus wässrigen blauen Augen an. »Es war ein Flugzeugabsturz.«

Die Welt wurde weiß.

Allison

Das Gewicht der Tasche treibt mich rasch den Berg hinunter, das schwache Mondlicht lotst mich zwischen den Bäumen hindurch. Zweige schnappen mir gegen Arme und Beine. Einmal stürze ich schwer und schreie laut auf, komme aber wieder auf die Füße und renne weiter. Ich renne die ganze Nacht. Ich zwinge mich, nicht zurückzuschauen, nicht stehenzubleiben.

Kurz vor der Morgendämmerung erreiche ich das Wasser. Ich knie nieder und berühre es mit den Fingerspitzen. Geradezu schockierend kühl. Ich spritze mir etwas davon ins Gesicht. Das Wasser, das über meine Unterarme rinnt, ist hellrosa. Vom Blut. Der Durst überkommt mich wie ein Fieber. Es wäre so leicht, meine gewölbten Hände an den Mund zu führen und zu trinken.

Nein. Das Wasser könnte giftig sein. Ich habe nicht einen Flugzeugabsturz überlebt, um dann an Durchfall zu sterben. Ich fülle zwei leere Wasserflaschen und gebe einen Tropfen Jod dazu. Ich warte ab.

Ich schaue an meinem Körper hinunter. Der Schmerz ist wie ein Echo von etwas aus weiter Ferne, das in mir widerhallt.

Ich könnte eine Infektion bekommen, ich könnte verbluten. Ich könnte sterben. Auf vielerlei Weise.

Du musst am Leben bleiben.

Ich ziehe die Leggings aus. Der Schnitt an meinem linken

Bein ist tief, unregelmäßig und sieht übel aus. Ich hole das Hemd aus der Tasche, reiße einen Streifen davon ab und tauche ihn in die Flasche mit Wundbenzin. Ich drücke den Stoff in den Schnitt. Der Schmerz bringt mich fast um, mein Atem geht stoßweise. Etwas Weißes blitzt auf – der Schnitt reicht bis zum Knochen.

Atme.

Sein Schädel, sein weißer Schädel. Den ich sehen konnte, weil sein Gesicht weg war.

Die Welt kippt zur Seite, ich kämpfe gegen die drohende Ohnmacht an.

Stopp. Atme. Konzentrier dich.

Ich drücke die Wundränder zusammen und lege einen Verband an. Das gibt eine hässliche Narbe.

Arme hübsche kleine Allison.

Ich ziehe die Leggings wieder an.

Es überläuft mich abwechselnd kalt und prickelnd heiß. Adrenalin, das durch meinen Körper schießt und verebbt. Ich hebe die Haare im Nacken hoch, und da bemerke ich, dass sie weg ist. Die Kette. Ich berühre meine Kehle. Spüre mein Herz unter der Haut hämmern.

Mein Magen zieht sich zusammen. Wie konnte ich so nachlässig sein? Sie war alles, was ich hatte, das Einzige, was zählte, und jetzt ist sie weg.

Ich schiebe den Gedanken beiseite. Es hat keinen Sinn – ich kann es nicht ändern. Es ist passiert.

Ich sehe auf die Uhr – ein dünnes Goldband mit diamantbesetztem Zifferblatt, absurd – und sehe, dass ich noch fünf Minuten warten muss, bis ich das Wasser trinken kann. Mein Vater sagte immer, es dauere volle dreißig Minuten, bis Jod Wasser gereinigt habe. Er brachte mir gern solche Dinge bei, praktische Dinge, auch wenn ich die Augen verdrehte und stöhnte, es sei doch völlig sinnlos, ich würde es niemals brauchen. Nun, ich habe mich geirrt.

Ich denke an die Powerriegel, den Beutel mit den Nüssen. Wieder zieht sich mein Magen zusammen. Ich müsste wirklich etwas essen, sehe aber nur die leere Stelle, wo sein Gesicht sein sollte. Ich schließe die Augen und atme.

Als ich die Augen öffne, sind sechs Minuten vergangen. Das Wasser ist jetzt sicher. Ich trinke beide Flaschen schnell hintereinander. Zu schnell. Ich kann es nur mit Mühe bei mir behalten. Das Wasser ist perfekt, kalt und schmeckt leicht metallisch. Ich fülle die Flaschen wieder auf. Gebe das Jod dazu. In die Tasche damit.

Beweg dich beweg dich beweg dich.

Auf die Füße, dann die Tasche. Etwas in meiner Schulter ist verrutscht und knackt. Ein Haarriss vielleicht oder nur eine Verstauchung. Ich würde am liebsten weinen.

Doch dafür ist keine Zeit.

Ich springe von einem Stein zum nächsten. Jeder Schritt tut weh. Ist es besser, mich mit dem verletzten Bein abzustoßen oder auf ihm zu landen? Landen, beschließe ich. Ich erreiche das andere Ufer. Dahinter liegen die felsige Ebene und der Berg, der über ihr aufragt, und da drüben ist die Sonne, die den Berg in rosiges Licht taucht, während sie in den Himmel steigt.

Ich weiß nicht, wie viel Zeit mir bleibt, bis sie nach mir suchen. Aber sie werden irgendwann kommen, und darum muss ich weiter.

Ich muss nach Osten gehen, in den Sonnenaufgang hinein. Der Berg muss bestiegen werden.

Maggie

»Maggie. Maggie.«

Ich hörte die Stimme durch das Dröhnen in meinen Ohren. Mein Blickfeld war weiß, die Ränder aber verschwammen, wurden dunkler und vertrauter.

»Maggie.«

Es war Jim.

»Maggie, sie befand sich in einer viersitzigen Maschine, die aus Chicago kam. Man vermutet, dass sie irgendwo über den Rockys in Colorado abgestürzt ist.«

»Willst du damit sagen, dass meine Tochter tot ist?« Das war nicht meine Stimme. Da sprach jemand anders in einer Realität, die auch nicht meine war.

»Das wissen wir noch nicht«, sagte er. »Sie konnten die Absturzstelle noch nicht ausfindig machen, aber nach den Funksignalen zu urteilen, bevor die Verbindung abbrach …«

Das veränderte alles. Sie konnte noch am Leben sein. Die Hoffnung erblühte wie eine Sonnenblume in meiner Brust. »Woher weißt du überhaupt, dass sie in der Maschine war?« Vielleicht war sie gar nicht in Gefahr. Vielleicht war sie zu Hause, in Sicherheit.

»Ihr Name stand im Flugregister – ihrer und der des Mannes, der die Maschine geflogen hat. Ich habe die Unterlagen des Flughafens gesehen, sie hatten ein Foto von ihr in den Akten … Sie ist es.«

»Schon gut. Schon gut.« Mein Verstand kam in Gang. Meine Kleine wurde in den Bergen vermisst. Sie war verängstigt und allein und vermutlich verletzt. Aber nicht tot. »Wie kann ich euch helfen? Wir stellen einen Suchtrupp zusammen. Soll ich herumtelefonieren? Oder hinfliegen?«

Jim sprach ganz langsam. »Man sucht schon nach ihr, Maggie.«

»Aber wer?« Es gefiel mir nicht, dass Fremde nach ihr suchten. Sie würden nicht wissen, wie sie sie finden sollten, würden Fehler begehen, weil sie sie nicht so gut kannten wie ich. »Ich will wissen, wer da draußen nach meiner Tochter sucht. Sie ist ganz allein, Jim. Ich will ihre Namen erfahren.«

»Sie tun alles, was sie können, Maggie. Die Ranger suchen überall in den Bergen nach der Absturzstelle. Die örtliche Polizei ist auch eingebunden. Aber du musst mir zuhören. Es war ein Flugzeugabsturz. Die Wahrscheinlichkeit, dass sie überlebt hat … ist nicht groß.«

Ich schaute ihn eindringlich an und sah die Traurigkeit in seinen Augen. »Sie ist am Leben«, sagte ich überzeugter, als ich mich fühlte. »Ally ist zäh. Ich bin mir sicher, dass sie noch lebt.«

Er nickte bedächtig. »Wir tun, was wir können, um sie zu finden. Das verspreche ich dir. Shannon, schau doch mal, ob du irgendwo Schnaps findest.«

Er dachte, ich stünde unter Schock. Ich sei nicht ganz bei mir. »Es geht mir gut, Jim«, fauchte ich.

»Er wird dir helfen.« Er drehte sich um und zeigte mit dem Finger. »Da oben, im Fach über dem Kühlschrank. Weiter nach rechts – genau, da ist er.«

Shannon hielt eine Flasche Baileys in die Höhe.

»Ist das alles, was da steht?«

Sie nickte.

»Mist, wo ist denn der Brandy? Ihr habt doch sonst welchen im Haus.« Er goss den Likör in meinen benutzten Kaffeebecher und drückte ihn mir in die Hand. »Trink.«

Ich kam mir vor wie ein Kind, das seine Milch bekommt. Zögernd nahm ich einen Schluck. Das Zeug war zu süß, wie ein Milchshake. Ich stellte den Becher auf den Tisch und legte die Hände auf die abgenutzte Platte. »Verdammt, wie schwer kann es denn sein, ein Flugzeug zu finden? Können die keinen Satelliten benutzen? Hubschrauber?« Ich versuchte, den Gedanken an Ally zu verdrängen, die verängstigt und allein dort draußen war. Das half mir nämlich überhaupt nicht. Fakten würden helfen. Ich musste die Fakten kennen.

»Es wird alles Menschenmögliche getan, das verspreche ich dir.«

Ich überlegte fieberhaft. Jim hatte gesagt, sie seien zu zweit im Flugzeug gewesen. »Wer war der Mann? Der Pilot, meine ich. Wie hieß er?«

Er rutschte auf dem Stuhl herum. »Sie suchen noch nach seinen nächsten Angehörigen, um sie zu verständigen.«

Aus dem Augenwinkel sah ich die kleine Polizistin, wie sie mit einem Küchenhandtuch auf der Arbeitsplatte herumwischte. Mich packte die Wut.

»Aber du weißt es? Du weißt es und sagst es mir nicht.«

»Ehrlich, Maggie, ich weiß nicht mehr als du.«

Ich stand auf, nahm der Frau das Tuch weg und bearbeitete damit eine kleine Stelle auf der Fläche. Der Teig auf dem Holzbrett fiel langsam in sich zusammen. »Ich muss weiterkneten«, murmelte ich vor mich hin. Es kam mir wie eine unerträgliche Verschwendung vor, den Teig wegzuwerfen. Ich bemehlte Hände und Brett und fing an, den Teig mit den Handballen von mir wegzudrücken und wieder zurückzufalten. Hin und her. Hin und her. Hin und her.

Jim stand auf und berührte meine Schultern. »Warum legst du dich nicht hin? Shannon kann dir einen Tee machen – würdest du mal Wasser aufsetzen?«

»Ich will mich nicht hinlegen, und ich will auch keinen Tee, vielen Dank, Shannon. Ich will diesen Teig zu Ende kneten, sonst geht er im Ofen nicht richtig auf.«

Jims Hände verkrampften sich, und ich hörte, wie er seufzte. »Maggie, lass den verdammten Teig. Bleib eine Minute sitzen und beruhige dich. Atme mal tief durch.«

Ich schoss herum. »Mein kleines Mädchen ist irgendwo da draußen, und du sagst mir, ich soll mich beruhigen?«

Jim sah mich lange an. »Es tut mir leid«, sagte er leise, »aber es ist nicht gut, wenn du dich so aufregst.«

Ich blieb still.

Er nahm seine Mütze und hielt sie in beiden Händen. »Ich rufe den Arzt an und erkundige mich, ob er dir etwas zur Beruhigung verschreiben kann. Ich werde Linda bitten, es unterwegs für dich abzuholen.«

»Jim, ich bin nicht verrückt. Meine Tochter ist mit dem Flugzeug abgestürzt. Es tut mir leid, wenn dir meine Reaktion unangenehm ist.«

Ich konnte ihm ansehen, dass er verletzt war, und schon tat es mir leid. Ich versuchte es noch einmal. »Hast du's Linda schon erzählt?«

»Ich bin sofort hergekommen, aber ich dachte, du würdest –« Er seufzte. »Sie wird dir helfen wollen, und, falls ich das sagen darf, du brauchst jetzt dringend eine gute Freundin.«

In diesem Augenblick wollte ich keinen Menschen auf der Welt außer meiner Tochter sehen, aber ich wusste, es hatte keinen Sinn, mich gegen Linda Quinns Hilfsbereitschaft zu wehren. Ich nickte. »Sag ihr, sie soll kommen, wenn sie ein bisschen Zeit hat.«

»Ich fahre jetzt zu ihr.« Er nahm die Schlüssel vom Tisch. Er konnte es gar nicht abwarten, zu gehen, die Erleichterung stand ihm ins Gesicht geschrieben. »Sie wird sich beeilen. Bis dahin bleibt Shannon hier.«

Ich betrachtete die kleine Polizistin, die am Saum der Tischdecke herumfummelte. Sie lächelte nervös. Etwas an ihr – die runden, von langen Wimpern umrahmten Augen, der kecke Pferdeschwanz, ihre glatte, faltenlose Haut – beleidigte mich. Sie war so jung. Jünger als Ally. Welches Recht hatte sie, hier zu sein? »Ich komme allein zurecht«, sagte ich kühl.

Jim umklammerte die Krempe seiner Mütze. »Da bin ich mir sicher, aber es wäre mir trotzdem lieber, wenn jemand bei dir bleibt. Nur bis Linda hier ist. Du hast einen furchtbaren Schock erlitten, und ich würde einfach –« Er schaute mich flehend an. »Bitte, damit ich beruhigt sein kann.«

Ich nickte. »Na schön.« Ich ließ den Teig in eine eingeölte Glasschüssel fallen, deckte ihn mit einem Geschirrtuch ab und stellte ihn zum Gehen in die Vorratskammer. Dort verharrte ich eine Minute, betrachtete die säuberlich eingeräumten Regale mit Mais, Olivenöl und Nudeln und lehnte den Kopf an die kühle Wand. Ich hörte die beiden im Raum nebenan über mich flüstern. Noch nie im Leben hatte ich mich so hilflos gefühlt.

Ich holte tief Luft und kehrte in die Küche zurück. Jim umarmte mich unbeholfen. »Ich melde mich, sobald ich etwas höre. Und was immer du brauchst, sag Bescheid.«

»Finde einfach nur mein Mädchen.«

Er nickte. »Bis bald. Shannon, du kümmerst dich um sie.«

Shannon nickte, und wir beide hörten, wie die Tür hinter ihm zufiel. Ihre Wangen waren rosig. Sie trug einen Claddagh am Ringfinger der rechten Hand, die Spitze des Herzens deutete nach außen. Am liebsten hätte ich sie geschlagen.

»Möchten Sie wirklich keinen Tee?«, fragte sie besorgt. »Oder noch Kaffee?«

Ich schüttelte den Kopf. »Mir geht's gut, ehrlich. Sie können jederzeit gehen. Sie haben sicher Besseres zu tun.« Ich wusste nicht, wie lange ich ihr unschuldiges kleines Gesicht ertragen konnte, ohne zu schreien.

»Chief Quinn hat mir befohlen, hierzubleiben, also mache ich das auch.« Ihre Stimme klang fest, und sie sah mir die Überraschung wohl an. »Es ist mein erster Monat«, fügte sie entschuldigend hinzu. »Ich will keinen Ärger mit dem Boss.«

»Verstehe.« Ich drehte mich um und stützte mich an der Spüle ab. Ich bemühte mich, ruhig zu atmen. Es war wichtig, dass sie meine Tränen nicht sah. *Reiß dich zusammen, Margaret. Reiß dich um Himmels willen zusammen.* Ich weiß nicht, wie lange ich so dastand. Eine Minute? Zehn?

Dann sagte sie: »Wissen Sie was?«

Ich drehte mich um. Ihr Gesicht verriet mir, dass sie die Risse in meiner Fassade bemerkte. »Ich warte einfach draußen vor der Tür. Wenn Sie was brauchen, rufen Sie. Und sobald Mrs Quinn hier ist, mache ich mich auf den Weg, versprochen.«

Das war freundlich von ihr, und ich wusste das Angebot zu schätzen. »In Ordnung«, erwiderte ich.

Sie ging nach draußen, ließ die Tür aber mit einem bedauernden »Vorschrift, Ma'am« angelehnt.

Ich hatte genügend Romane gelesen, um zu wissen, dass ich nun, da ich mit meinen Gedanken allein war, eigentlich auf die Knie fallen und einen archaischen Schrei ausstoßen sollte. Doch ich saß nur da und starrte ins Nichts und wartete darauf, dass das Telefon klingelte. Und mir dämmerte, dass ich vielleicht für immer warten würde.

Allison

Die Ebene erstreckt sich vor mir, ein endloser Teppich aus dürrem Gras und Wildblumen. Dicke Bienen taumeln träge von Blüte zu Blüte.

In der Ferne ragen die Berge auf. Wie weit ich auch gehe, sie kommen einfach nicht näher. Eine Wolke Mücken summt um meinen Kopf.

Ich denke an die Aussicht aus dem Flugzeug, ein Flickmuster aus Grün, nur gelegentlich von Fels und Schnee unterbrochen. Ich versuche mir vorzustellen, wie ich von dort oben aussehe, von diesem blauen, wolkenlosen Himmel aus.

Diese Berge sind das Land der Götter und Giganten. Sie sind nur da, um mich daran zu erinnern, dass ich ein winziges Staubkorn bin, dass meine Zeit auf Erden kurz und flüchtig ist und diese Berge schon Äonen vor meiner Geburt da waren und auch noch hier stehen werden, lange nachdem ich zu Staub zerfallen bin.

Für einen Moment spüre ich etwas anderes als Schrecken.

Ich fühle Erleichterung.

Aber sie hält nicht an. Ich weiß, was mir bevorsteht.

»Verwischen Sie Ihre Spuren. Wenn er es herausfindet, wird er Sie jagen.« Seine Augen hatten sich in meine gebohrt, als er das sagte. »Genau wie die anderen. Sie haben keine Ahnung, wie mächtig die sind. Verstehen Sie das?«

Ich hatte genickt.

»Hören Sie mir gut zu. Sie müssen bereit sein, zu fliehen. Sollten Sie auch nur eine Sekunde glauben, dass die Ihnen auf der Spur sind, müssen Sie verschwinden.«

Das Handy. Mist, ich habe noch das Handy. Ich hole es aus der Tasche und werfe es auf den Boden, trete mit der Ferse darauf, einmal, zweimal, bis sich die Plastikabdeckung löst. Meine Finger tasten hektisch nach der SIM-Karte. Ich werfe die Reste des Handys in die eine Richtung, die SIM-Karte in die andere. Sie blinkt kurz im Sonnenlicht, bevor sie kreiselnd im Gebüsch landet.

Maggie

»Eine aus Maine stammende Frau wird nach einem Flugzeugabsturz vermisst. Allison Carpenter, 31, wurde zuletzt gesehen, als sie auf dem Midway Airport in Chicago eine einmotorige Maschine bestieg. Einige Stunden später sendete das Flugzeug einen Notruf. Man vermutet, dass es in den Rocky Mountains in Colorado abgestürzt ist. Rettungskräfte suchen nach Spuren des Wracks. Der Pilot, der vermutlich mit einer Privatlizenz flog, wurde noch nicht identifiziert. Gleich beantwortet Dr. Alan Phillips Ihre Fragen zu dem Virus, das derzeit in Bolivien grassiert, und widmet sich der Frage, die uns alle bewegt: Wird das Virus auch zu uns kommen?«

Ich schaltete das Radio aus. All die Jahre hatte ich mitverfolgt, wie das Leben anderer Menschen in den Nachrichten breitgetreten wurde, wie ihre Tragödien sich in Spektakel verwandelten, und jedes Mal hatte ich Mitleid, aber auch Erleichterung verspürt, weil es nicht um mich oder meine Familie ging … bis jetzt.

Linda musste jede Minute hier sein. Ich konnte ihr Auto schon hören, das mehrere Hundert Meter entfernt um die Ecke bog. Sie hatte den Wagen vor zehn Jahren von einer ehemaligen Mary-Kay-Vertreterin gekauft. Jim hasste ihn und konnte es gar nicht erwarten, dass er endlich den Geist aufgab, damit er ihr einen gediegenen Lincoln kaufen konnte, wie es sich für die Frau des Polizeichefs gehörte. Aber genau wie Linda war auch der rosa Cadillac unbezwingbar. Er fuhr noch immer, wenngleich der Motor unglaublich dröhnte und das Getriebe so kaputt war, dass man es in ganz Maine hörte. Und dann stand Linda in der Tür, die blonden Haare noch feucht von der Dusche.

»Maggie.«

Das reichte aus. Ich spürte, wie sich etwas in mir löste. Das Heulen, das ich in meinem Brustkorb gefangen hatte, brach sich Bahn. Sofort war sie bei mir und nahm mich in die Arme. Ich weiß nicht, wie lange ich schluchzte, hörte aber irgendwann, wie ein Motor ansprang und ein Wagen aus der Einfahrt rollte. Die kleine Polizistin hatte Wort gehalten. Linda schob mich in die Küche, wo ich auf einem Stuhl zusammensank.

Ich öffnete die Augen. Linda kauerte vor mir. »Was kann ich tun?« Sie wischte mir die Tränen mit dem Handrücken ab.

»Keine Ahnung.« Ich schaute sie an. »Wo ist sie, Linda? Wo ist sie?« Ich sah nichts als Ally, gefangen in scharfen, verbogenen Metalltrümmern. Mir war, als müsste ich mich übergeben.

»Schsch. Die finden sie, die finden sie.«

Wir blieben eine Weile so sitzen, während Linda mir über die Haare strich. Schließlich konnte ich wieder atmen.

»So, ich habe dir was zum Schlafen mitgebracht und zur Beruhigung, wenn du wach bist.« Sie wühlte in ihrer riesigen Handtasche und holte zwei orangefarbene Glasflaschen mit Tabletten heraus. Sie schüttelte die eine. »Ambien. Die sind für nachts, die hauen dich sofort um. Und diese hier sind für tagsüber.« Sie beugte sich zu mir. »Valium«, flüsterte sie, als könnte uns jemand hier drinnen hören. »Von damals, als Jim den Bandscheibenvorfall hatte.«

Ich nahm die Flaschen, ohne hinzusehen, und stellte sie hinter mir auf die Arbeitsplatte. Ich wusste jetzt schon, dass ich die Tabletten nicht anrühren würde. Medikamente zu nehmen war nie mein Ding gewesen, nicht einmal Kopfschmerztabletten. Charles hatte sich immer darüber lustig gemacht und gefragt, ob ich ohne sein Wissen zu den Siebenten-Tags-Adventisten übergetreten sei. Dabei behalte ich nur gern die Kontrolle über meinen Körper.

»Was kann ich sonst noch für dich tun? Hast du was gegessen? Ich habe einen halben Bananenkuchen dabei, frisch gebacken. Oder ich könnte dir ein Sandwich machen.«

Beim Gedanken an Essen drehte sich mein Magen um. »Nein«, sagte ich kopfschüttelnd, »vielen Dank.«

Sie tätschelte mir den Kopf, stand auf und setzte Wasser auf. »Ich mache uns Tee.«

»Du brauchst nicht hierzubleiben.« Ich hatte ihr immer noch den Rücken gekehrt. »Ich komme wirklich klar, auch wenn alle das anders sehen.« Plötzlich war es mir peinlich, dass ich so geweint hatte. Natürlich war sie meine beste Freundin, aber ich mochte es noch nie, wenn mich jemand weinen sah. Nicht einmal bei Charles war das anders.

»Was redest du denn da? Ich habe doch nichts vor.« Ich hörte zu, wie sie Tee machte, und starrte dabei auf einen Riss in der Wand. Seit wann war er da? Ich verspürte den Drang, mir im Keller einen Eimer Spachtelmasse zu holen und ihn sofort aufzufüllen. Das wäre wenigstens sinnvoll.

Linda stellte mir den Teebecher hin und setzte sich zu mir. Wir tranken ein paar Minuten schweigend. Barney sprang auf den Tisch und stieß mit der Nase gegen meine Wange. Ich streichelte sein langes orangefarbenes Fell. Er schnurrte zufrieden vor sich hin, bevor er hinuntersprang und an seinem leeren Napf schnupperte. Ich stand auf und bückte mich, um Futter nachzufüllen.

»Wusstest du, dass sie an diesem Wochenende unterwegs ist?«, wollte Linda wissen.

»Nein, das wusste ich nicht.«

»Was sie wohl in Chicago gemacht hat? Ob sie geschäftlich dort war?«

Meine Schultern spannten sich an. »Das weiß ich nicht.«

»Und dazu in einem Privatjet. Ich kenne nur sehr wenige Leute, die in Privatjets fliegen. Vielleicht gehörte er einem Kunden.«

»Linda, bitte. Ich habe doch gesagt, ich weiß es nicht.« Meine zornige Stimme durchschnitt förmlich den Raum.

»Tut mir leid«, sagte sie kleinlaut und schaute in ihren Tee. »Ich weiß nicht, was in mich gefahren ist, dass ich dir so viele Fragen stelle. Natürlich willst du jetzt nicht darüber reden.«

Das war richtig, ich wollte nicht darüber reden, aber es steckte mehr dahinter. Ich konnte Lindas Fragen nicht beantworten, weil ich überhaupt nichts über Allys Leben wusste.

Ich hatte meine Tochter seit zwei Jahren weder gesehen noch mit ihr gesprochen.

Der Mann stand auf dem Felsvorsprung und starrte zu den Bergen hinüber. Die Nachmittagssonne schien heiß, er legte schützend die Hand vor die Augen.

Der Berghang war mit verbogenen Metalltrümmern bedeckt, die Luft roch schwer nach Kerosin. Er sah die Leiche im Cockpit, die bis auf das fehlende Gesicht sehr friedlich wirkte. Der Sitz daneben war leer, der Gurt wie eine Schlange auf dem Leder zusammengerollt.

Er ging im Kreis um das Wrack, zupfte einen Stofffetzen von einem Ast, scharrte mit dem Absatz in der aufgewühlten Erde. Viel war nicht übrig, aber für ihn reichte es.

Er holte das Handy heraus und wählte eine Nummer.

»Ich bin's. Ich bin hier. Er ist tot.«

Er drehte sich um. Eine Leiche in der Maschine. Eine Reisetasche auf dem Boden, geöffnet, der Inhalt verstreut. Ein paar silberne High Heels, deren Absätze wie spitze Türme in den Himmel zeigten. Keine Spur von ihr.

»Ich bin mir sicher.«

»Nein, keine Spur.«

»Ja, Sir, wird gemacht.«

Er zündete eine Zigarette an und warf das Streichholz in den geborstenen Tank. Beißender Rauch drang ihm in die Lungen, er musste husten.

Ein letzter Blick auf das Wrack, das zu qualmen begann.

Er musste los.

Allison

Ich laufe den ganzen Tag ohne Pause. Das Gras geht in eine steinige Ebene über, die mich an eine Mondlandschaft erinnert. Ich bin umgeben vom Summen der Goldfliegen, die mich stechen, sobald ich stehenbleibe, um mir mit meinem T-Shirt den Schweiß abzuwischen. Die Sonne brennt unablässig auf mich nieder. Ich rationiere das Wasser, nehme nur winzige Schlucke und lasse sie auf der Zunge zergehen. Ich kratze mir die Stiche an den Armen blutig. Die Wunde an meinem Bein klebt an den Leggings fest. Die Luft ist so still, dass ich die Lederriemen knarren höre, wenn meine Tasche auf den Schultern herumrutscht, und unter meinen Füßen knirscht der Schotter. Adrenalin durchflutet mich in Wellen, elektrifiziert und erschöpft mich wieder. Ich gehe. Ich gehe. Ich gehe.

Als ich die Mondlandschaft hinter mir lasse, geht die Sonne unter. Ich sehne mich verzweifelt danach, in den Wald zu rennen, der vor mir liegt, meine letzte Energie in einem fieberhaften Sprint zu vergeuden, hinüber zu den Bäumen und der Illusion von Sicherheit, die sie bieten, aber ich zwinge mich, mein Tempo beizubehalten. Ich habe nicht genügend Essen oder Wasser, um meine Energie zu verschwenden. Sie reicht kaum zum Gehen.

Das Gras bildet zunächst nur braungrüne Büschel und wird dann üppiger. Bald ragen gewaltige Bäume über mir auf und halten die verbliebene Sonnenhitze ab. Die Luft fühlt sich jetzt frisch an, lebendig, und ich atme tief ein.

Ich habe seit sechsunddreißig Stunden nicht geschlafen.

Mein Gesichtsfeld verengt sich, verschwimmt. In meinem Schädel sirrt es leise, und ich frage mich, ob die Außenwelt das hören kann. Ich starre Vögel an und Insekten und einen gelegentlich vorbeieilenden Hasen. Könnt ihr es hören?, würde ich gerne fragen, aber hier ist niemand, der meine Frage hört, geschweige denn das Sirren. Wenn im Wald ein Baum umfällt …

Mir wird schwindlig.

Seine Wimpern. Dicht und schwarz und geschwungen, die dünne Membran seines Augenlids, die im Schlaf pulsiert. Ich lag immer neben ihm und habe diese Wimpern bestaunt, lang wie die eines Neugeborenen und zum Himmel emporgebogen. *Wovon träumst du*?, flüsterte ich dann. *Träumst du von mir*? Sein Atem gab den Takt vor, und die Frage glitt in Wellen auf mich zu und wieder davon, rhythmisch und stetig und immer ohne Antwort. *Träumst du von mir*?

Ich bleibe mit dem Fuß an einem Ast hängen und stolpere.

Ich kann es mir nicht leisten, mich zu erinnern. Noch nicht.

Immer tiefer in den Wald, bis ich von Bäumen eingekreist bin. Ich finde eine ebene Stelle und breite die Plane aus, ziehe die Decke über mich und schlafe, noch bevor das letzte Licht erloschen ist. Ich träume nicht. Die Leere ist ein Geschenk.

Maggie

Um die Abendessenszeit schaute Linda nervös aus dem Fenster. Sie fuhr wegen ihres grauen Stars nicht gern im Dunkeln, und ich sagte ihr, sie solle heimfahren.

Zuerst empfand ich die Stille, die sich danach im Haus ausbreitete, als Segen, doch nachdem die Uhr ein paar Stunden getickt hatte und Barneys Pfoten über den Steinboden getappt waren, überkam mich Klaustrophobie. Alles, einfach alles in diesem Haus erinnerte mich an sie. Hier hatte sie ihre schmutzigen Fußballschuhe abgestellt. In dem Schrank dort lagen ihre bronzierten Babyschuhe. Das war der Becher, den sie Charles zum Vatertag geschenkt und aus dem seit zwei Jahren niemand mehr getrunken hatte. Im Garderobenschrank lag ein unbeholfen gestrickter Schal, den sie mir in ihrem ersten Jahr nach dem College geschenkt hatte, weil sie wenig Geld hatte, aber zu stolz war, um etwas von uns anzunehmen. Durch die Glastür gelangte man auf die Terrasse, auf der sie sich mit vier Jahren das Kinn aufgeschlagen und ich sie an mich gedrückt hatte, während sie schluchzte und das Blut zwischen meinen Fingern hindurchlief. Ich hatte *Atme, atme* in ihre kastanienbraunen Haare geflüstert. Sie war ein tapferes kleines Mädchen und hatte beinahe sofort aufgehört zu weinen, aber ich hatte weitergeflüstert. Auch ich hatte mich zum Atmen zwingen müssen.

Schließlich ging die Sonne auf.

So wie Jims Schritte vor der Tür klangen, wusste ich, was

er mir gleich sagen würde. Der langsame, schwere Tritt seiner Schuhe auf den Steinen verriet mir alles, was ich wissen musste.

Ich riss die Tür auf. »Sie ist tot, oder?«

Einen Moment lang war er verblüfft, dann wurde sein Gesicht weich, und er nickte. Nur ein Mal.

Ich hatte damit gerechnet, dass ich hysterisch werden, zu seinen Füßen zusammenbrechen und heulen und schreien würde, aber in mir war nur Stille, als schwebte ich mehrere Zentimeter über meinem eigenen Kopf. Ich trat beiseite, um ihn einzulassen, und sah ihm nach, als er in die Küche ging.

Ich selbst blieb auf der Schwelle stehen. »Wo ist sie?«

»Sie haben das Flugzeug am Hang des Electric Peak gefunden. Es sieht aus, als hätte der Pilot die Höhe falsch eingeschätzt. Sie können mehr sagen, wenn sie den Flugschreiber gefunden haben.«

Ich spürte, wie ich nickte, als wäre dies die normalste Sache der Welt, als hätte ich schon immer damit gerechnet, was wohl auch der Fall war. Wann immer ich ihr im Schulbus oder auf dem Flughafen oder in Autos, die von fremden Jungs gesteuert wurden, hinterhergewinkt hatte, hatte ich damit gerechnet, sie nie wiederzusehen, und das war nun geschehen. »Wann kann ich sie sehen?«

Er rieb sich den Nacken. »Es kann eine Weile dauern, bis alles geregelt ist. Es wird eine Untersuchung geben, und wer weiß schon, wie lange sich das hinzieht ...«

Er trat von einem Fuß auf den anderen, und ich ahnte, dass er mir etwas verschwieg.

»Wann kann ich meine Tochter sehen, Jim.« Es war keine Frage mehr.

Seine Augen waren klein und rot gerändert. »An der Absturzstelle hat es gebrannt ... Eine Explosion beim Aufprall, wie vermutet wird. Es gab nicht viel ...« Er schüttelte den Kopf. »Der Schaden ist gewaltig.«

Ich sah verbrannte Erde und geschmolzenes Metall, versengte Haare und brennendes Fleisch. »Entschuldigung.« Ich rannte zur Toilette und erbrach meinen Morgenkaffee. Bräunliche Flüssigkeit spritzte auf das weiße Porzellan, die Säure brannte in meiner Kehle. Mein kleines Mädchen, mein wunderbares kleines Mädchen. Ich erinnerte mich, wie sie als Kind ausgesehen hatte, ein Lächeln so breit wie der Mond, das nun vor mir zerfiel. Wie konnte ich noch am Leben sein, wenn meine einzige Tochter tot war, zerfetzt auf irgendeinem Berg am anderen Ende des Landes? Was konnte es bedeuten, dass ich noch am Leben war, dass mein Herz nicht im selben Augenblick aufgehört hatte zu schlagen wie das ihre? Welche Mutter konnte weiterleben, wenn ihr Kind tot war? Ich spuckte in die Toilette, legte die Stirn an den kühlen Rand der Schüssel und zwang mich, ruhig zu atmen.

Als ich zu Jim zurückkam, schaute er mit ausdrucksloser Miene auf seine Hände. »Es tut mir leid. Das hätte ich dir nicht sagen sollen. Das war unnötig.«

»Nein, ich will nicht, dass du mir irgendetwas vorenthältst. Ich will genau wissen, was passiert ist. Jede verdammte Einzelheit.« Fakten. An ihnen konnte ich mich festhalten, als wären sie eine Boje mitten im Ozean. »Weiß man schon, wie der Pilot hieß?«

»Sie suchen noch nach Angehörigen. Weißt du, ob sie mit jemandem zusammen war? Hatte sie einen Freund?«

»Sie hat niemanden erwähnt.« Was in gewisser Weise stimmte.

Er nickte. »Hatte sie irgendwelche ... Ich weiß nicht, wie ich es am besten formulieren soll. War Allison in Schwierigkeiten?«

»Was meinst du?«

»Na ja. Drogen, Alkohol, so in der Art.«

»Ally hat nie viel getrunken, und von Drogen weiß ich nichts, aber –« Mehr sagte ich nicht. Ich kannte meine Tochter nicht. Ich kannte sie schon eine ganze Weile nicht mehr. »Warum fragst du?«

»Nur so, im System sind ein paar Sachen aufgetaucht – egal, es scheint schon länger her zu sein. Vergiss es einfach.«

Ich verschränkte die Arme. »Du verschweigst mir doch nichts, oder?«

»Natürlich nicht.« Jim Quinn war immer ein schrecklich schlechter Lügner gewesen.

»Wird es – ist etwas von ihren Sachen übrig? Das ich bekommen könnte?«

Er schaute mich an, und die Traurigkeit in seinen Augen hätte jeden fertiggemacht. Eine Sekunde lang hasste ich ihn dafür. Ich wollte seine Traurigkeit und sein Mitleid nicht. Ich wollte nur harte, scharfe Fakten. »Die Suche läuft noch. Es geht um die Identifizierung ...« Er hielt inne. »Wie gesagt, es gibt eine Untersuchung, daher kann es dauern, bis sie irgendetwas freigeben. Aber ich sorge dafür, dass du es so bald wie möglich bekommst.«

Es. Meine Tochter war jetzt nur noch ein Ding. Was würde Jim wohl tun, wenn ich jetzt anfing zu schreien? Ein langes, lautes Geheul. Vermutlich würde er den Arzt rufen, damit er mich ruhigstellte. Oder Linda mit ihrer Tasche voller Medikamente.

Er starrte auf seine Handrücken und seufzte. »Sie wollen ein Foto von Allison haben.«

»Wieso? Sie hatten doch eins am Flughafen.«

»Ich meine die Medien. Wir bekommen ständig Anrufe von Fernsehsendern, die eins haben wollen, und wenn wir es ihnen nicht geben, suchen sie sich eins im Internet.« Er hielt inne. »Ich dachte, du möchtest es lieber selbst aussuchen.«

Ein Foto von Allison. Meiner Tochter. Das alle sehen würden. Ich stellte mir Menschen vor, die auf ihrem Sofa saßen und darüber sprachen, wie hübsch sie sei, wie jung, so eine Schande. Wie sie sie bemitleideten. Und mich. Es machte mich wütend. Aber ich wusste, Jim hatte recht. »Okay«, sagte ich leise. »Ich sehe mal, was ich finde.«

Gut, dachte ich mir. *Ja*. Das war eine Aufgabe. Eine kleine Aufgabe, die ich bewältigen konnte.

Ich ging die unebenen Holzstufen in den Keller hinunter und schaltete die nackte Glühbirne ein. Sie flackerte kurz, bevor ihr trübes Licht die Betonwände beleuchtete. Ich hatte den Keller immer zu einer Bibliothek oder einem Spielzimmer umbauen wollen, aber Charles hatte darauf bestanden, ihn als Werkstatt zu benutzen. Jetzt stand die Werkbank verlassen in der Ecke, darauf ein Durcheinander alter Elektrowerkzeuge, und daneben hing an einem Wandhaken unerklärlicherweise ein kompletter Imkeranzug. Charles hatte seine Hobbys geliebt. Der Steinboden war kühl unter meinen nackten Füßen. Schneeschuhe und Langlaufski zwischen Zeltpfosten und Campingkochern. Jeder Zentimeter war mit Kartons vollgestellt, einige geöffnet, die meisten nicht. Ich schlängelte mich hindurch, bis ich fand, was ich suchte. Einen kleinen Karton, auf den mit schwarzem Filzstift »Fotos 2004–2016« gekritzelt war. Nach 2016 hatte es kaum noch Anlässe gegeben, Fotos zu machen.

Zurück in der Küche schlitzte ich den Deckel mit der Schere auf und schaute hinein. Jim beobachtete mich schweigend. Oben auf dem Stapel lag ein Foto von Charles und Allison, die sich lachend im Schnee umarmten. Ich drehte es um. 24.12.2011. Heiligabend. Wir waren auf dem Weg zum Auto gewesen, weil wir in der Kirche das Weihnachtssingen hören wollten, als Ally plötzlich im Vorgarten stehengeblieben und rücklings in den Schnee gefallen war. Zuerst dachte ich, sie wäre gestolpert – sie war an Schnee nicht mehr gewöhnt –, doch dann erkannte ich, dass sie einen Schnee-Engel machte. Ehe ich mich versah, lag auch Charles auf dem Rücken und bewegte Arme und Beine wie Scheibenwischer. Als sie aufstanden, hinterließen sie zwei perfekte Engel im Schnee, und ich fotografierte die beiden mit Allys neuem iPhone. Sie hatte das Bild am selben Tag ausgedruckt und in den Weihnachtsbaum gesteckt, um uns am Morgen zu überraschen. Es war ein wunderbares Weihnachtsfest gewesen.

Ich legte das Foto beiseite. Ich musste rigoros vorgehen, konnte mir nicht erlauben, sämtliche Erinnerungen noch einmal zu durchleben. Ich blätterte durch die Kreuzfahrt zu den Bermudas, die Charles und ich nach seiner Pensionierung unternommen hatten; den Campingausflug mit seinen Freunden in die White Mountains; ein Wochenende am Cape. Fotos von uns mit Ally, als wir sie in Kalifornien besucht hatten, sie sonnengebräunt, mit weißen Zähnen und glücklich, ich und Charles blass und mit Jetlag, aber erleichtert, weil es ihr so gut ging. Ich sehe noch ihre Wohnung, nur zehn Minuten vom Strand entfernt und bis zum Bersten mit ihren ebenso sonnengebräunten und weißzähnigen Freundinnen gefüllt. Alle machten Praktika oder ihren Masterabschluss, verliebten und trennten sich. An unserem letzten Abend in San Diego hatten Charles und ich sie zu ihrem Lieblingsmexikaner eingeladen. Wir hatten uns lächelnd zurückgelehnt, während die Mädchen über die Fajitas herfielen, als hätten sie wochenlang gehungert. Charles schaffte es, nur leicht zu zucken, als die Rechnung kam, und ich weiß noch, wie stolz ich auf meine kleine Familie war, als ich am nächsten Morgen ins Flugzeug stieg. Ich legte ein Foto von dieser Reise beiseite. Ally im hellblauen Baumwollkleid und mit schimmernden dunklen Haaren, wie sie in die Sonne lächelt. Meine Augen wanderten zu den übrigen Fotos. Hier war eins vom 4. Juli 2015, Charles am Strand, während hinter ihm ein Feuerwerk erglühte. Er schaute nicht in die Kamera, man sah seine streichholzdünnen Beine in der Hose und die resignierte Haltung seiner Schultern. Ich legte es weg.

Ich starrte auf meine Hände, die auf dem abgenutzten Holztisch ruhten, die Knöchel wund und geschwollen. Ich drehte langsam meinen Ehering. Ich hatte ihn so lange nicht abgenommen, dass ich mir kaum vorstellen konnte, wie mein Finger ohne ihn aussähe. Die Haut darunter wäre sicher blass und glänzend und würde eine Rille aufweisen, wo der Ring ins Fleisch gedrückt hatte. Er war mir seit Jahren zu eng, aber man konnte ihn nicht weiten, ohne das zartgoldene Gitterwerk zu zerstören. Ganz abgesehen davon, dass ich ihn gar nicht mehr abbekam. Sie würden ihn mir vom Finger schneiden müssen, bevor sie meine Leiche verbrannten, aber keine Minute früher.

Jim ergriff meine Hand. Ihr warmer Druck überraschte mich. Wie lange war es her, dass jemand meine Hand genommen und festgehalten hatte?

Charles hatte man nicht den Ring vom Finger schneiden müssen. Ich hatte ihn abgestreift, bevor sie ihn wegbrachten. Eigentlich hatte ich vorgehabt, ihn mit dem Ring zu begraben, aber er hatte sich für eine Einäscherung entschieden, und ich konnte den Gedanken nicht ertragen, dass der Ring schmolz. Er war aus billigem Gold, wir waren arm gewesen, als wir geheiratet hatten. Also hatte ich ihn von seinem Finger gestreift und auf meinen Daumen gesteckt und dort war er geblieben, bis ich ihn zu Hause in meinen Schmuckkasten gelegt hatte, neben die Opal-Ohrringe, die Charles mir zum dreißigsten Hochzeitstag geschenkt hatte und die ich nie zu tragen wagte, weil ich sie nicht verlieren wollte. Ich musste den Ring für ihn aufbewahren. Falls er doch zurückkäme.

Ich hätte Ally nicht sagen können, dass ich ihn behalten hatte, weil ich tief im Herzen glaubte, ihr Vater käme irgendwann zu mir zurück. Dann hätte sie mir erklärt, dass Verleugnen ein natürlicher Bestandteil des Trauerprozesses sei, ich aber irgendwann loslassen müsse. Ally ist sehr rational. In dieser Hinsicht kommt sie ganz nach mir (von dem magischen Denken über meinen toten Mann einmal abgesehen), obwohl sie es ungern zugeben würde. Sie wollte immer wie ihr Vater sein, große Träume von den Sternen träumen, statt hier unten auf der Erde Fakten in kleinen, säuberlichen Kästchen abzulegen, so wie ich es tat. Wer konnte es ihr verdenken?

Ich vermutlich. Ein bisschen. Das gebe ich zu.

Ich nahm das Foto, auf dem sie in ihrem blauen Kleid lächelte, und spürte einen Schmerz. Einen tief sitzenden, uralten Schmerz, den ich seit dem Tag ihrer Geburt empfunden hatte – dem Tag, an dem sie ihre Flugbahn aus meinem Orbit in die Welt angetreten hatte.

Ich reichte Jim das Foto. »Sie können das hier verwenden. Es ist ein paar Jahre alt, aber so sehr kann sie sich ja nicht verändert haben.«

Er betrachtete es einen Moment lang. »Sie hatte immer ein wunderschönes Lächeln.«

Ich blickte auf das Foto. »Das hat sie von ihrem Vater.«

Er steckte das Foto in die Hemdtasche und stand auf. »Ich weiß, du möchtest allein sein, und ich will dich auch nicht drängen, aber –«

Ich hob die Hand, um ihn zu bremsen. »Linda kann kommen, wann immer sie möchte.«

Er nickte. »Ich bin sicher, sie kommt gleich vorbei. Ich melde mich, sobald ich mehr weiß.« Er ging zur Tür. »Und, Maggie?

Schalte am besten den Anrufbeantworter ein. Die Medienleute werden sich hier melden, sobald die Nachricht sich verbreitet. Das sind Aasgeier.«

Bei der Vorstellung, mit Reportern über Ally zu sprechen, drehte sich mir der Magen um. Ich wollte nicht, dass sie auch nur das kleinste bisschen von ihr bekamen. Ich wollte sie ganz für mich allein. »Danke, Jim. Für alles.«

»Ich wünschte, ich könnte dir besser helfen.« Dann ging die Tür hinter ihm zu, und das Haus war wieder still.

Ich saß am Küchentisch und spürte die Schwere in meiner Brust. Es war, als würde mein Brustkorb Rippe für Rippe auseinandergerissen. Barney strich mir um die Knöchel, doch ich konnte mich nicht überwinden, ihn zu streicheln. Ich konnte gar nichts mehr tun.

Die Uhr tickte. Ich fragte mich, ob es möglich war, mir selbst die Haut abzureißen, mich irgendwie aus ihr zu befreien und meine alten Knochen und mein verwüstetes Herz zurückzulassen.

Ich schaute zur Arbeitsplatte und sah die kleinen Pillenflaschen auf dem Schneidbrett stehen. Ich nahm das Valium, kippte erst eine Tablette in die Handfläche, dann noch eine. Ich schluckte sie ohne Wasser, spürte sie in meiner Kehle kratzen, lehnte mich zurück und wartete, bis das Gefühl verging.

Linda kam, als die Pillen zu wirken begannen. Sie trat ein, ohne anzuklopfen, und nickte, sowie sie meine glasigen Augen bemerkte. »Gut gemacht.« Sie setzte sich zu mir und ergriff meine Hände. Die Medikamente taten ihre Wirkung. Ich fühlte fast nichts, bis auf die wenigen Momente, in denen der Schmerz zu mir durchdrang.

»Wissen sie schon etwas?«, fragte Linda nach einer Dreiviertelstunde. So lange hatte sie vermutlich in ihrem ganzen Leben noch nicht geschwiegen.

Ich schüttelte den Kopf. »Es gibt eine Untersuchung.« Meine Zunge fühlte sich schwer an.

»Das ist gut. Dann hast du wenigstens Gewissheit. Gibt es etwas Neues über den Piloten?«

Ich schüttelte den Kopf. »Noch nicht.« Ich ließ Ally schon wieder im Stich. So wie wir alle. Dort draußen gab es Antworten, aber ich konnte sie nicht finden. Ally brauchte Fakten, und ich hatte mich absichtlich betäubt. Ich war schwach.

»Jim hat gesagt, sie seien noch dabei, die Angehörigen zu ermitteln, aber sie können seinen Namen ja nicht ewig zurückhalten. Die Presse wird ihn ohnehin bald rauskriegen.«

Wie aufs Stichwort klingelte das Telefon. Wir saßen ganz still da und horchten auf den Anrufbeantworter. Er war immer noch von Charles besprochen: »Hier sind die Carpenters, bitte hinterlassen Sie eine Nachricht nach dem Piepton – Piep!« Eigentlich müsste ich ihn neu besprechen – Linda hatte mir sogar angeboten, es zu übernehmen, weil ich meine eigene Stimme nicht leiden kann –, aber ich konnte die Ansage nicht löschen. Wir hatten nie eine Videokamera besessen, also war dies alles, was mir geblieben war. Ein Scherz auf einem Anrufbeantworter.

Es klickte, und eine tiefe, geschmeidige Stimme erfüllte den Raum. »Hallo, Mrs Carpenter, hier ist Leon Terzi vom ›Boston Herald‹. Mein Beileid zu Ihrem Verlust. Ich würde gern mit Ihnen über Ihre Tochter sprechen, falls Sie einen Moment Zeit für mich haben – sie scheint eine ganz besondere Frau gewesen zu sein. Ich schreibe einen Artikel über den Absturz und bin mir sicher, dass unsere Leser gerne Ihre Erinnerungen an Allison teilen würden. Sie erreichen mich unter 612/5554923.«

Linda und ich hörten, wie der Anrufbeantworter verstummte. »So ein Arschloch«, sagte sie, stand auf und schaltete die Kaffeemaschine ein. »Was mache ich da eigentlich?«

Sie schaltete sie wieder aus. »Lass uns was Richtiges trinken.«

»Nein, danke«, winkte ich ab. Sie machte die Kaffeemaschine wieder an und holte zwei Becher aus dem Schrank. Ich war noch benebelt vom Valium, merkte aber, dass ich allmählich wieder klarer sehen konnte. Ich spürte das Gewicht meiner Hände und Füße, und das Zimmer bewegte sich synchron mit meinen Augen. Ich hätte verdammt gern etwas getrunken und noch eine dieser kleinen blauen Pillen eingeworfen, aber das Telefon hatte mich wachgerüttelt. Ich war wieder ich selbst und durfte mich nicht vor dem Schmerz verstecken. Er sollte über mich hinwegbranden wie die Wellen am Strand.

Meine Tochter ist tot.

Meine Tochter ist tot.

Meine Tochter ist tot.

»Der Mann hat wirklich Nerven, hier anzurufen«, sagte Linda, setzte sich wieder an den Tisch und trank einen Schluck Kaffee. Ich konnte riechen, dass sie Baileys statt Milch hineingeschüttet hatte. »Ich rede mit Jim, ob man da etwas unternehmen kann.«

»Ich gehe einfach nicht ans Telefon«, sagte ich. Das hätte ich ohnehin nicht getan, aber so fiel mir die Entscheidung leichter.

»Und schau auch keine Nachrichten. Das brauchst du dir nicht anzutun. Wenn du möchtest, bringe ich dir ein paar Filme. Oder die Sendung über Jane Austen auf PBS, von der ich dir erzählt habe.«

Ich schüttelte den Kopf. »Nicht nötig.«

»Ich bleibe heute Abend trotzdem bei dir. Um dir Gesellschaft zu leisten.«

Arme Linda. Sie wollte mir unbedingt helfen, aber ich hatte nichts zu bieten. Ich war auf einer Insel, die sie nicht erreichen konnte. Das konnte niemand.

»Du solltest wirklich nicht allein sein –«

Ich seufzte. Sie würde nicht lockerlassen. »Ich weiß, du möchtest mir helfen, und dafür liebe ich dich, aber ich wäre wirklich gern allein.«

Ich sah, wie ihr Gesicht in sich zusammenfiel, und erkannte, dass ich sie gekränkt hatte, aber ich konnte es nicht ändern. Der Gedanke, dass jemand – selbst sie – in meinem Haus saß und mir beim Trauern zusah, war mir unerträglich. Ich brauchte keine Zeugen. Ich selbst war Zeugin genug.

Sie schob ihren Stuhl zurück und fing an, im Kühlschrank zu wühlen. »Dann mache ich dir wenigstens was fürs Abendessen, bevor ich gehe. Ich kann dich doch nicht vor Hunger sterben lassen.« Sie erstarrte. »Tut mir leid«, sagte sie leise.

»Du darfst das Wort ›sterben‹ ruhig aussprechen«, entgegnete ich, obwohl es mich dabei kalt überlaufen hatte. »Das ist in Ordnung.«

Sie schoss herum. »Nein, das ist es nicht, und ich wünschte, ich könnte – ich wünschte –«

»Ich weiß.« Ich stand auf und ging zu ihr. Legte ihr die Hand auf den Rücken. Ihr Rückgrat war ein bisschen gekrümmt, genau wie meins, und ich spürte die Wärme, die sie ausstrahlte.

»Es tut mir leid«, sagte sie und wischte sich die Tränen aus den Augenwinkeln. »Ich weiß, nicht ich sollte weinen. Ich sollte stark sein, aber ich fühle mich so – so –«

»Du sollst einfach nur du selbst sein.« Ich rieb ihr den Rücken. Ich war jetzt sehr müde, und mein Arm war schwer, als ich ihn hin und her bewegte. »Du brauchst dich nicht zu entschuldigen.«

»Und ob«, sagte Linda mit blitzenden Augen. »Jemand sollte sich dafür entschuldigen, warum also nicht ich? Du hast das alles nicht verdient, Maggie. Auch Charles hat nicht verdient, was mit ihm geschehen ist, und Ally genauso wenig.«

Meine Augenlider waren auch schwer, und ich fragte mich, wie mein Körper sich überhaupt noch aufrecht halten konnte. Es war, als drückte ein Stiefel von oben auf meinen Kopf und presste mich langsam, aber sicher in die Erde.

»Niemand hat irgendetwas verdient«, sagte ich schließlich. Und diese Wahrheit war so überwältigend, dass meine Knie unter mir nachgaben.

Allison

Halbwach, im morgendlichen Dämmerlicht, rieche ich feuchten, süßlichen Mulch und grauen Rauch. Einen Moment lang glaube ich, ich wäre wieder in meinem Kinderzimmer. Ich höre, wie mich meine Mutter unten an der Treppe ruft, mir Pfannkuchen und Orangensaft verspricht. Ich spüre das Gewicht der Decke, den weichen Pelz des Plüschhundes, der in meinem Bett schläft, den glatten, kühlen Kissenbezug an meiner Wange.

Ich öffne die Augen. Über Nacht hat sich ein Leichentuch aus Nebel über mich gesenkt. Ich setze mich auf, alle Muskeln in meinem Körper protestieren, und ziehe mir die Decke um die Schultern. Ich zittere. Ich fühle mich, als wäre mein Körper in wenigen Stunden um hundert Jahre gealtert. Ich kann mich gar nicht erinnern, wie es war, keine Schmerzen zu empfinden. Die Nacht war kälter als erwartet, meine Finger und Zehen kribbeln, als das Blut wieder zu pulsieren beginnt. Mein Kopf fühlt sich schwer an, als wäre er mit Sand gefüllt, und mein Mund ist trocken und schmeckt nach Metall.

Ich bin am Leben.

Ich muss Wasser finden, bevor ich weitergehe. Meine Vorräte sind fast erschöpft, ohne Wasser kann ich unmöglich einen Berg besteigen.

Ein papierdünnes Lachen dringt aus meinen Lungen. Einen Berg besteigen. Herrgott noch mal.

Ich rolle meine Leggings hoch und inspiziere die klaffende

Wunde am Oberschenkel. Der Verband ist mit dunklem Blut verkrustet, die Ränder sind schmutzig. Ich muss ihn wechseln. Ich ziehe ihn vorsichtig ab, aber es tut trotzdem höllisch weh. Der Schnitt sieht entzündet aus, die Haut darum ist blass und ein bisschen angeschwollen. Ich hole das Wundbenzin heraus und wappne mich. Ich könnte schwören, dass das Blut ein bisschen brodelt, als es sich mit dem Alkohol verbindet, aber vielleicht will auch nur mein Gehirn den Schmerz irgendwie bewältigen. Ich verbinde die Wunde wieder und verdränge die Frage nach der letzten Tetanus-Impfung.

Mein Finger unter der Schiene hat sich violett verfärbt, ist aber weniger geschwollen und schmerzhaft. Entweder er heilt, oder die Nerven sind geschädigt. Noch etwas, an das ich lieber nicht denken möchte.

Ich hole die Tüte mit den Nüssen aus der Tasche. Plötzlich bin ich wahnsinnig hungrig, aber ich kann es mir nicht leisten, viel zu essen. Ich knabbere an einer Paranuss und stelle mir vor, sie sei ein Bagel. Nicht dass ich mir in meinem früheren Leben einen Bagel erlaubt hätte.

Mein früheres Leben – dazu ist es schon geworden, sepiafarben und zwischen Buchseiten gepresst, ein Ort, an dem ich Kohlehydrate als Feinde betrachtet habe. Ich versuche mir vorzustellen, wie ich auf der Landebahn stand, während mir die intensive Hitze in den Ohren summte, oder wie die Wohnung aus Glas und Stahl aussah, von der man auf den Strand blickte, aber ich spüre nichts, nur die schreckliche Angst, die wieder heranschleicht. Sie könnten irgendwo da draußen sein und nach mir suchen.

Beweg dich.

Es ist noch früh, die Sonne scheint schwach durch die Bäume. Die Wildblumen sind noch eingerollt, nur die Spitzen ihrer Blütenblätter lugen zwischen den Blättern hervor. Gestern kommt mir wie ein Traum vor – ein eindringlicher, erschreckender Albtraum –, und heute ist es ähnlich. Alles ist wie benommen. Unwirklich.

Ein Streifenhörnchen bleibt dicht vor mir sitzen, seine Backen mahlen schnell, dann verschwindet es in einem Laubhaufen. Ich steige über einen umgefallenen Baumstamm, dessen Unterseite mit blaugrünem Moos bewachsen und mit winzigen Pilzen gepunktet ist. Die Luft riecht jetzt frischer. Und dann höre ich ein leises Plätschern. Wasser.

Es ist kaum ein Bach, eher ein Rinnsal, aber es reicht. Ich trinke meine Flaschen aus, befülle sie wieder und warte, bis das Jod wirkt. Ich ziehe die Turnschuhe aus, dann die Socken und halte die Füße ins Wasser. Die frischen Blasen brennen. Ich reibe die wunden Stellen unter Wasser. Sie werden schon noch härter werden, denke ich mir. Das müssen sie.

Ich spritze mir Wasser ins Gesicht und auf den Hals, behutsam, damit sich die zahllosen Schnitte nicht wieder öffnen, und tupfe meine Haut mit einer sauberen Ecke vom Hemd trocken. Flüchtig betrachte ich meine Zehennägel, noch zartrosa lackiert von der letzten Pediküre. Eigentlich absurd. Geradezu lächerlich. Ich ziehe mir frische Socken an und wasche die von gestern im Bach, bevor ich sie zum Trocknen an meine Tasche hänge.

Mittags erreiche ich den ersten Berggrat. Der Wald ist noch dicht, und ich kann kaum erkennen, ob die Richtung stimmt. Als ich eine Lichtung erreiche, brauche ich eine Minute, um mich zu orientieren. Die Baumwipfel staffeln sich hinab ins Tal, und dahinter, jenseits des tiefen Einschnitts, erhebt sich der Gipfel des Berges, an dem wir zerschellt sind.

Endlose Wellen aus Baumwipfeln, die zu den rauen, gezackten Gipfeln emporführen. Der Berg sieht aus wie eine Ansichtskarte oder eine Anzeige für heiße Schokolade, milde und geradezu unwirklich schön. Wie kann eine Katastrophe so schnell unsichtbar werden? Ich hatte eine Narbe in der Landschaft erwartet, eine Wunde, aber man sieht nur die glatte Oberfläche der Natur, leer und ausdruckslos wie ein Nullachtfünfzehn-Gemälde aus dem Einkaufszentrum.

Und dann sehe ich es, zuerst flüchtig, und denke schon, ich hätte es mir eingebildet, bis mir klar wird, dass es real ist. Sonnenlicht glitzert auf Metall, und eine schwache Rauchsäule steigt zwischen den Bäumen empor. Es ist wirklich geschehen. Und jetzt brennt das Flugzeug. Feuer bedeutet Rauch. Rauch erregt Aufmerksamkeit.

Die Panik steigt in mir hoch wie eine Flutwelle. Mein Instinkt erwacht wieder.

Scheiße Scheiße Scheiße. Los.

Renn weg, schneller, höher. Rauf rauf rauf, du darfst nicht stehenbleiben. Geh weiter. Nicht stehenbleiben.

Du musst dich bewegen.

Ich spüre die Trauer hinter der Angst, sie bricht sich jetzt Bahn. Ich habe den Mann verloren, den ich liebe. Damit muss ich irgendwann klarkommen.

Aber nicht jetzt.

Maggie

In der Nacht quälten mich Visionen. Allys Gesicht, von Entsetzen verzerrt. Ally, die vor Schmerz aufschreit. Ally, blutig und mit blauen Flecken übersät. Ally in Flammen. Ally, der das Fleisch von den Knochen schmilzt. Es war die brutalste Nachrichtensendung der Welt.

Wieder und wieder versuchte ich, einen neuen Film einzulegen, aber er lief in einer Endlosschleife, und ich steckte mittendrin. Das war jetzt mein Leben. Dieser Film würde für immer in meinem Kopf ablaufen. Noch Jahre später, wenn ich wieder ein halbwegs normales Lebens führte, würde ich einkaufen gehen oder im Wartezimmer beim Arzt sitzen oder mit den Stadtwerken telefonieren und immer nur das Eine sehen: Entsetzen. Schmerz. Blut. Feuer. Knochen. Ally.

Ich stand auf, ging nach unten, öffnete die Flasche mit Lindas Schlaftabletten und nahm vier davon. Ich schleppte mich wieder die Treppe hinauf, legte mich ins Bett und wartete, bis Barney sich auf meinen Füßen niedergelassen hatte. Dann schaltete ich das Licht aus und lag da und schaute mir den Film an, bis sich das Vergessen schwer herabsenkte und mich in einen tiefen, traumlosen Schlaf zog.

Als ich aufwachte, kam ich mir vor, als hätte ich einen Boxkampf über zehn Runden ausgetragen und verloren. Jeder Muskel meines Körpers tat weh. Die Trauer hatte mich seit Jahren treu begleitet – hatte meine Ecken und Kanten abgeschliffen und meine Sinne abgestumpft –, aber das hier war anders. Ein Schlag in den Magen. Charles' Krankheit und sein langsames Sterben waren wie eine lange, mühselige Wanderung auf einen unbarmherzigen Berg gewesen. Dies hier aber war pure Gewalt.

Und dann begann der Film aufs Neue: Entsetzen. Schmerz. Blut. Feuer. Knochen. Ally. Mein Körper schmerzte vom Gewicht der Trauer, als wäre meine Haut mit Blei überzogen.

Barney hatte sich auf mein Kopfkissen vorgearbeitet und warf mir einen ärgerlichen Blick zu, als ich aufstand. Sieben Uhr. Ich hatte zehn Stunden geschlafen. Ich würde mich bei Linda für die Tabletten bedanken und sie bitten müssen, mir noch welche zu besorgen.

Die Fliesen in der Küche waren kalt unter meinen Füßen. Es war Anfang Juli, der Morgen aber kühl und das Gras nass vom Tau. Der Anrufbeantworter blinkte und wollte abgehört werden. Ich drückte auf Play. Eine Nachricht nach der anderen von Jennifer und Chip und Mark und Sandra, die für verschiedene Medien im ganzen Land arbeiteten und mir versicherten, dass sie an einfühlsamen Porträts von Allison arbeiteten und nur ganz kurz mit mir sprechen wollten. Was einfühlsam daran war, eine Frau anzurufen, deren einziges Kind soeben bei einem Flugzeugabsturz gestorben war, erschloss sich mir nicht.

Ich löschte alle Nachrichten und spielte mit dem Gedanken, den Stecker aus der Wand zu ziehen, aber ein Teil von mir – derselbe Teil, der letztlich Charles den Trauring vom Finger gezogen hatte – wusste, dass ich das Telefon brauchte. Sie hatten ihre Leiche noch nicht gefunden. Es konnte noch immer eine furchtbare Verwechslung sein. Ich konnte noch immer einen Anruf erhalten, der alles wieder gut machte.

Die Küche war von einem säuerlichen Gärgeruch erfüllt, der

aus der Vorratskammer kam. Ich nahm das Geschirrtuch von der Glasschale und entdeckte den zusammengefallenen Teigklumpen. Eine dünne Haut hatte sich darauf gebildet, auf der blaugrüner Schimmel spross. Der Anblick des Brotteigs, der verdorben und vergessen in seiner Schüssel lag, war zu viel für mich. Was für eine Verschwendung. Die Tränen liefen mir übers Gesicht, als ich die Schüssel über dem Mülleimer auskippte. Der Teig fiel mit einem resignierten Plumps hinein.

Ich entdeckte die orangefarbene Pillenflasche auf dem Tisch und warf sie ebenfalls in den Müll. Ich hatte mich lange genug gehen lassen. Ally brauchte jetzt eine Mutter mit klarem Kopf und scharfem Blick.

Es klopfte an die Tür, dann schloss jemand auf. Linda polterte in die Küche, beladen mit Plastiktüten und einem Stapel Auflaufformen.

»Neuigkeiten verbreiten sich schnell«, sagte sie und stellte die Formen auf die Arbeitsplatte.

Die Frauen von Owl Creek glaubten an die heilende Kraft der Aufläufe. Ob Geburt, Krankheit, Tragödie oder Tod – es gab immer einen Auflauf, der half. Als Charles gestorben war, türmten sich die Formen vor meiner Haustür, jede mit einem Post-it versehen, auf dem Inhalt und Köchin verzeichnet waren. Joan Dohertys Nudel-Thunfisch-Auflauf, Sue Provenchers Überraschung mit grünen Bohnen, Diane Beaulieus Hackbraten, Elaine McNultys Süßkartoffelauflauf, Kathleen Sullivans Makkaroni-Mayo-Auflauf, Holly Parkers Schinkenkartoffeln, Mary Bianchis überbackene Ziti, Joy Chamberlains Chili-Cheese. Sie standen wochenlang in meinem Kühlschrank, bis ich endlich die Energie aufbrachte, den Inhalt in den Mülleimer zu schaufeln, die Glasschüsseln zu schrubben und sie ihren rechtmäßigen Besitzerinnen zurückzugeben.

Mir war natürlich klar, dass sie sich aufrichtig um mich

sorgten und mit diesen Aufläufen Mitgefühl und Rücksichtnahme ausdrückten, für die sie keine Worte fanden. Aber ich hatte mein ganzes Leben in dieser Stadt verbracht und wusste, dass mehr dahintersteckte, dass es nicht nur um Großzügigkeit ging. Ich hatte nie am Auflaufwahn von Owl Creek teilgenommen, weshalb ich vermutlich so viele von den verdammten Dingern bekommen habe: von Frauen, die mir damit beweisen wollten, dass sie mir überlegen waren. Und Schande derjenigen, die vergaß, ihnen die feuerfesten Glasformen zurückzubringen.

»Ich habe ein paar Sachen eingekauft«, sagte Linda und deutete auf die Einkaufstüten. Sie hatte die Haare mit einer Schildpattklemme hochgesteckt und zupfte an den Strähnen, die ihr lose ins Gesicht fielen. »Du kannst sie gern zusammen mit den Aufläufen wegwerfen, aber ich wollte nicht mit leeren Händen zu dir kommen. Und du musst wirklich irgendwann etwas essen.«

»Danke«, sagte ich und meinte es aufrichtig. Linda war keine von den Auflauffrauen. Sie war immer freundlich, und das nicht, weil sie eine Gegenleistung erwartete, sondern weil es ihr nie in den Sinn gekommen wäre, unfreundlich zu sein. Sie griff in eine Plastiktüte und zog ein Stück Brot hervor, auf dem sie geistesabwesend zu kauen begann. Sie sah müde aus.

»Hast du geschlafen?«

Ich nickte. »Ich habe deine Tabletten genommen.«

»Braves Mädchen. Willst du noch welche? Ich kann für dich beim Arzt anrufen. Er verschreibt dir sicher welche.«

»Geht schon.« Ich konnte es mir nicht leisten, wieder in diesen Nebel zu geraten. Diesmal fände ich vielleicht nicht mehr hinaus.

Sie sah mir in die Augen. »Sag einfach Bescheid, falls du es dir anders überlegst. Haben die Hyänen noch mal angerufen?«

»Ich habe es stumm gestellt.«

»Richtig so.«

»Hast du irgendwas gesehen? In den Nachrichten?«

»Um sieben habe ich ein bisschen mitbekommen. Aber ich habe nicht weitergeschaut. Es ging vor allem um unseren verdammten Präsidenten, wie üblich.«

Ich schaute sie aufmerksam an. Linda hatte so gar kein Pokerface. »Was ist los?«

Sie biss noch ein Stück Brot ab und kaute gründlich. Spielte auf Zeit.

»Linda, bitte.«

Sie schluckte mühsam. »Jim hat mir das Foto von Allison in dem blauen Kleid gezeigt. Das du ihm für die Medienleute gegeben hast.«

Ally im Sonnenlicht im blauen Kleid. Ich nickte.

»Na ja, er hat es ihnen weitergeleitet, aber sie benutzen ein anderes.«

War das jetzt mein Leben? Konnte ich nicht einmal bestimmen, welche Bilder sie verwendeten? »Welches denn?«

»Ich hatte es noch nie gesehen. Jim sagt, es wäre aus dem Internet.« Sie hielt inne und beugte sich über den Tisch. »Die Sache ist die. Ich weiß, ich habe Ally ein paar Jahre nicht gesehen, aber sie war kaum zu erkennen. Sie sah … anders aus.«

Ein Ruck ging durch meinen Körper. »Wie anders?«

»Einfach nicht wie … Allison. Auf dem Foto war sie blond und dünn. Natürlich war sie immer zierlich, aber sie sah *mager* aus. Hat sie eine Diät gemacht?«

»Keine Ahnung«, sagte ich leise.

»Das soll nicht heißen, dass sie schlecht aussah, ganz im Gegenteil. Als sie es gezeigt haben, sagte ich zu Jim, das kann doch nicht unsere Allison sein. Sie sieht so elegant aus! Ich weiß, sie arbeitet für eine Zeitschrift und hat sich immer gut gekleidet, aber –« Linda schaute mich an und verstummte. »Tut mir leid, ich sollte nicht so drauflosreden.«

Es war Zeit, ehrlich zu ihr zu sein. »Ich muss dir was sagen.«

»Was denn?«

Ich holte tief Luft. »Ich habe Allison nicht gesehen, seit Charles gestorben ist.«

»Was soll das heißen? Du hast sie doch letztes Jahr an Thanksgiving besucht.«

Ich schüttelte den Kopf. »Ich war bei meiner Schwester in Florida. Ally hatte mich gebeten, nicht zu ihr zu kommen.«

»Das begreife ich nicht. Warum sollte sie so etwas tun? Und warum hast du es mir nicht erzählt? Du hättest doch an Thanksgiving zu uns kommen können.«

»Ich wollte keinen Aufstand machen.« Natürlich war es mir peinlich gewesen. Was war ich für eine Mutter, wenn meine eigene Tochter mich nicht sehen wollte? Selbst nach dem, was wir durchgestanden hatten. Vor allem nach dem, was wir durchgestanden hatten.

»Menschen tun seltsame Dinge, wenn sie trauern. Was immer der Grund war, sie wollte dich sicher nicht aus ihrem Leben ausschließen.«

»Linda …« Mir wurde schlecht bei der Vorstellung, ihr die Wahrheit zu sagen, aber es ging nicht anders. Ich hatte es schon so weit geschafft, jetzt blieb kein Raum für Lügen. »Als Charles sehr krank war, zum Ende hin, da hat er mich gebeten – ihm zu helfen, falls du verstehst, was ich meine.« Lindas Gesicht war ausdruckslos. »Er wollte nicht mehr leiden. Er wollte, dass es vorbei war. Verstehst du, was ich damit sagen will?«

Ich sah, wie sie allmählich begriff. Sie zuckte flüchtig zusammen und nickte, hatte Tränen in den Augen. »Oh, Maggie«, sagte sie leise.

Ich wandte mich ab. Ich wollte ihr nicht in die Augen sehen, weil ich fürchtete, sie könnte mich verurteilen. »Ich habe Ally nichts davon erzählt, weil ich sie nicht aufregen wollte«, sagte ich rasch. Jetzt musste alles raus, so wie wenn man einen Schlangenbiss bluten lässt, um das Gift herauszuspülen. »Sie wollte, dass ihr Dad so lange wie möglich am Leben blieb, und ich dachte nicht …« Ich zuckte mit den Schultern. »Ich weiß nicht, was ich gedacht habe. Ich hab es ihr nicht gesagt, aber sie hat es trotzdem herausgefunden.«

Linda schüttelte den Kopf, als wollte sie das, was jetzt kam, irgendwie abwehren.

Ich atmete tief durch. »Der Arzt hatte die Morphinpumpe nicht gesperrt. Wir hatten nicht mit ihm darüber gesprochen – wir wollten ihn nicht in Schwierigkeiten bringen, er hätte seine Approbation riskiert –, aber er schien unsere Gedanken zu lesen und machte es uns leicht. Ich dachte, Ally wäre noch beim Joggen. Charles hatte nicht gewollt, dass sie es sieht, und ich auch nicht. Sie sollte glauben, er sei eines natürlichen Todes gestorben. Ich weiß nicht, wieso – es kommt mir jetzt dumm vor, und es war grausam von uns, ihr den Abschied zu verwehren –, aber es war, als steckten wir beide zusammen in einem Nebel, und keiner von uns konnte klarsehen. Ich habe ihn geküsst und den Morphin-Tropf aufgedreht und seine Hand gehalten, bis er gestorben war. Es ging schnell. Schneller, als ich dachte.« Ich wischte mir eine Träne weg. »Als ich mich umdrehte, stand sie in der Tür.« Ich sah es vor mir, als wäre es gerade erst geschehen. »Ihr Gesichtsausdruck verriet mir, dass sie gesehen hatte, wie ich ihn tötete.«

Linda ergriff ganz fest meine Hand. »Schau mich an, Maggie.«

Ich drehte mich zögernd um. Ihr Gesicht war voller Liebe, Sorge und Güte. Ich wurde ganz schlaff vor Erleichterung. So war meine Linda – das hätte ich eigentlich wissen müssen. Ich hätte es ihr schon längst erzählen sollen. »Du hast ihn nicht getötet«, sagte sie sanft. »Du hast ihm geholfen.«

Plötzlich kam ich mir vor, als würde ich Ally untreu, als suchte ich nach einer Bestätigung, die ich nicht verdient hatte. Ich zog die Hand weg, als hätte ich mich verbrannt. »Ally hat es anders empfunden. In ihren Augen hatte ich ihren Vater getötet.« Ich erinnerte mich an ihr Gesicht, erfüllt von Kummer und Abscheu. Ein Blick, den eine Mutter niemals im Gesicht ihres Kindes sehen möchte. »Sie hat kein Wort gesagt, sie hat einfach ihre Sachen genommen und ist aus dem Haus gerannt. Darum war sie auch nicht bei der Beerdigung – nicht, weil sie zu mitgenommen war oder Grippe hatte oder was immer ich den Leuten damals erzählt habe. Sie wusste, dass ich dafür verantwortlich war, und konnte meine Nähe nicht ertragen.«

»Für Charles' Tod ist einzig und allein der gottverdammte Krebs verantwortlich, der ihn aufgefressen hat«, sagte Linda. »Du hast nur getan, worum er dich gebeten hatte. Ich habe doch gesehen, welche Schmerzen er litt. Und Ally hat das auch gesehen. Du hast aus Barmherzigkeit gehandelt, und ich bin mir sicher, dass sie es tief im Inneren gewusst hat.«

Ich zuckte mit den Schultern. »Ich weiß nur eins: Als ich meiner Tochter das letzte Mal in die Augen gesehen habe, habe ich Hass darin gelesen. Und jetzt werde ich nie wieder in diese Augen blicken.« Erneut traf mich diese Erkenntnis wie ein Schlag. Wie konnte ich noch am Leben sein? Wie konnte mein Herz noch in meiner Brust schlagen, wenn es so unwiderruflich zerbrochen war?

»Oh, Maggie.« Linda hockte sich neben meinen Stuhl. »Es tut mir so leid. Mein Gott, ich kann mir gar nicht vorstellen …«

Jim und sie hatten drei Jungs, die nach dem Studium wieder

nach Maine gezogen waren. Craig, der Älteste, und seine Frau Kelly hatten sogar ein Haus in derselben Straße gekauft. Kinder, Enkel – sie hatten jedes Wochenende ein volles Haus. Darum hatte ich es ihr auch nicht gesagt. Weil sie den Schmerz meines Verlustes wie ihren eigenen empfinden würde, und das wollte ich ihr ersparen. »Sie wusste, dass du sie geliebt hast«, flüsterte sie. »Und sie hat dich geliebt.«

Ich war ihr dankbar für die Worte, aber die Zeit. *Sie hatte mich geliebt. Ich hatte sie geliebt.* Vergangenheit. Mein ganzes Leben lag in der Vergangenheit.

»Maggie.« Linda betrachtete mich prüfend. »Zeit zum Ausruhen?«

Mir kamen die Tränen. Wir kannten uns sehr lange. Ich nickte.

Sie drückte meinen Arm. »Ich gehe jetzt, aber ruf mich an, wenn du aufstehst. Sofort.«

Sie stellte die Kaffeebecher in die Spüle. »Lass die Schüsseln einfach stehen«, sagte sie im Hinausgehen. »Ich hab dich lieb.«

Mit diesen Worten war sie verschwunden. Ich hörte, wie ihr Wagen explosionsartig ansprang und davonfuhr.

Ich war allein.

Allison

Bleib stehen.

Atme.

Ich klettere schon seit Stunden. Zerkratzte Handflächen, blutige Knie, kreischende Lungen, schmerzender Rücken. Aber ich bin auf dem Gipfel. Auf dem Dach der Welt, wenn die Welt nur nicht so weit entfernt wäre.

Das Land erstreckt sich wie ein verschlissener Teppich unter mir. Der Abstieg ist steil und tückisch, aber ich kann die schwachen Umrisse eines Weges sehen, der sich an der Bergflanke hinunterschlängelt. Wenn ich den nehme, muss ich aufpassen, dass ich nicht in die falsche Richtung gehe. Wenn ich ihn nicht nehme, laufe ich Gefahr, in eine Felsspalte zu stürzen und mir den Kopf aufzuschlagen.

Weiße Knochen.

Man kann auf vielerlei Weise sterben.

Mein Plan: den Weg nehmen.

Ich trinke einen Schluck Wasser, den ersten seit Stunden, und esse einen halben Powerriegel. Die Goldfliegen umschwärmen mich, aber ich verjage sie nicht mehr. Ich bin mit roten Schwellungen und blutigen Krusten bedeckt – viel Haut dürfte nicht mehr übrig sein, in die sie noch stechen können. Doch da irre ich mich. Die kleinen Scheißer stechen einfach in die Wunden.

Das sirrende Geräusch ist wieder da, lauter und beharrlicher. Ich bin dehydriert, kann aber nicht beurteilen, wie schlimm es ist. Ich weiß nur, dass ich nicht ohnmächtig werden darf. Ich trinke noch einen Schluck und stopfe die Flasche wieder in die Tasche. Das reicht. Es muss reichen. Los jetzt. Weiter.

Ich bewege mich mit winzigen seitlichen Schritten zwischen den scharfen Felsen hindurch, taste mich über scharfe Kanten, wobei die Tasche bei jedem Schritt gegen meinen unteren Rücken schlägt. Die Bewegung wird geradezu meditativ, das langsame Wechseln vom linken auf den rechten Fuß, das stete Keuchen, das beharrliche Summen der Fliegen.

Dann plötzlich ist sie da, mit geradezu atemberaubender Klarheit: eine Erinnerung. Ich im Schneeanzug, die kleinen Arme und Beine zu heiß unter dem kissenweichen Stoff, eine kratzige Wollmütze auf dem Kopf, und mein Vater, der mich in Cordhose, Stiefeln und seiner alten Skijacke auf einem roten Plastikschlitten bergauf zieht. Er setzt sich hinter mich, stößt uns ab, und die Bäume sausen an uns vorbei, als wir auf der eisigen Bahn bergab rasen. Er hält mich fest umschlungen, als ich so schreie, wie man nur schreit, wenn man sich in einem flüchtigen Schreckmoment vollkommen sicher fühlt.

Und dann, allzu bald, sehe ich ein anderes Bild. Wie er mit brüchiger, gelblicher Haut auf dem Sofa liegt, die Lippen rissig und blutig, neben ihm sitzend meine Mutter.

Noch immer kann ich den Zorn heraufbeschwören, den ich damals empfunden habe. Noch Monate später sah ich sie vor mir, wie sie den Morphin-Tropf aufdrehte, und trug den Hass in mir wie eine Flamme, die man mit gewölbten Händen schützt. Sie hatte ihn getötet. Sie hatte ihn mir weggenommen. Sie hatte mich nicht vorgewarnt. Sie hatte mir nicht einmal erlaubt, mich zu verabschieden.

Irgendwann, wie nach einem langen Fieber, erwachte ich, zerbrach mein Zorn und wich Trauer und Reue. Aber da war es schon zu spät.

Ich schiebe die Gedanken weg, tief ins Innere, wo solche Erinnerungen hingehören. Tief ins Innere, wo ich sie nicht sehe. Ich kann jetzt nicht darüber nachdenken. Ich kann mir nicht leisten, an irgendetwas anderes zu denken als ans Überleben.

Ich bewege mich vorsichtig über die glatte Oberfläche eines Felsblocks. Überlege, welches Lied ich singen, welches Gedicht ich aufsagen könnte. Aber ich kenne kein Gedicht auswendig, und die einzigen Lieder, die mir einfallen, sind Weihnachtslieder. Weihnachtslieder erinnern mich an meinen Vater und den Winter und wie wir Schlitten gefahren sind, und das Bild meines Vaters auf dem Schlitten erinnert mich wiederum an seine Beine, so dünn unter der Decke, und an seine Haut, die wie Wachs aussah, und wie ich zurückgezuckt bin, als er die Hand nach mir ausstreckte. Ich hatte gesehen, wie meine Mutter seine Hände hielt, und was ich spürte, war Ekel. Dafür hasse ich mich. So wie für andere Dinge.

Ich stolpere und stürze, verrenke mir die verletzte Schulter. »Scheiße!!!«, brülle ich ins Nichts. Ich schaue zurück, um zu sehen, worüber ich gestolpert bin. Ein Baumstumpf.

Dummes, blödes Mädchen.

Meine Handflächen brennen, und meine Schulter pocht, aber der Schmerz lässt mich wieder klar denken.

Mein Plan heißt Überleben.

Ich komme wieder auf die Füße und bewege mich auf den Weg zu. Langsam. Vorsichtig. Nur noch wenige Stunden, bis es dunkel wird, höchstens vier. Ich muss vorher mein Lager aufschlagen. Einen Fuß vor den anderen, genau schauen, wohin ich die Füße setze.

Als ich den Weg erreiche, belohne ich mich mit einem Schluck Wasser, doch es ist nicht viel übrig, nur eine halbe Flasche, und die Hitze ist erbarmungslos, obwohl die Sonne allmählich untergeht. Das Sirren in meinem Schädel ist zu einem steten Dröhnen angeschwollen.

Beeil dich.

Die Dunkelheit rückt näher, als der Weg ebener wird. Ich gehe hinein in den Wald, lasse mich von den Bäumen verschlucken.

Auf einer kleinen Lichtung setze ich die Tasche ab und zucke zusammen. Ich fahre mit den Fingern über die Rillen, die die Riemen auf meinen Schultern hinterlassen haben; die Haut schmerzt und ist blutig. Mein Körper ist eine einzige gottverdammte Symphonie des Schmerzes, jeder Teil spielt seine eigene Melodie.

Der Himmel ist von einem tiefen, samtenen Blau. Es ist kälter geworden. Die Tageshitze ist einer trockenen Kühle gewichen. Ich hole zitternd das Sweatshirt aus der Reisetasche, aber es reicht nicht. Die Kälte frisst sich in meine Knochen. Ich muss Feuer machen.

Holz sammeln. Es auf die Lichtung tragen. Die Windrichtung prüfen und wo Bäume stehen. Ich schichte das Holz auf, wie mein Vater es mir beigebracht hat. Ein Bündel Zunder. Ein Tipi aus Rinde und Reisig. Lange, trockene Stöcke bereithalten, um die hoffentlich entstehenden Flammen zu nähren.

Ich klappe das silberne Feuerzeug auf. Die blassblaue Flamme zuckt, als ich sie an die Kiefernnadeln halte. Sie erglühen orange. Ich warte ab, bis sich die Glut gleichmäßig im Kleinholz verteilt hat, und lege ein paar größere Äste aufs Feuer. Es zischt und knackt.

Die Hitze wärmt das Metall meiner Uhr, also stecke ich sie in eine Tasche mit Reißverschluss. Die Zeit spielt ohnehin keine Rolle. Ich breite die Abdeckplane auf dem Boden aus, esse einen halben Powerriegel und bemühe mich, meinen knurrenden Magen und meinen trockenen Mund und den lauernden Schrecken in meiner Kehle zu ignorieren.

Ich sehe zu, wie die Flammen an den Ästen lecken und sie in Asche verwandeln. Ich war neun, als mein Vater mir beigebracht hat, wie man Feuer macht. Er hatte einen Bürojob im Rathaus und verbrachte jede freie Minute in der Natur. Im Winter war er mit Schneeschuhen unterwegs, im Sommer beim Zelten und Bergsteigen. Sobald ich laufen konnte, nahm er mich überallhin mit.

Eines Abends wollten wir das trockene Laub, das wir am Vortag zusammengerecht hatten, im Garten verbrennen. Er schickte mich los, um unter den Bäumen am Haus Reisig zu sammeln, und zeigte mir, wie man alles richtig anordnete. Schließlich nahm er ein Stück Quarz und einen flachen Stein in die Hand.

»Schau genau hin, Allycat«, hatte er gesagt. »Es ist wie ein Zaubertrick.« Dann hatte er die Steine aneinandergeschlagen, bis ein Funke aufstob.

»Jetzt du«, hatte er gesagt, mir die beiden Steine gegeben und gezeigt, wie ich sie halten sollte. »Du musst den Handstein mit dem Schlagstein genau hier treffen.« Er hatte auf eine Vertiefung in der Mitte des flachen Steins gedeutet.

Ich schlug wieder und wieder mit dem Stein, aber nichts passierte.

»Mach weiter. Irgendwann klappt es.«

Ich machte weiter. Immer noch nichts. Meine Arme taten weh, und meine Finger verkrampften sich. »Das ist blöd. Warum mache ich das eigentlich? Wir haben doch Streichhölzer im Haus!«

»Es ist wichtig.« Mehr hatte er nicht gesagt. Aber von da an hatte ich es auch für wichtig gehalten.

Ich zerbrach den flachen Stein. Er holte mir einen neuen. »Nicht aufgeben. Du bist zäh. Du bist geduldig. Du schaffst das.«

Und dann passierte es. Ein einzelner leuchtend orangefarbener Funke, und dann, beim nächsten Schlag, ein winziger Funkenregen. Er jubelte. »Noch mal! Und diesmal über dem Zunder!« Ich schlug noch einmal zu, und einer der winzigen Funken fiel auf das Häufchen Zunder. Mein Dad legte die Hände darum und pustete vorsichtig, bis der Zunder Feuer fing, und dann lehnten wir uns beide zurück und schauten zu, wie die winzige Flamme kräftiger wurde und schließlich den Haufen aus Stöckchen und Zweigen in Brand setzte und zu einem Feuer wurde. Ich hatte Feuer gemacht.

Ich weiß noch, wie er den Arm um mich legte und mich fest an sich zog. »Ich wusste, dass du es schaffst.«

In diesem Augenblick hätte ich alles schaffen können.

Aber dann war er gestorben, und ich hatte ihn verraten. Ich hatte zugelassen, dass ich nutzlos und dekorativ wurde. Nur für eins zu gebrauchen.

Ich schaue wieder zum Feuer. Die Luft ist nicht mehr kühl, und ich spüre allmählich wieder meine Finger und Zehen. Ich hole die Nüsse aus der Tasche, esse zwei Erdnüsse und eine Walnuss, kaue und kaue, bis sie nur noch Brei sind. Um mich für das Feuer zu belohnen, gönne ich mir noch einen halben Powerriegel. Das Essen weckt meinen Magen, er verkrampft sich vor Hunger.

Es sind noch zweieinhalb Powerriegel und eine halbe Tüte Nüsse übrig. Das reicht für zwei Tage, maximal. Ich muss mir etwas einfallen lassen. Aber erst mal schlafen.

Ich streife die Schuhe ab und inspiziere die neuen Blasen. Ein Zehennagel tut weh, er hat sich unter dem rosa Lack schwarz verfärbt. Von dem kann ich mich wohl verabschieden.

Ich lege mich hin und wickle mich in die Decke. Das Feuer knistert. Ich kann meinen Vater im Rauch riechen und spüre etwas jenseits der schmerzenden Muskeln, der Schnitte und blauen Flecken und der tiefen, unüberwindlichen Angst, die in meiner Brust sitzt. Etwas wie Trost.

Du bist zäh. Du schaffst das.

Es ist das Letzte, was ich denke, bevor ich unter dem schwarzen Himmel und dem Halbmond und dem Meer aus winzigen, funkelnden Sternen einschlafe.

Maggie

Eigentlich hatte ich Linda nicht erzählen wollen, was zwischen mir und Ally vorgefallen war, doch nun war es, als hätte man mir eine Last von der Seele genommen.

Vor zwei Jahren hatte ich Ally verloren. In den Monaten nach Charles' Tod hatte ich versucht, mich mit ihr auszusöhnen, hatte sie angerufen, Nachrichten auf dem Anrufbeantworter und bei ihrer Mitbewohnerin hinterlassen, sie in Briefen angefleht, mit mir zu reden, doch die Antwort war Schweigen gewesen. Sie wollte mich nicht in ihrem Leben haben, das hatte sie mir deutlich gezeigt. Und ich war zu aufgewühlt von Trauer, schlechtem Gewissen und Reue, um an eine Tür zu klopfen, die man vor mir verschlossen hatte. Ich redete mir ein, es sei besser so, dass ich mich nur Allys Wünschen fügte und ihre Entscheidung respektierte. In Wahrheit aber war ich einfach schwach und hätte weiterdrängen, vor ihrer Tür auftauchen und dort bleiben sollen, bis sie bereit war, mich zu sehen. Sie war meine Tochter, und sie litt ganz furchtbar. Ich hätte alles in meiner Macht Stehende tun müssen, um mich mit ihr zu versöhnen. Und jetzt war sie nicht mehr da. Es war zu spät, um den Bruch zu kitten, aber ich war es ihr schuldig, herauszufinden, was mit ihr geschehen war. Wenn ich damals schon nicht um sie gekämpft hatte, konnte ich es wenigstens jetzt tun.

Ich musste dieses Foto sehen.

Ich rollte mich wie eine Schlange in Charles' altem Sessel ein und wartete auf die Sechs-Uhr-Nachrichten. Als der Vorspann begann, beugte ich mich vor.

Eine rothaarige Frau in einem knallroten Kostüm saß hinter einem Schreibtisch und schnitt eine Grimasse in die Kamera. »In unserer Topmeldung heute Abend geht es um eine Frau aus Bangor, die ihren eigenen Sohn laut Zeugenaussagen in einem Anfall von Wahnsinn brutal angegriffen hat ...«

Ich stellte den Ton ab und lehnte mich im Sessel zurück. Das Leid anderer Leute interessierte mich nicht, ich hatte selbst genug davon.

Als der Bericht über den No-Hitter der Red Sox gegen die Orioles zu Ende ging, schaltete ich den Ton wieder ein.

»Es sieht aus, als hätten die Fans der Sox endlich wieder Grund zur Freude«, sagte der Sportreporter mit den aufgekrempelten Ärmeln.

Die rothaarige Nachrichtensprecherin nickte ihm zu. »Und wie, Jim.« Dann wandte sie sich wieder zur Kamera und runzelte die Stirn. »Die Ermittlungen zur Ursache eines Flugzeugabsturzes, bei dem eine aus Maine stammende Frau ums Leben kam, dauern noch an.«

Jetzt wurde links ein Foto eingeblendet. Ihre Haare waren tatsächlich blond, und sie war tatsächlich dünn. Zu dünn. Sie trug ein rückenfreies schwarzes Kleid und lächelte über die Schulter. Man konnte jeden einzelnen Wirbel erkennen. Ihre Haare flossen in karamellfarbenen Wellen herab. Sie hatte hohe Wangenknochen und schimmernde Haut, und ihre Zähne strahlten blendend weiß. Sie war schön, atemberaubend schön, hatte aber so gar keine Ähnlichkeit mit meiner Tochter. Natürlich war Ally immer schön gewesen, aber diese Frau hier sah aus wie ein Filmstar. Ich brauchte tatsächlich einen Moment, um meine eigene Tochter zu erkennen.

»Allison Carpenter, 31, war die einzige Passagierin einer einmotorigen Maschine, die in Colorado über den Rocky Mountains abstürzte. Der Pilot wurde noch nicht identifiziert. Ms Carpenter wuchs in Maine auf, lebte aber zuletzt in San Diego, Kalifornien. Die Behörden ermitteln zur Unglücksursache, ein Verbrechen wird zurzeit jedoch nicht vermutet. Wir halten Sie auf dem Laufenden.«

Die Miene der Nachrichtensprecherin veränderte sich. »Die Lottozahlen heute Abend versprechen einen Rekordgewinn von 1,6 Millionen Dollar. Hast du deinen Tippschein bereit, Jim?«

»Aber sicher, Melanie.«

Ich schaltete den Fernseher aus. Stille senkte sich über mich, zusammen mit dem Staub, der im verbliebenen Tageslicht schimmerte.

Ich dachte an das Foto von Ally und wie glamourös sie darauf ausgesehen hatte. Wie konnte sie sich dieses Kleid leisten? Und den Haarschnitt? Ich kannte mich mit Mode nicht sonderlich gut aus, wusste aber, dass sie dafür nicht genug verdient hatte. Sie verkaufte Anzeigen für ein neues Frauenmagazin namens *Faces*. Sie hatte uns ein paar Hefte gezeigt, als wir sie besucht hatten. Es war voller wunderschöner Frauen jeglicher Hautfarbe, einige dick, andere dünn, eine mit einer großen Narbe im Gesicht. Keine von ihnen sah auch nur annähernd so aus wie die Frau, deren Foto man in den Nachrichten gezeigt hatte.

»Es geht uns um Repräsentation«, hatte Ally mit konzentriertem Blick gesagt. »Diese Zeitschrift wird von Frauen gemacht und feiert Frauen, wie immer sie aussehen und was immer sie tun. Wir wollen mehr sein als nur ein Werkzeug. Wir wollen die Industrie herausfordern.«

Weder Charles noch ich hatten richtig verstanden, wovon sie redete, aber wir kannten ihre lodernde Leidenschaft. »Das hört sich toll an, Schatz«, hatten wir gesagt. Ich hatte mir ein Heft mitgenommen und es im Flugzeug gelesen. Es gefiel mir, aber ich wusste nicht, wer jemals Anzeigen darin schalten sollte. Vielleicht hatte es dennoch funktioniert. Aber dann hätte ich sicher davon gehört, und ich konnte mich nicht daran erinnern, die Zeitschrift jemals im Supermarktregal gesehen zu haben.

Ich ging in die Küche und schaltete den uralten iMac ein, den wir Ally fürs College geschenkt und von ihr geerbt hatten, als sie sich einen schlanken silbernen Laptop leisten konnte. Der Ventilator summte, der Startbildschirm erschien. Die meisten meiner Freundinnen verstanden nicht, wie das Internet funktionierte, und nur die erfahrensten von ihnen hatten Facebook. Linda hatte sogar ihre Schwiegertochter Kelly dazu gebracht, keine Links mehr zu den Urlaubsfotos zu schicken, sondern Abzüge vorbeizubringen.

Bei mir aber war das anders. Nach zwanzig Jahren in der Rechercheabteilung der Bowdoin University fand ich mich durchaus im Internet zurecht. Der Computer war langsam, funktionierte aber noch, und mit meinem Pensionsausweis hatte ich jederzeit Zugang zur Collegebibliothek. Obwohl ich das Know-how besaß, hatte ich nie versucht, Ally online zu finden, nachdem Charles gestorben war. Ich wollte ihren Wunsch respektieren und mich von ihr fernhalten. Wie dumm von mir.

Ich fing mit ihrem Namen an, fand aber nur Berichte über den Absturz. Sie hatte auch keinen Facebook-Account, obwohl ich wusste, dass es einen gegeben hatte, weil sie ihn mir vor ein paar Jahren bei einem Weihnachtsbesuch gezeigt hatte. Wir hatten uns damit amüsiert, ihre alten Freundinnen aus der Highschool zu suchen und zu sehen, was aus ihnen geworden war. »Jenny hat drei Kinder«, hatte sie staunend gesagt. »Ist das zu fassen?« Nun aber fand ich keine Allison Carpenter aus San Diego, und die Frauen, die mir von den kleinen Fotos entgegengrinsten, sahen weder wie die alte Ally noch wie die Filmstar-Version von ihr aus.

Als Nächstes googelte ich ›Faces Magazine‹. Der erste Link führte zu einem Wikipedia-Eintrag. Wie einem jede verantwortungsvolle Studentin sagen kann, ist Wikipedia keine zuverlässige Quelle, wohl aber ein brauchbarer Anfang. Der Eintrag war kurz und erklärte die Mission der Zeitschrift, von der Ally uns erzählt hatte. Ich las von einem Skandal um einen Popstar, dessen Name mir vage bekannt vorkam und der etwas Gemeines über die Models gesagt hatte. Unter einem Bild der Erstausgabe fand sich eine Reihe von Fakten. Chefredakteurin: Agathe Silverman. Erscheinungsrhythmus: monatlich. Erste Ausgabe: September 2009. Letzte Ausgabe: Januar 2016.

Das konnte nicht stimmen. Januar 2016, das war vier Monate vor Charles' Tod gewesen. Ich hatte Ally im März gesehen, und sie hatte nichts davon erwähnt.

Meine Tochter war ein Rätsel. Ich musste mit jemandem sprechen, der etwas über sie wusste. Also riss ich die Schublade auf, in der unser altes, in Stoff gebundenes Adressbuch lag, voller Zettel und Visitenkarten und Namen von Leuten, die ich seit Jahren nicht gesehen hatte und vermutlich auch nie wiedersehen würde. Ich blätterte zu der fraglichen Seite. Da war Allisons Festnetznummer, die Charles mit seiner eckigen Schrift eingetragen hatte. Ich hatte sie seit zwei Jahren nicht gewählt.

Wie hieß ihre Mitbewohnerin doch gleich? Sara? Nein, Tara. Ich freute mich nicht gerade darauf, ihr von dem Flugzeugabsturz zu berichten, brauchte aber dringend Antworten.

»Hallo?« Die Stimme klang vertraut, war aber nicht die von Ally. Mein verräterisches Herz zog sich zusammen. Mein verräterisches Herz, das Charles' Ehering behalten und das Telefon am Netz gelassen hatte, der Teil von mir, der flüsterte: Und wenn es nun eine Verwechslung war? Wenn sie da ist, wenn sie die ganze Zeit zu Hause war? Wenn sie auf Socken in ihrer Wohnung herumläuft?

»Spreche ich mit Tara?«

»Am Apparat.«

»Tara, hier ist Maggie Carpenter. Allys Mutter.«

Sie keuchte auf. »Mrs Carpenter! Oh, mein Gott. Es tut mir so leid. Ich habe es gerade in den Nachrichten gehört und konnte nicht glauben ...« Ich stellte mir Tara am anderen Ende der Leitung vor, die blonden Haare zu einem Pferdeschwanz gebunden, ihre schmalen Schultern zitternd. Ich war ihr nur einmal auf unserer Reise nach San Diego begegnet. Sie war ein liebes Mädchen, das man am liebsten in die Arme nehmen und zu einem Sandwich oder einem Eis einladen würde.

»Ich weiß, Liebes. Ich auch nicht.«

»Es war so ein Schock. Ich meine, ich habe Ally eine Weile nicht gesehen, aber dass sie nun gar nicht mehr da sein soll ...«

»War sie länger unterwegs? Auf einer Geschäftsreise?«

»Ich – auf einer Geschäftsreise? Das weiß ich nicht. Möglich wäre es.«

»Könnte es uns weiterhelfen, wenn du dir ihr Zimmer ansiehst? Ob sie viel oder wenig gepackt hatte?«

Eine lange Pause. »Mrs Carpenter, Sie wissen, dass Ally nicht mehr hier wohnt, oder?«

Mir stockte der Atem. »Verstehe. Wann ist sie ausgezogen?«

»Vor etwa einem Jahr.«

»Vor einem Jahr. Und wohin ist sie gezogen? Hast du die Adresse?«

»Nein. Ich ... ich kenne sie nicht. Wir haben ... wir hatten nur noch wenig miteinander zu tun, als sie ausgezogen ist.« Sie begann zu weinen.

»Schon gut, Liebes«, murmelte ich. Ally war umgezogen, ohne es mir zu sagen. Ein ganzes Jahr lang hatte ich nicht gewusst, wo meine Tochter wohnte, hätte sie im Notfall nicht erreichen können. Sie hatte sich vollkommen von mir abgekapselt.

»Die meisten Sachen sind noch da – eigentlich hat sie nur einen Koffer mitgenommen, hier vor mir ist die Decke, die wir zusammen ausgesucht haben, und der Fernsehtisch und das Geschirr und –« Sie weinte jetzt hemmungslos und stieß die Worte keuchend hervor.

»Weißt du, wo sie gearbeitet hat? Ich habe die Zeitschrift gegoogelt, bei der sie war, aber ...«

»Da hatte sie schon lange aufgehört«, erwiderte Tara leise.

»Hat sie bei einer anderen Zeitschrift gearbeitet? Vielleicht musste sie viel reisen? Wir sind uns nämlich immer noch nicht sicher, warum sie in diesem Flugzeug war, und ich dachte, es könnte etwas mit ihrem Job zu tun haben.«

Am anderen Ende herrschte Stille. »Sie hat zuletzt als Kellnerin in einer Cocktailbar gearbeitet.«

»Als Kellnerin in einer Cocktailbar?« Ich versuchte mir Ally vorzustellen – meine schöne, brillante Ally mit dem College-Abschluss und den Bücherstapeln –, wie sie ein Tablett voller Gläser mit bunten Schirmchen balancierte. »Hat sie nichts Besseres gefunden?«

»Sie hat es immer wieder versucht, aber irgendwie hat es nie geklappt ...«

Mein Verstand lief auf Hochtouren, um die neuen Informationen zu verarbeiten. Ich musste mehr erfahren. »Tara, weißt du noch, wie die Bar heißt?«

»Sie heißt Sapphire's und ist im Gaslamp Quarter.« Sie begann wieder zu weinen. Ich stellte mir vor, wie ihre dünnen, schmalen Schultern unter den Schluchzern erbebten, und es brach mir das Herz. »Sie fehlt mir so«, keuchte Tara. »Sie fehlt mir wirklich.«

»Das weiß ich. Das geht uns allen so.« Ich brachte es nicht

über mich, ihr weitere Fragen zu stellen. Ich hatte sie ohnehin schon zu sehr bedrängt. Also sagte ich, sie solle gut auf sich Acht geben, und beendete das Gespräch.

Ich versuchte, diese neue Version von Ally mit der in Einklang zu bringen, die ich kannte. Als kleines Mädchen hatte sie große Träume gehabt, die Nase immer in ein Buch gesteckt oder in ihr Notizbuch gekritzelt, sie hatte Fotos von London und Paris an die Wände gepinnt. Charles und ich schauten uns immer an, wenn sie etwas besonders Kluges sagte, und schüttelten staunend den Kopf, weil wir einen so unglaublichen Menschen gezeugt hatten. Sie würde alles schaffen, was sie sich vornahm – und war als Kellnerin in einer Cocktailbar gelandet. Das passte einfach nicht zusammen. Als Mutter eines erwachsenen Kindes liebte man den Menschen, der aus dem Kind geworden war, von ganzem Herzen und trauerte zugleich um alles, was nicht aus ihm geworden war.

Jetzt war es zu spät, und ich würde nie die Frau kennenlernen, zu der Ally geworden war. Sie würde für immer in ihrer Zeit gefangen bleiben, und ihr Bild würde allmählich verschwimmen, während ich neue Dinge erfuhr, die andere verblassen ließen.

Doch ich musste es versuchen.

Allison

Ein fernes, mechanisches Surren weckt mich. Ein Flugzeug vielleicht, oder ein Hubschrauber. Ich fahre hoch, lausche, wie das Geräusch am Himmel verschwindet und dem ruhigen Murmeln des Waldes Platz macht. Das Licht dringt nur bruchstückhaft durch die Bäume, und ich schaue blinzelnd hoch, worauf das Hämmern in meinem Kopf erneut beginnt. Es ist jetzt lauter, ein unablässiges Trommeln.

Ich kämpfe gegen den Schwindel. Meine Schulter pocht.

Ich greife nach der Wasserflasche. Nur noch ein paar Schlucke übrig. Ich trinke sie gierig, kann einfach nicht anders. Ich muss jetzt Wasser finden, das ist am wichtigsten. Der Weg. Dorthin muss ich zurück.

Es war nicht so, dass ich es nicht versucht hätte. Ich bewarb mich auf jede Stelle bei Zeitschriften und auf jeden Bürojob und zuletzt auf *jeden* Job. Ich registrierte mich bei Zeitarbeitsfirmen und traf mich mit Personalvermittlern, die stirnrunzelnd meinen Lebenslauf lasen und versprachen, sich bei mir zu melden, es aber nie taten. Und wenn sie dann doch anriefen, erklärten sie mir, ich sei überqualifiziert, die Arbeitgeber wollten jemanden frisch vom College, der ihr Telefon bediente, jemanden, der nicht zu viel erwartete. Ich erwiderte, mir gehe es einfach nur um eine bezahlte Stelle, aber das spielte keine Rolle – es gab einfach keinen Job für mich.

Sechs Monate vergingen. Sechs Monate im unbarmherzigen Sonnenschein, gestrandet auf dem Sofa in der schäbigen Wohnung, die ich mir nicht mehr leisten konnte. Ich schaute tagsüber fern und scrollte durch Stellenangebote, während der Kummer immer wieder in Wellen über mir zusammenschlug. Das wenige Geld, das ich gespart hatte, versiegte allmählich, und schließlich musste ich mich zwischen Miete und Auto entscheiden.

Das hier war Kalifornien, also entschied ich mich für das Auto.

Eine Weile übernahm Tara meinen Anteil an der Miete, aber es fiel ihr schwer, und als sie mir schließlich sagte, sie müsse sich nach einer neuen Mitbewohnerin umschauen, log ich und sagte, ich hätte schon etwas Neues in Aussicht. Sie meinte, ich könne auf der Couch schlafen, doch sie hatte schon viel zu viel für mich getan – ich wollte ihr nicht noch mehr Sorgen bereiten. Also rief ich eine alte Freundin an und fragte, ob ich ein paar Tage bei ihr bleiben könne. Aus den Tagen wurde eine Woche und dann zwei, bis ich ihr nicht mehr in die Augen sehen konnte. Ich rief eine andere alte Freundin an und dann noch eine. Ich wohnte in Gästezimmern und auf Sofas in der ganzen Stadt, bis mir die hilfsbereiten alten Freundinnen ausgingen.

Also zog ich in mein Auto.

Ich wusste, meine Mutter hätte mir geholfen, wenn ich sie gefragt hätte. In all den Nächten, die ich auf durchgesessenen Sofas und dem engen Rücksitz meines Autos verbrachte, und an den Tagen, an denen ich nur Ramen-Nudeln und gekochte Eier gegessen und die Zeit vor Sonnenuntergang totgeschlagen habe, war ich mir stets bewusst, dass ich das alles mit einem einzigen Anruf zu Hause hätte beenden können. Doch ich konnte mich nicht dazu durchringen. Der Zorn auf meine Mutter begann zu verblassen, obwohl er immer noch da war, wenn ich danach suchte, so wie ein blauer Fleck, der fast verheilt war. Der Zorn war etwas anderem gewichen, das schwerer zu greifen und zu benennen war. Ich fühlte mich betrogen, weil meine Mutter mich ausgeschlossen hatte, schämte mich aber auch für meine Reaktion. Ich war nicht bei der Beerdigung meines Vaters gewesen. Ich hatte sie am absoluten Tiefpunkt im Stich gelassen. Und jetzt war ich nur ein heruntergekommenes, verwöhntes Gör, das keinen Job finden konnte. Überflüssig. Eine Versagerin. Nein. Ich konnte sie nicht anrufen, noch nicht. Das hier musste ich allein durchstehen.

Ich rappele mich mühsam auf und fange an, das Lager abzubauen. Das Gras unter der Plane ist platt gedrückt, im weichen Boden sieht man meine Umrisse. Ich trete mit der Schuhspitze dagegen und werfe ein paar Zweige darüber. Ich will keine Spuren hinterlassen.

Über Nacht sind die Bäume scheinbar größer geworden, sie wölben sich wie ein endloser grüner Baldachin über meinen Kopf. Ich suche nach dem Stofffetzen, den ich um einen Baumstamm gebunden hatte, um den Weg zu markieren. Es war nur wenige Schritte links vom Lager. Oder rechts? Ich bewege mich langsam im Halbkreis, Zweige knacken unter meinen Füßen. Alles sieht gleich aus, nichts ist vertraut. Es dämmerte schon, als ich mein Lager aufgeschlagen habe – es war zu dunkel, um Einzelheiten zu erkennen, und ich hatte auch nicht genau hingeschaut.

Dummes, blödes Mädchen.

Ich schaue blinzelnd zum Himmel empor. Die Bäume stehen zu dicht, um den Weg der Sonne auszumachen. Ich weiß nicht mehr, wo Ost oder West oder wie spät es ist – von überall her starren mich die Bäume ausdruckslos an.

Glockenblumen wiegen sich im Wind.

Denk nach. Was würde Vater machen?

Er kann mir nicht antworten. Ich muss raten.

Rechts. Ich muss nach rechts.

Nein. Nach links.

Ich marschiere entschlossen los, das vertraute Gewicht der Tasche reibt über die wunden Stellen an meinem Rücken. Die Vögel verstummen, wenn ich mich nähere, aber ich höre, wie sie einander rufen, um Liebe, Einsamkeit oder Angst auszudrücken.

»Hörst du das?«, flüsterte mein Vater, als wir tief im Wald standen. Ich war ganz still und horchte – horchte so angestrengt, dass es an meinen Ohren zog –, bis ich in den Bäumen über mir ein seltsam metallisches Klappern hörte. Es klang, als schlüge jemand leise und schnell an eine Kellertür. »Der Gelbschnabelkuckuck«, sagte er und nickte vielsagend. »Komm, es gibt gleich ein Unwetter.«

»Woher weißt du das?«, fragte ich, als wir unsere Sachen einsammelten und zum Haus zurückliefen.

»Von den Kuckucken.« Er legte den Finger an die Nase. »Sie verraten es uns.«

Als wir die Hintertür erreichten, prasselten die ersten Regentropfen nieder.

Ich horche auch jetzt angestrengt, kann aber im Gezwitscher nichts erkennen. Anders als mein Vater habe ich diese Gabe nie besessen. Für ihn waren die Wälder von Maine wie eine ehemalige Geliebte. »Was für eine Schönheit, nicht wahr?«, fragte er, wenn er mir ein Stück Glimmer oder ein Büschel Goldmelisse zeigte. Ich starrte angestrengt auf was immer es war und wollte es zwingen, mir seine Geheimnisse zu enthüllen, aber für mich sah es stets aus wie ein Stein oder trockenes Gestrüpp. Irgendwann wurde mir kalt, und mir klapperten die Zähne, und dann gingen wir nach Hause, wobei ich mich des Gefühls nicht erwehren konnte, dass ich ihn irgendwie enttäuscht hatte.

Und dann hatte ich Steine, Gestrüpp und Zähneklappern hinter mir gelassen und mich dem steten Schein der kalifornischen Sonne zugewandt. »Ist es nicht ein bisschen komisch, keine Jahreszeiten zu haben?«, hatten meine Eltern gefragt, als sie mich das erste Mal besuchten. Ihre Kleidung roch noch nach der schalen Flugzeugluft.

»Nein«, hatte ich barscher als beabsichtigt gesagt, worauf sie ein bisschen in sich zusammenfielen. Sie hatten so klein ausgesehen unter dem weiten blauen Himmel. Da hatte ich zum ersten Mal begriffen, dass sie alt wurden und noch älter werden würden.

Ich stolpere über eine Wurzel. Die Sonne reicht nicht aus, um einen Schatten zu werfen, und ich gehe vorgebeugt, um zu sehen, wohin ich meine Füße setze. Vielleicht habe ich die falsche Richtung genommen. Links statt rechts. Ich drehe mich um, gehe ein paar Schritte zurück. Bleibe stehen. Drehe mich erneut um. Die Äste bedrängen mich, reichen tief herab, sind dicht ineinander verflochten. Hier wachsen keine Glockenblumen mehr, es gibt nur aufgewühlte schwarze Erde, einen Teppich aus altem Laub und das Zirpen unsichtbarer Insekten.

Der Weg. Was ist aus dem Weg geworden?

Ich drehe mich noch einmal um, will zurückgehen. Die tiefe Narbe an diesem Baumstamm. Der abgebrochene Ast, der in einem schiefen Winkel herunterhängt. Kenne ich sie? Habe ich sie schon einmal gesehen? Der dicke Baumstumpf, über den geschäftige Riesenameisen in langen Reihen krabbeln – den hätte ich doch bemerkt.

Die Panik überkommt mich, breitet ihre Schwingen in meiner Kehle aus.

Ich habe mich verirrt.

Maggie

Das Telefon erschreckte mich fast zu Tode. Nachdem es zwei Tage stumm geblieben war, hatte ich völlig vergessen, welchen Lärm es machte. Ich hatte Linda gestern Abend versprechen müssen, es laut zu schalten, falls sie mich anrufen musste. Sie hatte mir ihr Handy geben wollen, doch ich hatte abgelehnt. Ich hasste die Dinger, hatte nie eins besessen und wollte jetzt nicht damit anfangen. Ich wollte nicht jederzeit erreichbar sein. Es störte meine Privatsphäre.

Ich nahm vorsichtig den Hörer ab, als wäre er eine Granate. »Hallo?«

»Maggie, hier ist Jim. Ich habe Neuigkeiten.«

Mein Herz erwachte hämmernd zum Leben. »Was ist los? Hat man … sie gefunden?«

»Noch nicht.« Er räusperte sich. »Sie haben den ersten Bericht von den Ermittlern erhalten. Sieht aus, als gäbe es keinen Beweis für eine Triebwerksstörung, das hatten sie ursprünglich angenommen.«

»Was war es dann?«

Lange Pause. »Sieht aus, als wäre die Absturzursache ein Pilotenfehler.«

»Pilotenfehler?«

»Sie halten es für wahrscheinlich.«

»Also war der Pilot schuld? Er hat etwas getan, das das Flugzeug zum Absturz gebracht hat?«

»Im Augenblick wissen wir nur, dass sie keinen technischen Defekt am Flugzeug finden können. Vielleicht hat er die Höhe falsch berechnet. Es könnte auch ein medizinischer Notfall gewesen sein. Wir wissen es nicht.«

»Hast du inzwischen erfahren, wie er hieß? Der Pilot, meine ich?«

Ich hörte Papier rascheln. »Sein Name war Ben Gardner. 34, aus San Diego. Er war Besitzer und Betreiber.«

Ich notierte den Namen auf einen Zettel und unterstrich ihn zweimal. »Was heißt das, Besitzer und Betreiber?«

»Er hat vor einigen Jahren seinen Pilotenschein gemacht und kurz danach ein eigenes Flugzeug gekauft.« Es entstand eine Pause. »Ich habe es nachgeschlagen, die Maschine kostet eine halbe Million Dollar.«

Ich stieß die Luft aus. »Eine halbe Million Dollar?«

»Anscheinend war der Typ eine große Nummer in der Pharmaindustrie. Familienunternehmen, ist ein Vermögen wert.«

Ich dachte an das Hochglanzfoto meiner Tochter. »Waren er und Ally ... zusammen?«

»Wir hatten eigentlich gehofft, dass du uns das sagen kannst.«

Ich zögerte. Linda hatte tatsächlich den Mund gehalten. In diesem Fall hätte ich es allerdings vorgezogen, es Jim nicht sagen zu müssen. Ich holte tief Luft. »Ally und ich hatten keinen Kontakt mehr.«

Schweigen. »Das habe ich nicht gewusst. Tut mir sehr leid, Maggie.«

»Ist schon gut.« Das war es nicht, aber was sonst sollte ich sagen? »Kannst du nicht mit jemandem reden, der ihn kannte? Mit seinen Eltern oder einem Freund ...« Ich verstummte. »Vielleicht können die uns sagen, woher er Ally kannte.«

»Wir sind dran. Man versucht jetzt, seine Angehörigen zu erreichen – danach wissen wir mehr.«

»Kannst du mir sonst noch etwas über ihn sagen?«

Wieder raschelte Papier. »Nicht viel. Ich habe nur rasch hineingesehen und dich sofort angerufen. Im Bericht steht nur sehr wenig über ihn. Keine polizeilichen Vorstrafen oder so.«

Ich spürte einen Anflug von Erleichterung. Immerhin hatte sie sich nicht mit einem Kriminellen abgegeben. Dann kam mir ein anderer Gedanke. »Hast du ein Foto von ihm? Kann ich das mal sehen?«

Er zögerte. »Ich weiß nicht, ob es erlaubt ist. Willst du ihn wirklich sehen?«

»Jim.«

»Na gut. Ich schicke Shannon damit vorbei.«

»Wer ist Shannon?«

»Officer Draper, ihr habt euch vor ein paar Tagen kennengelernt. Die Kleine, Zierliche.«

Die Polizistin, die in meinen Schränken gewühlt hatte. »Ach. Die.« Sie hatte mich am Tiefpunkt gesehen. Ich wollte ihr nicht noch einmal begegnen.

Jim spürte meinen Unwillen. »Sie bringt nur das Foto und geht wieder.«

Ich seufzte. »Na schön, schick sie vorbei.«

»Sie kommt gleich nach der Mittagspause.«

»Alles klar. Danke, Jim, ich weiß deine Hilfe sehr zu schätzen.«

Er räusperte sich. »Maggie, da wäre noch etwas.«

Ich umklammerte den Hörer. »Was denn?«

Ich hörte, wie er Luft holte. »Man hat sie für mutmaßlich tot erklärt«, sagte er leise.

Mir wurde schlecht. »Aber man hat ihre Leiche nicht gefunden. Wie kann man sie für tot erklären, wenn man sie noch nicht gefunden hat?«

»Sie haben es angesichts der Situation an der Absturzstelle getan. Sie halten es für unmöglich, dass jemand das Unglück überlebt hat.«

»Das begreife ich nicht.« Es erschien mir nachlässig und verantwortungslos. Wie konnte man meine Tochter ohne einen einzigen handfesten Beweis für tot erklären? Vielleicht hatte sie gar nicht in der verdammten Maschine gesessen.

»Man hat eine Halskette mit Anhänger an der Absturzstelle gefunden«, sagte Jim, als könnte er meine Gedanken lesen. »Sie haben ein Foto geschickt ... Würdest du einen Blick darauf werfen?«

Ich wusste sofort, was es war, und mein Herz weitete und verkrampfte sich zugleich. »Es ist ein goldenes Medaillon mit dem heiligen Christophorus«, sagte ich leise. Jim schwieg. »Das stimmt, oder?«

Charles hatte es ihr eine Woche vor seinem Tod geschenkt. »Der Schutzheilige der Reisenden und Kinder«, hatte er gesagt, als er es Ally umgelegt hatte. Sie und ich hatten einander angesehen. Charles war nie ein religiöser Mensch gewesen. Er schien unsere Gedanken zu lesen.

»Es kann nicht schaden, wenn es mein kleines Mädchen beschützt«, hatte er gesagt, mich angesehen und traurig gelächelt.

Ich erinnerte mich an die Gravur auf der Rückseite. *Gott behüte den Reisenden, ob in der Luft, an Land, auf See, er möge ihn schützen und begleiten, wo immer er auch steh.*

Ally hatte danach gegriffen, während sie sich vorbeugte und ihn aufs Haar küsste. Er atmete mit geschlossenen Augen ihren Geruch ein. Ich wusste, dass er sich in diesem Moment von ihr verabschiedet hatte.

Nach all der Zeit und nach allem, was geschehen war, hatte

sie es immer noch getragen. Das musste doch etwas bedeuten. »Wo hat man es gefunden?«

»In einem Gebüsch nahe der Absturzstelle.« Seine Stimme klang, als hätte er etwas verschluckt, das ihm jetzt in der Kehle steckte. »Vermutlich ist sie beim Aufprall zerrissen und weggeflogen …«

Ich schwieg einen Moment. Dass man die Kette gefunden hatte, hieß, dass Ally im Flugzeug gewesen war. Das musste ich jetzt akzeptieren. Aber dass man die Kette gefunden hatte, nicht aber ihre Leiche … Etwas passte nicht zusammen. »Wenn alles vorbei ist, hätte ich sie gern.«

»Ich werde in der dortigen Gerichtsmedizin Bescheid geben, dass man sie so bald wie möglich schickt.«

So hätte ich wenigstens etwas von ihr, das ich sehen und anfassen konnte. Das würde mir helfen. Ich könnte die Kette wie einen Talisman tragen. »Hat man sonst noch etwas gefunden, das ihr gehört?« Kleidung. Ein Tuch. Irgendetwas, das ich im Arm halten konnte. Etwas, das vielleicht noch nach ihr roch.

»Die Sachen waren ziemlich verbrannt. Es gab nicht viel …« Er verstummte wieder. Ich hörte seinen ruhigen Atem. »Es tut mir leid, Maggie.«

»Ich weiß, Jim, danke.« Aber die Kette. Immerhin hätte ich die Kette.

Ich hängte ein und starrte aus dem Fenster. Es war ein sonniger Tag, und ich spürte, wie die Hitze herankroch. Ich musste dringend lüften, aber die Vorstellung, frische Luft zu riechen, den süßen, scharfen Duft von frisch gemähtem Gras an einem heißen Sommertag, kam mir vor wie eine Beleidigung. Trauer und Sonnenschein passten nicht zusammen.

Ich dachte daran, was Jim über den Piloten gesagt hatte. Was hatte Ally im Privatflugzeug eines reichen Mannes gemacht? Ich versuchte mir vorzustellen, wie viel Geld man haben musste, um sich das zu leisten. Der reichste Mensch in Owl's Creek war eine Kardiologin, die im Penobscot Valley Hospital arbeitete. Sie und ihr Mann lebten in einem eleganten Backsteinhaus in Hillcrest und fuhren Range Rover mit aufeinander abgestimmten Nummernschildern. Angeber, pflegte Linda zu sagen, wenn einer von ihnen vorbeikam. Aber ein eigenes Flugzeug? Diese Welt konnte ich nicht begreifen. Ein weiterer Beweis dafür, dass ich meine Tochter nicht mehr gekannt hatte.

Ehrlich gesagt, hatten Ally und ich uns schon nicht mehr verstanden, lange bevor Charles krank wurde. Wenn sie in den Semesterferien vor dem Kühlschrank stand oder mit einem Handtuch um die Haare aus dem Badezimmer kam, fragte ich mich manchmal für einen Sekundenbruchteil, wer diese fremde Frau in meinem Haus war. Sie spürte es wohl auch. Es war, als könnten wir einander nicht sehen, als trübte sich unser Blickfeld, sobald wir uns begegneten. Wir tasteten blindlings nacheinander, konnten uns aber nie wirklich berühren.

Shannon polterte um kurz nach zwei in ihrer zu großen Uniform herein.

»Möchten Sie einen Kaffee?«, fragte ich aus reiner Höflichkeit.

Sie wich zurück, als könnte ich beißen. »Das wäre nett«, sagte sie schüchtern. »Falls es keine Umstände macht.«

»Ganz und gar nicht«, sagte ich bemüht freundlich.

Sie folgte mir in die Küche. »Das mit Ihrer Tochter tut mir so leid. Es ist schrecklich.«

Geh weg, murmelte ich im Geiste vor mich hin. *Geh weg geh weg geh weg.* »Vielen Dank. Milch und Zucker?«

»Ja, bitte.« Sie setzte sich an den Küchentisch und wühlte in ihrer Tasche. Ich gab einen Teelöffel Zucker in den Becher und fügte ein bisschen Milch hinzu.

»Bitte schön.«

»Danke.« Ihre Hand zitterte, als sie nach dem Becher griff und einen Schluck trank. Sie zuckte zusammen – hatte sich wohl die Zunge verbrannt. Sie schob mir einen braunen Umschlag über den Tisch. »Vom Chief.«

Ich öffnete ihn behutsam. Zwei Fotos rutschten heraus.

Er sah gut aus, das musste ich ihm lassen. Dunkle Haare, blaue Augen, gerade Nase, breiter Mund, volle Lippen. Wie der Star aus einer Seifenoper oder ein Quizmoderator. Der Typ Mann, auf den ich als junge Frau gestanden hätte, bevor ich klüger wurde.

Auf dem ersten Foto trug er einen dunklen Anzug und schüttelte einem anderen Mann im Anzug die Hand. Beide lächelten selbstzufrieden. Das zweite Foto war lässiger, er trug Chinos und ein hellblaues Hemd und saß auf dem Deck einer riesigen Jacht. Vielleicht gehörte die ihm auch. Er hielt ein Champagnerglas in die Kamera und grinste mit weißen Zähnen und sonnengebräuntem Charme, als gehörte ihm die ganze Welt.

»Netter Bursche«, sagte ich.

Shannon warf einen Blick auf das Foto und runzelte die Stirn. Dann holte sie tief Luft. »Er sieht aus wie der Quarterback in meiner alten Highschool.« Sie wurde rot. Das arme Mädchen schien Worte nur stoßweise hervorbringen zu können.

»Er sieht aus wie der Quarterback in jeder Highschool«, stimmte ich zu und sah mir das Foto eingehend an. Etwas an ihm gefiel mir nicht. Um seinen Mund lag ein grausamer Zug. Ich seufzte. »Möchten Sie noch einen Kaffee?«

Sie schüttelte den Kopf. »Nein, danke. Ich sollte jetzt lieber gehen.«

»Okay.« Doch keine von uns rührte sich. Es war sonderbar – nun, da sie hier war und mir gegenübersaß, wollte ich nicht, dass sie ging. Sie schob sich die Haare hinters Ohr. Sie sah so jung aus, so – unverdorben. Was mir eben noch irritierend erschienen war, wirkte auf einmal seltsam tröstlich. Ich wollte sie noch ein bisschen länger anschauen. »Wie gefällt es Ihnen in Owl's Creek? Sind Sie schon lange hier?«

»Ich bin vor etwa einem Monat hergezogen. Man hat mich von Jacksonville hierher versetzt.«

»Florida?«

»Ja.« Shannon spielte mit dem Griff ihres Bechers. »Meine Familie ist von da.«

»Dann muss Maine ja ein ziemlicher Schock sein, was die Temperaturen angeht. Dabei haben Sie noch nicht mal den Winter erlebt.«

Ihr Gesicht leuchtete auf, und sie grinste breit. »Ich kann gar nicht abwarten, dass es schneit. Ich wollte immer irgendwo leben, wo es kalt ist. Heißer Kakao, Kamin, weiße Weihnacht, das volle Programm.«

»Ich frage Sie im März noch mal, wenn Sie bis zu den Knien durch Schneematsch waten und drei Zentimeter Eis von der Windschutzscheibe kratzen. Mal sehen, ob es Ihnen dann immer noch so gut gefällt.«

»Ganz sicher. Ich hasse die Hitze. Ich hasse Florida, so viel Sonne und Feuchtigkeit und jeden Nachmittag ein Gewitter. Waren Sie mal in Florida?«

»Ja, zweimal.« An Thanksgiving, als ich meine Schwester besucht hatte, und an Allys siebtem Geburtstag, als Charles und ich sie mit einer Reise nach Disney World überrascht hatten. Charles hatte im englischen Pavillon im Epcot Centre verdorbenen Fish & Chips gegessen und den Rest des Urlaubs in einem dunklen Hotelzimmer bei abgestandenem Ginger Ale und überteuerten Kräckern verbracht. Ally und ich hatten mit Mickymaus gefrühstückt, waren auf der Big-Thunder-

Mountain-Achterbahn gefahren und hatten das Country Bear Jamboree besucht, waren aber nicht mit dem Herzen dabei gewesen. Und Shannon hatte recht: Jeden Nachmittag pünktlich um vier öffnete der Himmel seine Schleusen, und wir mussten uns an irgendeiner Attraktion unterstellen. Ich sah Ally noch vor mir, die Haare klebten ihr am Kopf, die Mickymaus-Ohren saßen schief, ihre dünnen Ärmchen und Beinchen zitterten, während wir auf ein Ende des Gewitters warteten. Sie war so klein und süß gewesen, dass mir das Herz wehtat.

»Dann wissen Sie ja, was ich meine.«

Es gefiel mir, dass Shannon nicht nach meinen Erlebnissen in Florida fragte oder ob es mir gefallen habe, sondern einfach davon ausging, dass ich ihre Meinung teilte. Was auch stimmte.

»Und warum haben Sie sich ausgerechnet Owl's Creek ausgesucht? Von der Aussicht auf einen echten Winter einmal abgesehen.«

Sie zuckte mit den Schultern. »Im Norden gab es nicht so viele offene Stellen. Der Ort machte einen netten Eindruck, und Chief Quinn hat einen guten Ruf.«

»Tatsächlich?«

Sie nickte eifrig. Ich hatte nicht überrascht klingen wollen. Natürlich wusste ich, dass Jim ein guter Polizist war, die Leute hier respektierten und bewunderten ihn, er war seit fünfzehn Jahren Polizeichef. Ich aber war als Kind von ihm mit zerkauten Papierkügelchen bespuckt worden. Ich lehnte mich zurück und schaute Shannon an. Ich konnte einfach nicht fassen, wie jung sie aussah, wie … ungeformt.

»Ich muss gestehen, Sie kommen mir nicht wie eine typische Polizistin vor. Was hat Sie in diesen Beruf verschlagen?«

»Ach, wissen Sie«, sie drehte ihren Claddagh-Ring, »ich habe jede Menge Krimis gelesen, und auf dem College habe ich mir dann überlegt, dass Kriminalistik ein interessanter Studiengang wäre. Ich bin da irgendwie reingerutscht.«

Ich nickte aufmunternd. »Gefällt es Ihnen?«

»Meistens schon. In der Highschool war ich ziemlich sportlich, habe Crosslauf gemacht, und ich finde es super, dass man in dem Job fit sein muss. Natürlich bin ich noch zu neu, um wirklich interessante Fälle zu bearbeiten, aber das kommt wohl mit der Zeit. Hoffe ich jedenfalls. Ich möchte jedenfalls nicht den Rest meines Lebens am Schreibtisch sitzen und Formulare ausfüllen.«

»Und wie ist das so als Frau? Ist es schwierig, mit den männlichen Kollegen klarzukommen?« Sie war so klein, so zerbrechlich. Plötzlich überkam mich ein Beschützerinstinkt.

»Ach, die sind schon in Ordnung. Wenn einer Schwierigkeiten macht, fordere ich ihn zu Klimmzügen heraus.« Sie grinste. »Ich gewinne immer.«

Ich musste lachen. »Mit Ihren dünnen Armen?«

»Ich bin viel stärker, als ich aussehe.« Sie lächelte schüchtern und stolz zugleich.

»Das möchte ich wetten. Kann ich Ihnen wirklich nichts anderes anbieten? Etwas zu essen? Ich ertrinke in Aufläufen, Sie würden mir einen Gefallen tun.«

Shannon schüttelte den Kopf. »Ich muss wirklich los, sonst bin ich gearscht.« Sie warf mir einen verlegenen Blick zu. »Entschuldigung, bin viel mit Männern zusammen.«

»Erst heute Morgen habe ich schlimmere Dinge aus meinem eigenen Mund gehört.«

Sie nickte zu den Fotos, die auf dem Tisch lagen. »Möchten Sie die behalten?«

Ich betrachtete sein gebräuntes, strahlendes Gesicht und nickte. »Ich weiß zwar noch nicht, was ich damit mache, aber ich würde sie fürs Erste gern behalten.«

»Selbstverständlich. Wir haben Kopien auf der Wache. Ich habe übrigens auch das Foto von Allison gesehen.«

»Das aus den Nachrichten?« Ich dachte an den blonden Filmstar und wurde blass.

»Nein«, sagte sie kopfschüttelnd, »das Foto, das Sie Chief Quinn gegeben haben. Sie war wirklich hübsch.«

Das hellblaue Kleid. Ihr Haar, das in der Sonne schimmerte. Ich lächelte. »Ja, das war sie.«

Shannon stand auf, ging mit dem Becher an die Spüle und drehte den Wasserhahn auf, aber ich schob sie beiseite. »Nicht doch. Dann habe ich wenigstens was zu tun.«

Ich brachte sie zur Tür, wo sie stehen blieb. »Ich weiß, Sie haben eine Menge Leute, die sich um Sie kümmern, aber falls ich irgendwie helfen kann ... Ich könnte jederzeit vorbeikommen.«

»Das wäre schön«, sagte ich und war selbst überrascht, weil es die Wahrheit war.

»Gut.« Wieder das scheue Lächeln. »Dann bis bald.«

Ich kehrte in die Küche zurück und starrte den Mann an, der mir von dem Foto entgegenlächelte. Zum ersten Mal seit langer Zeit teilten sich die dunklen Wolken in meinem Kopf.

Wer bist du? Und was zum Teufel hast du mit meiner Ally gemacht?

Allison

Ich weiß nicht, wie spät es ist. Der Wald scheint mit jedem Schritt, den ich mache, dunkler zu werden, die Äste über mir werden dichter und zwingen mich, gebückt zu gehen. Mein Rücken tut unerträglich weh. Ich versuche, mit meinem Yoga-Atem, den ich in zahllosen Sitzungen in San Diego erlernt habe, die wellenartige Panik zu bekämpfen. Der Lehrer war ein großer, schlaksiger Typ mit Pferdeschwanz und durchdringendem Körpergeruch. Während des Unterrichts schalt er uns wie Kinder aus und dozierte über unser verschlossenes Herz und unsere schlechte Körperhaltung. Dennoch waren die Sitzungen jede Woche voll, im Raum drängten sich Frauen auf ihren Matten, die nur darauf warteten, dass ihnen ein Mann im Namen der Erleuchtung erklärte, was sie falsch machten. Wir hatten uns wohl daran gewöhnt. Es kam uns natürlich vor. Sein Schweißgeruch drang in unsere Poren und unsere Nasen, während wir uns auf unsere Ujjayi-Atmung konzentrierten und versuchten, uns zu Yogahaltungen zu verbiegen, die ihm gefielen.

Ich hätte wissen müssen, wie beeinflussbar ich war. Wie leicht ich mich verlaufen konnte.

Es ist Hochsommer, aber die Luft ist kühl, und als der Abend hereinbricht, spüre ich, dass es sehr kalt werden wird. Was würde ich jetzt für einen dieser endlosen kalifornischen Tage geben, an denen meine Haut gebräunt und warm war. Ich schließe die Augen, nur eine Minute, und sehe ihn am Strand stehen, seine blauen Augen zwei schimmernde Murmeln, seine nackten Schultern rosa und mit Sand verklebt, er streckt mir die Hand entgegen und wartet, dass ich sie ergreife.

Damals hatte ich ihn geliebt.

Ich nehme die Tasche vom Rücken und lasse mich schwer zu Boden fallen. Vor mir steht ein Baum mit einem perfekten Hohlraum in seinem gewaltigen Stamm, der aussieht, als könnte Winnie Puh bei der Honigsuche darin stecken bleiben. Ich schaue nach oben in die Wipfel, aber die Sonne kann mich hier unten nicht erreichen.

Eine Libelle schwebt über einem Büschel Fingerhirse, ihre zarten Flügel flattern, bevor sie davonschießt. Libellen halten sich gewöhnlich am Wasser auf – es kann also nicht mehr weit sein. Meine Kehle fühlt sich wie Schmirgelpapier an. Das Trommeln in meinem Kopf beginnt wieder. Ich stehe auf und hieve mir die Tasche auf den Rücken.

Ich entdeckte die Anzeige auf Craigslist, als ich das kostenlose WLAN in der Bibliothek nutzte. »Gesucht: Cocktailkellnerin für elegante Bar im Gaslamp Quarter. Keine Erfahrung erforderlich. Lebenslauf und Fotos – Gesicht und Ganzkörper – an die E-Mail-Adresse unten. 75 $ pro Schicht plus Trinkgeld. Uniform wird gestellt.«

Am nächsten Morgen schickte ich ihnen Fotos, die ich bei greller Beleuchtung in einer McDonald's-Toilette gemacht hatte, und schon am Nachmittag rief der Manager an. Wann ich anfangen könnte?

Die Bar lag im Gaslamp Quarter. Ein schwer gebauter Rausschmeißer öffnete die unbeschriftete Tür. Dann betrat ich eine Vision von Luxus, die nicht die meine war. Schummrige Beleuchtung, samtige Flocktapete und lauter Männer in Anzügen, die von Frauen in schwarzen Miniröcken und High Heels bedient wurden. Ein Mann mit gelblicher Haut, zurückgegeltem Haar und Ohrknopf reichte mir ein schwarzes Stoffpäckchen, das in Zellophan gewickelt war. Uniform wird gestellt. »Du arbeitest den ersten Abend zur Probe«, sagte er und zeigte mir, wo ich mich umziehen konnte. »Bezahlung gibt es erst, wenn du eingestellt wirst.«

Ich spüre noch das Gewicht des Messers in meiner Hand, als ich Zitronen schnitt und die Säure unter meinen abgekauten Fingernägeln brannte. Den dumpfen Schmerz in Rücken, Hüften und Füßen, wenn ich hinter der Theke stand und die anderen Kellnerinnen beobachtete, die wie Möwen durch den Raum segelten. Gerader Rücken, erhobenes Kinn, den Hintern nur knapp vom vorgeschriebenen schwarzen Minirock bedeckt, die Füße in schwindelerregenden High Heels. Zehn Zentimeter Mindesthöhe. Einige schafften mit Plateausohlen sogar fünfzehn.

»Du bist noch nicht bereit für den großen Auftritt, Kleines«, sagte die Oberkellnerin, als ich vor der Kasse zögerte. Sie stieß mich beiseite, tippte mit dem Fingernagel eine Bestellung auf den Monitor, schnappte mit einer Hand eine Flasche Champagner aus dem Kühlschrank und mit der anderen zwei Gläser, bevor sie zum Tisch schlenderte, den lippenstiftroten Mund zu einem blendenden Lächeln verzogen.

Ich zog mir einen Schuh aus und setzte den Fuß auf den klebrigen Betonboden. Meine Fußballen waren taub. Es würde Tage dauern, bis ich wieder etwas darin spürte.

Eine der Kellnerinnen – Haare, die wie Messing schimmerten, große grüne Augen mit falschen Wimpern und ein Körper wie eine Yogalehrerin – tauchte neben mir auf. »Der Boss flippt aus, wenn er dich ohne Schuhe sieht«, flüsterte sie und warf einen Blick zur Tür am Ende der Theke.

Ich zog den Schuh wieder an. »Danke.« Ich beugte mich über das Schneidbrett und zerteilte eine Zitrone. Das Messer rutschte ab und drang in die empfindliche Haut zwischen Daumen und Zeigefinger. Blut quoll hervor. »Scheiße.« Ich saugte an meiner Hand.

Die Kellnerin verdrehte die Augen. »Na los«, sagte sie mit einem nervösen Blick zur Tür und zog mich ins Treppenhaus.

Der Personalraum war im Keller, ein winziger Verschlag, der nach Haarspray, Feuchtigkeit und Schweißfüßen roch. An einer Seite standen Spinde, in denen die Kellnerinnen ihre persönlichen Sachen aufbewahrten. Ansonsten war der Raum leer bis auf einen ramponierten Stuhl und einen kleinen Tisch, auf dem ein voller Aschenbecher stand. Hier drinnen galt das strenge Rauchverbot offenbar nicht.

Die Kellnerin griff in ihren Spind und holte eine glitzernde Schminktasche heraus. »Hier.«

Ich rechnete mit einem Pflaster, doch sie reichte mir ein Plastiktütchen mit weißem Pulver, öffnete es und klopfte ein bisschen auf meine Handfläche. »Bitte.«

Ich hatte seit dem College nicht gekokst. Damals hatten mich Freundinnen kichernd in die Toilette einer Kellerbar gezerrt. Es hatte mir nicht gefallen, weil ich nicht gern die Kontrolle über mich verlor. Nun aber dachte ich an meinen Vater, der reglos auf dem Sofa lag, und den Gesichtsausdruck meiner Mutter, als unsere Blicke sich begegneten, an die Decken, die unter dem Rücksitz meines Autos verstaut waren, und an den Schmerz, der sich bereits an meinen Beinen hochzog. In diesem Moment wollte ich mich vollkommen verlieren. Also beugte ich mich über die Hand des Mädchens und atmete tief ein. Es traf mich wie ein Schlag auf den Hinterkopf, mein ganzer Körper schien abzuheben.

»Wir nennen es Schneewittchen«, sagte das Mädchen augenzwinkernd. »Jetzt wirst du bei der Arbeit pfeifen.« Sie klopfte auch ein Häufchen für sich heraus und verschloss das Tütchen wieder. »Ich heiße übrigens Dee.« Sie schob die Tasche in den Spind und knallte die Tür zu.

Irgendwann muss ich angefangen haben zu singen, denn plötzlich registriere ich überrascht den Klang meiner eigenen Stimme. Es ist ein Lied von den Beatles, was sonst kennt man auswendig? Ich habe keine Ahnung, wie weit ich mich schon durch die Diskografie gesungen habe – war es chronologisch? Habe ich mit den Hamburger Zeiten angefangen und bin dann zur psychedelischen Phase übergegangen? Jedenfalls bin ich bei ›Eleanor Rigby‹ angekommen. Nicht gerade ein Lied, um die Stimmung zu heben. Ich wechsle zu ›Good Day Sunshine‹, obwohl es mir angesichts der Umstände und der Tatsache, dass sich die Himmelssplitter, die durch die Bäume zu sehen sind, blassviolett gefärbt haben, nicht ganz passend erscheint. Bald wird es dunkel, und ich habe noch kein Wasser gefunden. Vielleicht hatte sich die Libelle verirrt. Genau wie ich.

Ich habe keine gute Stimme – sie klingt zu tief und zu rau. Als Kind war ich ein glasklarer Sopran, aber in der Pubertät hat sich etwas verändert, und man verbannte mich in die letzte Reihe des Schulchors. Trotzdem liebte er es, wenn ich sang. »Hör zu, Janis Joplin, hier kannst du noch was lernen!«, rief er, wenn er mich beim Singen in der Dusche erwischte. Das war mir immer peinlich, aber er schüttelte nur den Kopf und lachte. »Du klingst perfekt.« Dann zog er mich an sich und küsste meine feuchten Haare. »Du hörst dich glücklich an.« Wegen dir, sagte ich dann. Du machst mich glücklich.

Eigentlich mochte er es immer, wenn jemand sang. Nicht nur ich. Er liebte es, wenn die Haushälterin beim Putzen vor sich hin sang. Er liebte es, wenn ein Teenager mit riesigen Kopfhörern auf der Straße leise sang, kaum die Lippen bewegte und den Blick auf die Risse im Gehweg gerichtet hielt. Wann immer jemand an einer Straßenecke Musik machte, eine alte akustische Gitarre um den Hals, neben sich einen ramponierten Verstärker, blieb er stehen. Es war egal, wie gut die Leute spielten. Er hörte ihnen zu, wobei sich ein Lächeln auf seinem Gesicht ausbreitete, und nickte anerkennend. Die Leute drängten sich vorbei, manche warfen einen zerfledderten Dollarschein in den Kasten, aber er wartete, bis das Lied zu Ende war. Dann ging er zu den Leuten hin, nahm ihre Hand, sah ihnen in die Augen und sagte wow, das war toll, ganz wunderbar, hat mir gefallen. Und dann gab er ihnen Geld. Richtiges Geld, nicht nur eine Handvoll Münzen, die er aus der Tasche gekramt hatte, sondern einen nagelneuen großen Schein. Beim ersten Mal schaute ich in stiller Ehrfurcht zu, bestaunte seine Freundlichkeit, seine Geduld, seine Großzügigkeit – nicht nur, was das Geld betraf, sondern auch die Zeit –, seine Wertschätzung, seine Anerkennung. Seine Anerkennung war das Wichtigste überhaupt.

Ist es ein Wunder, dass ich mich verliebte? Jede hätte sich in ihn verliebt. Vor allem, wenn sie gerettet werden musste.

Meine Schulter pocht unter dem Gewicht der Tasche, der Schmerz bringt mich schier um. Aber nein, nicht die verletzte Schulter wird mich umbringen oder meine Rückenschmerzen oder der immer noch krumme Finger, der sich grünlich gelb verfärbt hat. Eher die Wunde an meinem Bein, die bei der letzten Überprüfung randvoll mit Eiter war, oder der brennende Durst in meiner Kehle oder die Tatsache, dass es in der vergangenen Stunde noch einmal zehn Grad kälter geworden ist.

Es gibt so viele Dinge, die mich langsam umbringen und ihr Werk tun, bis ich mich auf den Waldboden lege und meinen

Körper der Erde übergebe, bis nur noch meine bleichen, sauber abgenagten Knochen übrigbleiben.

Der Geruch von Benzin und verbranntem Gummi. Der Schock angesichts des entblößten Schädels.

Ist es wirklich erst wenige Tage her? Ich hatte gedacht, ich wäre stärker. Ich hatte mich wirklich für stark gehalten.

Die vielen Stunden im Fitnessstudio. Die unzähligen Kilometer auf dem Laufband. Kleine Tütchen mit Protein. Dienstags Kickboxen. *Na los, Ladys, auf geht's! Und die Flüssigkeit nicht vergessen.* Ich war so verdammt blöd gewesen.

Zweige knacken unter meinen Füßen. Der Wald ist in dämmriges Licht getaucht, die Schatten sind lang. Ein Gesicht starrt mich aus der Dunkelheit an, die Augen zugekniffen, der Mund zu einem stummen Schrei gefroren. Ich bleibe unvermittelt stehen, mein Herz verkrampft sich, ich will das Bild vertreiben.

»Hallo?«, sage ich vorsichtig. »Hallo?« Ich mache noch einen Schritt, das Gesicht zerfließt. Es war nur ein kräftiger Baumstamm mit einer großen Aushöhlung in der Mitte. Wie etwas, in dem Winnie Puh bei der Honigsuche stecken bleiben würde.

Scheiße. Hier war ich schon.

Ich bin den ganzen Tag gelaufen und wieder da gelandet, wo ich losgegangen bin. Was bin ich für ein Idiot. Was für ein beschissener Trottel.

Ein Lachen steigt in mir auf und sprudelt über meine Lippen. Die Hysterie drängt sich an der Angst vorbei, die mir in der Kehle sitzt, und explodiert in der stillen Abendluft.

Wenn es nicht zum Lachen wäre, wäre es zum Heulen, hatte mein Vater immer gesagt, als ich ein Kind war, meist ging es dabei um die Red Sox. Selbst als er krank wurde und der Krebs ihm alles, was das Leben lebenswert machte, raubte, schaute er mich an, verdrehte die Augen und zuckte mit den Schultern. Wenn es nicht zum Lachen wäre, wäre es zum Heulen. Am Ende hatte er nicht mehr gelacht. Auch das wurde ihm genommen.

Maggie

Shannon hätte sich den Weg sparen können: Wie sich herausstellte, gab es massenhaft Fotos von Ben.

Ich wartete, bis der Streifenwagen aus der Einfahrt gerollt war, dann schaltete ich den Computer ein und gab seinen Namen in die Suchmaschine ein. Der Bildschirm füllte sich mit Ergebnissen, bei denen es vorrangig um den Absturz ging. Ich klickte auf den ersten Link.

ASSOCIATED PRESS
Jennifer McNulty

CEO von Prexilane bei Flugzeugabsturz umgekommen

Ben Gardner, 34, war Besitzer der einmotorigen Mooney Aviation, die über den Rocky Mountains in Colorado abgestürzt ist. Man geht davon aus, dass er selbst die Maschine steuerte und zusammen mit der einzigen weiteren Passagierin, Allison Carpenter, 31, ums Leben kam. Die Untersuchungen zur Absturzursache dauern noch an.

Gardner war seit 2011 CEO von Prexilane, als Nachfolger seines Vaters David Gardner. Unter seiner Leitung wuchs Prexilane von einem kleinen Familienunternehmen zu einem der profitabelsten Pharmaunternehmen weltweit.

Jim hatte also keine Witze gemacht, als er behauptete, der Typ sei eine große Nummer gewesen. Ich las noch einige andere Artikel über ihn und machte mir dabei Notizen. Mittendrin hörte ich, wie jemand zur Haustür hereinkam.

»Maggie? Bist du hier?«

»In der Küche!«

Linda polterte mit zwei Kuchendosen und einem Stapel Briefe herein. »Die lagen vor der Tür.« Sie deponierte alles auf der Arbeitsplatte, öffnete eine Kuchendose und steckte die Nase hinein. Dann verzog sie das Gesicht. »Ich glaube, das ist ein Sandkuchen.«

»Nimm ruhig alles mit nach Hause. Gib es den Kindern, wenn sie vorbeikommen.«

Sie schüttelte den Kopf. »Kelly ist strikt dagegen, dass sie Zucker essen.« Seitdem Craig seiner Angetrauten einen Diamantring übergestreift hatte, führten Linda und ihre Schwiegertochter, eine reizbare Blondine, einen zermürbenden Stellungskrieg. »Nur Trockenfrüchte und Mohrrübensticks sind erlaubt, die armen Kleinen. Allerdings, vielleicht hat sie nicht unrecht. Als ich den Kindern das letzte Mal Kuchen gegeben habe, hat Benji meine schönen Vorhänge heruntergerissen und daraus ein Zelt gebaut.« Sie setzte sich mir gegenüber an den Tisch und betrachtete mich prüfend. »Wie geht's dir?«

»Weißt du doch.«

»Weiß ich nicht, aber ich kann es mir vorstellen. Jim hat mich über den neuesten Stand der Dinge informiert.«

Ich nickte und hielt meinen Blick gesenkt.

»Ich weiß nicht, was ich sagen soll. Es tut mir so leid.«

Ich reichte über den Tisch, nahm ihre Hand in meine, und für ein paar Minuten saßen wir schweigend da.

Dann bewegte sich Linda, und der Bann war gebrochen. »Jim sagte mir, sie hätten den Namen des Piloten herausgefunden und dir ein Foto von ihm gegeben.«

»Das stimmt.« Ich schob ihr beide Fotos hin.

»Gutaussehender Bursche«, knurrte sie. Dann stand sie auf und ging zur Kaffeemaschine. »Willst du einen?«

»Danke, nein.«

Ich unterdrückte meine Ungeduld, während sie sich in der Küche zu schaffen machte. Ich war froh, dass Linda hier war, und hatte sie furchtbar gern, aber ich wollte auch allein sein und weiterrecherchieren. Sie setzte sich mit ihrem Kaffeebecher in der Hand. »So. Was hast du herausgefunden?«

»Wie meinst du das?«, fragte ich mit Unschuldsmiene. Linda machte sich bestimmt Sorgen, wenn sie mitbekam, was ich vorhatte.

Sie verdrehte die Augen. »Jetzt komm mir nicht auf die Tour. Ich kenne dich seit einer Ewigkeit und weiß genau, wie du bist, wenn du etwas herausfinden willst – wie ein Hund mit einem Knochen. Du hast doch nicht zwanzig Jahre an der Bowdoin verbracht, um Däumchen zu drehen, wenn so etwas passiert. Raus mit der Sprache. Was weißt du über ihn?«

Ich schob meinen Stuhl zurück und seufzte. »Bisher nicht viel. Er ist reich, das steht mal fest, und es sieht aus, als träfe das Gleiche auch auf seine Eltern zu – die ›New York Times‹ hat vor ein paar Jahren einen Artikel über ein Familienanwesen in San Diego gebracht. Die zweite Frau seines Vaters hat einen Architekten damit beauftragt – heraus kam einer dieser minimalistischen Betonkästen. Die Nachbarn hassen ihn anscheinend.«

»Kann ich verstehen. Hört sich ziemlich hässlich an. Was sonst noch?«

Ich griff nach dem Notizblock und las vor. »Ben Gardner machte 2009 seinen MBA in Syracuse. Keine Auszeichnungen oder so, also war er wohl ein durchschnittlicher Student. 2011 übergab man ihm die Leitung des Familienunternehmens.«

»Wenn man mit einem goldenen Löffel im Mund geboren wird, hat man es leichter. Was für ein Unternehmen war das?«

»Pharmaunternehmen, nennt sich Prexilane. Er hat es geleitet, bis –« Meine Stimme brach unvermittelt. Entsetzen. Schmerz. Blut. Feuer. Knochen. Ally. »Bis zum Absturz.«

Linda legte ihre Hand auf meine. »Du bist zu streng mit dir.«

Ich schüttelte den Kopf. »Nein. Es tut mir gut.« Ich las Ungewissheit und Sorge in ihrem Blick. »Ehrlich.«

Linda trank einen Schluck Kaffee. »Wie hieß die Firma doch gleich?«

»Prexilane.«

»Kommt mir bekannt vor.« Sie trommelte mit den Fingern auf dem Tisch und schaute zur Decke. Ich wartete. »Die stellen ein Antidepressivum für junge Mütter her, die unter postpartaler Depression leiden. Kelly hat das eine Weile genommen, nach der Geburt von Colton. Obwohl ich nicht verstehe, warum, schließlich wohne ich gleich um die Ecke und hätte ihr helfen können. Sie hat das Medikament aber schon bald abgesetzt, meinte, sie fühlte sich irgendwie komisch damit. Wie dem auch sei, im Fernsehen läuft immer Werbung dafür, du wirst es sofort erkennen.« Sie trank noch einen Schluck Kaffee und schien für einen Moment in Gedanken verloren. »Wenn dieser Ben das herstellte, wundert es mich nicht, dass er sich ein eigenes Flugzeug leisten konnte. Er muss eine Menge Kohle damit gemacht haben.«

»Sieht so aus. Ich wünschte, ich wüsste, was Ally mit ihm zu tun hatte.«

Sie lächelte traurig. »Meinst du nicht auch, dass sie eine romantische Beziehung hatten?«

Ich dachte an sein glattes, selbstzufriedenes Gesicht und verzog den Mund. »Ich weiß nicht, ob ich mir die beiden zusammen vorstellen kann.«

Linda zog eine Augenbraue hoch. »Er sah gut aus und war reich. Ich glaube, die meisten Mädchen können sich das Leben mit so einem vorstellen.«

»Ally ist aber nicht die meisten Mädchen«, sagte ich bissig. Ihr Gesicht verriet mir, dass ich sie gekränkt hatte, aber ich konnte mich nicht entschuldigen.

»Natürlich war sie das nicht«, sagte Linda, und ich hasste sie, weil sie in der Vergangenheit von Ally sprach.

»Ich habe mal überlegt ...« Sie schaute auf den Tisch, als wüsste sie nicht genau, wie sie weitersprechen sollte. Dann holte sie tief Luft. »Hast du schon mal an eine Trauerfeier gedacht?«

Ich schaute sie fragend an.

»Für Ally. Ich dachte, es könnte dir helfen, wenn ...«

Ich spürte, wie mich Panik überkam. »Linda, sie haben ihre Leiche nicht gefunden. Wie kann ich sie beerdigen, wenn es keine Leiche gibt?«

Ihr Gesichtsausdruck, eine Mischung aus Zärtlichkeit und Mitleid, war furchtbar, und ich musste mich abwenden. Sie ergriff meine Hand. »Ich spreche nicht von einer Beerdigung. Nur von einer Feier, bei der Leute kommen und ihr Beileid ausdrücken können. Viele hier im Ort haben Allison geliebt, und sie lieben auch dich. Es könnte dir guttun. Dir helfen, einen Abschluss zu finden.«

Ich stellte mir vor, wie ein Sarg mit einem Deckel verschlossen wurde. »Ich will aber keinen Abschluss«, stieß ich hervor. »Ich will wissen, was mit meiner Tochter geschehen ist.«

Ich versuchte, die Hand wegzuziehen, aber Linda hielt sie fest. »Das weiß ich. Aber du wirst es vielleicht nie erfahren.«

Wieder saß mir der vertraute Kloß in der Kehle, wieder tat sich der schwarze Abgrund in meiner Brust auf. »Bitte sag das nicht«, flüsterte ich.

»Ich will nicht grausam sein. Glaub mir, wenn ich dir irgendwie die Antworten geben könnte, nach denen du suchst, würde ich es tun. Da draußen arbeiten Leute Tag und Nacht, um herauszufinden, was in dem Flugzeug passiert ist, aber es gibt keine Garantie.« Sie drückte meine Hand. »Ich will nur dein Bestes.«

»Ich weiß.« Linda wollte für mich und alle, die sie liebte, immer nur das Beste. Ich wusste, wann ich mich geschlagen geben musste. »Aber nichts Übertriebenes. Keine Kirche. Kein Schwarz. Und vor allem keine Lilien – Ally hat Lilien gehasst.« Ich auch. Bei Charles' Beerdigung war die Kirche voll davon gewesen, und ich hatte den Geruch tagelang nicht aus der Nase bekommen.

»Was immer du möchtest.« Sie blickte zur Tür und schob den Stuhl zurück. »Ich muss die Kinder abholen. Brauchst du noch was? Ich könnte später noch mal vorbeikommen, wenn ich sie nach Hause gebracht habe.«

Ich schüttelte den Kopf. Der Computer surrte ungeduldig im Hintergrund. Ich wollte allein sein, damit ich weiterrecherchieren konnte.

Sie stand auf und nahm ihre Tasche von der Arbeitsplatte. »Ich komme morgen wieder. Falls du bis dahin etwas brauchst …«

Ich lächelte ihr zu. »Ich weiß ja, wo ich dich finde.«

Ich schaute ihr nach, bis sie weg war, räumte ihren Becher

vom Tisch und stellte ihn in die Spüle. Dann berührte ich mein Gesicht und merkte, dass es nass war. Ich hatte geweint. Linda hatte recht. So viel ich auch erfahren mochte, letzten Endes war es egal.

Ein Flugzeug war abgestürzt. Ally war tot.

Allison

Ich schlafe unter dem Winnie-Puh-Baum, dessen großer Hohlraum auf mich herunterschaut, und träume davon, dass ich in Quadratkilometern der Bettwäsche aus Pima-Baumwolle versinke, die wir auf unserem Bett hatten. Ich greife nach ihm, verfange mich aber in dem weichen Stoff, und das Gewicht der Bettwäsche drückt mich nieder. Ich kann ihn spüren, die sanfte Neigung der Matratze, die zu seinem Körper führt, kann ihn riechen, Seife vermischt mit seinem leicht säuerlichen Atem. Ich kämpfe mit ausgestreckten Armen und tastenden Fingern, doch je mehr ich mich abmühe, desto enger fesseln mich die Unmengen frisch gewaschener Bettwäsche.

In den Sekunden, bevor ich die Augen öffne und das rosige Frühlicht sehe, bin ich wieder in San Diego. Nicht in der Wohnung, die ich mit Tara geteilt habe, mit dem verbeulten alten Kühlschrank, an dem Werbung vom Pizzaservice und irgendwelche Ankündigungen klebten, und meinem kleinen Zimmer, dessen Wände ich mit Drucken dekoriert hatte, die ich aus Kunstbüchern gerissen hatte, und in dem unpraktische Schuhe herumlagen und halb ausgetrunkene Kaffeetassen herumstanden (schwarz, wie meine Mutter es mir beigebracht hatte). Nein, ich war im Haus in Bird Rock mit den cremefarbenen Ledersofas und dem Meerblick von der Terrasse. Bens Haus. Ich schließe die Augen und sehe den begehbaren Kleiderschrank, der mit teurer Kleidung gefüllt ist, und das Surround-

Hi-Fi-System und den italienischen Herd und die verblüffend komplizierte Espressomaschine, deren Funktionsweise ich nie durchschaut hatte.

»Kaffee?«, pflegte er zu fragen und glitt schon durch die Landschaft aus weißer Bettwäsche. Ich hörte, wie die Kaffeemaschine rumpelte und schäumte und tropfte, und wenige Minuten später tauchte er mit zwei dampfenden Tassen auf, überreichte mir eine mit einem Kuss und schlüpfte wieder ins Bett. Ich griff nach ihm und zog ihn auf mich, während der Kaffee auf dem Nachttisch abkühlte.

In jenen Sekunden vor dem Aufwachen greife ich nach ihm, wie ich es im Traum getan habe. Dann öffne ich die Augen und erinnere mich wieder.

Ich fand mich ziemlich schnell zurecht. An den meisten Abenden war die Bar für alle geöffnet, und ich lernte bald, wie ich aus Joe, dem Buchhalter, der Dampf ablassen und von einem hübschen Mädchen ein bisschen verwöhnt werden wollte, ein paar Dollar extra herausholte. Nach einer Woche hatte ich genügend Geld verdient, um aus meinem Auto in ein Motel 6 in Kearny Mesa zu ziehen.

Doch das echte Geld, erzählten die Mädchen, würde bei privaten Veranstaltungen verdient. Einmal im Monat senkte sich eine Wolke reicher weißer Männer wie Heuschrecken über die Bar. Sie schüttelten Hände und ließen ihre goldenen Amex-Karten heißlaufen. Es waren die Reichen und Einflussreichen von San Diego – Politiker, Anwälte, Geschäftsleute und Immobilienbonzen –, die hier unter dem Vorwand einer Charity-Veranstaltung zusammenfanden. Allerdings hätte wohl keiner von ihnen sagen können, welchem guten Zweck das alles dienen sollte.

Bei meinem ersten Event blieb Dee dicht an meiner Seite.

»Wir bedienen zusammen einen Tisch«, sagte sie, während wir uns für die Schicht fertig machten, und trug sorgfältig flüssigen Eyeliner auf. Sie fing meinen Blick im Spiegel auf und zwinkerte mir zu. »Die werden ihr Glück kaum fassen können.« Wir tauschten unsere Uniformen gegen Cocktailkleider und hatten die Aufgabe, an den Tischen zu sitzen, hübsch auszusehen und dafür zu sorgen, dass der Champagner floss und die Gäste glücklich waren. Wie man ihnen dieses Glück verschaffte, blieb uns überlassen.

Pünktlich um acht trafen die Gäste ein. Die Männer waren zwischen Anfang dreißig und Ende siebzig, und alle verströmten eine Aura von Reichtum. Dee und ich wurden einem Sechsertisch in der Nähe des Eingangs zugeteilt. Ich landete zwischen einem silberhaarigen Bankdirektor und dem bierbäuchigen Vizepräsidenten einer Luftfahrtgesellschaft. Ich lächelte, als ich ihnen Champagner eingoss und mir dann selbst ein halbes Glas gönnte. Man erwartete, dass wir bei diesen Veranstaltungen tranken, aber es war nicht ratsam, es zu übertreiben.

Es begann beinahe sofort. Der Bankdirektor ergriff meine Hand, während die des Vizepräsidenten über meinen nackten Oberschenkel wanderte. Gegenüber am Tisch starrte ein Mann, der Dees Großvater hätte sein können, schamlos in ihren Ausschnitt. Der Vizepräsident erreichte meinen Kleidersaum. Der Bankdirektor bat mich, noch eine Flasche Champagner zu holen, und ich spürte, wie er mir über den Hintern strich, als ich aufstand. Panik überkam mich, und ich gab Dee ein Zeichen, mit mir an die Theke zu gehen.

»Scheiße, was läuft hier?«, zischte ich, als ich eine neue Flasche Champagner aus dem Kühlschrank holte.

Sie warf einen Blick auf mein Gesicht und schob mich in den Lagerraum. Ich sah zu, wie sie eine Line auf den Handrücken klopfte. »Du musst lockerer werden. Hier.« Sie hielt mir die

Line hin, und ich zog sie mit einem scharfen Atemzug hoch. Sie wartete, bis die Droge zu wirken begann. »Du willst doch Geld verdienen?« Ich nickte wie betäubt. »Die Typen da draußen sind harmlos – die wollen nur ein bisschen Spaß. Wenn du nett zu ihnen bist, kann ich dir versprechen, dass du nicht mehr lange im Motel 6 wohnen musst.«

Ich wurde rot vor Scham. »Woher weißt du das?«

Sie zuckte mit den Schultern. »Ich hab den Schlüssel in deiner Tasche gesehen.« Sie strich mir übers Gesicht, und ich musste eine Sekunde daran denken, wie meine Mom mir über die Wange gestreichelt hatte, wenn ich krank war. »Das haben wir alle durchgemacht, Süße. Alles wird gut. Mach einfach, was ich mache.« Ich nickte und folgte ihr an den Tisch.

Unter meinem Champagnerglas lag ein druckfrischer Hunderter. Der Bankdirektor zwinkerte mir zu, als ich das Geld bemerkte. »Ich hoffe, wir werden heute Abend gute Freunde.« Ich zwang mich zu lächeln und setzte mich wieder.

»Klar doch.« Ich kippte den restlichen Champagner hinunter, faltete den Geldschein und steckte ihn in den BH. Das Koks summte jetzt in meinen Adern, und ich fühlte mich unbesiegbar. »Ganz dicke Freunde.«

Ich liege ein paar Minuten da, horche auf meinen rauen Atem und auf die Meisen, die einander einen guten Morgen singen. *Oh ja*, denke ich, *jetzt fällt es mir wieder ein. Ich bin am Arsch.* Ich ziehe die Arme unter der Decke hervor und betrachte meine Fingerspitzen (Gelmodellage ist wirklich haltbar), die sich blau verfärbt haben und taub anfühlen. Kein gutes Zeichen. In der Nacht war es kalt, kälter als erwartet, und selbst jetzt kommt mein Atem noch als kleine Wolke hervor.

Ich muss mich bewegen. Ich muss entweder den Weg oder Wasser finden. Auf jeden Fall muss ich weg von diesem gottverdammten Baum. Ich setze mich zu rasch auf, und die Bäume um mich herum beginnen zu kreisen. Ich lege mich behutsam hin und warte ab, bis die Welt zum Stillstand kommt.

Atme.

Maggie

Ich blätterte müßig in der Post, die sich auf der Arbeitsplatte stapelte. Die meisten Briefe waren an Charles adressiert. Er war in diversen Clubs gewesen, von denen er regelmäßig Warensendungen erhielt, und ich hatte diese Mitgliedschaften nie gekündigt. Outdoor Monthly, Amateur Geology Society, Cairn Boxes, Angler's Association, Astronomy Club: Die Pakete trafen jeden Monat ein, und jeden Monat brachte ich die Kartons in den Keller, wo sie blieben, bis – keine Ahnung. Ich konnte mir nicht vorstellen, sie einfach wegzugeben, obwohl es eine schreckliche Verschwendung war. Es kamen auch Päckchen von Sammlerfreunden, die ihm immer noch Proben schickten, die er interessant finden könnte. Ich brachte es nicht übers Herz, ihnen zu schreiben. Und so schaltete ich weiterhin fast täglich das Licht im Keller ein, stieg die knarrenden Stufen hinunter und stapelte die neuen Kartons auf die alten, bevor ich die Tür wieder zumachte.

Mein Gott, wenn er doch nur bei mir wäre. Er würde wissen, was zu tun war.

Auch Ally hatte Post bekommen – einen Modekatalog, den sie als Teenager abonniert und nie gekündigt hatte, die Einladung einer Hilfsorganisation für Flüchtlingsfrauen, ein Kontoauszug ihres Sparkontos. Wir hatten es für sie eröffnet, als sie zehn Jahre alt war. Ich konnte mich noch an ihr Gesicht erinnern, als wir mit ihr zur St. Mary's Credit Union gegangen waren und ihr einen Hundert-Dollar-Schein überreicht hatten. Auf das Konto war schon lange nichts mehr eingezahlt worden – als ich zuletzt nachgesehen hatte, waren nur ein paar Hundert Dollar darauf, die fast keine Zinsen brachten. Wir hatten darüber gesprochen, es aufzulösen, aber nie die Zeit gefunden, wenn Ally hier war, und dann war sie irgendwann nicht mehr gekommen. Die Kontoauszüge trafen immer noch regelmäßig ein, und ich stopfte sie in die Schreibtischschublade und vergaß sie bis zum nächsten Monat. Ich legte den Umschlag beiseite. Jetzt musste ich wohl etwas unternehmen.

Ich setzte mich an den Computer, starrte auf den leeren Bildschirm und fragte mich einen Moment, was zum Teufel ich hier tat. Ally war tot. Zumindest war es das, was ich von allen zu hören bekam. Wozu sollte ich mich mit einer Welt befassen, in der sie mich nicht haben wollte? Aber das Gefühl hielt nicht lange an. Eine innere Stimme sagte mir, ich sollte nicht aufhören, um Ally zu kämpfen. Sie war nicht tot, nicht für mich. Meine Finger fanden die Tastatur. Ich hatte bisher nur getrennt nach Ben und Ally gesucht, nie nach beiden zusammen. Das wäre auch mal eine Möglichkeit.

Ich tippte die Namen ein und drückte auf Suchen. Zahllose Ergebnisse, alle über den Absturz. Die Buchstaben verschwammen, als ich hinunterscrollte, bis meine Augen auf eine Schlagzeile aus dem ›San Diego Chronicle‹ fielen. *Ben Gardner und Verlobte bei Flugzeugabsturz umgekommen.*

Zum Artikel gehörte auch ein Foto. Ihre lächelnden Gesichter bauten sich Pixel für Pixel auf, bis ich Ally schließlich in einem langen Kleid aus violetter Seide vor mir sah. Ihre Schlüsselbeine traten deutlich hervor. Bei diesem Gedanken lief der Film in meinem Kopf wieder ab, und ich musste die Augen schließen, um die verbrannten Knochen am Fuß eines Berges auszublenden. Als es schließlich vorbei war, machte ich die

Augen wieder auf. Und bemerkte den Diamantring, der im Blitzlicht der Kamera funkelte.

Sie waren verlobt gewesen.

Im Artikel gab es einen Link zur Hochzeitsanzeige, die vor ein paar Monaten erschienen war.

> Mr und Mrs David Gardner aus La Jolla, San Diego, freuen sich, die Verlobung ihres Sohnes Ben Gardner mit Allison Carpenter aus Maine bekanntzugeben. Der Bräutigam studierte an der Whitman School of Business der University of Syracuse und ist CEO des Pharmaunternehmens Prexilane. Die Braut hat am Boston College studiert. Die Hochzeit ist für den 8. September geplant.

Sie hatten in wenigen Monaten heiraten wollen, und Ally hatte mir nichts davon erzählt. Sie hatte mich nicht eingeladen. Sie wollte mich nicht dabeihaben.

Ich betrachtete das Foto. Sah sie glücklich aus? Schwer zu sagen. Gewiss, sie lächelte, aber mit ihren Augen stimmte etwas nicht. Sie trug die Kette mit dem goldenen Medaillon, die Charles ihr geschenkt hatte. Ben sah so verdammt selbstzufrieden aus, wie er da neben ihr stand. Sogar ich erkannte, wie teuer sein Anzug gewesen sein musste, und er sah aus wie jemand, der immer bekommen hat, was er wollte. Ich hatte diese Typen in Bowdoin erlebt, reiche Jungs, die glaubten, sie täten der Welt allein durch ihre Existenz einen Gefallen. Am liebsten hätte ich ihn geschüttelt.

Mir fiel ein, was Linda von dem Wundermedikament erzählt hatte, und so googelte ich seinen Namen in Verbindung mit der Firma. Dabei entdeckte ich einen Artikel aus dem ›Time Magazine‹. Ich klickte darauf und begann zu lesen.

GESUNDHEIT

Mamas kleiner Helfer?
Der Kreuzzug eines Mannes
gegen die postpartale Depression

Dee Sefton, 23. Februar 2015

Als Mutter eines Babys sieht man sich zahlreichen Herausforderungen gegenüber. Schlaflose Nächte, die Sorge um die Gesundheit des Kindes, Probleme beim Stillen: All das ist strapaziös. Doch bei manchen Frauen beginnen die Probleme bereits unmittelbar nach der Geburt ihres Kindes. Statistiken zeigen, dass jede fünfte Frau unter postpartaler Depression leidet. Die Symptome reichen von Stimmungsschwankungen bis hin zu einem gestörten Bindungsverhalten gegenüber dem Neugeborenen. Nur schätzungsweise fünfzehn Prozent aller Frauen, die an einer solchen Depression leiden, erhalten eine angemessene Behandlung. Ben Gardner will das ändern.

»Es ist die große Wende«, sagt der CEO des Pharmagiganten Prexilane. In den vergangenen drei Jahren war seine Firma federführend bei der Ursachenforschung zur postpartalen Depression – und hat den Durchbruch geschafft. Die Arzneimittelbehörde wird den Zulassungsprozess für Somnublaze, ein bahnbrechendes neues Medikament gegen die postpartale Depression, nächsten Monat abschließen.

»Somnublaze ist das erste Antidepressivum, das speziell für die Behandlung postpartaler Depressionen entwickelt wurde«, sagt Gardner. »Damit können wir hoffentlich das Leben junger Mütter und ihrer Kinder revolutionieren.«

> Sobald das Medikament auf dem Markt ist, ist davon auszugehen, dass sich Millionen von Amerikanerinnen aus den Fängen postpartaler Depressionen befreien, um wieder das zu tun, worauf sie sich am besten verstehen – für ihre Babys da zu sein.

Das also hatte Linda gemeint. Und sie hatte recht gehabt. Natürlich hatte ich von Somnublaze gehört – verdammt, jeder hatte davon gehört. Im Fernsehen kamen alle zehn Minuten Werbespots, in denen eine Hochglanz-Blondine mit zu weißen Zähnen ein Baby in der einen und eine Aktentasche in der anderen Hand hielt. »Jetzt kann ich alles haben!«, verkündete sie strahlend, bevor das Voiceover einsetzte. »Warum fragen Sie nicht Ihren Arzt, ob Somnublaze das Richtige für Sie ist?« Ich hatte irgendwo gelesen, noch nie habe ein verschreibungspflichtiges Medikament so schnell eingeschlagen.

Ich erinnerte mich noch an die ersten Tage mit Ally, in denen sie nachts dreimal wach wurde und Charles und ich beide früh zur Arbeit mussten, müde und gereizt und bis auf die Knochen erschöpft. Manchmal war es, als lebte man unter einer dunklen Regenwolke und wartete nur auf den Wolkenbruch. Dennoch hätte ich meinem Körper so ein Medikament sicher nicht zugemutet. Unsere Generation glaubte daran, dass man Dinge hinnehmen und kein Theater darum machen sollte. Wir sprachen nicht über unsere Gefühle. Doch die Zeiten hatten sich geändert. Heutzutage wollte einem jeder von seiner Diagnose erzählen.

Ich betrachtete das Foto, das zum Artikel gehörte, Ben Gardner mit weißen Zähnen und aufgerollten Hemdsärmeln. Ich stellte mir vor, wie er Allys Hand hielt, sie küsste, sich hinkniete und ihr einen Diamanten darbot. Die Bilder kamen mühelos, und ich musste die Augen zukneifen, um sie zu vertreiben.

Nein, es kümmerte mich nicht, dass sie ihn zum Heiligen stilisierten. Wegen ihm war Ally in diesem Flugzeug gewesen. Und das bedeutete, dass ich verdammt noch mal jede Einzelheit über Ben Gardner herausfinden musste.

Allison

Mein Kopf hämmert, als hätte ich den schlimmsten Kater der Welt. Ich greife nach meiner Tasche und öffne den Reißverschluss. Ich habe kein Wasser mehr, aber noch ein bisschen Essen, und brauche alle Energie, die ich bekommen kann. Meine Finger ertasten einige Nüsse. Ich zähle vier davon ab und stecke sie mir nacheinander in den Mund. Ihre scharfen Kanten bleiben mir in der Kehle stecken, und ich muss gegen den Würgereiz kämpfen.

Nächster Monat, nächstes Event. Inzwischen war ich ein Profi, und man wies Dee und mir den besten Tisch im Haus zu. Ein Immobilienmogul. Ein ehemaliger Filmproduzent. Der Vorsitzende eines großen Waffenkonzerns. Ein Politiker, der in den Senat wollte. Ein Hedgefonds-Manager. Und der CEO eines Pharmaunternehmens.

Ich saß zwischen dem Immobilienmogul und dem Politiker. Der Politiker interessierte sich nicht sonderlich für mich – er war viel zu sehr damit beschäftigt, dem Waffenproduzenten Honig ums Maul zu schmieren –, doch der Immobilienmogul hatte mich sofort mit seinem Laserblick fixiert. Es war erst neun, und er hatte mir bereits an den Hintern gegriffen und angeboten, die Nacht auf seiner Jacht zu verbringen. »Ist auch eine große, versprochen«, sagte er augenzwinkernd und warf sich praktisch auf mich. Ich wollte ihm mit einem Kichern nach links ausweichen, als jemand seine Schulter umfasste und ihn nach hinten riss. Als ich hochblickte, sah ich den Pharma-CEO über ihm stehen, die Lippen zusammengepresst, die Faust geballt. »Sei kein Arschloch.« Seine Stimme klang erstaunlich ruhig. Der Immobilienmogul sprang auf, wobei Champagnerglas und Stuhl umkippten. Stille senkte sich über den Raum.

»Scheiße, fass mich nicht an«, zischte der Immobilientyp, doch ich sah die Angst in seinen Augen. Der CEO war halb so alt wie er und durchaus muskulös unter dem maßgeschneiderten weißen Hemd.

Dee schaute mich an und gab mir ein Zeichen, ich solle etwas unternehmen. Wenn die Sache eskalierte, wäre der Abend ruiniert, und wir würden mit leeren Händen nach Hause gehen. »Jungs«, sagte ich mit meiner süßesten Stimme. »Bitte.« Ich legte dem Immobilienmogul die Hand auf die Brust und ließ meine Finger über sein Revers wandern. »Warum setzt du dich nicht, während ich dir noch ein Glas Champagner hole, Darling?« Er nickte schmollend und bückte sich, um seinen Stuhl wieder aufzustellen.

Ich schaute den CEO an, der immer noch die Fäuste geballt hatte. Dann ergriff ich ihn am Arm und führte ihn zur Theke, wo ich den Barkeeper um zwei Tequila Shots bat. Wir kippten sie wortlos hinunter. Ich sackte gegen die Theke, während die Flüssigkeit in meiner Kehle brannte.

Der CEO wischte sich den Mund mit dem Handrücken ab und brachte ein Lächeln zustande. »Tut mir leid«, sagte er leise. »Was für ein Scheißkerl.«

Ich kniff die Augen zu. Der Tequila zeigte Wirkung, aber es war noch nicht genug. Noch war ich nicht betäubt. Ich sah ihn achselzuckend an. »Gehört wohl zum Job.« Als ich seinen Blick sah, lächelte ich gezwungen. »Keine große Sache. Er will sich nur amüsieren.«

Er schüttelte den Kopf. »Harmlos kam er mir nicht vor.«

Ich lächelte weiter und gab dem Barkeeper ein Zeichen, noch zwei Shots zu bringen. »Alles gut«, sagte ich überzeugter, als ich mich fühlte.

Er sah sich angewidert im Raum um. »Ich weiß gar nicht, was ich hier mache. Ich dachte, hier würden Spenden gesammelt, aber das …« Er schüttelte den Kopf. »Sie sollten das nicht ertragen müssen.« Ich zuckte vor Scham zusammen. Die Bar widerte ihn an. Ich widerte ihn an. Und eine Sekunde lang widerte ich mich selbst an, bevor der Zorn das Gefühl verdrängte.

Glaubte dieser Mann mit seinem Dreitausend-Dollar-Smoking und dem Hollywood-Lächeln, er könne mir irgendetwas vorschreiben? »Ich weiß, Sie wollen mir helfen«, sagte ich leise, »aber das ist wirklich nicht nötig.« Ich kippte den zweiten Shot hinunter und knallte das Glas auf die Theke. Dann schaute ich mich im Spiegel hinter der Theke an und schob eine Haarsträhne zurecht. »Ich muss weiterarbeiten.«

Er hob die Hände. »Schon gut.« Dann trank er seinen Tequila und schob zwanzig Dollar für den Barkeeper unter das leere Glas. »Ich gehe jetzt ohnehin.« Er griff in seine Brusttasche und holte eine Visitenkarte heraus. »Falls Sie jemals etwas brauchen, rufen Sie mich an.« Er drückte mir die Karte in die Hand. »Passen Sie auf sich auf.«

Ich schaute ihm nach, bevor ich die Karte las. Ben Gardner, CEO, Prexilane Industries. Darunter eine Telefonnummer. Ich steckte die Karte in meinen BH und kehrte an den Tisch zurück. »Wo ist unser kleiner Freund denn hin?«, fragte der Immobilienmogul. Er grinste, doch die Angst war noch nicht aus seinen Augen geschwunden.

»Seine Mami hat angerufen«, sagte ich und machte einen Schmollmund. »Er darf nicht mehr mit uns spielen.«

Sein Gesicht entspannte sich sofort. »Wie schade.« Er schob die Hand unter den Tisch. »Aber wir können auch zu zweit eine Menge Spaß haben.«

Nach einigen Minuten fühle ich mich stark genug, um einen neuen Versuch zu wagen. Mir ist noch schwindlig, als ich aufstehe, doch ich komme auf die Füße und kann das Lager zusammenräumen. Bevor ich mich auf den Weg mache, reiße ich das letzte Hemd in Streifen. Diesmal werde ich Markierungen hinterlassen, damit ich weiß, wann ich im Kreis gehe. Der Hohlraum im Baum gähnt mir entgegen, als ich einen Fetzen um einen Ast binde. Ich halte inne und starre den weißen Stoff an, der sich von der dunklen Rinde abhebt. Dann reiße ich ihn herunter und wälze ihn im Dreck, bevor ich ihn wieder festbinde. Niemand außer mir darf ihn bemerken.

Maggie

Ich schlief nicht wieder ein. Ich konnte einfach nicht. Ich lag nur im Bett und ließ die Diashow vor meinen geschlossenen Augenlidern ablaufen.

Entsetzen. Schmerz. Blut. Feuer. Knochen. Ally. Nur gab es jetzt noch ein neues Bild: Ben Gardner, der mir mit schneeweißen Zähnen und eisblauen Augen vom Foto entgegenlächelte.

Ich stand auf, sowie das erste Morgenlicht durch die Ritzen der Jalousien kroch. Barney miaute jämmerlich vom Fußende, als ich die Decke anhob. Es war erst kurz vor sechs.

Ich ging nach unten und öffnete die Gartentür. Seit ich von dem Unglück erfahren hatte, war ich nicht mehr draußen gewesen, und das Gefühl von Gras zwischen den Zehen ließ mich innehalten. Der Himmel war noch rosa, und der Garten lag größtenteils im Dunkeln, aber die Sonne fiel schon durch die Bäume auf das Schaukelgerüst.

Ich hätte es vor Jahren abbauen sollen. Die Rutsche war mit Rostflecken überzogen, bei einer Schaukel fehlte der Sitz. Vermutlich ein Sicherheitsrisiko. Ich würde nicht mal die Katze hinauflassen, geschweige denn ein Kind. Charles und ich hatten jedes Jahr davon gesprochen, das Ding wegzuwerfen, hatten geplant, stattdessen ein Gemüsebeet oder einen Rosengarten anzulegen oder einen Bienenstock aufzustellen, obwohl mir bei der letzten Idee fast das Herz stehengeblieben wäre. Doch am Ende jedes Sommers stand die Schaukel immer noch da.

In Wahrheit hätte es keiner von uns übers Herz gebracht, sie zu entsorgen. Charles sprach es nicht aus, aber er dachte sicher immer noch an Ally, wie sie unermüdlich mit fliegenden Zöpfen geschaukelt hatte, die Wangen rot vor Aufregung. Wir sprachen nie darüber, stellten uns aber wohl beide vor, dass irgendwann eine Enkelin oder ein Enkel darauf schaukeln würde – natürlich erst, nachdem wir sie repariert hatten.

Ich sah noch, wie Ally auf mich zugelaufen kam und mir ihr aufgeschlagenes Knie zeigte.

»Wie hast du es denn geschafft, von der Schaukel zu fallen?«, hatte ich gefragt, während ich die Wunde säuberte.

Sie hatte mich mit großen Augen angeschaut und die schmalen Schultern gezuckt. »Ich wollte sehen, was passiert, wenn ich loslasse.«

Meine Knochen fühlten sich schwer an, als ich barfuß auf dem Rasen stand. Ich hielt es keine Sekunde länger aus. Ich musste weg.

Also duschte ich, zog mich an und stand um acht Uhr an der Haustür. Owl's Creek war schon hellwach. Vor der Bäckerei an der Hauptstraße stand eine Schlange, Leute warteten auf ihren Morgenkaffee, Kinder umklammerten weiße Papiertüten mit Muffins und Sandwiches fürs Sommercamp. Eine gehetzte Mutter zog ihre Tochter auf einem Roller über den Gehweg. Das kleine Mädchen war blond, mit Zöpfen, hatte den Mund zum Heulen aufgerissen und die Augen zugekniffen, weil ihr irgendein furchtbares Unrecht geschah. Die Mutter bemerkte meinen Blick, und ich lächelte mitfühlend. Man hatte es wirklich nicht leicht.

Ich fuhr am See entlang und dann auf die Route 1, auf der sich die Pendler in Richtung Bangor und Portland drängten. Hinter Freeport wurde der Verkehr weniger, und ich kam an vertrauten Orten vorbei. Dem Motor Court Motel. Dem großen roten Schild des Waffenhändlers C & R Trading Post. Der Abzweigung zur Piper Farm. Ich sah die Hinweisschilder zum Brunswick Airport und wusste, ich war beinahe da. Ich nahm die nächste Ausfahrt in Richtung Bowdoin.

Ich parkte in der Federal Street hinter der Stowe Hall und ging zum Collegehof. Auf dem Campus war es im Sommer sehr still, man sah nur vereinzelte Studentinnen und Studenten, die mit aufgekrempelten Ärmeln und nackten Beinen auf der Wiese lasen oder mit Rucksäcken vorbeieilten. Es war alles so vertraut, ich hatte diesen Hof zwanzig Jahre lang durchquert, doch heute kam ich mir wie ein Eindringling vor. Mittlerweile fühlte ich mich fast immer so, als Fremde in meinem eigenen Leben.

Ich ging an den hohen Bogenfenstern der Hawthorne-Longfellow-Bibliothek vorbei und dann durch die gläserne Automatiktür. Doug saß wie immer auf seinem Stuhl und stand auf, als er mich sah.

»Maggie! Was für eine schöne Überraschung! Was machst du denn hier?« Er zuckte zusammen, als es ihm einfiel. »Ich habe das mit Allison gehört. Mein Gott, es tut mir so leid. Was für eine schreckliche Geschichte.«

»Ich danke dir, Doug. Wie geht es Betsy? Arbeitet sie noch?«

»Sie ist letztes Jahr in Ruhestand gegangen. Sie macht mich verrückt – fragt ständig, wo ich war. Wann ich nach Hause komme. Um neun Uhr morgens fragt sie mich, was ich zum Abendessen will. Um neun Uhr morgens!«

»Es ist eine große Umstellung. Sie wird sich schon daran gewöhnen. Und was ist mit dir? Wäre es nicht auch Zeit für dich?«

»Niemals. Der Tag, an dem ich aufhöre zu arbeiten, ist der Tag, an dem ich sterbe!« Er hämmerte auf seinen Schreibtisch, um den Worten Nachdruck zu verleihen.

Ich verdrehte die Augen. »Ich fresse einen Besen, wenn du

nicht in einem Jahr eine Weltreise mit Betsy unternimmst und auf einem Kreuzfahrtschiff im Pazifik Mai Tais schlürfst.«

Er schüttelte den Kopf. »Du musst verrückt sein, wenn du das glaubst. Wolltest du zu Barbara? Sie ist vor ein paar Minuten gekommen. Du weißt ja, wo du sie findest.«

Ich versprach, mich später noch zu verabschieden, und ging in die Bibliothek. Die kühle Stille überfiel mich sofort, genau wie der widerlich süße Geruch von Teppichreiniger und muffigem Papier. Der Raum war fast verlassen, nur vereinzelt saßen Lernende an den langen Holztischen. Ich schlich zwischen den Bücherstapeln hindurch zur Informationstheke. Hier thronte Barbara, die stahlgrauen Haare zu einem festen Knoten geschlungen, in dem ein Bleistift steckte. Ich hob grüßend die Hand, und sie stürmte hinter dem Tisch hervor und umarmte mich.

»Es ist schön, dich zu sehen«, flüsterte sie. Ihre Stimme war deutlich zu hören, und einige Leute schauten hinter ihren Büchern auf und sahen uns prüfend an. »Komm, wir gehen in mein Büro.«

Ich folgte ihr durch die Personaltür und durch ein Labyrinth aus Fluren in das enge Büro, in dem wir früher beide gesessen hatten. Mein Schreibtisch war unter Bücherstapeln und losen Papierhaufen begraben, was mich überhaupt nicht wunderte. Sie deutete darauf. »Entschuldige bitte das Chaos. Wie geht es dir?«

Ich zuckte mit den Schultern. »Den Umständen entsprechend.«

»Ich werde dir nicht mit Beileidsbekundungen auf die Nerven fallen, aber du weißt, dass ich mit dir fühle. Womit kann ich dir helfen?«

»Ich versuche nur, ein paar Dinge herauszufinden. Könntest du mir einen Computer zur Verfügung stellen?«

»Na klar.« Sie führte mich zu einer Reihe von Computern

im Nebenzimmer und half mir, mich einzuloggen. »Sag Bescheid, falls du Hilfe brauchst. Nicht dass ich damit rechnen würde.« Mit diesen Worten ließ sie mich allein.

Mir fiel ein, dass Jim erwähnt hatte, Ally sei in irgendwelchen Schwierigkeiten gewesen. Ob er juristische Schwierigkeiten gemeint hatte? Ich klickte auf das Pacer-Icon und loggte mich ein. Hoffentlich war mein Passwort noch gültig.

Pacer ist eine landesweite Datenbank für Gerichtsakten. Falls Allison irgendwelche Vorstrafen hatte, würde ich sie hier finden. Ich gab ihren Namen in die Suchmaschine ein und drückte auf Enter. Der Computer erwachte zum Leben.

Nur ein Eintrag. Ich doppelklickte.

Bezirksgericht des Bundesstaates Kalifornien
Gerichtsbezirk Palm Springs

Eidesstattliche Erklärung eines Polizeibeamten
zu einer Strafanzeige
Bundesstaat Kalifornien/Kläger
gegen
Allison Carpenter
Fall Nr. 8YU-11-39GT

Ich, Jerome Ramsay, erkläre hiermit an Eides statt:

Am 2. August 2015 gegen 12.55 Uhr wurde ich wegen rücksichtsloser Fahrweise zur Adresse 622 N Palm Canyon Drive, Palm Springs, gerufen. MATCOM informierte mich, dass eine Frau den Notruf gewählt und berichtet habe, eine Frau in einem blauen Mercedes S-Klasse wechsle unkontrolliert die Fahrspuren. Auf dem Beifahrersitz säße ein Mann.

Ich traf um 13.03 Uhr vor Ort ein und konnte das Fahrzeug schnell orten, das weit unter der zulässigen Geschwindigkeit und in Schlangenlinien fuhr. Ich betätigte mehrfach meine Warnlichter, doch der Wagen hielt nicht an, und nach einer kurzen Verfolgungsjagd bemerkte ich, wie der Beifahrer nach dem Lenkrad griff. Daraufhin kam der Wagen am Straßenrand zum Stehen. Ich näherte mich dem Fahrzeug und stellte fest, dass die Fahrerin, eine Frau Ende zwanzig, eindeutig die zulässige Promillegrenze überschritten hatte und möglicherweise zudem unter Drogeneinfluss stand. Als ich sie nach Führerschein und Fahrzeugschein fragte, legte sie einen kalifornischen Führerschein vor, der sie als Ms Allison Carpenter, wohnhaft 2799 Adrian Street, San Diego, Kalifornien, auswies. Der Wagen war auf den Beifahrer zugelassen, einen Mann Anfang sechzig namens Mr John Dwyer, ebenfalls aus San Diego. Er schien nicht unter dem Einfluss von Drogen oder Alkohol zu stehen.

Ms Carpenter verweigerte einen Atemtest, und ich nahm sie wegen des Verdachts auf Alkohol- oder Drogenmissbrauch am Steuer fest. Dann verbrachte ich sie auf den Rücksitz des Streifenwagens und wies Mr Dwyer an, uns in seinem Wagen zu folgen, aber er erschien nicht auf der Polizeiwache.

Ms Carpenter wurde am späten Vormittag gegen Kaution freigelassen.

Jerome Ramsay, Polizeibeamter

Unterzeichnet und beschworen am 8.8.2015 in Palm Springs, Kalifornien

Ich scrollte durch die übrigen Dokumente, doch sie waren entweder nicht zugänglich oder geschwärzt. Es hatte nie eine offizielle Anklage gegen Allison gegeben, die Anzeige wurde fallengelassen.

Warum um Himmels willen war sie in diesem Zustand mit einem Mann durch die Gegend gefahren, der ihr Vater hätte sein können? Und wie hatte sie sich aus der Sache herausgewunden? Die eidesstattliche Erklärung war ziemlich eindeutig. *Mein Gott, Ally, was hast du dir nur dabei gedacht?*

Ich lehnte mich auf dem Stuhl zurück. Plötzlich war ich verdammt wütend auf sie.

»Verzeihung.« Ich blickte auf und sah mich einem Mann mit dichten grauen Haaren und einer kleinen runden Brille gegenüber. »Tut mir leid, wenn ich störe, aber haben Sie zufällig früher hier gearbeitet?«

»Ja, das habe ich.« Ich hatte vor vier Jahren aufgehört und war überrascht, dass sich jemand an mich erinnerte.

»Sie kamen mir bekannt vor. Tut mir leid, mir fällt Ihr Name gerade nicht ein …«

»Maggie.«

»Natürlich, Maggie.« Er lächelte, Fältchen erschienen um seine Augen. Er sah freundlich aus. »Ich bin Tony. Schön, Sie wiederzusehen.«

»Sie auch«, sagte ich, obwohl ich mich nicht daran erinnern konnte, ihn je zuvor gesehen zu haben. Andererseits kamen eine Menge Leute in die Bibliothek, man konnte unmöglich alle kennen.

»Darf ich?« Er setzte sich neben mich, ohne auf eine Antwort zu warten. »Meine Knie«, sagte er entschuldigend. »Die halten nicht mehr viel aus. Wenn ich ein oder zwei Stunden gesessen habe, sind sie im Eimer.« Ich dachte an die seltsamen Schmerzen, mit denen ich in letzter Zeit aufwachte, den dumpfen Druck in meiner Hüfte, wenn ich zu lange gesessen hatte, wie die Knochen in meinen Knöcheln beim Gehen knackten. Er beugte sich vor und stützte die Hände auf die Oberschenkel. »Und was bringt Sie zurück nach Bowdoin?«

Ich betrachtete ihn. Er sah ziemlich nett aus, aber es gefiel mir nicht, dass er sich unaufgefordert zu mir gesetzt hatte und mich ausfragte. Ich richtete mich kerzengerade auf. »Mein Computer zu Hause ist kaputt. Also arbeite ich hier, während er repariert wird.« Es entstand eine Pause, und mir wurde klar, dass er eine Gegenfrage erwartete. »Und Sie?«, sagte ich zögernd. »Sind Sie Professor hier oder ...?«

»Ich? Oh, nein!« Er lachte lauter als in einer Bibliothek erlaubt. »Nein, ich bin nur einer dieser traurigen Rentner, die als Gasthörer herkommen.«

»Das ist doch nett.« Ich hatte oft genug Männer wie ihn gesehen und ahnte, dass er verwitwet oder geschieden war. Verheiratete Männer in seinem Alter kamen nicht als Gasthörer an die Universität. Ihre Frauen schon, um endlich mal ihre Ruhe zu haben, aber die Ehemänner blieben gewöhnlich zu Hause.

Er zuckte mit den Schultern. »Damit vertreibe ich mir die Zeit. Bis jetzt hatte ich Kunstgeschichte und französische Literatur. Im nächsten Semester ist Archäologie dran.«

»Sehr ehrgeizig.« Ich wandte mich wieder zum Bildschirm und hoffte, dass er den Wink mit dem Zaunpfahl verstand.

Er zögerte. Aus dem Augenwinkel sah ich, wie er den Mund öffnete und auf die nächste Frage wartete, ihn dann wieder schloss und sich vom Stuhl erhob. »Nun, dann lasse ich Sie mal in Ruhe. Ich wollte nur Hallo sagen. Es hat mir immer leidgetan, dass ich mich nicht vorgestellt habe, als Sie noch hier gearbeitet haben. Und dann eines Tages waren Sie nicht mehr da, und ich hätte mich treten können, weil ich die Chance verpasst hatte. Aber jetzt sind Sie wieder da.«

Ich hob die Hände. »Da bin ich.«

Er winkte mir noch zu, bevor er an seinen Tisch zurückkehrte. Es tat mir leid, dass ich ihn so abserviert hatte. Vermutlich war er nur ein einsamer Mann, der sich ein bisschen unterhalten wollte. Ganz harmlos. Ich schaute zum Bücherstapel auf seinem Tisch – Proust, Stendhal, Maupassant. Was für eine Art, den Sommer zu verbringen. Ich hätte wirklich netter zu ihm sein sollen.

Ich schob den Gedanken beiseite und wandte mich wieder dem Computer zu. Hier wartete Arbeit auf mich. Ich rief die Seite des National Transportation Safety Board auf, gab die Einzelheiten zu Allys Absturz ein und drückte Enter.

NTSB-Kennnummer: CEN36FA455
14 CFR Teil 91: Allgemeiner Flugverkehr
Unfall am Sonntag, 8. Juli 2018
am Electric Peak, Colorado
Flugzeugtyp: MOONEY AVIATION 3

Verletzte: 2, tödlich

Dies sind vorläufige Informationen, die sich noch ändern und Fehler enthalten können. Alle Fehler in diesem Bericht werden korrigiert, sobald der Abschlussbericht vorliegt. Die Ermittler des NTSB sind entweder in Sachen dieser Ermittlung gereist oder haben umfassende Ermittlungsarbeiten ohne Reisen durchgeführt und Daten aus unterschiedlichen Quellen verwendet, um den Absturzbericht zu erstellen.

Am 8. Juli 2018 gegen 17.00 Uhr Mountain Standard Time wurde eine Maschine des Typs Mooney Aviation 3, N65EF, durch einen Aufprall und einen darauffolgenden Brand zerstört. Der Pilot verlor in der Nähe des Boreas Mountain in Colorado anscheinend die Kontrolle über das Flugzeug. Es war gemäß den Vorschriften des Code of Federal Regulations, Titel 14, Teil 91, auf eine Privatperson zugelassen und wurde von dieser auf einem Privatflug gesteuert. Die Maschine startete vom Chicago Midway International Airport (MTW) und hatte als vermutliches Ziel den Montgomery Field Airport in San Diego, Kalifornien (MYF), von wo die Maschine am Freitag, den 6. Juli 2018, abgeflogen war. Es wurde kein Flugplan abgegeben. Der Pilot und die Passagierin wurden tödlich verletzt.

Die ursprüngliche Aufprallstelle befindet sich etwa drei Meter südlich vom Hauptteil des Wracks und enthält das Bugfahrwerk der Maschine. Basierend auf der Position des Flugzeugs und der Aufprallstelle flog die Maschine zur Zeit des Aufpralls in östlicher Richtung. Fast das gesamte Flugzeug wurde beim nachfolgenden Brand zerstört, was die Bergungsarbeiten sehr schwierig gestaltet. Die sterblichen Überreste des Piloten wurden geborgen, seine Angehörigen über seine Identität informiert. Die Leiche der Passagierin wurde zum Zeitpunkt dieses Berichts noch nicht gefunden. Die Schwere des Aufpralls und der Zustand des Wracks lassen den Schluss zu, dass der Tod als sicher angenommen werden kann und die Leiche der Passagierin vermutlich beim Aufprall aus dem Flugzeug geschleudert wurde. Allerdings gestalten sich die Ermittlungen an der Stelle sehr schwierig. Im Hinblick auf den Motor oder die dazugehörigen Bauteile wurden keine Anomalien festgestellt;

jedoch schließt der Feuerschaden eine vollständige Untersuchung und Überprüfung der Bauteile aus. Es gibt Hinweise darauf, dass es zu Manipulationen an der Absturzstelle kam, bevor die Ermittler dort eintrafen. Man nimmt an, dass diese Manipulationen auf Wildtiere zurückzuführen sind.

Um 16.00 Uhr MDT meldete der örtliche Wetterdienst Wind aus 340, Geschwindigkeit 9 Knoten, 16 Kilometer Sichtweite, klaren Himmel, 22,8 °C, einen Taupunkt von –3,9 °C, Höhenmesser 760 mm Quecksilber. Das Wetter dürfte beim Absturz keine Rolle gespielt haben.

Ich lehnte mich auf meinem Stuhl zurück. Also hatte man Bens Leiche gefunden. Shannon und Jim mussten das gewusst, mir aber verschwiegen haben. Vermutlich wollten sie mir keine falschen Hoffnungen machen. Aus dem Bericht war deutlich zu ersehen, dass alle Ally für tot hielten, auch wenn man ihre Leiche nicht gefunden hatte. Ich las ihn noch einmal. »Aus dem Flugzeug geschleudert.« »Wildtiere.« Ich wollte mir beides nicht vorstellen, tat es aber natürlich trotzdem. »Dass der Tod als sicher angenommen werden kann.« Ich starrte auf die Worte, bis mir alles vor den Augen verschwamm.

Aber die Kette. Sie hatten die Kette gefunden. Wie konnten sie die Kette finden und Ally nicht? Was war in diesem Flugzeug geschehen, warum war es abgestürzt?

Wenn sie Ben Gardners Leiche gefunden hatten, mussten seine Eltern mittlerweile Bescheid wissen. Mr und Mrs David Gardner. Hatten sie viel Zeit mit Ally verbracht? Kannten sie sie gut? Ich musste mit ihnen sprechen. Ich musste sie fragen, was sie wussten.

Ich stand zu schnell auf, und einen Moment lang drehte sich alles.

»Maggie? Alles in Ordnung?« Tony schaute besorgt von seinem Tisch herüber. Ich tat es mit einer Handbewegung ab und griff nach meiner Tasche.

Das Grün im Collegehof wirkte ganz verschwommen. Die jungen Leute, die im Gras saßen oder zu zweit umhergingen, die Köpfe zusammensteckten, sich unterhielten und lachten, sahen so jung aus. Führten auch sie ein Leben, das sie vor ihren Eltern geheim hielten? Fuhren sie in den Semesterferien nach Hause und saßen am Esstisch und aßen die Mahlzeiten, die ihre Mutter für sie kochte, und lachten über die Witze ihres Vaters, wohl wissend, dass sie Geheimnisse hatten, die sie nie mit ihnen teilen würden?

Allison

Die dichten Wolken ziehen schnell heran, getrieben von einem starken Wind, der auffrischt, als die Sonne sich abends schlafen legt. Ich sehe, wie sie sich über mir sammeln, wie das Grau das Blau jagt, es einhüllt und die Sonne erstickt. Die Luft drückt mich nieder wie ein dicker Daumen. Und dann klingt es, als würde ein Bettlaken entzweireißen, und die Wolken öffnen sich, und es beginnt zu regnen.

Zuerst ist es nur ein sanftes Prasseln auf den Blättern, wird aber bald zu einem Dröhnen. Ich verstecke mich unter einem Baldachin aus Ästen, doch das Wasser tropft hindurch, und nach wenigen Minuten bin ich bis auf die Knochen durchnässt.

Die Temperatur fällt. Ich kann mich nirgendwo verstecken und habe keine wasserdichten Sachen. Meine Zähne klappern, dass es im Schädel widerhallt, ich drücke die Arme fest an die Brust. Die Angst nagt an mir. In den ersten Minuten des Gewitters bin ich wie festgefroren, gelähmt von Schock und Unentschlossenheit und dem Gewicht meiner durchnässten Tasche. Ich schaue auf meine zitternden Hände, als gehörten sie nicht mir.

Sein Atem wehte mir heiß ins Gesicht, und ich musste mich zwingen, keine angewiderte Grimasse zu schneiden, als er mit dem Finger meinen Mund nachfuhr. »So ein hübsches Mädchen.«

Ich beugte mich übers Bett und zog noch eine Line. Dee hatte recht gehabt. Es war schnell vorbei, und ich hatte kaum etwas gespürt. Als wäre es überhaupt nicht mein Körper.

Ich wickelte mich in die Decke und ging ins Badezimmer. Der Spiegel wurde von Halogenlampen eingerahmt, ich blinzelte im grellen Licht. Meine Pupillen waren groß und schwarz, sie verdrängten das Grün der Iris. Sie wirkten eigenartig und fremd. Nicht wiederzuerkennen.

»Beeil dich, Baby!«

»Sekunde«, rief ich. Meine Stimme hallte vom Marmorboden wider.

Am Waschbecken lagen kleine Seifenstücke, ein Nähset und eine Duschhaube. Ich beschloss, alles mitzunehmen, dazu noch die Fläschchen mit Shampoo, Conditioner und Lotion und einen von den flauschigen Morgenmänteln, die im Schrank hingen. Ich brauchte nichts davon, aber darum ging es nicht. Es war, als gehörten sie mir, zusammen mit dem Stapel Zwanziger, den er auf dem Tisch lassen würde. Ich musste warten, bis er gegangen war. »Fass nie das Geld an, wenn sie dabei sind«, hatte Dee gesagt, »das sieht billig aus.« Erst dann würde ich die Scheine ans Gesicht halten und den Geruch von Leder, Metall und Seife einatmen.

Siehst du?, dachte ich, als ich zurück ins Schlafzimmer ging. *Leicht verdientes Geld.*

Beweg dich. Du musst dich bewegen.

Ich stolpere vorwärts, mit schweren Beinen, mache ein paar Schritte. Das Regenwasser strömt mir übers Gesicht, klatscht meine schmutzigen Haare an die Stirn und lässt alles vor meinen Augen verschwimmen. Es ist eine wahre Sintflut, das Wasser hämmert wütend auf den Boden wie ein Kleinkind, das sich in einem Trotzanfall zu Boden wirft. Ich versuche, tief durchzuatmen, doch dabei dringt mir Wasser in die Lunge. Ich pruste und würge.

Okay. Stopp. Warte einfach ab.

Ich werfe die Tasche auf den Boden, wo sie mit einem schmatzenden Geräusch landet. Meine Finger färben sich wieder blau, und ich stecke sie tief unter die Achseln, um sie zu wärmen. Es ist so schnell kalt geworden, und die Bäume bieten nur wenig Schutz vor dem Wind, der durch den Wald heult. Meine Zehen werden taub in den durchweichten Turnschuhen, die Nervenenden kribbeln noch einmal, bevor sie absterben.

Ich darf nicht stehenbleiben. Wenn ich stehenbleibe, erfriere ich. Ich bin nicht so weit gekommen, um jetzt zu sterben.

Ich bücke mich, um die Tasche aufzuheben, aber meine Schulter kreischt vor Schmerz. Ich stoße einen kehligen Schrei aus und lasse sie wieder fallen. Eine Sekunde lang bin ich davon überzeugt, dass ich mir die Schulter ausgekugelt habe, doch nach ein paar Minuten legt sich der brennende Schmerz und verebbt zu einem dumpfen Pochen. Der Schmerz ist normal geworden, weißes Rauschen. Ganz vertraut.

Atme durch den Schmerz. Das würde meine Mutter sagen. Als Kind hatte ich mir ständig wehgetan – zu lange Beine und zu große Füße, die sich immer verhedderten – und tauchte regelmäßig mit einem aufgeschlagenen Knie oder einer blutenden Lippe an der Hintertür auf.

Atme durch den Schmerz, sagte sie, wenn sie den Kratzer abtupfte. *Ich weiß, dass es wehtut, Ally, aber atme einfach hindurch.*

Atme.

Der Schmerz in meiner Schulter ist jetzt so dumpf, dass ich mich wieder denken höre. Nicht dass ich wüsste, was ich sagen soll. Mir ist kalt. Ich bin nass. Ich habe mich im Wald verirrt. Lauter Probleme, die ich beim besten Willen nicht lösen kann.

Ich gehe um meine Tasche herum und hoffe, dass die Bewegung meine Zehen wieder durchblutet, aber es fühlt sich an, als würde ich auf Nadeln laufen. Es ist jetzt dunkel, obwohl ich nicht erkennen kann, ob es an den dichten Wolken oder der tatsächlichen Uhrzeit liegt. Die Zeit ist schlüpfrig und unhandlich geworden. Der Regen hat nicht aufgehört – wenn überhaupt, ist er noch stärker geworden. Es kommt mir vor, als würde sich das Unwetter häuslich einrichten und auf eine lange Nacht vorbereiten.

Es hat keinen Sinn, weiterzugehen.

Ich hole die Abdeckplane heraus und versuche, sie über einige Äste zu breiten, aber die Konstruktion bricht sofort in sich zusammen. Außerdem ist die Plane nicht wasserdicht und schon durchweicht. Ich kann mir unmöglich einen Schutz für die Nacht daraus basteln und habe auch sonst nichts dabei, das mir helfen würde.

Ich schleife die Tasche unter den größten Baum, den ich finden kann, drücke mich an den Stamm und ziehe die Knie an die Brust. Der Regen tropft durch die Kiefernnadeln.

Ich schließe die Augen. Nur für eine Sekunde.

Maggie

Ich griff zum Telefon und wählte die Nummer, die Jim mir gegeben hatte, doch es meldete sich niemand. Ich hinterließ eine weitere Nachricht, machte mir aber keine großen Hoffnungen auf einen Rückruf. Vor zwei Tagen hatte ich zum ersten Mal bei Bens Eltern angerufen und noch immer nichts von ihnen gehört. Natürlich waren sie in Trauer, aber das war ich auch. Das gab ihnen noch lange nicht das Recht, mich zu ignorieren. Nicht, wenn meine Tochter mit ihrem Sohn verlobt gewesen war. Nicht, wenn er für ihren Tod verantwortlich war.

Auch das Internet war keine große Hilfe. Ich tippte ihre Namen sorgfältig ein – David und Amanda Gardner, das klang ja schon nach Oberschicht –, aber viel kam nicht dabei heraus. David war Vorstandsmitglied einer örtlichen Wohltätigkeitsorganisation, und Amanda wurde in einigen Gesellschaftskolumnen erwähnt – sie hatte die Blumenarrangements für die jährliche Gala der Audubon Society beigesteuert –, doch davon abgesehen waren beide im Internet mehr oder weniger unbekannt.

Dann gab ich wieder Allys Namen ein. Zahllose Meldungen über ihren Tod. Ich klickte auf eine und scrollte zu ihrem Foto hinunter. Es war dasselbe, das sie auch in den Nachrichten benutzt hatten: dünn, blond, gestylt. Ganz und gar nicht meine Ally. Ich scrollte weiter nach unten zu den Kommentaren, hörte aber sehr schnell auf, sie zu lesen. Was waren das für

Leichenfledderer? Wie konnten sie solche Dinge über eine tote Frau, geschweige denn meine Tochter, schreiben?

Als Jim mir die Nummer durchgegeben hatte, hatte er gesagt, er wisse noch nicht, wann ich Allys Besitztümer aus San Diego erhalten würde. Sie hatten das Haus ausfindig gemacht, in dem sie mit ihm gelebt hatte – Jim hatte mir die Adresse genannt, nachdem ich ihn ein bisschen bearbeitet hatte. Ich schaute im Internet nach und zoomte die Straße heran. Ich sah eine hohe Hecke mit einem Tor, dahinter etwas aus Sandstein und Glas. Meine Tochter hatte mit einem Mann, den sie heiraten wollte und dem ich nie begegnet war, in diesem Haus gelebt. Der Schock nahm mir immer noch den Atem.

Ich wusste nicht, weshalb es mich so überraschte, dass sie zusammengewohnt hatten – für Leute ihrer Generation war es normal, unverheiratet zusammenzuleben, und ich war ja keine Nonne, aber trotzdem irritierte es mich. Ich versuchte mir vorzustellen, wie sie ihre Kleidung neben seine gehängt, ihre Bücher auf den Nachttisch gelegt, ihr Shampoo auf den Rand der Badewanne gestellt hatte. Und jetzt müsste ich noch lange warten, bis ich ihre Sachen nach Hause holen konnte. Mir hatte das Blut gekocht, als Jim es erwähnte. Ich würde um die Kleider meiner Tochter, ihre Haarbürste, ihr Parfum, jedes letzte bisschen von ihr kämpfen müssen.

Ich dachte an jene ersten Tage, nachdem wir sie aus dem Krankenhaus nach Hause gebracht hatten. Sie war bei der Geburt ein großes Kind gewesen – fast vier Kilo, Gott steh mir bei –, und ihre Bäckchen waren rot und rund wie Kirschäpfel. Charles und ich hatten so lange auf sie gewartet – wir hatten es jahrelang versucht und waren bei weitem das älteste Paar auf der Geburtsstation gewesen. Damals hatten wir schon gewusst, dass wir zu dritt bleiben würden, eine kleine Familie. Wir standen neben ihrem Bettchen und schauten zu, wie sie schlief, wie sich ihre winzige Brust hob und senkte, und keiner von uns wagte zu blinzeln oder sich zu bewegen oder zu schlafen, weil wir fürchteten, etwas zu verpassen. Natürlich hielt das nur ein paar Wochen an, dann trieb uns der Schlafmangel beinahe in den Wahnsinn. Trotzdem waren es einige der glücklichsten Tage meines Lebens. Wir hatten es jahrelang vergeblich versucht, und nun gab es sie endlich – gehörte sie uns – das war pures Glück.

Die goldenen Tage waren nicht von Dauer. Mit zwei Monaten bekam Ally Koliken und hörte erst auf zu schreien, als sie zu laufen begann. Aber das Gefühl, dass wir zu dritt durch dick und dünn gehen würden, war geblieben.

Ich hatte wieder angefangen, Charles' Ring zu tragen. Er kam mir vor wie ein Talisman, schwer und tröstlich an meinem Daumen. Ich zog ihn ab und las noch einmal die Inschrift. »C & M. Immer und ewig.« Ich seufzte. Warum hatten wir uns etwas vorgemacht? Nichts war ewig. Einer bliebe immer übrig.

Als Linda zur Tür hereinkam, zuckte ich zusammen. Ich war mir nicht sicher, wie lange ich hier gesessen hatte – zehn Minuten oder ein paar Stunden. Die Zeit war dick und zähflüssig geworden. Linda hatte einige Briefe und eine flache Schachtel dabei. »Die ist an Charles adressiert«, sagte sie.

»Leg sie einfach auf die Arbeitsplatte. Ich überlege mir später, was ich damit mache.«

Linda setzte sich mir gegenüber und nickte zu dem Notizblock, den ich vor mir hatte. »Was machst du da?«

»Ich versuche herauszufinden, was mit Ally passiert ist. Bens Eltern rufen mich nicht zurück, und ich kann in der Bar, in der sie gearbeitet hat, niemanden erreichen.«

Linda zog die Augenbrauen hoch. »Du hast in der Bar angerufen?«

»Die Nummer stand doch auf der Website«, rief ich, fühlte

mich plötzlich in der Defensive. Sie dachte sicher, ich hätte den Verstand verloren.

Sie seufzte. »Ich weiß einfach nicht, ob dir das guttut. Herumtelefonieren, Listen aufstellen …« Sie schaute mich besorgt an. »Nichts davon bringt sie zurück.«

»Sie haben die Leiche noch immer nicht gefunden.«

»Ich weiß«, sagte sie leise. Ich sah das Mitleid in ihren Augen und wandte mich ab.

»Bullshit«, murmelte ich vor mich hin. Ich hatte vorgehabt, ihr alles zu erzählen – das mit der Verlobung und der Trunkenheit am Steuer und dem Absturzbericht, doch nun wurde ich ungeduldig. Was hatte es denn für einen Sinn, ihr das alles zu erklären? Sie würde es ohnehin nicht verstehen. Niemand verstand es. »Ich will einfach nur wissen, was mit meiner Tochter passiert ist.« Ich wollte meine Handlungen nicht erklären müssen. Nicht jetzt. Das sagte ich aber nicht, und so stand das Schweigen zwischen uns im Raum.

»Es tut mir leid. Ich kann mir nicht vorstellen, was du gerade durchmachst, und will dich nicht wütend machen, aber … ich fände es besser, die Dinge ruhen zu lassen, sonst machst du dich verrückt. Ich will doch nur dein Bestes.«

Ich sagte, ich sei müde und müsse mich ein bisschen hinlegen, worauf Linda zur Tür ging. »Ich komme morgen vorbei, dann können wir über die Trauerfeier sprechen.« Sie umarmte mich.

»Morgen habe ich einen Arzttermin in Bangor.«

»Dann eben übermorgen.«

Ich schüttelte den Kopf. »Da habe ich den ganzen Tag zu tun. Hör mal, mach es doch einfach so, wie es dir richtig erscheint. Ich bin mir sicher, es wird perfekt.«

Sie zögerte, dann umarmte sie mich noch einmal. »Natürlich. Mach dir keine Gedanken – ich kümmere mich um alles.«

Ich winkte ihr nach, setzte mich hin und horchte auf ihren

Wagen. Als er davongeröhrt war, ging ich wieder an den Computer, klickte auf eine E-Mail im Posteingang und dann auf Drucken.

Ich hatte morgen keinen Arzttermin und würde mich verdammt noch mal auch nicht mit irgendeinem Bestatter treffen.

Der Drucker spuckte das elektronische Ticket Zeile für Zeile aus, und als ich das Blatt herausnahm, war die Tinte noch feucht.

Morgen früh, noch bevor die Sonne aufging, würde ich in einem Flugzeug nach Kalifornien sitzen.

Wenn sie nicht zu mir kommen wollten, würde ich eben zu ihnen kommen.

Allison

Ein Telefon klingelt. Zuerst ist es weit weg, kommt dann näher, drängend, der schrille Ton heftet sich an meine Ohren, beharrlich.

Ich schrecke hoch.

Dunkelheit. Nichts als Dunkelheit. Kein Unterschied zwischen der Welt und der Innenseite meiner Augenlider. Alles schwarz.

Die Kälte ist jetzt in mir. Sie ist ein Gewicht, das mich niederdrückt, und gleichzeitig eine Flüssigkeit, die durch meinen Körper fließt, unmittelbar und unendlich.

Ich taste umher, bis meine Finger sich um den Riemen der Tasche schließen. Ich ziehe sie zu mir heran. Essen. Ich habe noch Essen. Meine Hand taucht in die Tasche, holt einen Powerriegel heraus. Taube Finger fummeln an der Plastikverpackung. Da. Offen.

Meine Lippen reißen, als ich den Mund öffne. Ich schmecke Blut. Meine Zunge ist ein Fleischklumpen, der meinen ganzen Mund ausfüllt. Ich nehme einen Bissen. Mein Kiefer knackt. Meine Zähne mahlen und mahlen, aber der Riegel bleibt fest, harte Stücke, die an den Backenzähnen kleben. Ich schlucke. Würge.

Der Regen. Ich taste auf dem Boden, finde ein Blatt. Hebe es an die Lippen, sauge das Wasser in mich hinein. Der Bissen löst sich, rutscht die Kehle hinunter. Noch ein Stückchen. Kauen.

Schlucken. Saugen. Noch einmal. Eine Sekunde lang ist alles still, dann wehrt sich mein Körper.

Mein Magen zieht sich zusammen, ich würge, krümme mich, die Augen zugekniffen. Mein ganzer Körper erbebt, heftige Schauer durchzucken mich, meine Eingeweide krampfen. Ich will mich beruhigen, aber es geht nicht. Ich bin eine Lumpenpuppe, die es von innen her schüttelt.

Steh auf. Steh auf.

Ich stolpere. Kann Füße und Hände und Gesicht nicht spüren. Ich fasse an meine Ohren, um mich zu vergewissern, dass sie noch da sind. Jeder Teil meines Körpers fühlt sich an wie Sterne, verstreut im selben Universum, aber fern und unverbunden.

Doch der Schmerz – der Schmerz ist weg.

Er wird wiederkommen. Ich kann schon hören, wie er sich anschleicht, wie seine Füße über den durchweichten Boden huschen. Ich muss mich bewegen, bevor er mich erwischt. Noch habe ich Zeit. Noch kann ich entkommen.

Was hat ein hübsches Mädchen wie du hier zu suchen?

Die Jacke ist zu schwer. Sie behindert mich. Ich spüre die Kälte ohnehin nicht mehr, ich spüre gar nichts. Ich werfe sie auf den Boden, gehe weiter. Bewege mich. Er kommt. Ich kann ihn hören. Schmerz und Kälte sind hinter mir her, ich muss ihnen entkommen.

»An Ihnen ist ja gar nichts dran.« Das hatte er bei unserer nächsten Begegnung zu mir gesagt. Ich war spät dran für die Arbeit, verkatert und erschöpft und blinzelte im grellen Sonnenlicht. Ich achtete gar nicht darauf, wohin ich ging, und – zack! – stieß ich auf dem Gehweg mit ihm zusammen. Sein Kaffee spritzte in alle Richtungen. Ich war zutiefst beschämt, murmelte eine Entschuldigung und bot an, die Reinigung zu bezahlen, doch er lachte nur.

»Sie sind wie ein kleiner Spatz«, sagte er und wischte sich den Kaffee von der Manschette. »Hier, ich helfe Ihnen.« Zuerst war ich mir nicht sicher, ob er sich an mich erinnerte. In der Bar war es ziemlich dunkel gewesen, und es war auch schon ein paar Monate her. Doch er blickte hoch, während er den Inhalt meiner Handtasche aufsammelte, und lächelte. »Allison, richtig? Ich bin Ben.« Das wusste ich schon.

Er reichte mir die Handtasche, und ich schenkte ihm mein strahlendstes Lächeln. »Darf ich Ihnen einen neuen Kaffee besorgen?« Ich deutete auf seinen leeren Pappbecher, worauf er nickte. »Klar, aber die Runde geht auf mich.«

Dann saß er mir an dem kleinen Tisch gegenüber, leckte sich den Schaum von der Oberlippe und fragte, ob ich noch kellnerte. Ich dachte an mein schäbiges Apartment und den feuchtheißen Atem eines Fremden an meinem Hals und den Geruch der Gefängniszelle – abgestandener Schweiß, vermischt mit billigem Parfum und Angst. Ich sah ihm in die Augen und rechnete mit Vorurteilen, entdeckte aber nur höfliche Neugier. Mir wurde klar, dass er die Wahrheit nicht kannte, und ich hätte beinahe geweint vor Erleichterung. In seinen Augen war ich ein unbeschriebenes Blatt. Ich konnte alles und jedes sein.

In diesem Augenblick begriff ich, dass es Schicksal war. Dieser Mann mit dem gutaussehenden Gesicht und dem freundlichen Lächeln und der teuren Armbanduhr hatte mich schon einmal retten wollen. Diesmal würde ich mich retten lassen. Ich merkte schon, wie ich mein altes Leben abstreifte. Ich merkte schon, dass ich ihn liebte.

Ein Schritt. Und noch einer. Vielleicht sollte ich rennen.

Na los, Schätzchen. Komm mir nicht auf die *Tour. Spiel hier nicht das Unschuldslamm.*

Endlich passen sich meine Augen der Dunkelheit an, und ich kann in dem schwarzen Wirbel dunklere und hellere Formen erkennen, und alle sausen an mir vorbei, während ich renne, meine Beine auf und ab bewege, die Lungen mit der süßen, sauberen Luft fülle, während Zweige unter meinen Füßen knacken und Blätter glucksend nachgeben und mein Körper zwischen den dicht stehenden Bäumen und unter tiefhängenden Ästen hindurchgleitet. In dieser Dunkelheit bin ich leicht leicht leicht. Bin ich je so schnell gewesen?

Ich spüre die Hand meines Vaters, der mich mit sich zieht. »Schneller, Allycat, schneller!« Wir rennen volle Kanne den Hügel hinter dem Haus hinunter. Meine Beinchen sind unsicher, sie können mich kaum tragen, als ich bergab laufe, und die Unbekümmertheit macht mich nahezu hysterisch. Stopp!, rufe ich, stopp! Aber ich will nicht stoppen, nicht so richtig. Ich will für immer beinahe hinfallen, den Wind im Gesicht spüren, das kribbelnde Gefühl im Bauch genießen, die Mischung von Freude und Schrecken, will hochfliegen wie ein Pfannkuchen, den man gerade wendet.

Er rührt Kaffeeweißer in die Tasse und klopft mit dem Löffel dagegen. Ein Lächeln umspielt seine Lippen. Du willst doch nicht, dass dein Verlobter von deinem kleinen Zusammenstoß mit der Polizei erfährt, oder?

Der Boden saust mir entgegen.

Du musst mir nur helfen. Das ist alles.

Sterne. Ich kann Sterne sehen. Da oben zwischen den Bäumen. Ein ganzer Ozean.

Allison. Steh auf, Allison. Warum liegst du da?

Ich öffne die Augen und sehe ihn über mir, seine Augen leuchten in der Dunkelheit, zwei hellblaue Punkte in der Schwärze. Er streckt mir die Hand entgegen, aber ich bin schon wieder auf den Füßen und renne, taumele, stolpere.

Ich wollte dir nicht wehtun. Das weißt du doch, oder? Aber du hast mir letztlich keine Wahl gelassen.

Die Kälte ist jetzt verschwunden. Ich spüre nur noch eine träge Wärme.

Ein Gänseblümchen nickt mir lässig zu, und ich reiße ihm mit einem Ruck den Kopf ab.

Gänseblümchen, pflück es schnell, dann wird dein Tag glücklich und hell.

Nein, das stimmt nicht. Es geht ganz anders.

Er liebt mich. Er liebt mich nicht. Er liebt mich. Er liebt mich nicht.

Die Blütenblätter lassen sich nicht fassen. Meine Finger machen nicht mit.

Woher soll ich wissen, ob er mich liebt?

Die Bäume werden höher. Oder ich schrumpfe, wie Alice im Wunderland, nachdem sie aus der kleinen Flasche getrunken hatte. Wo ist der Kuchen, der mich wieder wachsen lässt?

Liest du mir noch eine Geschichte vor?

Nein, Allycat, Zeit fürs Bett.

Bett. Ja, Bett. Eine Matratze aus Moos. Ich lege mich behutsam hin. Die Bäume beugen sich über mich, um mich warm zuzudecken. *Ssssscht*, flüstern ihre Blätter. *Sssssscht.*

Na bitte, Allycat. Jetzt bist du rundherum eingekuschelt.

Meine Augenlider werden schwer. Ich blinzle zum Himmel. Einmal. Zweimal.

Gute Nacht, Bäume.

Gute Nacht, Sterne.

Gute Nacht, Mond.

Dees Gesicht taucht vor mir auf. »Vertrau mir, leichter kannst du dein Geld nicht verdienen.«

Die Nächte flossen ineinander, die Tage wurden vom Schlaf verschluckt. Wir verstecken überall Rollen mit Geldscheinen –

in unseren Sockenschubladen und Spinden und den Belüftungsschlitzen im Pausenraum. Ich hatte noch nie so viel Bargeld auf einmal gesehen.

»Einfach lächeln und nett sein. Mehr wollen die gar nicht. Nur ein hübsches Mädchen, das nett zu ihnen ist.«

Aftershave und abgestandener Alkohol. Gezwungenes Gelächter, das in mir hochsprudelt. Raue Bartstoppeln auf nackter Haut.

»Du musst nichts tun, was du nicht willst.«

Weißt du, wie ein Bündel Geldscheine riecht, wenn du die Augen zumachst?

»Sie holen es sich so oder so. Dann kannst du sie auch dafür bezahlen lassen.«

Es riecht nach Blut.

Ally, Zeit zum Aufwachen.

Meine Mutter schüttelt mich sanft.

Na los, Ally, es wird Zeit.

Ich öffne die Augen, Angst durchflutet mich. Ein Lichtspalt hat sich aufgetan, und durch den Spalt heult eine Sirene. Ich bin in Schwierigkeiten. Schlimmen Schwierigkeiten.

Wach bleiben, Ally. Einfach nur wach bleiben.

Ich will aufstehen, aber meine Beine funktionieren nicht. Ich taste suchend mit den Händen, erspüre einen Stein, einen scharfen Stein, und umfasse ihn so fest wie möglich. Der Schmerz durchzuckt mich wie ein Schock, mein Kopf wird klar wie durch einen frischen Wind.

Ja. Genau das. Das muss ich fühlen.

Ungeschickte Finger schließen sich um den Stein, und ich drücke so fest zu, wie ich nur kann. Die scharfe Kante gräbt sich in meine Haut, bis der Schmerz endlich zu mir durchdringt.

Steh auf.

Ich stemme mich auf die Ellbogen, knie mich hin. Ich greife nach einem tiefhängenden Ast, schlinge die Arme darum und ziehe mich hoch. Dafür brauche ich jedes Restchen meiner verbliebenen Kraft, aber ich stehe aufrecht, den Stein noch immer fest umschlossen, der Schmerz beißt in meine Handfläche.

Sie steht vor mir in dem blauen Seemannspullover, den sie den ganzen Winter trägt, die Haare straff aus dem Gesicht gekämmt, die Hand ausgestreckt. Ich greife danach, und ihre Finger schließen sich um mein Handgelenk.

Es tut mir leid, sage ich, alles.

Sie schüttelt den Kopf.

Geh weiter, Ally. Geh einfach weiter.

Maggie

Ich hatte ganz vergessen, dass der Flughafen mitten in der Stadt lag, dicht am Strand. Als wir zum Landeanflug ansetzten und ich den weißen Sand unter uns sah, musste ich daran denken, wie Charles und ich Ally besucht hatten. Charles hatte schon geschwitzt, als wir den Flughafen verließen, einen Blick auf den Ozean geworfen und gesagt: »Wer hätte gedacht, dass Flugzeuge Spaß am Meerblick haben?«

Ihm hatte San Diego nicht gefallen – es war zu fröhlich für seinen Geschmack –, mir hingegen schon. Der strahlend blaue Himmel, der scheinbar nie durch eine Wolke getrübt wurde, das tiefe Blaugrün des Ozeans, der nachts in Technicolor erglühte, die hohen Gebäude, von denen jedes eine andere Farbe auf die Meeresoberfläche projizierte. Es war ein Ort, dem es nichts ausmachte, wenn er ein bisschen übertrieben wirkte, und das konnte ich respektieren. San Diego erinnerte mich an Linda. Ich hätte nicht hier leben können, aber es lohnte einen Besuch.

Die Automatiktüren des Terminals öffneten sich, und mir schlug die trockene Hitze entgegen, sowie ich auf den Gehweg trat. Bei uns in Maine sind die Sommer anders, die Luft ist dick und feucht und überzieht die Haut mit einem klebrigen Film, sodass man sich schon schwerer fühlt, wenn man sie nur einatmet. In San Diego umhüllte einen die Luft wie eine sanfte Liebkosung.

Ich hatte einen kleinen dreitürigen Honda gemietet und

klapperte mit den Schlüsseln, während ich auf dem Parkplatz nach dem Auto suchte. Mein schwarzer Rollkoffer schlug gegen meine Fersen. Ich wusste nicht, warum ich so viel eingepackt hatte, ich würde ja nicht lange bleiben.

Der Wagen stand in der allerletzten Reihe zwischen zwei Geländewagen. Ich öffnete den Kofferraum, hievte meinen Koffer hinein, machte es mir auf dem Fahrersitz bequem und überlegte, was zum Teufel ich als Nächstes tun musste. Ich hatte mir bei der Autovermietung einen Stadtplan besorgt, obwohl mich der Mann hinter der Theke angesehen hatte, als wäre ich von Sinnen – »Haben Sie kein Handy?«, hatte er mich gefragt. Außerdem hatte ich einen Zettel mit drei Adressen. Ich markierte jede einzelne mit Kugelschreiber auf dem Stadtplan, startete den Motor und fuhr los.

Auf der Steigung in Richtung La Jolla gab der Wagen fast den Geist auf. Der Motor hatte zu kämpfen, wann immer ich Gas gab, und das Getriebe ruckte beim Hochschalten. Die Straße war in den Fels gehauen, und auf beiden Seiten klammerten sich die Häuser wie Streichholzschachteln an die Klippen. Sie sahen aus, als könnten sie beim ersten Windstoß davonwehen.

Der Spindrift Drive schmiegte sich an die Küste und wurde von hohen grünen Hecken gesäumt, hinter denen sich elegante Anwesen verbargen. Ich schaute zu den Nummern an den Toren. Ein Mann, der Rosen beschnitt, beäugte meinen Wagen, als ich vorbeifuhr. Vermutlich sah man in La Jolla nicht alle Tage einen Honda Civic.

Das Haus der Gardners war ein gewaltiger Würfel aus Glas und Beton, der aussah, als wäre er aus dem Weltall auf die Erde gefallen. Ich erkannte ihn wieder, weil ich in der ›New York Times‹ einen Artikel darüber gelesen hatte. Demnach war es ein »postmodernes Meisterwerk«, obwohl ich eher den

Nachbarn zugestimmt hätte, die es als Beleidigung fürs Auge bezeichneten.

Ich klingelte und wartete. Keine Antwort. Ich lugte um die Ecke. An der kreisförmigen Auffahrt parkte ein schwarzer Bentley, dahinter ein dunkelgrüner Jaguar. Also musste jemand zu Hause sein.

Ich klingelte noch einmal, diesmal nachdrücklicher. Endlich meldete sich die Sprechanlage. »Hallo?« Eine Frauenstimme mit starkem Akzent, vermutlich die Haushälterin.

»Ich bin Maggie Carpenter.« Ich bemühte mich, das Zittern in meiner Stimme zu verbergen. »Allisons Mutter. Ich möchte gern mit David und Amanda Gardner sprechen.«

»Tut mir leid, sie sind nicht da.«

Ich klingelte noch einmal. Wieder erwachte die Sprechanlage knisternd zum Leben. »Ja?«

»Ich habe eine sehr lange Reise hinter mir und würde gern mit jemandem über meine Tochter sprechen.«

»Tut mir leid. Ich darf niemand aufs Gelände lassen, wenn die Gardners nicht da sind. Tut mir leid.« Wieder verstummte die Sprechanlage, diesmal endgültig, sooft ich auch klingelte.

Ich blieb eine Minute auf dem Gehweg stehen und horchte auf die Wellen, die unter mir an die Felsen brandeten. In der Nähe dröhnte ein Rasenmäher. Ein roter Sportwagen mit getönten Scheiben fuhr an mir vorbei, so langsam, dass es Absicht sein musste. Ich glaubte keine Sekunde, dass die Gardners unterwegs waren – sie wollten nur nicht mit mir sprechen.

Na ja, dann vielleicht jemand anders. Ich versuchte es zuerst am Haus auf der linken Seite, doch niemand meldete sich auf mein Klingeln. Ich meinte zu sehen, wie sich ein Vorhang bewegte, aber das konnte auch eine optische Täuschung sein. Als ich am Haus rechts klingelte, ertönten Schritte, und eine Frau im Morgenmantel öffnete mir die Tür. Ich erklärte, mein

Wagen sei liegen geblieben und ich müsse den Abschleppdienst anrufen, worauf sie mich hereinbat. Es ist erstaunlich, wie vertrauensselig die Leute sind, wenn eine alte Frau Probleme hat.

Sobald ich in der großen Diele mit dem Parkettboden stand, gab ich zu, dass ich gar keine Panne hatte. Trotzdem zeigte die Frau keine Angst, sie wirkte nur ein bisschen verwundert und mitleidig. »Haben Sie sich verirrt?«

Ich schüttelte den Kopf und sagte, ich sei Allisons Mutter und auf der Suche nach den Gardners, ich wolle einfach nur mit jemandem über meine Tochter sprechen. Ob sie die Familie kenne und etwas über meine Tochter wisse? Doch sowie ich den Namen Gardner erwähnte, verfinsterte sich ihre Miene. Und schon stand ich vor verschlossener Tür auf der Straße.

Wer immer die Gardners waren und wo immer sie sich versteckten, sie hatten ihre Nachbarn vorher instruiert. Es hatte keinen Sinn, weiter an Türen zu klopfen – niemand würde mit mir reden.

Ich machte kehrt und ging zu meinem Wagen zurück. Der rote Sportwagen von vorhin donnerte an mir vorbei, als ich einstieg, und hinterließ eine Wolke aus heißer, nach Benzin riechender Luft.

Ich fuhr zum Motel 6 am Pacific Highway, während ich an die Villen mit den leeren Augen oben in La Jolla dachte. Ich checkte ein, setzte mich in mein Zimmer und aß ein Thunfisch-Sandwich, das ich an einer Tankstelle gekauft hatte. Das Motel war ganz in Buntstiftfarben gehalten – orangefarbene Teppiche mit leuchtend blauen Akzenten –, und ich musste die Augen schließen, um mir ein bisschen Ruhe zu gönnen. Draußen hörte ich Kinder im Pool planschen.

In den Nachrichten sprachen sie kaum noch über Ally. Der Flugzeugabsturz war zur Nebensache geworden. Jetzt war Ben das große Thema. Es gab Verkaufsgrafiken zu Somnublaze,

Interviews mit anderen Pharmaunternehmern, Außenaufnahmen der Prexilane-Firmenzentrale, vor der ernste Journalisten in respektvollen Worten über ihn sprachen. Ich betrachtete den Wolkenkratzer, in dem die Firma ihren Sitz hatte. Auf dem Weg zum Motel war ich daran vorbeigefahren. In dieser Gegend konnte man Ben Gardner und seiner Zauberpille einfach nicht entkommen. San Diego war mit Reklametafeln übersät, von denen einem die blonde, drei Meter große Frau entgegenlächelte, auf dem Arm das glucksende Baby mit den himmelblauen Augen, darunter der immer gleiche Slogan: »Jetzt kann ich alles haben!«

Am liebsten hätte ich bei einer Nachrichtensendung angerufen und mich erkundigt, warum sie nicht mehr über meine Tochter sprachen. Sie war ein eigenständiger Mensch, nicht nur eine Passagierin oder Verlobte oder »glamouröse Begleiterin«, wie ein gegeltes Arschloch es ausgedrückt hatte. Sie war klug und freundlich und witzig und zehnmal so viel wert wie er. Zwanzigmal. Sie war das Mädchen, das in der Tierhandlung darauf bestanden hatte, den dreibeinigen Hamster zu nehmen, weil niemand sonst ihn liebhaben würde. Sie war die Studentin, die einen Artikel über den mangelnden Schutz gegen sexuelle Übergriffe auf dem Campus geschrieben hatte. Sie war die Frau, die ihrem Vater stundenlang vorgelesen hatte, als er auf dem Sofa lag und nur an die Decke starrte, die Fäuste vor Schmerzen geballt. Sie war ein Licht in dieser Welt gewesen, und jetzt war sie weg, und niemanden außer mir schien das zu kümmern.

Ich sah auf die Uhr – Viertel vor acht. Es war Zeit, zu duschen und mich frisch zu machen, bevor ich wieder losfuhr. Ich wollte gerade die Vorhänge schließen, als ich einen Mann bemerkte, der auf dem Parkplatz neben einem leuchtend roten Sportwagen stand. Ich sah zu, wie er einstieg und davonfuhr.

Allison

Meine Mutter hat mich hergeführt. Es kann nicht anders sein. Ich habe sie um Hilfe und Verzeihung gebeten, und sie hat mich erlöst. Wie sonst ist es zu erklären, dass ich auf dem Boden einer Hütte aufgewacht bin, in der noch ein Feuer im Kohleofen glimmt?

Ich ziehe mich aus und betrachte meinen nackten Körper. Meine verletzte Schulter pocht, sie hat sich schwarz verfärbt. Meine Haut ist rot und fleckig von der Kälte, meine Fingerspitzen sind immer noch blau und brennen, als das Blut hineinfließt. Meine Zehen sind geschwollen und glänzen seltsam, als hätte man die Haut poliert, und meine Fußsohlen sind runzlig und berührungsempfindlich. Auf einer meiner Handflächen prangt ein gezacktes rotes Grinsen, wo sich der Stein ins Fleisch gebohrt hat. Ich hatte ihn so fest umklammert, dass es blutete.

Sein Haus in Bird Rock sah aus wie aus einer Architekturzeitschrift. Als er mir das erste Mal davon erzählte, sagte er, es sei sein liebster Ort auf der ganzen Welt, und sowie ich einen Fuß hineingesetzt hatte, ging es mir genauso. Ich wollte mich von seinen kühlen weißen Wänden umhüllen lassen und beim gedämpften Murmeln des Felsenpools einschlafen.

Als er mich nach einigen Wochen bat, zu ihm zu ziehen, sagte ich ja. Ich wollte nicht, dass er mir beim Umzug half –

ich besaß nicht viel, nur ein paar Taschen mit Kleidern und einige Bücher, die ich aus Taras Wohnung gerettet hatte –, doch er bestand darauf, und so hielten wir in seinem Tesla vor dem niedrigen Gebäude in Logan Heights. Er registrierte die rissige Farbe, die betrunkenen Nachbarn, die man durch die Wände hörte, den Geruch von feuchten Zigaretten, der alles durchdrang.

»Holen wir dich hier raus«, sagte er, hängte sich eine Tasche über jeden Arm und marschierte nach draußen. Wir fuhren schweigend nach Hause, und ich warf ihm nervöse Blicke zu. Sein Kiefer wirkte angespannt.

Als wir vor dem Haus in Bird Rock hielten, schaltete er den Motor aus und drehte sich zu mir. »Warum hast du in dieser Wohnung gelebt?«

Ich schaute auf meinen Schoß. Scham überflutete mich. »Wie meinst du das?«

Ich spürte, wie er mich beobachtete. »Was für ein Leben hast du geführt?« Seine Stimme klang vorwurfsvoll, scharf wie ein Dolch.

Ich zwang mich, ihn anzuschauen. Er musste meine Augen sehen, wenn er mir glauben sollte. »Ich habe gekellnert«, sagte ich so ruhig wie möglich. »Das weißt du doch.«

Er schwieg, und in diesem Augenblick war mir, als könnte er geradewegs in meine Seele schauen, bis hinunter zu ihrem schmutzigen, verdorbenen Kern. Er weiß es, dachte ich, und Panik schnürte mir die Brust zu. Er weiß über alles Bescheid: die Drogen, die Hotelzimmer, die Nacht in der Gefängniszelle in Palm Springs, wo ich zu einem Gott gebetet hatte, der mich nicht erhörte. Von fern brummte ein Motor, Zikaden zirpten, ein Gärtner knipste leise mit der Schere, mein Herz hämmerte dröhnend. Ich schloss die Augen und wartete, dass er es sagte. *Es ist vorbei.*

Seine warme Hand umfasste mein Kinn. Ich öffnete die Augen und sah ihn an. »Ich kann es nicht ertragen, dass du diesen Arschlöchern Drinks servieren musstest. Und auch nicht, dass du in diesem beschissenen Loch gehaust hast.« Er schüttelte den Kopf. »Dir hätte etwas Schlimmes passieren können.«

Ich wagte zu hoffen. So würde er nicht reden, wenn er die Wahrheit wüsste. Er würde sich nicht um mich sorgen. Er wäre angewidert. Ich zuckte mit den Schultern. »Die Wohnung war gar nicht so schlimm.«

»Tapferes Mädchen«, murmelte er. Er schob mir die Haare aus dem Gesicht und lächelte. »Ich verspreche dir, so etwas musst du nie wieder durchmachen. Okay?«

Ich holte tief und bebend Atem, als wäre ich lange unter Wasser gewesen. Dann nickte ich und ließ mich gegen ihn fallen, zu erschöpft vom Adrenalin, um zu antworten. Es war vorbei. Er liebte mich. Er glaubte mir. Ich war wirklich gerettet.

Ich brauche eine Minute, um mich in der Hütte umzusehen. Ein kleiner, eckiger Raum mit niedriger Decke, erbaut aus sauber zusammengefügten Balken. Es gibt vier Fenster, eins in jeder Wand, alle mit heruntergelassenen Jalousien. Drinnen ist es dunkel, aber auf der Truhe in der Ecke liegen eine Kerze und eine Streichholzschachtel. Mit zitternden Händen zünde ich die Kerze an. Der Boden ist mit einem Teppich ausgelegt. Die Tür ist fest verschlossen, doch der Rahmen ist gesplittert, und mir wird klar, dass ich die Tür aufgebrochen haben muss. Das erklärt auch meine schwarz angelaufene Schulter. Woher habe ich nur die Kraft genommen? Ich denke wieder an die starken Hände meiner Mutter. Irgendwie hat sie mir geholfen, das weiß ich.

Ich entdecke ein Regal mit Konserven, darunter – mein Herz

hüpft – ein Glas Mixed Pickles sowie einen Wasserkanister. In der Truhe liegt eine Wolldecke, die nach nassem Hund riecht, dazu ein paar Kerzenstummel und sogar ein Jagdmesser mit dicker Klinge, die ein bisschen stumpf, aber trotzdem zu gebrauchen ist. Es gibt auch noch Kohle für den Ofen.

Dann durchzuckt mich ein Gedanke. Meine Tasche. Mist, wo ist die geblieben? Ich sehe mich um, verfluche mich schon, weil ich sie verloren habe, entdeckte sie dann aber an der gegenüberliegenden Wand. Ich bin erstaunt und erleichtert wie an unzähligen Morgen, an denen ich mit einem schrecklichen Kater und einem tiefen Unbehagen aufwachte, aber mein Portemonnaie noch in meiner Tasche und mein Handy auf dem Nachttisch vorfand. Vielleicht wirkt Unterkühlung ähnlich wie Alkohol – alles verflüchtigt sich bis auf das tief sitzende Verantwortungsgefühl für das persönliche Eigentum.

Ich hole tief Luft und atme aus. Wasser. Konserven. Ein Dach über dem Kopf. Ein Ofen. Verrückt, dass ich mich mit so wenigen Dingen reich fühlen kann.

Ich hänge meine feuchte Kleidung zum Trocknen nach draußen. Ein Tag wie auf einer Kinderzeichnung, die gelbe Sonne hoch am strahlend blauen Himmel. Ich mustere die Hütte. Ein komisches Ding, eigentlich nur ein Holzkasten auf Stelzen. Jetzt erkenne ich, dass es eine Art Hochsitz ist, wie ich sie von Wanderungen mit meinem Vater kenne. Kein Wunder, dass die Hütte so verlassen wirkt – die Jagdsaison beginnt erst im Herbst, also ist seit dem letzten Winter vermutlich niemand hier gewesen. Ich werde die Jalousien öffnen und ein bisschen Luft hereinlassen. Vielleicht kann ich ein paar Tage hierbleiben, mich erholen, wieder zu Kräften kommen. Hoffentlich hat der Regen meine Spuren weggewaschen. Hoffentlich bin ich hier sicher, wenigstens eine Zeit lang.

Ich setze mich auf die oberste Stufe und hebe mein Gesicht

zur Sonne. Ich esse von den Mixed Pickles, vorsichtig, nicht zu schnell. Mittlerweile dürfte mein Magen auf Erbsengröße geschrumpft sein. Meine Hand greift nach der Kette, bevor mir einfällt, dass ich sie nicht mehr habe. Ich berühre meine vorspringenden Schlüsselbeine. Vor einem Monat hätte ich alles für solche Schlüsselbeine gegeben. Jetzt aber erinnern sie mich nur daran, wie zerbrechlich ich bin, wie verletzlich.

Du bist nur ein Häufchen Knochen, pflegte meine Mutter zu sagen, wenn ich vom College nach Hause kam. Dabei wussten wir beide, dass es nicht stimmte. Die Bagels und das Fassbier hatten mich nach dem ersten Semester eingeholt, und ich entkam ihnen erst, als ich mit zwei anderen Frauen in einer Wohnung lebte und mich von Tütensalat und fettfrei gegrillter Hähnchenbrust ernährte, die leicht mit Diätmargarine betupft war. Zum ersten Mal lernte ich, dass Essen ein Wettbewerb sein konnte und dass die am mächtigsten war, die am wenigsten aß. Im Februar sah meine Haut natürlich furchtbar aus, und meine Haare waren wie Stroh. Auch hatte ich ständig schlechte Laune. Aber die Macht ... Ich wollte nicht auf die Macht verzichten, die mir das Dünnsein verlieh. Also ging ich ins Fitnessstudio und zwang mich, Hanteln und Kardiotraining zu lieben, so wie ich mich gezwungen hatte, Margarine zu lieben.

Ich betrachte eingehend meinen Körper. Im Sonnenlicht ist jedes Härchen auf meinen Armen von einem eigenen Lichtschein umgeben. Die Stoppeln an meinen Schienbeinen, die ich gewöhnlich so gründlich enthaare, sehen aus wie Eisenspäne bei einem Magnetspiel. Meine Haut ist von Blasen übersät, blau angelaufen, zerbissen und wundgescheuert, und ich verströme einen leicht fauligen Geruch. Mein Bauch – Gegenstand so vieler frühmorgendlicher Inspektionen vor dem Spiegel – ist flach, beinahe konkav, und meine Hüften haben sich praktisch verflüchtigt.

Das verdanke ich nicht nur den letzten fünf Tagen, in denen ich wie ein Eichhörnchen gegessen habe und fast gestorben bin. Nein. Dieser Körper ist das Produkt eines lebenslangen Ausleseprozesses. Ich war so gut darin, dass ich fast verschwunden wäre.

Wenn ich hier rauskomme, denke ich. Ha. Na schön, falls. Falls ich hier rauskomme, esse ich den größten verdammten Bagel meines ganzen Lebens und werde weiter Bagels essen und Mars und Auberginen mit Parmesan und ganze verdammte Käselaibe, und ich werde nie wieder versuchen, weniger Raum einzunehmen. Ich werde meine Gliedmaßen in alle Richtungen strecken und keinen Zentimeter zurückweichen, nie wieder.

Maggie

Als die Sonne untergegangen war, machte ich mich auf den Weg ins Gaslamp Quarter. Ich hatte die Bar auf dem Stadtplan markiert, doch als ich dort ankam, stand auf dem Schild nicht Sapphire's, sondern Ruby's. Der Türsteher erklärte mir, sie hätten einen neuen Geschäftsführer. Er schien nicht sonderlich originell zu sein. Ich erkundigte mich, ob er Ally gekannt habe, doch er schüttelte den Kopf und hielt mir den Vorhang auf.

Drinnen war es so dunkel, dass ich kaum die Hand vor Augen sehen konnte. Dann erkannte ich niedrige Tische, weiter hinten gab es eine kleine, erhöhte Tanzfläche. Die meisten Gäste waren Männer, und alle Kellnerinnen waren weiblich, hoch gewachsen und attraktiv, trugen kurze Röcke und unglaublich hohe Absätze. Ich setzte mich an die Theke, wo mich der Barkeeper skeptisch betrachtete.

»Glauben Sie, dass Sie hier richtig sind?«, erkundigte er sich und zog eine Augenbraue hoch. Ich bestellte einen Gin Tonic und hoffte, dass meine Hände nicht zitterten, als ich das Portemonnaie hervorzog.

Ich wartete, bis der Drink vor mir stand, dann legte ich einen Zwanzig-Dollar-Schein auf die Theke und fragte nach Ally.

»Wie war doch gleich der Name?« Er beugte sich vor, damit er mich über den Lärm hinweg verstehen konnte.

»Allison«, schrie ich über die hämmernde Musik.

Er schüttelte den Kopf. »Das sagt mir nichts, aber ich bin auch erst sechs Monate hier.«

»Gibt es sonst jemanden, den ich fragen könnte?« Er zögerte, überlegte wohl, ob ich ihn in Schwierigkeiten bringen könnte. »Bitte.«

Er zuckte mit den Schultern und deutete mit dem Daumen auf eine Rothaarige, die neben der Theke etwas auf einen Bildschirm tippte. »Fragen Sie Dee. Sie arbeitet schon ewig hier.«

Ich bedankte mich, trank meinen verwässerten Gin Tonic und wartete auf den richtigen Augenblick, um Dee anzusprechen. Irgendwann kam sie hinter die Theke, um eine Flasche Champagner aus dem Kühlschrank zu holen.

»Entschuldigen Sie«, rief ich. Sie schaute hoch, ihr Gesicht schon eine Maske freundlicher Ungeduld.

»Jimmy ist sofort für Sie da, Süße«, rief sie und deutete auf den Barkeeper.

»Er hat mich an Sie verwiesen. Er dachte, Sie könnten mir helfen.«

Sie verdrehte die Augen, lächelte aber nachgiebig und stützte sich mit den Ellbogen auf die Theke. Ich beschloss, sie zu mögen.

»Na schön, aber bitte schnell – auf mich wartet ein Gast.«

»Ich wüsste gern, ob Sie meine Tochter Allison gekannt haben. Allison Carpenter.«

Ihr Lächeln verschwand. »Oh, Scheiße«, sagte sie, und plötzlich sah ich das Gesicht unter der ganzen Schminke. Sie sah jung und verängstigt aus. »Sie sind Allisons Mom?«

Ich nickte. »Haben Sie sie gekannt?«

Sie schaute zur Tür, als rechnete sie damit, Ally hereinspazieren zu sehen. »Ja«, sagte sie leise. »Sie war meine Freundin.«

Der Barkeeper tippte ihr auf die Schulter. »Tisch 18 wird ungeduldig.«

Sie nahm die Champagnerflasche und zwei leere Gläser. »Ich

kann mich jetzt nicht unterhalten«, sagte sie hastig. »Treffen wir uns nach meiner Schicht?«

»Um wie viel Uhr?«

»Mitternacht. Ich warte draußen auf Sie.«

»Einverstanden.«

Sie wollte schon gehen, drehte sich aber noch einmal um. »Seien Sie vorsichtig, hier kann es nachts ziemlich rau werden. Falls jemand was von Ihnen will, gehen Sie einfach weiter. Und richten Sie Juan aus, er soll auf Sie aufpassen. Er ist der Typ an der Tür.«

Dann drückte sie das Rückgrat durch, warf den Kopf nach hinten und setzte ein Lächeln auf, bevor sie zu dem Mann an Tisch 18 entschwebte. Sie beugte sich elegant vor und stellte die Flasche auf den Tisch, und ich bemerkte, wie seine Hände ihren Rocksaum entlangfuhren, als sie ihm einschenkte.

Ich wandte mich ab. Die Bar war irgendwie seltsam, man spürte etwas, das stärker war als die überteuerten, verwässerten Drinks. Ich gab dem Barkeeper ein Zeichen. »Warum sind hier nur Männer?«

»Denen gefällt wohl die Atmosphäre.« Er lächelte traurig, und ich kippte den Rest meines Drinks hinunter, rutschte vom Hocker und ging hinaus.

In den nächsten Stunden lief ich umher, schaute durch die beschlagenen Fenster mexikanischer Cafés und Dim-Sum-Restaurants, kam an offenen Kneipentüren vorbei, aus denen Lärm auf die Straße drang. An manchen Ecken hatten sich Obdachlose auf Schlafsäcken ausgestreckt, und die Leute fluteten über sie hinweg und umspülten sie wie ein Fluss die Felsbrocken in seinem Bett. Ich versuchte zu begreifen, was ich in dieser Bar gesehen hatte. War Ally wirklich eins dieser Mädchen im Minirock gewesen, die sich von jämmerlichen alten Männern in Anzügen begrapschen ließen?

Wäre sie doch nur zu mir gekommen, wenn sie so dringend Geld gebraucht hatte. Ich hätte es ihr gegeben. Ich hätte ihr alles gegeben.

Sie musste mich wirklich gehasst haben. Der Gedanke füllte meinen Kopf wie ein Ballon und verdrängte alles andere. Sie musste mich wirklich gehasst haben, wenn sie lieber in dieser Bar gearbeitet hatte als mich um Hilfe zu bitten.

Um Viertel vor zwölf stand ich wieder vor Ruby's. Diesmal ging ich nicht hinein – ich konnte es nicht ertragen. Juan lächelte und fragte, ob mir kalt sei. Er bot sogar an, mir eine Tasse Tee von drinnen zu holen, obwohl der Abend noch warm war. Ich schüttelte den Kopf und stellte ihm ein paar persönliche Fragen, woher er komme, was er hier mache, doch er zuckte nur mit den Schultern und sagte, er sei auf der Durchreise. An Orten wie diesem wartete man eigentlich nur, bis sich etwas Besseres ergab.

Um zehn nach zwölf kam Dee heraus. Sie trug weite Jeans und Turnschuhe, war aber immer noch stark geschminkt. Sie ergriff meinen Arm und führte mich zu einem Café, das in einer Gasse versteckt lag. Das Licht drinnen war zu grell, und als wir uns auf die roten Lederbänke setzten, konnte ich sehen, dass ihre Wimperntusche in die feinen Fältchen unter ihren Augen gelaufen war. Sie war wohl doch nicht so jung, wie ich gedacht hatte.

»Möchten Sie etwas?« Sie winkte der Kellnerin, ohne auf die Karte zu schauen. »Kaffee?«

Ich schüttelte den Kopf. »Wenn ich jetzt Kaffee trinke, werde ich heute Nacht kein Auge zutun. Nur ein Glas Wasser, bitte.«

Sie nickte und bestellte sich selbst eine Tasse Kaffee und ein gegrilltes Käsesandwich. »Eigentlich sollte ich das nicht machen«, sie klopfte auf ihren flachen Bauch, »aber nach der Schicht bin ich immer am Verhungern.«

Wir machten Smalltalk, bis unsere Getränke kamen. Ich sah zu, wie Dee sich einen Haufen Zucker in den Kaffee schüttete. »Ich mag's gern süß«, sagte sie augenzwinkernd. Ich lächelte zurück. Ja, ich mochte sie.

»Sie und Ally waren also Freundinnen?« Ich trank einen Schluck Eiswasser.

Ihr Gesicht leuchtete auf. »Oh, Gott, klar. Total. Sie war für mich wie eine kleine Schwester.« Sie schüttelte den Kopf, ihre Augen umwölkten sich. »Ich kann nicht glauben, dass sie nicht mehr da ist.«

Ich beugte mich über den Tisch. »Dee, haben Sie mit ihr gesprochen, bevor sie in das Flugzeug gestiegen ist? Hat sie irgendetwas zu Ihnen gesagt – über ihn oder wohin sie wollten oder wieso?«

Sie hatte den Blick auf den Tisch geheftet. »Wir haben in letzter Zeit nicht viel miteinander geredet.«

Mein Herz zog sich zusammen. »Wirklich nicht? Warum?«

Sie griff zum Zuckerstreuer und kippte ein Häufchen auf den Tisch, das sie mit dem Finger verrieb.

»Bitte, Dee.« Sie wollte mir nicht in die Augen sehen. »Es ist wichtig. Warum haben Sie nicht mehr miteinander gesprochen?«

Sie zuckte mit den Schultern. »Er dachte wohl, ich wäre nicht gut genug für sie.« Sie schob den Zucker von der Tischkante in ihre Handfläche, warf den Kopf zurück und schüttete ihn in den Mund.

»Ben hat das gedacht?«

Sie nickte. Ein paar Zuckerkörner klebten an ihrem Lipgloss, und ich kämpfte gegen den Drang, ihr den Mund abzuwischen. Ich schätzte sie auf fünfunddreißig, doch sie wirkte wie ein kleines Mädchen, das sich mit den zu hohen Stöckelschuhen seiner Mutter verkleidet hat.

»Kannten Sie ihn?«, drängte ich.

Sie schaute wieder auf die Tischplatte. »Ich habe ihn nur einmal gesehen. Er hat sie mal nach der Arbeit abgeholt.« Ihre Miene verfinsterte sich. »Viel hat er nicht gesagt. Wir haben ihn auf einen Drink eingeladen, aber er wollte nicht reinkommen. Er saß da in seinem schicken Sportwagen und hat auf sie gewartet.« Jetzt schaute sie mich an. »Danach ist sie praktisch ... verschwunden. Sie hat zwar noch ein paar Wochen in der Bar gearbeitet, aber es war nicht mehr wie vorher. Man merkte, dass sie nicht mehr mit dem Herzen dabei war. Dann hat sie eines Tages gekündigt. Ohne Vorwarnung. Hat einfach ihren Kram geholt und ist gegangen.« Dee schüttelte den Kopf. »Ich musste deswegen zwei Wochen lang Doppelschichten machen.«

»Das klingt gar nicht nach ihr.« Ihre Lehrerinnen und die Chefs bei den Ferienjobs hatten immer gesagt, Ally sei zuverlässig. Nach ihr könne man die Uhr stellen. Sie wäre nie einfach abgehauen, schon gar nicht, wenn eine Freundin dadurch Schwierigkeiten bekommen hätte. »Hat sie einen Grund genannt?«

Dee lachte, dass ich ihre silbernen Zahnfüllungen sehen konnte. »Das musste sie nicht. Es war offensichtlich.«

»Seinetwegen?«

»Er wollte nicht, dass sie arbeitete. Er wollte sie ganz für sich allein haben. Es war, als hätte er sie mit einem Bann belegt. Sobald ich sie zusammen gesehen hatte, war mir klar, dass es vorbei war.«

Sie schaute zur Tür, ihr Knie unter dem Tisch zuckte. Sie wurde unruhig, das Sandwich lag unberührt vor ihr. Der orangefarbene Käse quoll aus dem Brot hervor und gerann auf dem Teller. Mir blieb nicht mehr viel Zeit. Ich wollte sie so lange wie möglich reden lassen. »Hier«, ich gab der Kellnerin ein Zeichen,

»ich möchte Ihnen noch etwas bestellen. Ein Stück Kuchen oder so.«

Dee schüttelte den Kopf. »Danke, ich bin satt.« Sie klopfte nervös mit den Fingern gegen den Kaffeebecher. »Ich muss jetzt auch los. In einer halben Stunde bin ich verabredet.«

»Um diese Zeit? Ist das nicht ein bisschen spät?« Mir war klar, dass ich wie eine nörgelnde Mutter klang, doch ich konnte nicht anders. So bin ich eben. So war ich.

Sie griff über den Tisch und drückte meine Hand. »Sie sind süß.« Dann nahm sie ihre Tasche. »Soll ich Ihnen Geld für die Rechnung dalassen?«

Ich winkte ab. Ich musste mich zwingen, ihr nicht ein paar Scheine zuzustecken, damit sie sich eine warme Mahlzeit leisten konnte. Sie sah aus wie jemand, der ständig Hunger hatte. »Falls Ihnen noch irgendetwas zu Ally einfällt – egal was –, rufen Sie mich an, okay?«

Ich schrieb meine Nummer auf einen Zettel und gab ihn ihr. Sie nickte und steckte ihn ein, hatte die Augen aber schon auf die Straße gerichtet, und mir war klar, dass sie mir entglitten war. Als sie in die Nacht hinausging, wusste ich, dass ich nie wieder von ihr hören würde.

Allison

Ich esse den letzten Happen Mixed Pickles und kehre in die Hütte zurück. Es ist mein zweiter Tag hier, die zweite Nacht, die ich unter einem Dach verbringe, mit Feuer im Ofen und eingewickelt in eine Wolldecke. Die Schnitte, die meinen Körper bedecken, verkrusten allmählich, und der Schmerz in den Muskeln lässt nach. Ich muss bald aufbrechen. Ich darf nicht zu lange am selben Ort verweilen. Im Augenblick aber ist es himmlisch.

Ich mache mich daran, die Schnur zu entwirren, die ich in der Truhe gefunden habe. Meine Finger sind ungeschickt und stumpf, meine Nägel eingerissen. Der Ring an meinem Finger zwinkert mir zu. Der Diamant ist verschmutzt, funkelt aber noch.

Er machte mir den Antrag auf den Sunset Cliffs, nach einem langen Tag am Strand. Wir waren von der Sonne gebräunt und voller Sand, als er plötzlich auf ein Knie sank. Als ich ihn küsste, schmeckte ich das Meer auf seinen Lippen. Der Augenblick war absolut vollkommen, weil es nur um uns beide ging.

Ich wollte es noch geheim halten, wie einen Schatz oder ein Geheimnis hüten, doch er bestand auf eine Verlobungsparty. Seine Familie sei gekränkt, wenn er nicht mit ihnen feiere, und seine Kunden erwarteten es von ihm. »Ich will vor der ganzen Welt mit dir angeben«, hatte er gesagt und die Innenseite meines Handgelenks geküsst.

Er kaufte mir ein Kleid für die Party – von Prada, aus perlmuttrosa Seide. Ich war unter der Dusche, als er zur Arbeit fuhr, und als ich herauskam, lag es wie ein Brautkleid auf dem Bett ausgebreitet. Es war das schönste Kleid, das ich je gesehen hatte. Ich machte mich schnell fertig, damit ich es anprobieren konnte, doch als ich es anhatte, ging der Reißverschluss nicht zu. Ich schaute aufs Etikett. Es war zwei Nummern kleiner als meine eigentliche Größe und eine Nummer kleiner als das letzte Kleid, das er mir vor einem Monat gekauft hatte. Ich brachte es nicht übers Herz, ihm zu sagen, dass es nicht passte. Er sollte nicht wissen, dass er sich vertan hatte, nicht bei einer so liebevollen Geste und einem so perfekten Kleid.

Also ging ich zwei Wochen lang jeden Tag ins Fitnessstudio. Ich rannte und sprang und trat und drückte und zog und hockte und saß danach in der Sauna, bis ich beinahe ohnmächtig war und rot anlief. Jeder Schweißtropfen war ein Schritt hin zur Reinigung, zur Erlösung. Ich aß gedünsteten Fisch und Gemüse und trank Wasser mit Zitrone, Ahornsirup und Cayennepfeffer. Ich verlor an Gewicht, bis meine Wangenknochen mein ovales Gesicht wie Rasierklingen durchschnitten.

Jeden Abend sagte Ben, wie schön ich doch aussähe, dass ich sein kleiner Spatz sei, und ich wusste, es war die Mühe wert.

Jeden Nachmittag traf ich mich mit Bens Mutter Amanda, um Sitzordnung und Tischdekoration, Canapés und Cocktails auszusuchen. Wir planten die Gästeliste und wählten das Design für die Einladungen. Cremeweiß sei geschmackvoll, sagte Amanda, Weiß hingegen billig. Ich wollte Dee einladen, doch Ben strich mir über die Haare und erklärte, die Verlobungsparty habe mehr mit Networking als mit der Pflege gesellschaftlicher Kontakte zu tun. Es sei nicht angemessen, sie einzuladen. Ich verstand. Und ich wollte um jeden Preis angemessen sein. Er hatte mich aus meinem alten Leben gerettet, und ich würde alles tun, um mich in das neue Leben, das er mir geschenkt hatte, einzufügen.

Ich dachte daran, meine Mutter anzurufen. Manchmal war ich schon dabei, ihre Nummer einzugeben, zog es aber nie durch. Sie würde wissen wollen, wie ich so lebte, und darauf wusste ich keine Antwort. Wie könnte ich ihr erzählen, dass ich mit einem Mann verlobt war, den sie nie gesehen hatte, der so reich war, dass ich nie wieder arbeiten musste, und dass ich meine Tage allein in einem Haus verbrachte, das mir nicht gehörte und von jemand anderem geputzt wurde? Und da war auch noch mein altes Leben … Ich war mir sicher, sie müsste nur meine Stimme hören, um Bescheid zu wissen. Sie war meine Mutter. Sie hatte ihr Leben damit verbracht, Dinge über mich zu wissen, bevor sie mir selbst bewusst wurden. Wie also sollte sie ausgerechnet das nicht merken? Und so legte ich das Telefon weg und verdrängte sie aus meinen Gedanken.

Ich nahm ein Abführmittel. Dann zwei. Die Bauchkrämpfe weckten mich mitten in der Nacht, und ich lag wach und stellte mir vor, wie das Fett aus meinen Knochen gespült wurde.

Ich redete mir ein, Enthaltsamkeit bedeute Macht. Es war befriedigend, den Mund geschlossen zu lassen und den Kopf zu schütteln. Nein, sagte ich wieder und wieder. Nein, danke.

Am Tag der Party konnte ich den Reißverschluss mühelos hochziehen. Als wir den Raum betraten, drehten sich alle um und starrten mich an. Ich suchte nach einem freundlichen Gesicht, bevor mir einfiel, dass keins da war, und dann setzte ich das Lächeln auf, das ich vor dem Spiegel geübt hatte. Hübsch. Zurückhaltend. Untadelig. Als gehörte ich dazu. Die Frauen drängten sich um mich und sagten mir, wie wunderbar ich aussähe, wie schlank und elegant. Sie erkundigten sich, wie ich das geschafft hätte, doch ich lächelte nur und zuckte mit den Schultern und sagte, Liebe, es muss die Liebe sein.

Ich öffne die Jalousien an den Plexiglasfenstern der Hütte. Das Sonnenlicht soll hereinfluten. Ich will in einem Fleckchen Sonne schlafen wie eine Katze. Ich will darin schwelgen, und sei es nur für eine Minute. Ich will vergessen.

Plötzlich bleibe ich mit dem Fuß hängen und kippe nach vorn, will mich noch irgendwo abstützen, aber es ist zu spät, und ich lande hart auf den Knien, und meine verletzte Hand scheuert über den Teppich, worauf sich die Wunde wieder öffnet.

»Scheiße«, murmele ich und schreie dann noch einmal mit aller Kraft: »*Scheiße!*« Das Wort hallt von den Wänden wider. Ich hole tief Luft und sehe nach, worüber ich gestolpert bin.

Es ist so klein, erstaunlich, dass ich es überhaupt entdecke. Nur eine kleine Vertiefung im Holz unter dem Teppich, und gleich daneben ein winziger erhöhter Rand. Ich fahre mit den Fingern darüber. Ist es ein Astloch im Holz? Nein, dafür fühlt es sich zu glatt an. Ich bücke mich und betaste die Stelle noch einmal. Definitiv kein Astloch. Ein kleiner Schaden, der entstanden ist, als man den Teppich verlegt hat? Daneben ein vergessener Nagel? Es lässt sich aber nicht bewegen, als wäre die Erhebung am Boden befestigt.

Ich gehe zu der Stelle, wo der Teppich an die Wand stößt, und versuche, ihn hochzuziehen. Er rührt sich nicht. Ich hole das Messer aus der Reisetasche, klemme es zwischen Teppich und Boden und benutze es als Stemmeisen. Die Heftklammern springen nacheinander heraus, und ich kann den Teppich richtig greifen und mit einigen kräftigen Bewegungen zurückziehen.

Da, inmitten des bloßen Sperrholzbodens, befindet sich ein winziger Metallriegel, der ein Versteck sichert.

Ich öffne den Riegel und klappe den Deckel hoch. Im flirrenden Licht erspähe ich die Kante einer flachen Kiste. Und in der

Kiste liegt, eingewickelt in ein weiches Tuch wie ein Neugeborenes, eine Waffe.

Es ist ein Jagdgewehr. Der Lauf ist lang und schmal, der Kolben aus poliertem Walnussholz. Ich hebe es vorsichtig heraus und halte es im Arm. Es ist leicht, keine drei Kilo. Ich lege es auf die Schulter und schaue durchs Visier, richte das Fadenkreuz aufs Fenster. Ein Schauer überläuft mich.

Mein Vater besaß ein ganz ähnliches Gewehr. Er war mehrmals im Jahr auf die Jagd gegangen, obwohl er es nie zu genießen schien – er war immer blass und mitgenommen nach Hause gekommen, hatte meiner Mutter das Paket mit dem Fleisch gegeben und sich dann für den Rest der Nacht in den Keller zurückgezogen. Einmal hatte er meine Mutter und mich mitgenommen, weil ich ihn so gedrängt hatte. Ich war noch zu klein, um selbst zu schießen – neun Jahre, ein Alter, in dem einem der Tod noch aufregend und unvorstellbar erscheint –, doch ich erinnere mich, wie überrascht ich gewesen war, als meine Mutter das Gewehr auf die Schulter gehoben und durchs Visier geschaut hatte.

»Sie konnte immer besser schießen als ich«, hatte mein Vater gesagt, als die Kugel das Reh zwischen den Augen traf. Ich weiß noch, wie stolz er klang und wie reumütig er aussah, als ich auf das tote Reh hinuntersah und zu weinen begann.

»Es ist meine Schuld«, hatte er kopfschüttelnd gesagt. »Ich hätte sie nicht mitnehmen dürfen.«

Meine Mutter hatte seine Hand ergriffen. »So ist der Lauf der Welt«, hatte sie mit sanfter Stimme gesagt. »Sie muss es lernen.«

Ich lehne das Gewehr behutsam an die Wand, als könnte mich jemand hören. Der lange Lederriemen rollt sich auf dem Boden ein. Dann werfe ich die Schachtel mit der Munition in die Tasche. Es hat keinen Sinn, ein ungeladenes Gewehr mitzunehmen. Ich werfe einen Blick auf den Lauf, der nach oben ragt, und etwas in mir löst sich.

Dies ist eine neue Art von Macht, denke ich.

Eine, die mir gefällt.

Maggie

Am nächsten Morgen verließ ich das Motel, nachdem ich ausgecheckt und meinen Koffer an der Rezeption abgestellt hatte. Am Abend würde ich abreisen, auch wenn ich gerade erst angekommen war. Der Jetlag wäre furchtbar, aber ich wollte nicht zu lange von zu Hause wegbleiben, falls es Neuigkeiten gab. Welche das sein sollten, wusste ich nicht. Außerdem war da noch die Trauerfeier. Mein Herz zog sich zusammen, als ich daran dachte.

Es war wieder ein perfekter Tag mit blauem Himmel und fünfundzwanzig Grad, die Sonne glitzerte auf den Motorhauben der parkenden Autos. Mir fiel der rote Sportwagen vor dem Motel wieder ein, und ich fragte mich, ob es derselbe gewesen war, den ich in La Jolla gesehen hatte. Natürlich nicht, sagte ich mir. Da konnte ich mich gleich der Paranoia hingeben, die mich verfolgte, seit ich von Allys Tod gehört hatte, und außerdem war ich in Kalifornien, dem Land der roten Sportwagen. Es war Zufall.

Ich fuhr zu Bens Haus. Ich konnte es noch immer nicht als Allys Haus betrachten. Vom La Jolla Boulevard bog ich nach links in den Sea Ridge Drive, wobei mir auffiel, dass es gar nicht weit bis zu den Gardners war. Ich fragte mich, ob es Ally gefallen hatte, so dicht bei ihren künftigen Schwiegereltern zu wohnen. Ich hielt vor dem Haus und klingelte, machte mir aber keine Hoffnungen. Doch der Lautsprecher knisterte umgehend, und das automatische Tor schwang auf.

Das Haus war größer als erwartet, und hässlicher. Ein lang gestreckter Bungalow aus Sandsteinwürfeln unterschiedlicher Größe, der mit gewaltigen getönten Fenstern versehen war. Das Dach war dunkelbraun gestrichen und ragte aggressiv in die Luft, so als streckte jemand das Kinn vor, bevor er in den Kampf zog. Aus einem Rasen, der so grün und gepflegt aussah, als hätte man ihn aus einem Golfplatz geschnitten, sprossen einige Palmen. Als ich den Weg entlangging, erwachte ein Netz verborgener Rasensprenger zum Leben. In Bird Rock gab es anscheinend kein Sprengverbot.

An der Tür erwartete mich eine Frau mittleren Alters, in der Hand eine Sprühflasche mit Bleichmittel. Sie trug einen schwarzen Kittel mit einem Schild, das sie als »Teresa« auswies, und schaute mich ungeduldig an. Ich holte tief Luft und sagte den Satz, den ich am Morgen vor dem Spiegel geübt hatte.

»Hallo, ich komme vom Maklerbüro Sutton. Die Gardners haben mich gebeten, das Anwesen zu schätzen.«

Teresa runzelte die Stirn. »Davon haben sie mir nichts gesagt. Normalerweise kündigen sie so etwas an.«

Mir brach der Schweiß aus. »Der Termin wurde in letzter Minute verlegt.«

Sie blieb unbeweglich auf der Schwelle stehen.

»Bitte, ich habe einen sehr engen Zeitplan. Sie können gern die Gardners anrufen und sich den Termin bestätigen lassen, aber die Störung würde sie sicher nicht sonderlich freuen«, sagte ich so selbstsicher wie möglich.

Eine Minute lang herrschte Waffenstillstand, bis sie beiseitetrat und mich einließ. »Ich muss in fünf Minuten weg«, rief sie mir noch nach. Dann schlug eine Tür zu.

Das Haus war umwerfend, und das meine ich keineswegs positiv. Objektiv betrachtet war es natürlich schön, aber nicht mein Geschmack. Alles war weiß und makellos und sah teuer aus. Eine Umgebung, in der ich Angst hätte, mich auch nur hinzusetzen, geschweige denn ein Glas Rotwein zu trinken. Als ich inmitten des gewaltigen Glaskastens stand und all die schicken Sachen betrachtete, von denen Ally umgeben gewesen war, wurde mir klar, wie wenig ich sie gekannt hatte. War meine Tochter wirklich ein Mensch geworden, dem all das Zeug am Herzen lag? Hatte sie sich auf dem cremefarbenen Sofa wohlgefühlt, war sie auf Socken über den plüschigen Teppich gelaufen?

Ich dachte daran, wie wir Weihnachten gefeiert hatten, wie wir zu dritt im Wohnzimmer gesessen, Baileys getrunken und uns durch eine Schachtel Pralinen gefuttert hatten, während im Fernsehen ›White Christmas‹ lief. Ally hatte wie immer ihre alte Jogginghose getragen und den Pullover mit Rudolf dem Rentier, den sie jedes Jahr hervorkramte, und ihr Pferdeschwanz hing über die Armlehne des Sofas, während sie nach einer Praline mit Himbeerfüllung suchte. Hatte sie jemals so auf diesem Sofa hier gelegen? War sie darauf eingeschlafen, den Mund leicht geöffnet, die Fußsohlen aneinandergedrückt, mit Augenlidern, die im Traum flatterten?

Ich konnte es mir einfach nicht vorstellen, aber ich konnte mir vieles nicht vorstellen, was sie anscheinend getan hatte, und es schien jeden Tag mehr zu werden.

Ich warf einen Blick in die Küche, wo Teresa auf den Knien den Boden schrubbte. Es musste seltsam sein, ein Haus zu reinigen, in dem niemand mehr wohnte. Ihre Reaktion hatte mir verraten, dass ich richtig getippt hatte – die Familie wollte das Haus verkaufen. Ich sah die Anzeige schon vor mir, durchsetzt mit Begriffen wie »Luxus«, »exklusiv« und »Wohnen der Extraklasse«.

Das Schlafzimmer war im selben Stil gehalten, geweißte Böden und ein deckenhohes Fenster mit Blick auf den Ozean.

Ein großes Doppelbett beherrschte die Mitte des Raums. Ich wandte mich ab. An das Bett wollte ich nicht denken. In der Ecke stand eine Frisierkommode mit Schminkspiegel. Allys Frisierkommode. Aber wo war ihr Schmuck? Ihr Make-up? Das Mädchen, das ich gekannt hatte, hätte die ganze Frisierkommode mit Parfum, Haarspray, winzigen Döschen schimmernden Lidschattens und zahllosen Lippenstiften vollgestellt. Charles hatte sich immer über die unzähligen Schönheitsprodukte beklagt, die sie neben der Badewanne aufgereiht hatte. Jeden Morgen hörten wir ein Scheppern, wenn er duschen wollte, gefolgt von leisem Fluchen. Ich öffnete die Schublade: leer. Sie war von innen sauber gewischt.

Ich ging zum Kleiderschrank und entdeckte eine Reihe sorgfältig gebügelter Herrenhemden in Weiß, Rosa und Hellblau, dazu einen gut bestückten Krawattenhalter. Im anderen Kleiderschrank hingen Hosen säuberlich auf Bügeln, teure Anzüge schimmerten im Licht. In den Regalen waren polierte Schuhe aufgereiht, ein einzelnes Paar ramponierte Tennisschuhe stach hervor. Diverse Ledergürtel, aufgerollt wie Schlangen.

Nicht ein Kleidungsstück von ihr. Kein einziges.

Ich wurde hektisch, riss die Nachttischschubladen auf, schaute unters Bett. Auch hier war nichts von ihr, keine Spur. Hatte sie wirklich hier gewohnt? Vielleicht hatte ich es falsch verstanden. Vielleicht hatte sie eine andere Wohnung gehabt, allein. Vielleicht hatte man mir die falsche Adresse gegeben. Vielleicht wurde ich verrückt.

Und dann sah ich es, es hatte sich im dicken Teppich verfangen: ein langes blondes Haar. Ich zog es mit den Fingernägeln heraus und hielt es ans Licht. Das Ende war haselnussbraun. Allys Haar. Es konnte nicht anders sein.

Ich hörte hinter mir ein Geräusch. Teresa stand mit verschränkten Armen auf der Schwelle, das Gesicht missmutig verzogen. »Meine Schicht ist vorbei, ich bekomme keine Überstunden bezahlt. Wenn Sie länger bleiben wollen, muss ich Mrs Gardner anrufen.«

Nachdem ich den Kleiderschrank gesehen hatte, brauchte ich nicht länger Theater zu spielen. Ich war als Allisons Mutter hier und wollte endlich Antworten. »Wo sind ihre Sachen?«

Sie zuckte mit den Schultern, ihr Gesicht war ausdruckslos.

Der vertraute Zorn stieg wieder in mir auf. Sie wollten sie auslöschen – sie alle –, aber das würde ich nicht zulassen. »Ich bin ihre Mutter. Ich habe das Recht, die Sachen meiner Tochter zu bekommen. Sie gehören jetzt mir. Sie haben kein Recht –«

»Er hat alles für das Mädchen getan.« Ihre Stimme war leise, beinahe ein Zischen.

Meine Augen durchbohrten sie. »Wie bitte?«

»Er hat ihr alles gegeben, aber sie wusste es nicht zu schätzen. Sie hat es als selbstverständlich betrachtet.« Ihr Körper war stämmig, ihre Schultern füllten beinahe den Türrahmen aus. Auf einmal wurde mir bewusst, dass ich allein mit einer Fremden im Haus war und niemand wusste, wo ich mich befand. Sie sah mich durchdringend an. »Ihre Tochter hatte ihn nicht verdient.«

»Sie haben recht.« Das Blut donnerte betäubend laut in meinen Ohren. Ich hatte Angst, doch das durfte sie nicht merken. »Sie hatte etwas Besseres verdient.«

Sie schüttelte den Kopf. Ihr Mund war wie ein straff gespannter Faden. »Raus.«

Als ich in die Stadt zurückfuhr, traf mich die Erkenntnis wie ein Schlag: Teresa war gar nicht überrascht gewesen, als ich mich zu erkennen gab. Es war, als hätte sie die ganze Zeit über gewusst, wer ich war.

Allison

Ich höre es, bevor ich es sehe: das leise Dröhnen eines Motors und Reifen, die auf Schotter knirschen. Ich schaue aus dem Fenster und sehe einen Geländewagen, der zwischen den Bäumen hervorkommt. Auf der Seite steht in auffälligen grünen Buchstaben UNITED STATES PARK RANGER: POLIZEI. Durch die Windschutzscheibe kann ich die Umrisse von zwei Männern erkennen.

Autotüren schlagen zu, man hört schwere Schritte auf Erde.

»Kannst du was sehen?« Eine tiefe Männerstimme, ziemlich nah.

Ich überlege fieberhaft. Auf der anderen Seite dieser klapprigen Tür ist die Rettung. Warme Kleidung, ein bequemes Bett und eine warme Mahlzeit. Mein Gott, das Essen. Warmes Baguette mit gesalzener Butter. Cheeseburger, saftig und mit Speck belegt. Schokoladentorte mit Vanilleguss und Streuseln, wie meine Mutter sie früher für meinen Geburtstag gemacht hat. Guacamole.

»Bis jetzt nicht.« Eine andere Männerstimme, ein bisschen höher. Auch in der Nähe.

Wenn sie wissen, dass du am Leben bist, werden sie dich finden.

Ich höre sie draußen herumschlurfen, sie umkreisen die Hütte. Eine Silhouette taucht am Fenster auf, verdeckt flüchtig die Sonne, und es wird dunkler in der Hütte.

Ich könnte in diesem Wald sterben. Ich bin schon ein paarmal fast gestorben. Wie viele Chancen bekomme ich noch?

Sag einfach was. Mach die Tür auf und zeig dich. Ich brauche Hilfe. Sag es einfach. Bitte, ich brauche Hilfe.

Weißt du überhaupt, mit wem du es zu tun hast?

»Hast du das gesehen?« Die tiefe Stimme. Er klingt aufgeregt.

»Meinst du, es ist frisch?«

»So sauber, wie es aussieht.«

Ich muss irgendetwas draußen gelassen haben, ein Wäschestück, das in der Sonne trocknet, vielleicht eine Socke oder Unterwäsche. Es ist mir peinlich. Ich fühle mich entblößt. Verängstigt.

Wenn alles ans Licht kommt, wenn sie wissen, was du getan hast, bringen sie dich um.

Ich drücke mich mit dem Rücken an die Wand.

»Schauen wir drinnen nach.«

Meine Augen schießen zur Tür. Der Rahmen ist gesplittert, aber das Schloss – ein schweres Vorhängeschloss – hängt noch am Riegel. Ob ich es rechtzeitig schaffe? Mir bleibt keine Wahl – versuchen muss ich es. Mein Herz hämmert in der Brust, als ich durch den Raum eile. Schritte auf der Treppe, schnell und schwer. Ich umfasse das Schloss, aber meine Finger zittern unbeholfen. Ich bekomme den Bügel nicht ins Loch. Stiefel scharren auf dem Absatz vor der Tür. *Komm schon, Ally, jetzt oder nie.* Es klickt, als das Schloss einrastet. Ich kann hören, wie einer von ihnen gegen die Tür drückt, der verzogene Rahmen ächzt unter dem Druck. Ich presse mich von innen mit aller Kraft gegen die Tür, um die Männer draußenzuhalten. Ich kann ihren rauen, angestrengten Atem hören.

»Hat keinen Sinn«, sagt der mit der hohen Stimme schließlich, und der Druck lässt abrupt nach.

Ich spüre die Hitze ihrer Körper, als sie auf der Treppe stehen und überlegen, was zu tun ist. Ich halte die Luft an, mein Herz hämmert hoch oben in meiner Brust. Meine Lungen schreien förmlich. *Haut ab*, brülle ich lautlos. *Sofort.*

Wieder scharren sie mit den Füßen, einer seufzt. »Scheiß drauf. Gehen wir.«

Er versetzt der Tür einen letzten Stoß, dann gehen sie die Treppe hinunter, über den Schotter, die Autotür schlägt zu, der Motor springt an. Die Reifen knirschen, als der Geländewagen wegfährt. Erst als ich den Motor nicht mehr höre, erlaube ich mir zu atmen. Ich sehe mittlerweile Sterne.

Das war's. Meine einzige Chance, gerettet zu werden. Vorbei.

Jeder hat seinen Preis. Du weißt nie, wer gekauft ist.

Aber vielleicht, ganz vielleicht habe ich mich wieder einmal selbst gerettet.

Ich war unter der Dusche, als ich ihn hereinkommen hörte. Seine Schlüssel landeten klappernd auf der Arbeitsplatte. Ich spülte den Conditioner aus und eilte aus der Dusche. Als ich aus dem Badezimmer kam, saß er auf dem Bett, ein Glas Whisky in der Hand.

»Du bist aber früh zu Hause!«, sagte ich und beugte mich vor, um ihn zu küssen, hielt aber inne, als ich seine Miene sah. »Was ist los?«

Er wischte sich über das Gesicht. »Nichts«, sagte er leise. »Kein guter Tag bei der Arbeit, das ist alles.« Er hatte dunkle Schatten unter den Augen, seine Haut war blass und wächsern. Er sah erschöpft aus.

Ich setzte mich neben ihn und zog ihn an mich. »Möchtest du darüber reden?«

Er schüttelte den Kopf.

Ich streichelte ihm den Rücken, während er in sein Glas starrte und die Stille sich auf uns herabsenkte. Ich spürte den ersten Hauch von Angst. Normalerweise kam er strahlend und aufgeregt zur Tür herein, zog mich schwungvoll in seine Arme und erzählte von seinen jüngsten Triumphen, bevor er eine gute Flasche Rotwein öffnete. So wie heute hatte ich ihn noch nie gesehen. Besiegt.

Schließlich stieß er einen Seufzer aus, der aus einem vergessenen, tief verborgenen Teil seiner selbst zu kommen schien, und sah mich an. »Hältst du mich für einen guten Menschen?«

Zuerst wollte ich lachen, doch dann sah ich: Er meinte es ernst. »Du bist der beste Mensch, den ich kenne«, sagte ich und ergriff seine Hände. Während ich die Worte aussprach, begriff ich, dass sie stimmten. Er hatte mich gerettet, sich um mich gekümmert, mich geliebt. Ich hatte ihm alles zu verdanken. »Ich kann mir keinen besseren Menschen vorstellen, und ich bin so glücklich, dass ich dich habe.«

Die Schatten teilten sich, und er lächelte mich an. »Ich habe auch Glück gehabt.« Er zog mich auf sich. »Verdammt, ich bin der glücklichste Mann auf Erden.« Er schob mir einige feuchte Strähnen aus dem Gesicht und drückte die Stirn an meine. Seine Augen waren fast schwarz in der Dunkelheit und bohrten sich in meine, als suchten sie etwas.

»Was ist los, Baby?«, flüsterte ich. »Rede mit mir.«

Er schüttelte den Kopf und zog an der Kordel meines Bademantels. »Ich will nicht reden. Ich will nur mit dir zusammen sein.« Seine warmen Hände glitten über meinen Körper, sein weicher Mund tastete sich vom Hals bis zu meinem Bauch hinunter. Er erregte mich mit der Zunge, bis ich um mehr bettelte, und als er schließlich in mich eindrang, kam ich schon.

Danach sackten wir ineinander, unsere Gliedmaßen unter der feuchten Decke eng umschlungen, schwer atmend. Ich sah im Dämmerlicht, wie sich seine Brust hob und senkte, und wollte die Stimme in meinem Kopf zum Schweigen bringen, die mir sagte, ein solches Glück könne nicht von Dauer sein.

Zwanzig Minuten später habe ich gepackt und bin unterwegs nach Osten. Die Konservendosen klappern in meiner Tasche, der Wasserkanister schwappt bei jedem Schritt, das Gewehr habe ich umgehängt. Der vertraute Schmerz flammt auf und wächst mit jedem Schritt, und als die Hütte vom Wald verschluckt wird, spielt die Symphonie wieder in voller Lautstärke.

Maggie

Die meisten Pharmaunternehmen befanden sich in La Jolla oder Del Mar, nicht aber Prexilane. Die Firma hatte ihren Sitz in der Innenstadt von San Diego, direkt am Wasser in einem Wolkenkratzer aus Glas und Stahl, der sich in den klaren blauen Himmel reckte. Ich parkte an der West Ash und ging zum Pier hinunter. Die Luft roch nach Fischinnereien und Benzin.

Einen richtigen Plan hatte ich nicht, wenn ich ehrlich war. Ich hatte keinen Termin mit irgendjemandem oder auch nur einen Namen, den ich am Empfang nennen konnte. Dennoch musste ich es versuchen.

Vor dem Gebäude befand sich eine weitläufige Plaza aus Beton, die von Blumenkästen mit roten und gelben Nelken gesäumt wurde. Die Sonne brach sich an der Glasfassade, und ich musste die Augen mit der Hand schützen. Es war fast Mittag, und auf den Bänken saßen einige Leute und aßen, lasen dabei oder tippten auf ihren Handys. Es sah wie eine Filmszene aus, aber das konnte auch daran liegen, dass wir in Kalifornien waren. Der ganze Sonnenschein kam mir unnatürlich vor.

Die Empfangsdame saß hinter einer breiten Holztheke.

»Verzeihung«, sagte ich und strich meine Haare glatt. Dann setzte ich mein vertrauenswürdigstes Lächeln auf. »Vielleicht können Sie mir helfen.«

Sie nickte und schaute dabei auf den großen schwarzen Monitor, der vor ihr stand.

Ich räusperte mich. »Ich würde gern mit jemandem von Prexilane sprechen. Meine Tochter –«

»Name?«

»Maggie«, stammelte ich. »Margaret Carpenter.«

Sie nickte und tippte auf ihrer Tastatur. »Bitte hier den Namen eintragen und unterzeichnen.« Sie legte ein Blatt auf die Theke und klopfte darauf. Ich schrieb meinen Namen sorgfältig in Druckbuchstaben und kritzelte die Unterschrift daneben. Sie reichte mir einen laminierten Zettel mit einem kleinen Metallclip. »43. Etage, Aufzug B.«

Ich nahm den Ausweis und befestigte ihn an meiner Bluse. Er roch ein bisschen wie der alte Vervielfältigungsapparat, den wir in der Bibliothek benutzt hatten, bevor sie den schicken Kopierer anschafften. »In Ordnung. Vielen Dank.« Ich zögerte. Die mit Marmor ausgekleidete Eingangshalle war so gewaltig wie ein Footballfeld. Ich hatte keine Ahnung, wo Aufzug B sein sollte.

Die Frau bemerkte wohl meinen Blick und erbarmte sich. »Nach links.« Sie nickte zu einem abgelegenen Flur. »Es ist ausgeschildert.« Ihre Augen wanderten wieder zum Monitor, ihre Finger flogen über die Tasten.

Ich war nervös, als mich der Aufzug in die 43. Etage brachte. Was ich dort wollte oder mir erhoffte, wusste ich selbst nicht so genau. Die Türen öffneten sich zu einer weiteren Eingangshalle, die in Cremeweiß und braunem Leder gehalten war. Eine weitere Empfangsdame – diesmal blond und lächelnd – saß hinter einem großen Schreibtisch. Sie begrüßte mich freundlich, als ich den Aufzug verließ. »Willkommen bei Prexilane! Nehmen Sie doch bitte Platz. Mr Hutchinson ist in einer Minute bei Ihnen.«

Ich schaute sie verwundert an. Ich hatte keine Ahnung, wer Mr Hutchinson sein sollte, und war mir recht sicher, dass er mich nicht erwartete. »Ich glaube, es handelt sich um eine Verwechslung.«

Sie sah mich scharf an. »Sie kommen nicht von Hyperion?«

Ich schüttelte den Kopf. Hinter der halboffenen Milchglastür in ihrem Rücken herrschte ein ziemliches Durcheinander. Sie bemerkte meinen Blick und schloss rasch die Tür. »Tut mir leid«, sagte sie, als sie sich gefasst hatte. »Ich dachte –« Sie zuckte bedauernd mit den Schultern. »Verzeihen Sie, es war ein ziemlich verrückter Tag. Wie kann ich Ihnen helfen?«

Meine Handflächen waren ganz verschwitzt. Ich verschränkte die Hände und trat vor. »Ich bin ... Nun ja, meine Tochter Allison war mit Ben Gardner verlobt, und ...«

Das Gesicht der Frau fiel förmlich in sich zusammen. »Mein herzliches Beileid zu Ihrem Verlust. Wir waren alle vollkommen schockiert, als wir von dem Unglück hörten.«

»Vielen Dank. Ich habe mich gefragt, ob es jemanden gibt, mit dem ich sprechen kann, der mir vielleicht sagen kann –« Was? Was wollte ich überhaupt wissen? Die Frau betrachtete mich geduldig, die Augen voller Mitgefühl. *Na komm schon, Maggie, reiß dich zusammen. Stell ihr die verdammte Frage.* »Gibt es jemanden, mit dem ich über sie sprechen könnte? Oder über Ben?«

Sie wirkte überrascht. »Haben Sie einen Termin?«

Ich fummelte an dem laminierten Ausweis herum. »Nein, wie gesagt, ich habe keinen Termin, aber ich hatte gehofft, dass jemand ... Ich bin nämlich den ganzen Weg aus Maine gekommen und konnte Bens Eltern bis jetzt nicht erreichen, und ...«

Ich sah förmlich, wie sich der Vorhang über ihre grünen Augen senkte. »Tut mir leid«, sagte sie kopfschüttelnd. Ihr blonder Pferdeschwanz schwang im Takt. »Wenn Sie keinen Termin haben, kann ich Ihnen nicht helfen.«

Die Milchglastür öffnete sich, und ein gepflegter Mann im

dunkelgrauen Anzug steckte den Kopf hindurch. »Sind sie aufgetaucht?«, blaffte er.

Die Empfangsdame erstarrte. »Noch nicht«, sagte sie mit aufgesetzter Fröhlichkeit. Ihre Miene war angespannt. Der Mann fluchte leise und knallte die Tür wieder zu.

»Meinen Sie, dieser Herr hätte ein paar Minuten Zeit für mich? Schließlich ist seine Verabredung ja noch nicht da.« Ich wagte ein verschwörerisches Grinsen, das nicht erwidert wurde.

Dann klingelte ihr Telefon, und sie schaute ungeduldig hin. »Hören Sie, das mit Ihrer Tochter tut mir wirklich leid und auch, dass Sie die weite Reise gemacht haben, aber ich kann Ihnen wirklich nicht helfen.«

Ich spürte, wie sich ein Abgrund der Verzweiflung in mir auftat. »Vielleicht könnten *Sie* mit mir sprechen, da ich schon hier bin. Es dauert auch nicht lange, aber Sie sagten, Sie hätten Ally gekannt und –«

Das Telefon klingelte erneut, ihre Hand verharrte über dem Hörer. »Verzeihen Sie, aber ich muss wirklich weiterarbeiten.« Sie warf mir einen letzten mitleidigen Blick zu, bevor sie den Hörer abnahm. »Prexilane Industries, guten Tag.«

Damit war ich entlassen. Ich wollte meine Würde nicht verlieren, nicht schon wieder, nicht hier. Ich drückte den Knopf für den Aufzug, und als die Tür aufglitt, drängten einige Männer in Anzügen an mir vorbei in den Empfangsbereich. Vermutlich Mr Hutchinsons Verabredung. Immerhin würde er die arme Empfangsdame nicht mehr anschreien.

Ich betrachtete mich im Spiegel, während ich nach unten fuhr. Meine Augen waren geschwollen und blutunterlaufen, meine Haut wächsern, meine Wangen hohl. Ich sah aus wie ein Geist. Ein gottverdammter Ghul.

Ich ging durch die Drehtür und blinzelte im grellen Sonnenschein. Die Tränen ließen alles verschwimmen. Der Vorplatz war jetzt verlassen, die Leute waren aus der Mittagspause in ihre Büros zurückgekehrt. Ich setzte mich auf eine Bank, um mich zu fassen. Die Sonne schien erbarmungslos nieder, und die Holzbretter der Bank fühlten sich heiß an. Ich wühlte in meiner Tasche nach der Wasserflasche, die ich vorsichtshalber mitgenommen hatte. Sie war lauwarm, als enthielte sie Badewasser.

Die weite Reise – alles vergeblich. Ally hatte fast zehn Jahre in dieser Stadt gelebt, und doch konnte ich kaum eine Spur von ihr finden. Als wäre sie allen, die sie gekannt hatten, einfach entglitten. Und jetzt war sie nicht mehr da.

Natürlich konnte ich allen zürnen – Ben, Dee, den Gardners, den Männern in der zwielichtigen Bar –, aber tief im Inneren wusste ich, wer wirklich schuld war. Ich war ihre Mutter. Ich hätte mich um sie kümmern müssen. Ich hatte kampflos zugesehen, wie sie mich aus ihrem Leben verbannt hatte. Ich hatte sie im Stich gelassen. Und nun ließ ich sie erneut im Stich.

Und dort, im grellen kalifornischen Sonnenschein, brach ich schließlich zusammen und weinte.

Allison

Als es Abend wird, verlangsamen sich meine Schritte zu einem Schlurfen. Ich darf nicht daran denken, wie viele Kilometer ich noch vor mir habe. Ich darf nur an die Kilometer denken, die ich schon zurückgelegt habe, und ich weiß, dass ich es letztlich schaffen werde. Ich lasse meine Tasche fallen, hole die Abdeckplane hervor und ziehe die Turnschuhe aus. Der Tag hat ihnen schwer zugesetzt – der Stoff ist mit Dreck verkrustet, und die Gummisohlen lösen sich allmählich. Anscheinend sind die tollen Nikes einer Woche in den Rockys nicht gewachsen.

Ich öffne mit dem Messer eine Dose Hühnernudelsuppe und trinke sie direkt aus der Dose. Im kalten Zustand schmeckt sie klebrig und versalzen, aber das ist mir egal. Die Nudeln und die winzigen Möhrenstückchen rutschen mühelos durch meine Kehle. Nach wenigen Minuten ist die Dose leer, und ich spüle die Suppe mit einigen Schlucken Wasser hinunter.

Ich lege mich hin und schließe die Augen. Was würde ich jetzt für ein Eis-Sandwich mit einer dicken Schicht übersüßem Vanilleeis zwischen zwei Schokowaffeln geben, die süße Reste an den Fingerspitzen hinterlassen, die man mit den Zähnen abschaben kann. Oder für ein Sandwich mit gegrilltem Käse, der leuchtend orange aus dem dick mit Butter bestrichenen Brot hervorquillt. Am liebsten aber möchte ich einen Drink. Einen steifen Drink.

All die Drinks in meinem Leben. Das kalte Bier, das ich aus

Plastikbechern getrunken habe, der lauwarme Weißwein bei Networking-Veranstaltungen für die Zeitschrift, Tequila Shots mit Wein, die ich nach der Schicht in der Kneipe hinuntergekippt habe. Und Champagner, Ströme von Champagner, die auf zahllosen Partys flossen.

»Möchten Sie noch einen?« Die Kellnerin in der weißen Bluse bückte sich tief und füllte mein Glas nach, bevor sie in der Menge verschwand. Ich schaute ihr sehnsüchtig nach und fragte mich, worüber sie wohl in der Küche miteinander redeten. Ich konnte mir die Arbeitsplatten aus Edelstahl vorstellen, auf denen Canapés für die Schönen und Reichen von San Diego warteten, die Kellnerinnen, die einander anstießen, als sie hereinkamen, um ihre Tabletts nachzufüllen oder schnell eine zu rauchen. Sie klatschten sicher über uns, flüsterten, wer zu betrunken war und wer sich über die Lachstörtchen hermachte und welche Männer die Hände nicht bei sich behalten konnten. Ich hätte alles dafür gegeben, bei ihnen zu sein statt hier draußen, wo ich Smalltalk mit den anderen Frauen und Freundinnen machen musste, während die Männer einander auf den Rücken klopften und Deals aushandelten.

Ich sah, wie Sam sich vorbeugte und Ben etwas ins Ohr flüsterte, worauf dessen Miene sich verfinsterte. Geheimnisse. Immer diese Geheimnisse. Sams Rolle in der Firma war undurchsichtig – Ben bezeichnete ihn als Mittelsmann, aber was genau er vermittelte, wollte er mir nicht erklären. Einmal war Sam kurz vor Mitternacht vor unserer Tür aufgetaucht, worauf die beiden bis in die frühen Morgenstunden im Arbeitszimmer verschwunden waren. Schließlich war Ben zu mir ins Bett gekommen, hatte mich geküsst und auf meine Frage gesagt: »Es geht nur ums Geschäft, Kleines. Nur ums Geschäft.«

Auch Veranstaltungen wie diese gehörten zum Geschäft,

obwohl sie sich als Vergnügen tarnten. Heute Abend wurde eine Galerie eröffnet, wenngleich sich niemand für die Kunstwerke zu interessieren schien. Vor jeder dieser Veranstaltungen drückte Ben meine Hand. »Zeig's ihnen«, sagte er, bevor er sich den anderen Männern zuwandte. Aber ich zeigte es ihnen nie. Die anderen Frauen tolerierten mich, doch ich durchdrang nie ihre Fassade aus leerer Höflichkeit.

»Haben Sie diese Miniburger probiert?« Die Frau betrachtete stirnrunzelnd einen winzigen Hamburger, den sie wie ein Beweisstück in der Hand hielt.

»Die sind widerlich.« Sie schob ihn in den Mund und verzog das Gesicht, als sie kaute. »Das Essen bei diesen Events wird immer schlimmer.« Sie wischte sich die Hand an ihrer dunkelblauen Hose ab und hielt sie mir hin. »Ich bin Liz.«

»Allison.«

Sie war älter, als ich auf den ersten Blick gedacht hatte. Lachfältchen um die blauen Augen, die roten Haare waren von silbernen Fäden durchzogen. Ich fand, sie hatte ein liebes Gesicht. Man sah ihr an, dass sie oft lächelte. »Sie sind Bens Verlobte, stimmt's?«

Stolz überkam mich, als sie den Diamanten an meinem Finger betrachtete. »So ist es.«

Sie ergriff meine Hand. »Der ist ja die Wucht«, sagte sie bewundernd und hielt den Ring ans Licht. Dann zwinkerte sie mir zu. »Passt zu Ihnen.«

»Vielen Dank«, entgegnete ich schüchtern. Sie ließ meine Hand los, und es fühlte sich an, als hätte ich etwas verloren. In diesem Augenblick sehnte ich mich schrecklich nach meiner Mutter.

Ich spürte, dass mich jemand beobachtete – Sam. Als unsere Blicke sich trafen, wandte er sich ab. Ich hatte Ben schon darauf hingewiesen, dass Sam mich ständig anstarrte, aber er hatte es mit einem Lachen abgetan. »Kannst du's ihm verdenken?« Er hatte mich geküsst. »Du bist doch die schönste Frau im Raum.«

Danach hatte ich es nicht mehr erwähnt, aber mit Sam im selben Raum zu sein verursachte mir Unbehagen. Ich kannte den Unterschied zwischen bewundert und beobachtet werden. Und Sam beobachtete mich.

Ich wandte mich wieder an Liz und zwang mich zu einem Lächeln. »Woher kennen Sie Ben?«

»Mein Mann arbeitet für ihn.« Sie deutete vage auf die Männer, die sich am anderen Ende des Raums versammelt hatten. »So wie alle hier.«

Ich lachte unsicher. Ihr Gesicht verriet nicht, ob es ein Witz sein sollte. »Wie heißt er?«

Ich fragte eher aus Höflichkeit, da ich die Männer ohnehin nicht auseinanderhalten konnte, egal wie viele Partys wir besuchten. Sie alle verschmolzen zu einem formlosen Mann mit ausdruckslosem Gesicht, dessen dunkler Anzug nach Geld roch. Die Ehefrauen waren auch nicht besser – austauschbare Blondinen namens Cathy und Deb, die austauschbare Etuikleider und Tennisarmbänder trugen. Liz aber war anders, und das nicht nur wegen ihrer wilden roten Haare. Sie sah aus wie ein richtiger Mensch. Jemanden wie sie hatte ich lange nicht mehr gesehen. Mich überkam wieder die Sehnsucht nach meiner Mutter, und ich hob das Champagnerglas an die Lippen.

»Er heißt Paul. Paul Ricci.« Sie betrachtete mich sehr genau, als sie das sagte, und ihre Miene war undurchdringlich. »Haben Sie von ihm gehört?«

Der Name kam mir in der Tat bekannt vor. Womöglich hatte ich ihn in den geflüsterten Gesprächen zwischen Ben und Sam aufgeschnappt. Ich lächelte höflich. »Selbstverständlich. Ben hat viel Gutes über ihn gesagt.«

Ein kaum merklicher Schatten huschte über ihr Gesicht. »Tatsächlich? Das freut mich aber.« Sie beugte sich verschwörerisch vor. »Wie waren die Eisköniginnen?« Sie nickte zu der Gruppe der Ehefrauen. »Haben sie sich benommen?«

Ich zögerte. »Alle haben mich sehr freundlich aufgenommen.« Ich hoffte, dass es einigermaßen überzeugend klang.

Liz legte den Kopf in den Nacken und lachte. Es war nicht das höfliche Kichern, das ich bei diesen Veranstaltungen normalerweise hörte. Es war ein echtes Lachen, das vom Bauch durch die Kehle emporstieg. Das Geräusch überraschte mich, und ich sah, wie mehrere Chanel-Blondinen ihr strafende Blicke zuwarfen.

»Mich brauchen Sie nicht zu belügen«, sagte Liz und hakte mich unter. »Das hier ist ein Schlangennest. Ich kenne die meisten von ihnen seit zehn Jahren, und Sie können mir glauben, die werden mit dem Alter nicht besser. Na los, ich weiß, wo sie die Macaron-Pyramide versteckt haben.«

Maggie

Ich war fast am Auto, als jemand meinen Arm ergriff und mich herumwirbelte. Ein Mann Mitte dreißig, schwer gebaut und dunkelhaarig mit einem unrasierten, weich wirkenden Kinn. Seine Augen waren rot gerändert, und sein Gesicht glänzte gelblich und wächsern wie das eines Menschen, der die meiste Zeit drinnen verbrachte. »Sie waren da oben.« Er sprach seltsam monoton.

Ich starrte ihn an. »Wie bitte?«

»Ich hab Sie da drinnen gesehen.« Er deutete mit dem Daumen auf den Prexilane-Wolkenkratzer. »Die lassen mich nicht rauf.« Er beugte sich vor, sein heißer Atem roch nach Zwiebeln. »Haben sie's zugegeben?«

Ein Funke durchzuckte mich. »Was zugegeben?«

»Ihre Tochter«, flüsterte er. »Die haben sie auch umgebracht, oder?«

Mein ganzer Körper wurde kalt, als hätte man mich in Eiswasser getaucht. Ich umfasste sein Handgelenk. »Was wissen Sie über Allison?«

»Allison.« Sein Blick wurde weicher. »Hat Ihre Tochter so geheißen? Ein hübscher Name. Meine Frau hieß Rebecca. Becky.«

Mich verließ der Mut, ich fühlte mich plötzlich leer, mir war übel. »Sie haben meine Tochter gar nicht gekannt?«

Er schüttelte den Kopf und bedeckte meine Hand mit seiner.

Seine Handfläche war glitschig von Schweiß. »Aber ich weiß, was sie ihr angetan haben«, sagte er leise. »Die haben sie mit diesen verdammten Pillen vergiftet, genau wie meine Frau.« Er umklammerte meine Hand jetzt so fest, dass ich meine Fingergelenke knacken hörte.

»Pillen?« Mir fiel der Polizeibericht ein und wie Dee mir mit glasigem Blick im Café gegenübergesessen hatte. Plötzlich ergab alles auf schreckliche Weise Sinn. »Welche Pillen?«

»Die sie ihr gegeben haben, nachdem sie Lexy bekommen hatte. Sie haben gesagt, die würden ihr helfen, wieder sie selbst zu werden, aber …« Er schüttelte den Kopf. »Als ich hörte, wie Sie am Empfang nach Prexilane gefragt haben, wusste ich, dass Sie das Gleiche durchgemacht haben wie ich. Ich konnte es in Ihren Augen sehen. Die haben sie genauso vergiftet wie meine Becky, oder?«

Sein Gesicht war nur noch Zentimeter von meinem entfernt, und ich musste mich zwingen, nicht zurückzuweichen. »Meine Tochter ist bei einem Flugzeugabsturz gestorben«, sagte ich ruhig. »Sie war mit dem CEO von Prexilane verlobt, der ebenfalls umgekommen ist. Darum war ich dort drinnen. Ich wollte mit jemandem über Allison sprechen.«

Er schaute mich mit dem gleichen Blick an, den ich selbst so oft im Spiegel gesehen hatte.

»Was, glauben Sie, ist mit Ihrer Frau geschehen?«

Er schüttelte den Kopf. »Ich vertraue Ihnen nicht. Sie gehören zu denen.«

»Das stimmt nicht.« Ich legte ihm die Hand auf den Arm. »Ich will nur die Wahrheit herausfinden, genau wie Sie. Lassen Sie mich Ihnen helfen.«

Er wich zurück, als hätte er sich verbrannt. Dann schaute er mich noch einmal aus seinen blutunterlaufenen, verquollenen Augen an. »Ich glaube, mir kann keiner helfen.«

Ich sah ihm nach, bis er verschwunden war.

Dann stieg ich in den kleinen Mietwagen und fuhr zitternd zurück zum Motel.

Allison

Ich schrecke aus dem Schlaf hoch. Der Wald ist stockdunkel, die schmale Mondsichel hinter den Baumwipfeln verborgen. Das stete Zirpen der Grillen erfüllt die Luft, nur unterbrochen vom gelegentlichen Rascheln eines kleinen Tieres, das durch den Wald huscht.

Mir wird verschwommen klar, dass es mitten in der Nacht ist und ich eingeschlafen bin, ohne mein Lager aufzuschlagen. Durch die dünne Leggings spüre ich den kalten, feuchten Boden, und meine Füße in den Turnschuhen sind ganz taub.

Ich blinzele in die Dunkelheit. Der Schlaf, der mich so rasch überkommen hat, ist dahin, und ich weiß, dass ich bis zur Morgendämmerung wach bleiben werde.

»Macht es dir wirklich nichts aus, so früh aufzustehen?« Liz bückte sich und zog die Schnürsenkel fest.

Ich schüttelte den Kopf. »Ich bin ein Morgenmensch«, log ich. Ich verschwieg, dass ich mich um jede Tages- oder Nachtzeit mit ihr getroffen hätte. Ich war einfach froh, dass sie mich gefragt hatte. Froh, endlich jemanden nur für mich zu haben, eine Freundin.

»Ich auch. Es macht Paul total verrückt. Er schläft am Wochenende gerne lange, während ich mit der Sonne aufstehe. Sonst kommt es mir vor, als würde ich den ganzen Tag verpassen.«

»Das kenne ich«, sagte ich und dachte flüchtig an mein altes Leben, in dem der Tag erst abends um sechs begonnen und bei Sonnenaufgang geendet hatte. Doch das hatte ich hinter mir gelassen. Jetzt war ich ein Mensch, der in der Morgendämmerung aufstand und sich mit einer Freundin am Strand zum Laufen traf.

Liz lächelte mich an, und wie so oft hatte ich das Gefühl, dass sie in mich hineinsehen konnte. »Na los«, sie drückte den Startknopf an ihrem Fitnesstracker. »Auf geht's.«

Wir liefen zuerst langsam und stetig, um uns aufzuwärmen, bevor wir das Tempo allmählich steigerten.

Liz war siebenundvierzig (das hatte sie mir verschwörerisch zugeflüstert, als wir uns zum ersten Mal auf einen Drink getroffen hatten, und ich hatte mich geschmeichelt gefühlt), doch sie war fit, und bald liefen wir eine Acht-Minuten-Meile. Unsere leichten Schritte waren nur ein Klopfen auf dem Gehweg, als wir uns dem Ufer näherten.

»So«, sagte Liz zwischen zwei Atemzügen, »wie geht es Ben? Macht er sich Sorgen wegen der neuen Tests?«

Ich wusste nichts von neuen Tests oder seiner Arbeit überhaupt. Als wir anfangs zusammen waren, hatte ich ihn danach gefragt, aber er sagte, es stresse ihn nur, über die Arbeit zu sprechen – ich sei sein Zufluchtsort. Trotzdem wollte ich nicht, dass Liz mich für einen Hohlkopf hielt, und murmelte etwas Unverständliches, bevor ich mich nach Paul erkundigte.

»Er ist furchtbar angestrengt. Natürlich gibt er das nicht zu. Er weigert sich einzugestehen, wenn er unter Druck steht, aber ich merke es trotzdem. Wann immer er unter Stress steht, zupft er an seinem linken Ohrläppchen, ohne es selbst zu merken. Ganz merkwürdig.« Sie schaute mich an. »Macht Ben so was auch?«

Ich zerbrach mir den Kopf, um irgendeine charmante, harmlose Eigenart zu finden. In Wahrheit merkte ich nur im Bett, wenn Ben nicht gut drauf war. Dann ging er rauer mit mir um und sah mir nicht in die Augen, obwohl er danach immer besonders nett war, als wollte er es wiedergutmachen. Aber das wollte ich Liz nicht erzählen. Stattdessen murmelte ich, er schlafe manchmal unruhig.

»Genau wie Paul«, sagte sie mitfühlend. »Es macht mich ganz verrückt. Er zuckt, bevor er einschläft, wie ein Hund, und davon wache ich immer auf. Jedes. Verdammte. Mal.«

Ich lachte. Mir gefielen die kleinen Einblicke in ihr Eheleben. Die beiden wirkten so glücklich und ungezwungen miteinander. Ich fragte mich, ob Ben und ich auch so kameradschaftlich miteinander umgehen würden, wenn wir älter, grauhaarig und faltig waren, aber das Bild wollte einfach nicht in meinem Kopf entstehen.

Wir liefen ein paar Minuten schweigend und im Gleichschritt. Die Straßen waren noch verlassen, man sah nur vereinzelte Büroangestellte, die mit Kaffeebechern unterwegs waren, und den einen oder anderen Straßenkehrer. Liz' Stimme durchbrach die Stille. »Was hältst du von Sam?«

Ich hielt die Augen auf den Boden gerichtet und dachte daran, dass er mich immer ansah, als wäre ich eine streunende Katze, die er entweder streicheln oder einfangen wollte. »Er ist in Ordnung«, sagte ich vorsichtig und um Neutralität bemüht.

»Ich finde, er ist ein Arschloch.« Ihre Stimme klang scharf, wie ich es noch nie gehört hatte. Ihre Worte schockierten mich so, dass ich aus dem Tritt kam und leicht ins Stolpern geriet.

»Wieso?«

Liz' Kiefer war angespannt. »Ich gebe dir einen guten Rat. Nimm dich vor dem Typen in Acht. Du magst ihn für deinen Freund halten, aber das ist er nicht.«

»Ich halte Sam nicht für meinen Freund«, sagte ich zu

schnell. In Wahrheit konnte ich die Worte, die wir miteinander gewechselt hatten, an zehn Fingern abzählen. Ich hatte es sehr wohl versucht – ich wusste, wie wichtig er für Ben war, also hatte ich mich bemüht, ihn besser kennenzulernen. Doch sobald ich Sam eine Frage stellte, verschloss er sich wie eine Auster und verließ den Raum. Das hinderte ihn allerdings nicht daran, mich immer wieder aus dunklen, undurchdringlichen Augen zu beobachten.

Liz nickte. »Gut«, sagte sie leise. »So sollte es auch bleiben.«

Maggie

Um Viertel nach zehn morgens setzte die Maschine in Portland auf. Ich hatte versucht, während des Fluges zu schlafen – hatte mir sogar freiverkäufliche Schlaftabletten besorgt –, blieb aber die ganzen sechs Stunden hartnäckig wach und döste erst ein, als wir über dem Logan Airport kreisten. Ich war halb blind vor Erschöpfung, als ich auf meinen Anschlussflug wartete, doch an Bord war ich wieder hellwach, schaute hinaus auf die grauen Wolken und wartete darauf, dass wir sie durchstießen und zum Landeanflug auf Maine ansetzten.

Ich fuhr sehr vorsichtig nach Hause, beide Hände in der klassischen Stellung am Lenkrad. Ich wagte nicht, auch nur eine Sekunde von der Straße wegzuschauen. Gelegentlich tanzten schwarze Punkte vor meinen Augen, und mein Kopf hämmerte stetig. Ich schaltete das Radio ein, wählte einen Sender, den ich nicht leiden konnte, und drehte die Lautstärke voll auf. Doch ich war immer noch wie in Trance. Ich konnte mich erst entspannen, als die Ausfahrt Owl's Creek auftauchte.

Mein Rücken beschwerte sich, als ich mich bückte, um die Post von der Fußmatte aufzuheben. Ich ging sie rasch durch – hauptsächlich Rechnungen und Werbesendungen, dazwischen vereinzelte cremefarbene Umschläge. Die Beileidskarten wurden endlich weniger. Ich steckte den Schlüssel ins Schloss und stieß die Tür auf.

»Hallo?« Meine Stimme klang wie ein Echo durchs Haus.

Ich wusste nicht, mit was für einer Antwort ich rechnete. Ich wollte wohl einfach nur meine eigene Stimme in meinen eigenen vier Wänden hören. Ich ließ die Tasche in der Diele fallen und ging in die Küche.

Alles war, wie ich es zurückgelassen hatte. Der sauber geschrubbte Holztisch, die Kaffeebecher im Regal, die tickende Uhr und die dünne Staubschicht. In der Luft hing der seltsam schale Geruch, den das Haus annahm, sobald es längere Zeit leer gewesen war. Es war, als hätte es versucht, mich zu vergessen, sowie ich zur Tür hinausgegangen war.

Ich schüttelte die Schachtel mit dem Katzenfutter und wartete auf das vertraute Geräusch von Barney, wenn er die Treppe herunterlief, doch er kam nicht. Ich schüttelte die Schachtel noch einmal. Die Antwort war Schweigen. Er musste wirklich sauer auf mich sein. Vermutlich schmollte er unter dem Bett.

Ich füllte Futter und Wasser in Näpfe und stellte sie nebeneinander auf den Boden. Wenn er sich irgendwann herunterbequemte, wäre alles bereit.

Dann schaltete ich die Kaffeemaschine ein. Meine Augen schmerzten vor Schlafmangel, meine Knochen fühlten sich unangenehm schwer an. Die Milch im Kühlschrank war kurz vor dem Umkippen, und der welke Kopfsalat und die Aufläufe von den Nachbarn verlockten mich auch nicht. Sie waren zum Teil schon schlecht geworden. Mir wurde klar, dass ich morgen endlich einkaufen musste.

Ich goss mir eine Tasse Kaffee ein und setzte mich an den Küchentisch. Die Reise nach San Diego kam mir jetzt schon unwirklich vor, als hätte sie jemand anders unternommen. Ich sortierte die Post, öffnete Rechnungen und legte sie säuberlich auf einen Haufen, dann schob ich die letzten Beileidskarten darunter. Ich entdeckte einen Umschlag, der an Ally adressiert war, auf der Rückseite befand sich das Emblem der Saint Mary's Credit Union. Ich betrachtete ihn flüchtig und schob dann einen Finger unter die Lasche. Ein offiziell aussehender Brief fiel auf den Tisch.

St. Mary's Credit Union
42 South Street, Owl's Creek, ME 04117

Sehr geehrte Allison Carpenter,
mit diesem Schreiben bestätigen wir, dass Ihr oben genanntes Konto bei der St. Mary's Credit Union aufgrund eines Negativsaldos gesperrt wurde. Falls Sie das Konto wieder eröffnen möchten, rufen Sie uns bitte unter 207-555-2222 an oder besuchen unsere örtliche Filiale innerhalb von zehn Tagen nach Datum dieses Schreibens, um eine Einzahlung vorzunehmen.
Vielen Dank für Ihr Vertrauen. Wir hoffen, dass Sie sich auch in Zukunft wieder für unsere Bank entscheiden.
Mit freundlichen Grüßen,
John Howes
Kundenservice

Ich fluchte leise vor mich hin und schob den Brief beiseite. Die verdammten Gebühren, die es jetzt überall gab, mussten das Guthaben aufgefressen haben. Sie hießen Bankgebühren, doch wie man auf einmal etwas in Rechnung stellen konnte, das immer kostenlos gewesen war, erschloss sich mir nicht. Verdienten sie denn nicht schon genug an den Sollzinsen, die die Leute zahlen mussten? Ärger stieg in mir auf. Und ausgerechnet Saint Mary's ... So etwas erwartete man vielleicht von den Großbanken, aber das hier war eine kleine örtliche Sparkasse. Ich würde gleich morgen hingehen und ihnen die Meinung sagen. Dann begriff ich, wie sinnlos das war. Ich musste das Konto ohnehin auflösen.

Das Gefühl des Verlustes traf mich mit dem vertrauten dumpfen Schmerz. Es war, als zöge mich eine Flutwelle unter Wasser und ließe mich schlaff und erschöpft zurück. Ich musste mich ein paar Minuten hinlegen. Ich konnte kaum noch die Augen offenhalten, als ich den Becher ausspülte und die restliche Post auf den Schreibtisch legte. Ich ließ die Tasche im Flur stehen und ging nach oben ins Schlafzimmer. Es roch ebenso verlassen wie die Küche – als wäre ich nicht nur wenige Tage, sondern einen ganzen Monat weg gewesen.

Gleich morgen früh würde ich sauber machen, nahm ich mir vor, als ich mich aufs Bett fallen ließ. Ich zog die Decke über mich und wartete, dass Barney unter dem Bett hervorkam und sich neben mir zu einem Schläfchen einrollte, aber er rührte sich nicht.

Ich stützte mich auf die Ellbogen und schaute unters Bett. Nur Staubflocken und ein paar alte Pantoffeln.

Barney war ein Gewohnheitstier, und wenn er nicht unten bei mir in der Küche war, lag er unter dem Bett. Ich dachte an das unberührte Katzenfutter und die Tatsache, dass er mich nicht an der Tür begrüßt hatte. Die kalten Fingerspitzen der Angst berührten mich, und ich stemmte mich wieder aus dem Bett. Ich konnte ohnehin nicht schlafen, bis ich ihn gefunden hatte.

Zuletzt schaute ich in Allys Zimmer nach. Die Tür war wie immer geschlossen, und ich blieb zögernd davor stehen. Nachdem Charles gestorben war, hatte ich einige ihrer Sachen in den Schrank gestopft und das Zimmer seither nicht betreten. Nun stieß ich die Tür auf und machte einen Schritt hinein.

Es sah aus wie an dem Tag, als sie aufs College gegangen war und die Überbleibsel von achtzehn Jahren Erwachsenwerden zurückgelassen hatte. Da war ihr Bett mit der karierten Decke, die Wände voller Kunstdrucke und Abbildungen aus Zeitschriften, die Schachtel mit dem billigen Schmuck und ihr Schreibtisch, auf dem sich zerlesene Taschenbücher neben dem Keramikbecher mit den Buntstiften stapelten. Es gab eine Fotocollage, die sie mit ihren Freundinnen aus der Highschool bei Bällen und Kundgebungen, Fußballspielen und Übernachtungspartys zeigte. Alles war genau wie in meiner Erinnerung, bis auf eins: der Geruch. Er war widerlich süß. Ich sah mich nach der Quelle um – vielleicht war eine Flasche altes Parfum umgekippt und ausgelaufen –, konnte aber nichts entdecken.

Ich kniete mich hin und hob die gerüschte Tagesdecke an. Und da, hinter einer Kiste mit Allys alten Pullovern, fand ich Barney. »Was machst du denn da unten?« Ich streichelte ihn. Sein Körper war kühl und reglos.

Ich legte mich auf den Bauch und griff mit beiden Händen unter das Bett. Er bewegte sich nicht, als ich ihn hervorzog, auf die Decke legte und meine Wange ins weiche Fell an seinem Bauch drückte. Seine Augen waren offen, doch der Funke in ihnen war erloschen. Sie sahen aus, als hätte man zwei stumpfe schwarze Perlen in seinen Schädel gedrückt.

Er war seit mindestens einem Tag tot. Vielleicht auch länger.

Ich weiß nicht, wie lange ich auf dem Boden saß und seinen Kopf umfangen hielt. Ich weiß noch, dass ich nicht weinte. Ich hatte ihn geliebt, aber es waren keine Tränen übrig. Armer Barney. Er war ein guter Kater gewesen und hatte etwas Besseres verdient. Er hätte nicht allein in diesem großen Haus sterben dürfen.

Er war fast siebzehn gewesen und sicher an Altersschwäche

gestorben. Eines aber verstand ich nicht: wie er in Allys Zimmer gelangt war.

Ich erzählte niemandem davon, achtete aber von da an besonders darauf, dass Fenster und Türen geschlossen waren, wenn ich das Haus verließ.

Ein Schatten fiel über die Hütte. Die beiden Männer blickten auf und sahen ihn in der Tür stehen, sein Körper verdeckte die Sonne. Er konnte ihre Angst riechen, noch bevor er über die Schwelle getreten war.

– Gehört die Hütte euch?

– Geht dich nichts an.

– Ich frage nicht noch mal.

Sie starrten den Mann an. Er bemerkte, dass die Hände des Kleineren zu zittern begonnen hatten.

– Ja, sie gehört uns.

Das war gelogen, aber egal. Es ging ihn nichts an.

– Jemanden hier gesehen? Eine Frau?

Der Kleine lächelte und entblößte faule gelbliche Zähne. Der Mann schaute weg. Er hasste mangelnde Körperhygiene.

– Klar doch. Ein Haufen Supermodels war hier. Du hast sie knapp verpasst.

Der Große war still. Er hielt in der einen Hand eine Dose Bohnen und in der anderen eine Gabel und hatte bis dahin seine Augen nur auf das Essen gerichtet. Jetzt funkelte er den Kleinen an.

– Halt die Klappe, Bill.

Der Mann machte einen Schritt auf sie zu, worauf der Kleine zusammenzuckte. Großmaul, dachte er.

– Hör lieber auf deinen Freund, Bill. Habt ihr nun eine Frau hier gesehen oder nicht?

Der Große bohrte seine Gabel in die Bohnen, stellte die Dose auf den Boden und erhob sich. Der Mann machte noch einen Schritt vorwärts.

– Setz dich.

Der Große hob die Hände.

– Ich will keine Schwierigkeiten.

– Dann setz dich.

Der Große nahm wieder die Dose und setzte sich hin.

– Hier war jemand drin. Keine Ahnung, ob es ein Mann oder eine Frau war, aber die haben Zeug mitgenommen.

Der Mann ließ sie nicht aus den Augen.

– Was für Zeug?

– Konserven. Ein kleines Jagdmesser. Nichts Besonderes.

Der Kleine rutschte auf seinem Stuhl hin und her und machte ein Geräusch. Eine Mischung aus Lachen und Grunzen. Der Mann schaute ihn an.

– Wolltest du was sagen?

– Der Hundesohn hat mein Gewehr gestohlen.

Der Große fuhr sich mit der Hand übers Gesicht.

– Bill.

Der Mann sah den Großen wieder an.

– Warum wolltest du mir das mit dem Gewehr verschweigen?

Der Große zuckte mit den Schultern, aber der Mann sah genau, wie er schwitzte.

– Weil es dich nichts angeht. War ja nicht dein Gewehr.

Der Mann machte noch einen Schritt nach vorn und beugte sich vor, sodass er mit dem Großen auf Augenhöhe war. Er war nah genug, um die gebackenen Bohnen in seinem Atem zu riechen, dazu etwas Säuerliches wie Hefe.

– Du hast mir nicht zu sagen, was mich etwas angeht und was nicht.

Stille. Der Große schloss die Augen.

– Auf dem Boden lagen ein paar Haare. Lange. Hab sie gesehen, als wir sauber gemacht haben.

– Welche Farbe?

– Gelb.

– Du meinst blond?

Der Kleine lachte nervös, und der Mann ballte die Faust.

– Klar. Blond.

– Sonst noch was?

Die beiden schüttelten den Kopf. Der Mann stellte sich flüchtig vor, wie er ihre Schädel aneinanderknallte. Knochen auf Knochen.

– Glaub nicht.

Der Mann richtete sich auf. Der Große sackte erleichtert in sich zusammen.

– Wenn euch noch was einfällt, ruft mich an.

Er hielt ihm eine Karte mit aufgedruckter Nummer hin, fette schwarze Ziffern.

Der Kleine nahm sie. Er las sie und runzelte die Stirn.

– Da steht kein Name drauf. Wie sollen wir dich ansprechen?

Der Mann packte den Kleinen am Hals. Nur einmal zudrücken, dachte er. Einmal zudrücken, dann wäre es vorbei. Aber dann müsste er sich um den Großen kümmern und die Sauerei beseitigen. Der Boss hatte gesagt, keine Sauerei. Er ließ ihn los. Der Kleine rieb sich die Kehle.

– Ihr sprecht mich gefälligst gar nicht an.

Er drehte sich um und ging hinaus, und das Sonnenlicht füllte den Raum und ließ die beiden geblendet zurück.

Allison

Ich streife die Turnschuhe ab und halte die Zehen vorsichtig in den See. Er ist kalt, doch das tut gut.

Dann ziehe ich mich komplett aus und werfe die Sachen auf den Boden. Der Wind fährt sacht durch die Haare in meinem Nacken, an meinen Beinen hinunter. Es fühlt sich seltsam an, draußen nackt zu sein, und ich bedecke, plötzlich schamhaft, meine Brüste.

Ich wate durch hohes Schilf, das mich im Vorbeigehen kitzelt, hole tief Luft und tauche ins Wasser.

Die Kälte nimmt mir den Atem. Ich komme prustend hoch, atme stoßweise, bevor mein Körper taub wird und sich an die Temperatur gewöhnt. Ich tauche mit dem Kopf unter und versuche, mir mit den Händen durch die Haare zu fahren, verfange mich aber darin. Dennoch fühlt es sich gut an, im Wasser zu sein, und ich lege den Kopf in den Nacken und tauche noch einmal unter.

Die Tassen klirrten leise, als das Hausmädchen sie auf den Tisch stellte.

»Zucker?«, erkundigte sich Amanda, gab schon einen Teelöffel voll in die Tasse und rührte mit dem kleinen silbernen Löffel um.

»Danke, ja.« Ich nahm einen Schluck und unterdrückte ein Zucken. Der Kaffee war schwach und schrecklich süß, ganz anders, als ich ihn normalerweise trank. Ich erinnerte mich an die Kaffeemaschine meiner Mutter, wie sie teelöffelweise gemahlenen Kaffee in den Filter gab, wie die Maschine stetig tropfte und der starke Röstgeruch die ganze Küche erfüllte. Ich trank noch einen Schluck und stellte die Tasse ab. An den Geschmack würde ich mich wohl gewöhnen, genau wie an alles andere.

»Was machen die Hochzeitspläne?« Sie griff nach einem in Leder gebundenen Terminkalender, ohne meine Antwort abzuwarten. »Ich habe mit den Leuten in Torrey Pines gesprochen«, sagte sie beim Blättern. »Sie können uns den 17. anbieten und halten den Termin vorerst frei.« Sie lächelte strahlend. »Das entscheidest natürlich du. Ich will mich ja nicht einmischen.«

Mich überkam leichte Panik. Wir hatten noch gar nicht über die Örtlichkeit gesprochen. Wir hatten über gar nichts gesprochen außer gelegentlich über den Wunschtraum, auf eine tropische Insel durchzubrennen. Jetzt wurde mir klar, wie lächerlich das gewesen war. Natürlich würde dies Amandas Hochzeit werden. Wie hatte ich jemals etwas anderes erwarten können?

»Es wird sicher perfekt, Mom.« Ben fing meinen Blick auf und zwinkerte mir zu, worauf ich mich entspannte. Die Hochzeit war nicht weiter wichtig. Sollte sie doch alles planen, mir war es egal. Ich hatte ja ihn.

Dann kam Bens Vater herein, die Zeitung unter dem Arm, und setzte sich an den Tisch. »Entschuldigt die Verspätung.« David trank einen Schluck aus der Tasse, die Amanda ihm gereicht hatte, und verzog das Gesicht. »Warum zum Teufel kann in diesem Haus niemand einen anständigen Kaffee machen?«

»Wir besprechen gerade die Hochzeit«, sagte Amanda. »Wir haben uns für Torrey Pines entschieden.«

»Wunderbar«, sagte er geistesabwesend. »Ben, könnte ich dich kurz sprechen?«

Amanda und ich sahen zu, wie die Männer den Raum verließen, und lächelten einander höflich zu.

»Hast du dir schon Gedanken über das Kleid gemacht? Ich kenne eine fantastische Schneiderin in Sabre Springs, die ganz unglaubliche Maßanfertigungen macht …«

Ich hörte ihre Stimmen im Raum nebenan. Amanda redete weiter. Sie kannte die beste Floristin, den besten Partyservice, den besten Hochzeitsplaner. Ich nickte, ohne richtig zuzuhören. Die Stimmen im Nebenzimmer waren jetzt lauter, die Sätze kamen stockender. Sie stritten sich. Ich horchte angestrengt, doch die Worte verloren sich irgendwo zwischen den hohen Decken und dicken Wänden des Hauses. Ich stimmte Lammkarree als Hauptgang zu und bestätigte, dass Feigen im Schinkenmantel ein elegantes Horsd'œuvre wären. Dann schlug eine Faust auf eine Tischplatte, und wir zuckten zusammen.

Die Tür ging auf, Ben kam herein und setzte sich. Sein Vater war nicht dabei. Ich sah winzige Schweißperlen an seinem Haaransatz und dass ein Muskel an seinem Kiefer zuckte. »So«, sagte er und lächelte gezwungen, »habt ihr die Hochzeit inzwischen durchgeplant?«

»Beinahe«, flötete Amanda. »Allison wird eine bezaubernde Braut, nicht wahr?«

Ben griff nach meiner Hand. »Absolut.« Seine Handfläche war klamm, und er drückte ein bisschen zu fest zu. »Sie wird ein Traum.«

Auf der Heimfahrt fragte ich ihn, worüber er mit seinem Vater gesprochen habe, doch er tat es ab. »Nichts.« Er fuhr mir mit dem Daumen über die Wange. »Eine Familienangelegenheit.« Doch als er das sagte, zuckte wieder der Muskel an seinem Kiefer.

Die Wunden an meinem Körper brennen. Ich reibe an dem Schmutz, der meine Schultern und Schienbeine überzieht, der zwischen meinen Zehen klebt. Ich reibe mit dem Handballen und kratze mit den Resten meiner Fingernägel, doch der Schmutz will sich einfach nicht lösen. Ich brauche Seife oder eine heiße Dusche oder beides. Irgendwann gebe ich auf. Ich tauche wieder unter, öffne die Augen und sehe nichts als trübes Grün. Die Sonne ist ein schwacher weißer Schimmer über mir.

Ich denke an all die Stunden, die ich meiner Schönheit gewidmet habe. Die Maniküren, Pediküren und Frisörbesuche, die Haarentfernungen mit Laser und die verjüngenden Gesichtsbehandlungen. Die Peeling-Massagen, Dampfbehandlungen und Saftkuren. Ich wollte begehrt und bewundert und vergöttert werden wie eine verwöhntes Kätzchen oder ein schimmerndes Schmuckstück in einem Schaufenster. Ich wollte, dass alle mich ansahen, was sie meist auch taten. Manchmal zu lange.

Und nun bin ich hier, nackt, schmutzig, mit Bissen und Kratzern und Wunden übersät, nicht wiederzuerkennen. Ich stelle mir vor, dass ich eine weitere Hautschicht abschäle und das empfindliche Fleisch bloßlege. Danach werde ich ganz neu sein, ein vollkommen anderer Mensch.

Ich schaue zum Himmel und sehe die Wolken vorbeiziehen. Die Welt ist beinahe groß genug, um zu vergessen, was mich an diesen Ort geführt hat: der Augenblick, der meine perfekte gläserne Welt zerschmettert und mich in ihre Scherben geschleudert hat.

Aber nur beinahe.

Maggie

Als ich aus dem Supermarkt kam, wartete vor der Haustür ein Päckchen auf mich. Es war an mich adressiert und in Colorado aufgegeben.

Ich eilte in die Küche, stellte die Einkaufstaschen ab und öffnete die Schachtel mit einer Schere. Drinnen lagen ein Luftpolsterumschlag und ein Brief.

Sehr geehrte Mrs Carpenter,
anbei übersenden wir Ihnen die persönlichen Besitztümer von Allison Carpenter, die an der Absturzstelle des Unglücks vom 8. Juli 2018 gefunden wurden. Die Gegenstände wurden untersucht und für Sie freigegeben.
Weiterhin übermittle ich Ihnen im Namen des Central Regional Office des NTSB unser tief empfundenes Beileid.
Mit freundlichen Grüßen
Bruce Logan
Sachbearbeiter
National Transportation Safety Board

Ich riss den Umschlag auf und schüttelte ihn. Eine dünne Goldkette glitt heraus und blieb auf dem Tisch liegen.

Sie war ein bisschen angelaufen, das flache goldene Medaillon verbeult, und doch war sie unverkennbar. Diese Kette hatte Charles Ally um den Hals gelegt.

Ich nahm sie vom Tisch und hielt sie ans Licht. Dann klappte ich das Medaillon auf und sah das vertraute Foto von mir und Charles. Ich drehte es um und las die Gravur. *Gott behüte den Reisenden, ob in der Luft, an Land, auf See, er möge ihn schützen und begleiten, wo immer er auch steh.*

Ich legte die Kette um.

Eines Tages musste ich loslassen, doch bis dahin würde ich weiterkämpfen.

Allison

Ich sollte gehen. Ich bin schon zu lange hiergeblieben, und es wird bald dunkel. Ich schaue auf den See hinaus. Das Licht bricht sich auf der Oberfläche und funkelt wie Glühwürmchen.

»Verzeihung? Verzeihung, Miss Carpenter?« Ich drehte mich um und sah die Empfangsdame des Kosmetikstudios mit wippendem blondem Pferdeschwanz auf mich zueilen.

»Jemand hat das für Sie abgegeben, während Sie drinnen waren.« Sie hielt mir einen kleinen weißen Umschlag hin.

Mein Name stand in säuberlichen Buchstaben auf der Vorderseite. Als ich den Umschlag aufriss, rutschte ein Zettel heraus.

Wir müssen uns unterhalten.

Darunter stand eine Telefonnummer, aber kein Name.

Ich hielt die Empfangsdame am Arm fest. »Wer hat Ihnen das gegeben?«

Sie schaute mich betreten an. »Ich war nur zwei Sekunden weg, um frische Handtücher zu holen, und als ich zurückkam, lag der Umschlag da. Tut mir leid. Ist es wichtig?«

Ich lächelte gezwungen. Ein metallischer Geschmack breitete sich in meiner Kehle aus. »Nein, gar nicht. Danke, Kelly.«

Ich faltete den Zettel und steckte ihn ins Innenfach meiner Handtasche, bevor ich nach draußen in den hellen Sonnenschein trat.

Ich sagte Liz ab, mit der ich zum Mittagessen verabredet

war. Sie war meine Freundin, wusste aber nichts über meine Vergangenheit, und ich durfte mich ihr gegenüber nicht verplappern. Ich war zu durcheinander, um mich hinzusetzen und bei Cobb-Salat und zu viel Chablis nett zu plaudern, während mein altes Leben an die Tür klopfte.

Ich war mir sicher, dass die Nachricht von ihm stammte. Ich sah noch vor mir, wie seine Hände mit den dicken Fingern nach dem Lenkrad gegriffen hatten, während im Rückspiegel das Blaulicht aufblitzte. Spürte wieder das schwere, saure Gefühl im Magen.

»Überlass mir das Reden«, hatte er gesagt, als wir auf die Polizei gewartet hatten. Zuerst hatte ich die Angst in seiner Stimme gehört. Danach war er wütend geworden und hatte gesagt, ich sei ihm etwas schuldig. Er hatte wieder und wieder Geld verlangt, aber es war nie genug.

Ich fragte mich, wie er mich aufgespürt hatte. Ich hatte keine Adresse hinterlassen, als ich in der Bar aufgehört hatte, und mein Name tauchte nirgendwo in Verbindung mit dem Haus in Bird Rock auf. Ben hatte eines Morgens die verpassten Anrufe auf meinem Handy entdeckt und gefragt, wer mich mitten in der Nacht angerufen habe.

»Gibt es etwas zu beichten?«, hatte er mich geneckt. »Einen geheimen Liebhaber vielleicht?«

Ich hatte getan, als hätte sich derjenige verwählt, und die Nummer danach gesperrt.

Jetzt aber sah es aus, als hätte er mich doch gefunden und wollte mit mir reden.

Ich setzte die Sonnenbrille auf und ging in Richtung Strand. Die frische Luft hatte ich dringend nötig. Ich suchte mir einen Tisch in einem unauffälligen Café und bestellte Eistee. Meine Hände zitterten, als ich den Strohhalm an die Lippen führte. Es war ein schöner Tag – warm und sonnig, wie immer –, und der

Strand war voller Touristen, die sich vor dem strahlend blauen Meer fotografieren ließen.

Es gab auch Leute wie mich, reiche Frauen, die den Tag vertrödelten, während ihre Ehemänner in einem der Wolkenkratzer arbeiteten, die die Skyline von San Diego prägten.

Und ich erkannte auch ältere Versionen von mir, weil ich die Anzeichen zu deuten wusste: Frauen, die teuren Schmuck trugen, aber billige Kleidung, deren Haut ein bisschen zu blass war, weil sie gewöhnlich das Sonnenlicht verschliefen, deren Nägel ein bisschen zu lang und ein bisschen zu rot waren, um respektabel zu wirken.

Der Unterschied war manchmal kaum merklich. Man musste schon sehr genau hinschauen. Zu welcher Gruppe gehörte ich? Zu beiden oder zu keiner mehr?

Ich holte den Zettel aus der Tasche und starrte darauf, bis mir die Zahlen vor den Augen verschwammen. Jemand war mir zum Kosmetikstudio gefolgt und hatte gewartet, bis die Empfangsdame kurz weggegangen war. Das war geplant, durchdacht. Mir sträubten sich die Haare.

Sollte Ben die Wahrheit über mein altes Leben herausfinden – die ganze Wahrheit, nicht nur, dass ich in einer schmierigen Kneipe gekellnert und in einer schäbigen Wohnung gelebt hatte –, wäre alles vorbei. Wie könnte er so einen Menschen lieben? Ich sah schon den Widerwillen in seinem Gesicht, die Enttäuschung, den Schmerz. Ich wäre nicht mehr die Frau, in die er sich verliebt hatte. Ich wäre jemand anders, billig und monströs. Jemand, für den man sich schämen musste.

Ich verdrängte das Bild. Er würde es nicht herausfinden, dafür würde ich sorgen.

Wer immer nach mir suchte, sollte ruhig weitersuchen. Ich stand jetzt auf der anderen Seite und würde nie zurückkehren.

Maggie

Ich fuhr in Rekordzeit nach Bowdoin. Der Campus lag immer noch im Sommerschlaf, ich begegnete nur wenigen Leuten. Doug war wie üblich auf seinem Posten und winkte mich lächelnd durch.

Die stille Bibliothek empfing mich wie ein Heiligtum. Hier drinnen herrschten Ruhe und Ordnung, hier würde ich Antworten finden.

Ich bat Barbara, mir denselben Computer wie beim letzten Mal zur Verfügung zu stellen. Tony, meine Bekanntschaft von neulich, kam kurz nach mir mit einem Bücherstapel herein. Er winkte mir lächelnd zu, als sich unsere Blicke trafen.

Ich sah mir noch einmal die offizielle Akte zum Flugzeugabsturz an. Keine weitere Leiche gefunden. Keine eindeutige Absturzursache. Ich wusste natürlich, dass Jim mir sofort Bescheid gegeben hätte, wenn sich etwas Wichtiges getan hätte, aber ich wollte mich selbst überzeugen.

Danach recherchierte ich, ob das Haus in Bird Rock zum Verkauf stand, und entdeckte es auf der Internetseite eines schicken Maklerbüros. »Leben Sie puren Luxus in diesem modernen und geräumigen Bungalow im Herzen von Bird Rock, nur wenige Minuten vom Windansa Beach entfernt. Dieses Objekt bietet allerhöchsten Standard und einen hinreißenden Meerblick.« Der Preis lag bei über drei Millionen Dollar.

Ich ging noch einigen anderen Spuren nach, ohne Ergebnis. Nachdem ich eine Stunde lang in Sackgassen gelandet war, lehnte ich mich zurück und verschränkte die Arme. Ich war ratlos.

Dann fiel mir der Mann ein, dem ich auf der Prexilane-Plaza begegnet war.

Ich tippte »Prexilane« in die Suchmaschine und ging die Ergebnisse durch. Bloomberg hatte vergangene Woche einen Artikel gebracht, in dem über einen Verkauf spekuliert wurde. »Der Interims-CEO von Prexilane bestreitet Gerüchte über einen Verkauf an Hyperion Industries – Insider behaupten hingegen, es sei nur eine Frage der Zeit.« Hyperion Industries, da klingelte etwas. Die Empfangsdame bei Prexilane hatte die Firma erwähnt. Ich musste lächeln. Kein Wunder, dass dort solcher Aufruhr geherrscht hatte – sie hatten gedacht, ich sei gekommen, um die Firma zu kaufen.

Ansonsten fand ich nur die üblichen Wirtschaftsnachrichten. Ich musste also in die Tiefe gehen.

Der verzweifelte Blick des Mannes, als er vom Tod seiner Frau gesprochen hatte, die Qual in seinen Augen … Er hatte gesagt, sie hätten ihr die Tabletten gegeben, nachdem ihre Tochter zur Welt gekommen war.

Ich erinnerte mich an die lächelnde blonde Frau von dem Werbeplakat. Somnublaze.

Zuerst erschienen Links zu medizinischen Websites, die den Einsatz des Medikaments bei postpartaler Depression erklärten. Ich rief aufs Geratewohl eine Seite auf, konnte aber nichts Ungewöhnliches entdecken. Der Artikel beschrieb Indikationen sowie Nebenwirkungen: Kopfschmerzen, Übelkeit, nichts, was man bei anderen Medikamenten nicht auch erwartet hätte. Ich klickte auf einen Artikel aus der ›New York Times‹, der Somnublaze als Wundermittel anpries. »Für viele junge Mütter ist Somnublaze der einzige Weg, um sich wieder wie sie selbst zu fühlen.« Das hatte auch der Mann auf der Plaza über seine Frau gesagt. Ein weiterer Artikel bejubelte das Medikament als eine der wichtigsten pharmazeutischen Entwicklungen des Jahrzehnts.

Auch die Anwenderberichte zeugten von Begeisterung – Hunderte Frauen behaupteten, Somnublaze hätte ihnen das Leben gerettet, nachdem sie sich einem Abgrund gegenübergesehen hätten. »Gott sei Dank, dass es dieses Medikament gibt«, schrieb eine Frau. »Sonst hätte ich es nicht geschafft.«

Ich lehnte mich zurück. Wieder eine Sackgasse. Anscheinend hatte Ben – auch wenn er mir nicht sonderlich sympathisch war – ein Medikament entwickelt, das Menschen wirklich half. Vielleicht war der Mann auf der Plaza doch verrückt gewesen.

Trotzdem konnte ich mich nicht von dem Gedanken lösen, dass ich etwas übersehen hatte. Schließlich kam mir eine Idee: Jedes einzelne Suchergebnis, das ich angeklickt hatte, förderte Positives zutage. Aber ich war erfahren genug, um zu wissen, dass das nur die halbe Wahrheit sein konnte. Menschen benutzten das Internet vor allem aus zwei Gründen: um Informationen zu erlangen und um sich zu beschweren. Im Netz gab es tatsächlich Menschen, die ›Der unsichtbare Dritte‹ verrissen hatten, auch wenn ich nicht glauben konnte, dass jemand diesen Film nicht mochte. Nein, etwas musste faul sein, wenn niemand Somnublaze kritisierte. Hatte Lindas Schwiegertochter das Mittel nicht abgesetzt, weil sie das Gefühl hatte, es verändere sie eigenartig? Wenn sie negativ darauf reagiert hatte, musste es anderen Frauen ähnlich ergangen sein.

Ich stürzte mich tiefer in die Suche. Die Ergebnisse der nächsten vierzig Seiten brachten nichts Neues zutage – Artikel von medizinischen Internetseiten und Nachrichtenagenturen, Rezensionen von Patientinnen, alle einhellig positiv. Dann folgten obskurere Seiten, doch der Tenor änderte sich nicht. Somnublaze war ein wahres Wunder, und niemand verlor ein böses Wort darüber.

Auf Seite vierundsiebzig fand ich schließlich etwas, den Link zu einem Internetforum für junge Mütter. Der Thread war längst nicht mehr aktiv, doch man konnte die Beiträge noch lesen. Der Betreff bestand aus einem einzigen Wort: HILFE.

Gepostet: 14. September 2016, 3.49 Uhr von **Curls384**
Als meine Tochter vier Wochen alt war, wurde bei mir postpartale Depression festgestellt. Meine Ärztin verschrieb mir Somnublaze, und ich nehme es jetzt seit sechs Monaten. Zuerst war es toll. Ich war wieder ich selbst und konnte endlich eine Bindung zu meiner Tochter aufbauen. In letzter Zeit habe ich aber Stimmungsschwankungen. Gerade noch bin ich glücklich, dann furchtbar wütend – wütender als je zuvor. Geht es noch jemandem so?

Gepostet: 14. September 2016, 10.11 Uhr von **RebeccaCC**
Ich nehme Somnublaze, seit ich vor drei Monaten meinen zweiten Sohn bekommen habe. Es hat mir sehr geholfen. Keine Stimmungsschwankungen. Vielleicht redest du mal mit deiner Ärztin. Vitamin-D-Mangel?

Gepostet: 16. September 2016, 1.32 Uhr von **Curls384**
Ärztin hat vorgeschlagen, die Dosis von 20 auf 40 mg zu erhöhen. Vitamin D ist in Ordnung. Heute war ich so wütend auf meine Tochter, dass ich mich

im Badezimmer einschließen und beruhigen musste. Habe Angst vor mir selbst. Warum bin ich so wütend??? Kann mir jemand helfen? Bitte, bin verzweifelt!

Gepostet: 16. September 2016, 11.55 Uhr von
GeorgiaPeach
Kannst du mit jemandem reden – Familienmitglied oder Freundin oder Therapeutin? Weiß dein Mann, wie du dich fühlst?

Gepostet: 21. September 2016, 14.33 Uhr von
GeorgiaPeach
Hast du mit jemandem gesprochen? Hast du Hilfe bekommen?

Gepostet: 23. September 2016, 17.04 Uhr von
GeorgiaPeach
Ich bete für dich.

Gepostet: 6. November 2016, 15.47 Uhr von
Moderatorin
Dieser Thread wurde geschlossen.

Ich fühlte mit der armen Frau – sie hatte wirklich verängstigt geklungen. Vielleicht hatte es gar nichts mit den Tabletten zu tun. Vielleicht hatte ihr die höhere Dosis geholfen, und sie fühlte sich jetzt besser. Ich las den Thread noch einmal. GeorgiaPeach hatte sich auch um sie gesorgt. Und die Mitteilung der Moderatorin klang einfach zu endgültig.

Natürlich bewies das gar nichts. Das war die Stimme einer

einzelnen Frau. Ich hatte keine Ahnung, in welcher Situation sie sich befunden hatte und ob ihr Zustand irgendetwas mit Somnublaze zu tun gehabt hatte. Es war ein einziger Wermutstropfen in einem Ozean des Lobes. Trotzdem notierte ich mir die Internetadresse. Man konnte nie wissen.

Ich sah auf die Uhr. Kurz vor halb vier. Ich musste aufbrechen, bevor der Berufsverkehr losging. Ich sammelte meine Sachen ein, als mir jemand auf die Schulter klopfte.

»Entschuldigen Sie.« Es war Tony. »Ich will Sie nicht belästigen, aber ich trinke jetzt einen Kaffee. Kann ich Sie überreden, mitzugehen?« Er legte den Kopf auf die Seite. »Verzeihen Sie, aber Sie sehen aus, als könnten Sie ihn brauchen.«

Etwas in mir sträubte sich. Ich begriff nicht, weshalb er so scharf darauf war, mit mir zu reden. Er sah mich an, als könnte er durch meine Haut blicken, und ich fühlte mich entblößt und verlegen. Wusste er womöglich, wer ich war? Wusste er von Ally? War er vielleicht Journalist und schnüffelte herum? Oder ein perverser Fremder, der sich an Tragödien weidete, so wie die Gaffer bei Autounfällen?

»Nein, danke«, sagte ich kurz angebunden, drehte mich um und wartete, dass er wegging.

Ich spürte, wie er zögerte. »Tut mir leid«, sagte er leise. »Ich dachte nur, Sie hätten gern ein bisschen Gesellschaft.«

Er schlurfte davon, und mein Herz zog sich zusammen. Er wollte doch einfach nur nett sein. Ich war paranoid, etwas Finsteres dahinter zu vermuten. Hatte ich nicht schon beim letzten Mal vermutet, dass er einsam war? Und wieder war ich grob zu ihm gewesen. Ich wollte eigentlich gar nicht nach Hause fahren, und eine Tasse Kaffee wäre nett, vor allem mit jemandem, der mich nicht kannte und bemitleidete. Also stand ich auf und ging zu ihm und seinem Bücherstapel hinüber. Ich warf einen flüchtigen Blick auf die Titel. Er war jetzt bei den

Impressionisten angelangt. Als ich mich näherte, schaute er auf. Er sah aus wie ein begossener Pudel.

»Ich trinke gern einen Kaffee mit Ihnen, falls das Angebot noch steht.«

Seine Miene hellte sich sofort auf.

Wir gingen ins Café der Smith Union. Ich setzte mich an einen Plastiktisch, während er an der Theke bestellte, und beobachtete ihn. Er sah gut aus für sein Alter, war noch schlank und hatte dichtes silbernes Haar. Als junger Mann musste er richtig attraktiv gewesen sein. Er bemerkte meinen Blick und lächelte, und ich wandte mich ab, als hätte er mich bei etwas Verbotenem ertappt.

»Bitte schön.« Er reichte mir den Pappbecher. »Es gibt keinen normalen Kaffee, also habe ich Ihnen einen sogenannten Flat White mitgebracht, was auch immer das sein mag. Ich hoffe, das ist in Ordnung.«

»Ganz sicher. Vielen Dank.« Auf einmal war ich froh, dass ich die Einladung angenommen hatte.

»So«, sagte er und stützte die Ellbogen auf den Tisch. »Verraten Sie mir, was Sie recherchieren? Ihrem Blick nach zu urteilen muss es etwas Ernsthaftes sein.«

Ich schwieg. Ich war nicht bereit dafür.

Tony fuhr sich über die Bartstoppeln und seufzte. »Tut mir leid, ich bin schon wieder zu neugierig. Meine Frau hat immer gesagt, ich stelle zu viele Fragen.«

Ich zog die Augenbrauen hoch. »Sie waren verheiratet?«

»Ich bin verwitwet. Seit vier Jahren.« Ich sah den gleichen Schmerz in seinen Augen, den ich von mir selbst kannte, und nickte.

»Ich auch. Seit zwei Jahren.«

»Ich würde Ihnen ja sagen, dass es leichter wird, aber das wäre gelogen.«

Wir lächelten einander traurig an. »Das dachte ich mir.« Ich trank einen Schluck. Der Kaffee war zu cremig für meinen Geschmack, aber ansonsten nicht übel. »Darf ich fragen, was mit …«

»Diane. Sie hatte einen Herzinfarkt. Wir hatten morgens Golf gespielt, und ich war in die Dusche gegangen. Als ich herauskam, lag sie auf dem Sofa. Sie war schon tot.« Seine Augen wurden feucht, als er das alles wieder durchlebte. Ich stellte mir vor, wie er aus dem Badezimmer gekommen war und sie leblos auf dem Sofa gefunden hatte. Es brach mir das Herz.

»Es tut mir leid«, sagte ich leise, und seine Augen kehrten zu mir zurück. Darin lag ein Verständnis, das ich selten erlebt hatte. Ich war als Erste in meinem Freundeskreis Witwe geworden. Natürlich fühlten alle mit mir und waren freundlicher, als ich mir je erträumt hätte, aber wirklich verstanden hatten sie es nicht. Niemand kann erahnen, wie es sich anfühlt, wenn man den Körper des Menschen vor sich sieht, den man liebt, und dabei genau weiß, dass er nicht mehr da ist. Es ist wie ein billiger Zaubertrick. Grausamer als alles, was ich mir je hätte vorstellen können.

»Wie war es mit Ihrem Mann?«, fragte er, riss ein Tütchen Zucker auf und rührte es in den Kaffee.

Ich wandte mich ab. »Charles ist an Darmkrebs gestorben.« Es war die Wahrheit, jedenfalls beinahe. Der Krebs hatte ihn letztlich getötet. Ich sah noch immer das stete Tropfen des Morphins vor mir. »Sie ist nicht gesperrt«, hatte der Arzt bei seinem letzten Besuch gesagt und auf den Mechanismus gedeutet, der die Morphinpumpe sicherte. Dann hatte er sich verabschiedet und war gegangen. Mehr hatte es nicht gebraucht.

Ich hätte Ally sagen müssen, was ich vorhatte. Ich wollte sie schützen, hatte ihr dadurch aber die Chance genommen, sich von ihrem Vater zu verabschieden. Ich konnte verstehen, weshalb sie mich gehasst hatte. Ich hasste mich manchmal auch, obwohl Charles mich darum gebeten hatte. Ich wusste, dass ich selbstsüchtig gehandelt hatte. Er liebte Ally am meisten – sie war seine Tochter –, doch ich hatte ihn als Erste geliebt, und ein Teil von mir hatte auch die Letzte sein wollen, die ihn liebte. Ally war seine Tochter, aber ich war seine Frau. Ich hatte miterlebt, wie er sich von einem Achtzehnjährigen in einen Mann und Ehemann und Vater verwandelt hatte, und dann hatte ich miterlebt, wie der Krebs ihn aufgefressen hatte. Darum wollte ich das letzte Stück von ihm, das noch geblieben war, für mich haben. Es war schlicht und einfach Egoismus. Aber auch Liebe, wenngleich ich wusste, dass ich ihr das niemals hätte erklären können.

Tony schüttelte den Kopf. »Das ist schlimm. Tut mir leid, dass Sie das durchmachen mussten.«

Wenn du wüsstest, dachte ich, nickte aber. »Das kann ich nur erwidern.«

Sein Mund verzog sich zu einem Grinsen. »Alt werden ist Mist, was?«

Ich lachte. »Das können Sie laut sagen. Die jungen Leute wissen gar nicht, was für ein Glück sie haben.« Ich deutete auf einen Tisch voller Studierender. »Nicht dass ich wieder achtzehn sein möchte.«

Er schüttelte den Kopf. »Gott behüte.« Wir schwiegen eine Weile, tranken unseren Kaffee und beobachteten die jungen Leute, die ins Café kamen, Pizza kauften und lachend in Gruppen zusammensaßen.

Ich warf ihm einen verstohlenen Blick zu. Ja, er musste früher wirklich gut ausgesehen haben. Die Falten um seine traurigen Augen hatten Muster gebildet, die verrieten, dass er in seinem Leben viel gelacht hatte. Es war das Gesicht eines freundlichen Menschen. Ich spürte, wie etwas in mir empordrängte. »Meine Tochter ist mit dem Flugzeug abgestürzt«, platzte ich heraus.

Tony sah mich entsetzt an. »Um Gottes willen.«

Ich nickte. »Alle halten sie für tot, aber man hat ihre Leiche nicht gefunden.« Nun, da die Worte heraus waren, fühlte ich mich leichter, beinahe übermütig, sprudelte wie ein Hydrant an einem heißen Tag. »Ich versuche, der Sache auf den Grund zu gehen, aber es kommt mir zunehmend vor, als drehte ich mich im Kreis. Ich will irgendeinen Sinn darin finden, aber allmählich glaube ich, dass diese Dinge gar keinen Sinn haben.«

Er fuhr sich mit der Hand übers Gesicht. »Meine Güte, Maggie. Ich weiß gar nicht, was ich sagen soll. Das tut mir so leid.«

Ich schüttelte den Kopf. Ich wusste nicht, weshalb ich auf sein Verständnis gehofft hatte, war aber trotzdem frustriert, weil er es nicht verstand. »Ich kann einfach nicht glauben, dass ich sie verloren habe. Wir hatten in den letzten Jahren keinen Kontakt, und jetzt erfahre ich alles Mögliche über ihr Leben. Es ist, als ginge es um eine Fremde. Mir ist klar, dass ich die Dinge besser ruhen lassen sollte, aber das kann ich nicht. Ich muss einfach alles herausfinden. Ich recherchiere mittlerweile Themen, die gar nichts mit Ally zu tun haben, nur für den Fall, dass sie mich doch irgendwie zu ihr führen. Ergibt das einen Sinn?«

Ich erlaubte mir, ihm in die Augen zu sehen. »Was rede ich da? Natürlich ergibt es keinen Sinn.« Ich wurde rot. Warum erzählte ich einem Fremden solche Sachen?

Seine Augen blickten sanft und freundlich. »Natürlich ergibt es einen Sinn.«

Ich wandte mich ab. »Da sind Sie aber der Einzige, der so denkt. Alle anderen halten mich für verrückt.« Ich starrte auf die Resopalplatte. »Morgen ist die Trauerfeier. Meine Freundin hat alles organisiert, sie glaubt, ich könnte dadurch einen Abschluss finden.« Ich lachte. »Da bin ich skeptisch.«

Er schüttelte lächelnd den Kopf. »Ich weiß noch, als Diane gestorben war und meine Kumpel mit Sixpacks kamen und wir uns alle nur schweigend betranken. Keiner hat ein verdammtes Wort gesprochen, den ganzen Abend nicht, bis Bobby Maguire irgendwann von den Dodgers anfing und alle sich entspannten. Was gab es auch zu sagen? Niemand hatte eine Antwort. Niemand kann verstehen, wie man sich fühlt. Das ist es ja gerade – selbst wenn man von anderen umgeben ist, ist man trotzdem ganz allein. Und man muss auf seine ganz eigene Weise damit klarkommen.« Er fuhr sich wieder seufzend über die Bartstoppeln. »Tut mir leid, ich bin wohl nicht sonderlich hilfreich.«

Plötzlich wurde ich schüchtern, als hätte er mich nackt gesehen, und verschränkte die Arme vor der Brust. »Es ist, wie es ist.« Ich schaute zu der Uhr an der Wand. Kurz vor vier. Ich trank meinen Kaffee aus. »Ich muss dann mal los.«

Tony sah auf die Uhr und verzog das Gesicht. »Ich auch. Zurück zu den Büchern. Ich muss bis Freitag eine Hausarbeit über ›Eine Liebe Swanns‹ schreiben.« Er beugte sich verschwörerisch über den Tisch. »Haben Sie eine Idee, wovon der Autor redet?«

Ich schüttelte den Kopf. »Ich hab mal versucht, das Buch zu lesen, bin aber nicht weit gekommen. Zu blumig für meinen Geschmack.«

»Gut. Damit wären wir schon zu zweit.«

Wir warfen unsere Pappbecher weg und verließen zusammen das Gebäude. Die Tageshitze war vorbei, der Himmel weißlich grau und bedeckt. Es würde später regnen.

Tony bohrte die Hände in die Hosentaschen. »Danke, dass Sie mir Gesellschaft geleistet haben.«

»Es war mir ein Vergnügen. Und danke für den Kaffee.«

»Jederzeit.«

Wir standen da und wussten beide nicht, wie wir uns verabschieden sollten.

»Dann auf Wiedersehen«, sagte ich schließlich und streckte ihm die Hand entgegen. Er schüttelte sie verlegen, und ich wurde rot. *Hör auf*, schalt ich mich. *Du benimmst dich wie eine Idiotin*. Sein Gesicht verriet mir, dass er auch verlegen war, wodurch ich mich besser und schlechter zugleich fühlte.

»Passen Sie auf sich auf, Maggie.« Er schob die Hände zurück in die Taschen. »Ich hoffe, wir sehen uns bald wieder.«

Allison

Ich wühle in meiner Tasche. Viel ist nicht mehr übrig von den Vorräten aus der Hütte – eine einzige Suppendose und eine Handvoll Kräcker. Der Hunger nagt an mir. Ich öffne die Dose mit der stumpfen Messerspitze und trinke. Dabei schneide ich mir die Lippe an der gezackten Metallkante auf, und der Geschmack von Blut vermischt sich mit Buchstabensuppe. Das war meine Lieblingssuppe, als ich noch ein Kind war.

»Allison!«

Mein Magen verkrampfte sich, als der Mann meinen Namen rief. Ich hatte im Vorbeigehen bemerkt, dass er mich anstarrte, mir aber nichts dabei gedacht. Ich wurde ständig von Männern angestarrt. Eine Frau zu sein hieß, öffentliches Eigentum zu werden, sobald man den Fuß vor die Tür setzte. Man gewöhnte sich früh daran, erlernte einen bestimmten Gesichtsausdruck, vermied Augenkontakt, ging weiter. Dann aber rief er meinen Namen.

Er war hinter mir auf dem Gehweg. Ich konnte hören, wie er schneller wurde, und beschleunigte ebenfalls meinen Schritt. Meine Hand schloss sich fester um den Riemen der Tasche, und ich legte mir einen Plan zurecht. Ein paar Häuser weiter war ein Laden – ich würde einfach hineingehen und um Hilfe bitten.

Eine Hand packte meinen Ellbogen. »Allison, bitte. Ich will doch nur mit Ihnen reden.«

Ich riss den Arm weg und schoss herum, kampfbereit. Es war helllichter Tag. Jemand würde uns sehen, bevor es aus dem Ruder lief. Jemand würde einschreiten.

Der Mann, der vor mir stand, hatte den Hundeblick eines Menschen, der im Leben ständig enttäuscht worden ist. Seine Augen standen weit auseinander und tränten ein bisschen, als hätte er Fieber. Sein dichtes graues Haar war vollkommen zerzaust. Ich hatte ihn noch nie im Leben gesehen. Er wirkte nicht sehr bedrohlich, doch ich war alt genug, um zu wissen, dass Menschen zu allem fähig waren.

»Fassen Sie mich nicht an«, sagte ich eisig.

»Tut mir leid.« Er schlurfte ein paar Schritte zurück und hob die Hände. »Ich wollte Ihnen keine Angst einjagen.«

»Das haben Sie nicht.« Regel eins: niemals Angst zeigen. »Woher kennen Sie meinen Namen?«

Er lächelte zaghaft. »Ich habe versucht, Kontakt mit Ihnen aufzunehmen.«

Ich kniff die Augen zusammen. »Sie haben mir also diese Nachrichten geschickt.« Nach der ersten war eine zweite gekommen und dann noch eine. Die Leute, die sie mir gegeben hatten, wussten nicht, von wem sie stammten – als wären sie aus dem Nichts aufgetaucht. Nun aber stand er leibhaftig vor mir.

»Was wollen Sie von mir?«

Er hob erneut die Hände, als wollte er zeigen, dass er unbewaffnet war. »Wie gesagt, ich will nur mit Ihnen reden.«

Ich verschränkte die Arme vor der Brust. »Und wenn ich nicht möchte?«

Er trat unsicher auf mich zu. »Ich will das eigentlich nicht«, flüsterte er.

Ich wich zurück. »Was wollen Sie nicht?«

Er spielte nervös am Saum seines T-Shirts herum. »Ich weiß Bescheid über Ihre kleine Spritztour in Palm Springs.«

Eiskalte Angst durchzuckte mich. »Ich weiß nicht, wovon Sie reden.« Der glatte schwarze Highway. Blaulicht im Rückspiegel. Mir wurde übel.

Der Mann betrachtete mich prüfend. »Ihr Verlobter weiß nichts davon, was?«

Ich schwieg.

»Es gibt eine Menge Dinge über Sie, die er nicht weiß.« Es war eine Drohung, aber sie klang beinahe freundlich, und ich las etwas wie Mitleid in seinen Augen.

Wir gingen in ein Café am Ende der Straße. Es war Mittagszeit, überall drängten sich Büroangestellte, die in der Pause ihre Koffeinspritze brauchten, und Freiberufler, die auf ihren Laptops tippten. Ich wich ihren Blicken aus, als ich an die Theke trat und bestellte. Es kam mir vor, als würde mich der ganze Raum beobachten. *Sie wissen über mich Bescheid*, dachte ich. *Alle wissen Bescheid.*

Wir setzten uns an einen Tisch in der äußersten Ecke und schwiegen, bis die Kellnerin unsere Bestellung brachte. Der Mann riss drei Tüten Zucker auf und kippte sie in seinen Kaffee.

»Bin ein Süßschnabel«, sagte er mit einem entschuldigenden Grinsen, und ich musste meine Hände unter dem Tisch verstecken, um ihn nicht zu schlagen.

Ich sah zu, wie er umrührte, einen Schluck trank, einen Spritzer Milch hineingab und noch einmal trank. Unterdessen stieg mir die Panik mit gefiederten Schwingen vom Bauch in die Kehle. Der Mann – dieser dämliche, nutzlose, alte Kerl – wollte mir alles wegnehmen, und ihn kümmerte nur, ob sein Kaffee richtig schmeckte. Ich hasste ihn. Dann ertrug ich es nicht länger.

»Wer sind Sie?«

Er klopfte mit dem Löffel gegen den Becher und legte ihn auf die Untertasse. »Das spielt keine Rolle.«

Alles klar: Er kannte mich, aber ich durfte ihn nicht kennen. Obwohl er Dinge über mich wusste, durch die ich den Mann, den ich liebte, verlieren konnte, Dinge, die das Leben, das ich mir geschaffen hatte, zerstören würden.

»Hören Sie«, platzte ich heraus. Mir war heiß, ich war den Tränen nahe. »Ich habe keine Ahnung, was Sie über mich wissen, aber –«

Er hob die Hand. »Entspannen Sie sich. Es interessiert mich gar nicht, was Sie in dieser Bar getrieben oder welche Gesellschaft Sie dort gepflegt haben.«

Ich schaute ihn verblüfft an. »Ach nein?«

Er schüttelte den Kopf.

»Warum haben Sie dann –«

Er neigte den Kopf zur Seite und lächelte. »Ich wollte nur, dass Sie mit mir reden. Mir zuhören.«

Ich lehnte mich zurück. »Sie wollen Ben also gar nichts über meine Vergangenheit erzählen?«

Er schüttelte den Kopf. »So gern ich dem Kerl auch wehtun würde, aber auf diese Weise soll es nicht geschehen. Nein, ich werde es ihm nicht sagen. Ihr Geheimnis ist bei mir sicher.«

Ich hätte erleichtert sein müssen, aber das saure Gefühl in meinem Magen blieb. Der Mann wollte etwas von mir. Etwas, das ich ihm – wie mir instinktiv klar wurde – nicht geben wollte. Ich wollte vom Tisch aufstehen und so schnell wie möglich weglaufen. Aber das war unmöglich. Er hatte schon bewiesen, dass er mich finden konnte, und würde beim nächsten Mal wohl kaum so nett sein, was meine Vergangenheit betraf.

»Was wollen Sie?«, fragte ich leise.

Er trank einen Schluck Kaffee und schaute mich über den Rand des Bechers an. »Wie viel wissen Sie über die Firma Ihres Verlobten?«

Ich lachte auf, worauf wir beide zusammenzuckten. »Prexilane?« Ich schüttelte den Kopf. »Damit habe ich nichts zu tun.«

Er nickte geduldig. »Das weiß ich. Danach habe ich auch nicht gefragt. Ich habe gefragt, wie viel Sie darüber wissen.«

Ich dachte an die Nächte, in denen Ben spät von der Arbeit gekommen war, erschöpft, aber überschwänglich, weil ihnen im Labor ein Durchbruch geglückt war. Wie er von seinem Wunsch gesprochen hatte, Menschen zu helfen. Sie zu heilen.

»Ich weiß, dass er Medikamente herstellt, die Leben retten.«

Er lächelte schief. »Ist das so?« Er trank noch einen Schluck Kaffee. »Haben Sie jemals den Begriff ›Manipulation von Ausgleichsproben‹ gehört?«

Ich schüttelte den Kopf.

»Wie wäre es mit ›Auswahlverzerrung‹?«

Ich spürte, wie Wut in mir aufstieg. »Was hat das mit mir zu tun?« Der Drang, aus dem Café zu laufen, war wieder da.

»Wenn ich Ihnen nun erzählte, dass Prexilane die eigenen Arzneimitteltests manipuliert hat und Menschen deswegen geschädigt wurden? Manche sind sogar gestorben.«

Ich zuckte zusammen. »So etwas würde Ben niemals tun. Er will anderen helfen.«

Nun war es an ihm zu lachen. »Das Einzige, wofür er sich interessiert, ist Geld. Darin ist er genau wie alle anderen.«

»Nein.« Der Zorn in meiner Stimme erschreckte uns wohl beide. »Sie haben unrecht.«

Ich war darauf vorbereitet gewesen, dass mich dieser Mann durch den Dreck ziehen würde – ich hatte es nicht anders verdient –, aber ich konnte nicht dulden, dass er so von Ben sprach. Ben war ein guter Mensch.

Er seufzte. »Pharmaunternehmen machen das seit Jahren.

Denken Sie an den Schmerzmittelskandal im Mittleren Westen – glauben Sie etwa, die wären vorher auf seriöse Weise getestet worden?« Er schüttelte den Kopf. »Die machen alle mit. Und Sie haben ja keine Ahnung, welche Nebenwirkungen manche Medikamente bei nichtsahnenden Patienten auslösen.«

»Alle Medikamente haben Nebenwirkungen. Haben Sie mal einen Werbespot gesehen? Die Hälfte davon geht für die Auflistung der Nebenwirkungen drauf.« Meine Stimme zitterte, ich bekam sie nur mühsam unter Kontrolle.

Er sah mich mitleidig an, als wäre ich ein dummes Mädchen, das nichts von der Welt wusste. »Das sind aber nur die Nebenwirkungen, von denen Sie erfahren sollen.«

Ich verdrehte die Augen. »Pharmaunternehmen werden von der FDA kontrolliert. Die Medikamente müssen getestet ...« Ich verstummte. Damit kannte ich mich nicht aus, und ich wiederholte nur Phrasen, die ich irgendwo gehört hatte. »Es gibt ein Verfahren«, sagte ich mit mehr Zuversicht, als ich wirklich empfand.

Er grinste. »Natürlich gibt es ein Verfahren. Das Verfahren besteht darin, dass Zulassungen an den Höchstbietenden vergeben werden. Glauben Sie etwa, die FDA sei über Bestechungen erhaben?«

Ich hasste ihn. Er war genau wie alle gönnerhaften Männer, denen ich je begegnet war, und das waren eine ganze Menge. Hunderte hatten mich getätschelt und mir gesagt, ich solle mir nicht das hübsche Köpfchen zerbrechen. Aber das hier war schlimmer. Er wollte mir einreden, dass ich den Mann, den ich liebte, nicht kannte. Das würde ich nicht zulassen.

»Sie wissen nicht, wovon Sie reden. Sie sind verrückt«, zischte ich.

Er schlug hart mit der Hand auf den Tisch. Das ganze Café verstummte. Ein Baby begann zu weinen. »Nennen Sie mich nicht verrückt.« Seine Augen glänzten wie im Fieber. »Ich bin *nicht* verrückt.«

Ich schob meinen Stuhl nach hinten und stand auf. Er machte mir Angst, aber ich wollte mir nicht anmerken lassen, dass er mich tief verunsichert hatte. Diese Genugtuung wollte ich ihm nicht geben.

»Ich gehe jetzt.« Ich hängte mir die Tasche um. »Halten Sie sich von mir fern.«

Er schaute zu mir hoch, seine Augen bohrten sich in meine. »Ihr Verlobter tötet Menschen«, sagte er leise. »Er und seine Leute haben Leben zerstört, um das zu vertuschen. Ist Ihnen das völlig egal?«

»Sie sind ein Lügner«, stieß ich hervor. Und doch hatte er Zweifel in mir gesät. Ich dachte an Bens geflüsterte Unterhaltungen mit Sam, wie er nachts plötzlich hochschreckte, das Bettlaken schweißgetränkt, an die dunklen Stimmungen, die er gelegentlich von der Arbeit mit nach Hause brachte und stundenlang nicht abstreifen konnte. Mein Herz hämmerte, in meinem Kopf drehte sich alles. Ich musste hier raus. Ich brauchte Luft.

Ich stürmte in den grellen Sonnenschein und rannte davon. Der Mann im Café war krank, gestört, ein Fantast. Ich wollte ihn nie wiedersehen.

Der Mann schnupperte in die frühmorgendliche Luft, der Kohlegeruch der Kälte drang in seine Lungen. Er holte das Handy heraus und wählte.

– Ich bin's.

– Noch nicht, aber ich bin nah dran.

Er zündete sich mit vor Kälte starren Fingern eine Zigarette an und nahm einen Zug. Als er den Rauch ausstieß, war er mit wolkendem Atem vermischt, und er sah zu, wie der Nebel in kreisenden Spiralen den Berg hinuntertrieb.

– Keine Sorge, wird sie nicht.

Er nahm noch einen Zug und scharrte mit der Ferse in dem Kreis aus schwarz verbrannter Erde. Er schaute auf das Fleckchen aus verfilztem Gras und gefrorenem Schlamm und lächelte. Sie wurde nachlässig. Müde. Nicht mehr lange, bis sie einen Fehler beging.

– Ja, Sir. Dafür sorge ich.

Er steckte das Handy wieder in die Tasche. Dann nahm er einen letzten Zug und ließ den Rauch aus dem Mundwinkel steigen. Er trat die Zigarette aus, hob die Kippe auf und schob sie neben dem Handy in die Tasche.

Seine Stiefel waren noch feucht, die Spitzen der Schnürsenkel mit Eis überzogen, und er stampfte fest auf, um wieder Gefühl in die Füße zu bekommen. Er hatte es gründlich satt, hier draußen herumzulaufen. Es konnte gar nicht schnell genug vorbei sein.

Er schaute nach Osten. Das Land streckte sich geduldig vor ihm aus.

Sie war irgendwo da draußen und wartete auf ihn.

Er würde sie finden, und zwar bald.

Maggie

Heute ist die Trauerfeier für meine Tochter.

Die Worte tauchten auf, noch bevor ich die Augen geöffnet hatte, und kreisten in meinem Kopf, während ich aufstand und mich in Charles' alten karierten Bademantel wickelte.

Die Angst lähmte mich beinahe. Die ganzen Leute, all die Augen, die auf mich gerichtet wären. Ich war mir nicht sicher, ob ich es aushalten würde. Doch ich zwang mich, es als Chance zu betrachten. Damit gab ich Ally ja nicht auf, sondern bekam die Gelegenheit, mit Menschen zu reden, die sie gekannt und womöglich in den vergangenen beiden Jahren mit ihr gesprochen hatten. Vielleicht würde ich etwas erfahren, das mir weiterhalf.

Von unten hörte ich Lindas Stimme, sie stritt mit jemandem über ein Zelt. Sie war seit sieben Uhr da und hatte die letzten Vorbereitungen getroffen. Sie wollte nicht zugeben, dass sie noch immer wütend war, weil ich nach San Diego geflogen war, ohne es ihr zu sagen. Doch ich merkte es ihr an und hatte ein verdammt schlechtes Gewissen deswegen. Sie bemühte sich so sehr, mir zu helfen, und ich war einfach nur undankbar.

Ich zwang mich, unter die Dusche zu gehen und ein Kleid anzuziehen – gelb mit einem hübschen Blumenmuster, Ally hatte mir vor Jahren geholfen, es auszusuchen. Kein Schwarz heute. Als ich es zum letzten Mal getragen hatte, hatte es sich an meinem Körper geschmiegt, doch nun hing es wie ein Sack an mir. Ich betrachtete mich im Spiegel und berührte mein Gesicht. Ich sah dünn aus, mit hohlen Wangen und verkniffenem Mund. Hatte ich in so kurzer Zeit so stark abgenommen? Ich gab ein bisschen Rouge auf meine Wangen und trug Wimperntusche auf. Mehr konnte ich nicht tun.

Auf dem Weg nach unten blieb ich vor Allys Zimmer stehen. Ich war nicht mehr darin gewesen, seit ich Barney dort gefunden hatte, und zögerte, die Hand am Türknauf. Er fühlte sich kalt an. Ich drehte ihn und trat ein.

Ich setzte mich auf die Bettkante, wobei der Rahmen unter meinem Gewicht knarrte, und sah mich um. Ich bemerkte den alten Schuhkarton mit Fotos, der oben auf Allys Kleiderschrank stand, noch bevor mir klar wurde, dass ich danach gesucht hatte. Ich holte ihn herunter und nahm den Deckel ab. Er war randvoll.

Obenauf lag ein Foto von Ally und Charles, auf dem sie in ihrer Highschool-Robe und dem Barett lächelte, während er sie stolz, liebevoll und geradezu ehrfürchtig ansah. Ich konnte mich gut erinnern, wie ich das Foto gemacht hatte. Es war ein brütend heißer Tag gewesen, und meine Beine hatten am metallenen Klappstuhl geklebt. Ally hatte eine Rede über alte Freunde und neue Anfänge gehalten – die übliche Abschlussrede, aber trotzdem schön –, und ich hatte dort gesessen, in mein Sommerkleid geschwitzt und mich gefragt, wie um alles in der Welt ich dieses schöne, selbstsichere Mädchen hervorgebracht hatte. Charles hatte die ganze Zeit über meine Hand gehalten, und am Ende waren unsere Handflächen schweißnass gewesen, doch das war egal. Wir waren so glücklich.

Ich dachte an sein Begräbnis. Wie ich in dem langen schwarzen Wagen gesessen hatte, in dem es nach Lufterfrischer mit Kieferndunft, Ammoniak und dem abgestandenen Zigarettenqualm roch, der aus dem Mantel des Fahrers drang. Das

Knistern der Papiermatten unter meinen niedrigen Absätzen. Lindas Hand in meiner, pudrig und kühl. Der Sarg im Leichenwagen vor uns, während wir durch die Stadt fuhren. Ich starrte aus dem Fenster und sah unsere Geister draußen vorüberziehen. Ich und Charles, frisch verheiratet, übermütig und jung in Schlaghosen, unterwegs ins Kino. Ich und Charles, wie wir Ally in eine Decke gewickelt in ihrem Buggy schoben, während die Leute stehen blieben und von dem kleinen dunkelhaarigen Bündel schwärmten. Ich und Charles kurz vor der Diagnose, als wir noch an einen hartnäckigen Magen-Darm-Infekt glaubten. Wir waren in einem Restaurant gewesen, mussten aber abrupt aufbrechen, weil ihm so übel war. Am nächsten Tag waren wir zum Arzt gegangen.

So ist es eben, wenn man sein ganzes Leben am selben Ort verbracht hat. Man entdeckt die Schatten seines früheren Ich an jeder Ecke. Man kann ihnen nicht entkommen.

An den Trauergottesdienst erinnerte ich mich nicht. Ich wusste, dass es ihn gegeben hatte, denn das Programm lag in der alten Familienbibel, aber ich konnte mich an keine Einzelheit erinnern. Das Gehirn ist seltsam, was das angeht. Es schützt einen vor Dingen, die man nicht wissen und an die man sich nicht erinnern sollte.

Ob ich mich später wohl an den heutigen Tag erinnern würde?

Ich berührte mein Gesicht, meine Hand war nass. Ich hatte geweint. Die Erkenntnis machte es noch schlimmer, und bald schluchzte ich so heftig, dass mein Körper bebte, mein Hals tat weh, und ich fragte mich, ob ich je wieder aufhören könnte.

Es klopfte. Linda steckte den Kopf herein. »Alles in Ordnung mit dir?« Sie warf einen Blick auf mein Gesicht. »Oh, Liebes.«

»Barney ist gestorben.« Ich wusste nicht, was ich sagen wollte, bis die Worte aus meinem Mund kamen, und uns beiden war klar, dass ich nicht seinetwegen weinte, doch das machte nichts. Ich wusste, dass ich Linda nichts erklären musste.

»Es tut mir so leid.« Ihre Stimme war voller Schmerz und Mitgefühl. Mir war bewusst, dass auch sie nicht von Barney sprach, obwohl wir beide den alten Kater geliebt hatten. Sie setzte sich neben mich aufs Bett, legte den Arm um mich, und ich ließ mich gegen sie sinken, atmete den vertrauten Geruch von Weichspüler, Parfum und Reiniger mit Zitronenduft ein.

»Ich mache deine Bluse ganz nass«, sagte ich, doch sie schüttelte den Kopf und zog mich fester an sich. So blieben wir lange sitzen. Schließlich holte ich tief und bebend Luft und löste mich von ihr. »Müssen wir?«

Sie sah auf die Uhr. »Bald. Möchtest du vorher etwas essen? Dort gibt es auch was, aber ich war mir nicht sicher, ob du dich vorher stärken möchtest.«

»Nein, danke.« Beim Gedanken an Essen drehte sich mir der Magen um.

Sie berührte das Medaillon, das ich um den Hals trug. »Hübsch.«

Ich nickte.

»Ich bin froh, dass du es zurückbekommen hast.«

Linda fuhr uns in ihrem rosa Cadillac hin. Es war ein schöner Tag, die Luft roch nach blühenden Sträuchern und frisch gemähtem Gras. Ich blinzelte vom Beifahrersitz in die Sonne und versuchte, nicht an das zu denken, was uns erwartete.

»Du bleibst so lange, wie du möchtest«, sagte Linda und drückte meine Hand. »Wann immer du bereit bist, bringe ich dich sofort nach Hause.«

Ich nickte. Ich konnte nur daran denken, welche Leute dort sein und was ich zu ihnen sagen und wie sie mich ansehen würden. Als wir auf den Parkplatz der Highschool einbogen, zitterte ich. Er war schon halbvoll, überall waren Menschen. Einige blieben stehen und sahen mich an, als ich ausstieg, nickten und gingen weiter. Ich griff in meine Tasche und suchte nach der kleinen Tablettenflasche, die ich auf die Schnelle eingepackt hatte.

»Na komm«, sagte Linda und ergriff meinen Ellenbogen. »Gehen wir.«

»Eine Sekunde. Ich habe was im Auto vergessen.« Ich öffnete die Tür und beugte mich vor, damit sie mich nicht sehen konnte. Die Tablette blieb mir im Hals stecken, rutschte aber schließlich hinunter.

Ich wollte mich nicht an diesen Tag erinnern.

Wir gingen an der Highschool vorbei – ein niedriges Backsteinrelikt aus den sechziger Jahren, das auch ich, lange vor Ally, besucht hatte – und hinüber zu den Naturrasenplätzen. Während des Schuljahres wurden sie für den Sportunterricht benutzt. Die Spielfelder waren dann mit weißer Kreide markiert und voller Abdrücke von Stollenschuhen, doch jetzt, Mitte Juli, sahen sie aus wie eine große fleckige, sonnengedörrte Wiese. Eine Gruppe Teenager – der Theaterklub der Highschool, wie ich später erfuhr – stand mitten auf dem Platz und trug a cappella einen Song von den Beatles vor.

»Ihre Lieblingsband«, sagte ich leise.

Linda nahm meine Hand. »Ich weiß.«

Aus der Cafeteria hatte man einen langen Klapptisch geholt, auf dem Kuchen, Schalen mit Kartoffelchips und große Auflaufformen mit Käsemakkaroni abgestellt wurden. Einige Männer kümmerten sich um den Grill – ein gewaltiges Gerät; ich hatte keine Ahnung, wo Linda den aufgetrieben hatte –, es roch nach Burgern und Hotdogs. Menschen saßen mit Papptellern im Gras und unterhielten sich, manche von ihnen kamen mir bekannt vor. Kleine Kinder schwangen an den Armen ihrer

Eltern, die Gesichter mit Ketchup und Schokoladeneis verschmiert.

Linda blickte mich prüfend an. »Ist es in Ordnung? Nicht zu viel, oder? Wenn doch, können wir jederzeit fahren.«

Ich schüttelte den Kopf. »Es ist perfekt.« Die Tablette begann zu wirken und ließ die Ecken und Kanten verschwimmen. »Danke dir.«

»Gerne. Möchtest du jetzt was essen? Ich kann dir einen Platz besorgen, wo du dich einfach nur hinsetzen und zusehen und deine Ruhe haben kannst.«

»Alles gut. Du hast schon genug getan. Ich gehe einfach ein bisschen umher.«

Linda eilte davon, um das Büfett in Augenschein zu nehmen, und ich sah mich um. Allys ehemalige Lehrerinnen und Fußballtrainer, Leute, mit denen ich aufgewachsen war, Gesichter, die ich aus der Bank und dem Lebensmittelladen und dem Postamt kannte.

Die halbe Stadt schien hier zu sein, und der Anblick erfüllte mich mit Wärme. In dieser Stadt mochte es von Geistern wimmeln, aber sie war auch voller Menschen, die sich umeinander kümmerten.

Ich starrte in die Menge, als mir jemand auf die Schulter tippte. »Maggie?«

Ich drehte mich um und sah Tony vor mir, in der Hand einen Strauß weißer Nelken mit Schleierkraut. »Ich war mir nicht sicher, wie die Etikette hier ist, daher …«

Er hielt mir die Blumen hin, doch ich war zu betäubt, um sie anzunehmen. Ich hatte ihm doch gar nichts von der Trauerfeier erzählt. Oder doch? Ich konnte nicht klar denken.

»Ich dachte, ich komme kurz vorbei und spreche Ihnen mein Beileid aus.« Er schaute auf die Blumen und schüttelte den Kopf. »Tut mir leid, das war eine dumme Idee. Ich hätte mich nicht aufdrängen sollen.« Er sah vollkommen hilflos aus, wie ein gescholtenes Kind.

Ich nahm die Blumen entgegen. »Sie sind wunderschön. Vielen Dank. Es ist sehr lieb, dass Sie gekommen sind.«

Das Schweigen dehnte sich wie ein Ballon zwischen uns aus. Es kam mir vor wie ein Traum. Ich war hier. Auf der Trauerfeier für meine Tochter.

Tony schaute sich um. »So viele Leute. Ihre Tochter muss sehr beliebt gewesen sein.«

Ich folgte seinem Blick. All diese Leute waren wegen Ally gekommen. All diese Leute waren davon überzeugt, dass sie tot war. Die Trauer schlug wie eine Welle über mir zusammen, und ich schwankte. Tony streckte die Hand aus und ergriff meinen Ellbogen.

»Möchten Sie sich hinsetzen?«

Ich schüttelte den Kopf. »Schon gut. Es muss an der Sonne liegen.«

Er nickte. »Ziemlich heiß heute. Soll ich Ihnen ein Glas Wasser holen?«

»Es geht schon, ehrlich. Suchen wir uns ein bisschen Schatten.«

Wir gingen gemeinsam über den Platz, der jetzt voller Menschen war. Die Luft war erfüllt von Geplauder und Gelächter. Ally hätte den Anblick sehr genossen. Ein kleiner Teil von mir glaubte, dass ich ihr eines Tages davon erzählen würde, und ich klammerte mich an diese Hoffnung.

»Ist sie das?«

Mein Herz zog sich zusammen. Ich folgte Tonys Blick und sah das Foto von Allison in dem hellblauen Kleid, das auf einer Staffelei stand. Linda hatte es vergrößern lassen. Ich nickte.

»Sie ist wunderschön.«

»Vielen Dank.« Mir kamen die anderen Fotos in den Sinn, auf

denen sie blond und zu dünn war, doch ich schob den Gedanken weg. Nein. So wollte ich mich an sie erinnern, an jenem Tag, in dem hellblauen Kleid, das Gesicht zur Sonne gewandt.

Tony scharrte mit dem Fuß. »Ich hoffe, Sie verstehen mich nicht falsch, aber …« Er zögerte. »Nachdem wir uns unterhalten hatten, dachte ich mir, dass Sie vielleicht jemanden zum Reden brauchen. Und dass ich gern derjenige sein möchte. Vielleicht kann ich ein bisschen helfen oder wenigstens zuhören. Ich will Sie nicht unter Druck setzen oder so, aber ich habe mich gefragt, ob Sie vielleicht mal einen Kaffee mit mir trinken möchten. Vermutlich sehen wir uns wieder in der Bibliothek, aber ich möchte nicht gern so lange warten.« Er fuhr sich durch die Haare, war offensichtlich nervös. »Ich bin ungeduldig«, fügte er lächelnd hinzu. »Das können Sie auch auf die Liste der Dinge setzen, die meine Frau –« Er schluckte den Rest des Satzes hinunter und sah mich unsicher an.

Die Tablette vertrieb das Misstrauen, das ich sonst vielleicht empfunden hätte. Er war einfach nur ein netter, einsamer Mann, der nicht allein sein und mir helfen wollte. Dahinter steckten keine finsteren Absichten. »Wie wäre es mit Mittwoch?«

Ein Lächeln breitete sich auf seinem Gesicht aus, und sogar die Traurigkeit in seinen Augen verblasste ein wenig. »Mittwoch wäre toll. Möchten Sie einen Vorschlag machen, wohin wir gehen?«

»Drüben in Felton gibt es das Sunnyside Café – das ist ganz reizend. Ich würde mich lieber nicht in Owl's Creek verabreden, falls das in Ordnung ist. Sie wissen ja, wie das in Kleinstädten läuft.«

Er nickte. »Klar doch. Wie wäre es um drei?«

»Perfekt.« Mir wurde klar, dass ich mich tatsächlich darauf freute.

Dann tauchte plötzlich Shannon in ihrer Uniform vor mir auf. Sie lächelte schüchtern, und ich widerstand dem Drang, sie in die Arme zu nehmen. Sie sah so jung aus.

»Ich wollte Sie nicht stören, aber da drüben ist ein Paar.« Sie deutete auf einen gut gekleideten älteren Mann und eine zerbrechlich wirkende, nervöse blonde Frau. »Sie möchten Sie kennenlernen.«

Ich starrte hinüber. Sie kamen mir irgendwie bekannt vor, vor allem der Mann, doch ich konnte sie nicht einordnen. »Haben sie gesagt, was sie wollen?«

Sie zuckte mit den Schultern. »Nur, dass sie Sie kennenlernen möchten.«

Egal, sie waren zu Allys Trauerfeier gekommen, und wenn sie mit mir sprechen wollten, würde ich es tun. »Schicken Sie sie herüber.«

Ich wollte mich bei Tony entschuldigen, doch er war schon gegangen. Ich sah noch seinen Rücken in der Menge, als er zum Parkplatz marschierte. Dann bemerkte ich, dass ich die Blumen noch in der Hand hielt, und legte sie auf einen Tisch.

Der Mann kam auf mich zu, die blonde Frau an seiner Seite. Er war hochgewachsen und hatte breite Schultern, die dunklen Haare waren noch dicht und von silbernen Fäden durchzogen, und seine Augen waren dunkelblau. Vielleicht hatte ich ihn mal an der Universität gesehen. Allerdings war ich mir nicht sicher, weshalb er sich dann an Shannon hätte wenden sollen, um vorgestellt zu werden. Seine Frau oder wer immer sie auch sein mochte, sah wie ein Püppchen aus, mit schlanken Gliedmaßen, einem kirschroten Mund und honigblondem Haar. Sie erinnerte mich an das Foto von Ally in dem schicken Kleid.

Die Erkenntnis traf mich, als er mit ausgestreckter Hand auf mich zutrat. Das war David Gardner. Und die schöne Frau an seinem Arm, die mich so sehr an Ally erinnerte, war Amanda.

Nach all der Zeit begegneten wir uns endlich. Ich blinzelte und zwang mich, ruhig zu bleiben.

»Mrs Carpenter, ich bin so froh, dass wir uns endlich kennenlernen«, sagte er geschmeidig, gab mir fest die Hand und beugte sich vor, um mich auf die Wange zu küssen. »Ich bin David, Bens Vater.« Er verströmte ein Aroma von Moschus und einer Citrusnote, zweifellos teuer. Ich bekam augenblicklich Kopfschmerzen davon.

»Ich weiß, wer Sie sind.« Ich trat einen Schritt zurück und stolperte leicht auf dem unebenen Gras. Dies waren die Leute, die mich nicht zurückgerufen hatten. Die Eltern des Mannes, der mir die Tochter geraubt hatte. Ich holte tief Luft, um mich zu fassen. »Bitte nennen Sie mich Maggie.«

»Maggie, darf ich Ihnen meine Frau Amanda vorstellen? Bens Mutter.«

Noch bevor er die Worte ausgesprochen hatte, stürzte sie sich auf mich und umschlang mich mit ihren dünnen Armen. »Es tut mir so leid«, flüsterte sie mir ins Ohr. Mein Gesicht war in ihren Haaren vergraben, und ich roch Haarspray, vermischt mit Parfüm. Shalimar.

Ich löste mich aus ihrer Umarmung. »Vielen Dank«, sagte ich leise. »Mein Beileid zu Ihrem Verlust.« Meine Zunge fühlte sich dick an. Ich sah der Frau in die Augen und las das gebrochene Herz in ihnen, und sie tat mir eine Sekunde lang leid. Dann schüttelte ich den Kopf. *Reiß dich zusammen, Maggie. Vergiss nicht, wer sie sind.* »Haben Sie meine Nachrichten erhalten?«

Amanda blinzelte rasch wie eine Katze, der man Wasser ins Gesicht gespritzt hat. »Nein.« Sie zog die Mundwinkel nach unten. »Das haben wir nicht, oder, David?«

Er schüttelte den Kopf. »Wir waren unterwegs …«

»Was ist mit Ihrer Haushälterin? Hat sie erwähnt, dass ich vor Ihrem Haus stand?«

Amanda riss die blauen Augen weit auf. »Sie waren in San Diego?«

Ich betrachtete ihr Gesicht, doch es drückte nichts als Überraschung aus. »Ich habe mit ihr gesprochen. Und auch mit Ihrer Nachbarin. Hat man Ihnen nichts erzählt?«

Sie runzelte die Stirn. »Wie gesagt, wir waren weg. Trotzdem hätte Pilar es erwähnen müssen ...« Sie legte mir die Hand auf den Unterarm, die Augen sorgenvoll umwölkt. »Es tut mir so leid, dass Sie vergeblich die weite Reise unternommen haben.«

Ich dachte an das Haus in Bird Rock, den leeren Schrank, den abgeräumten Frisiertisch, dass man Allys Gegenwart bis auf ein einziges Haar ausgelöscht hatte. Der Zorn durchschnitt den Nebel, der mich umgab. »Es war nicht vergeblich.« Meine Stimme klang jetzt schroff, und ich sah den Schock in ihrem Gesicht, bevor es wieder die glatte Fassade zeigte.

Amanda drückte meinen Arm. »Jedenfalls bin ich froh, dass wir hier sind. Wir wollen uns nicht aufdrängen – wir wissen, das ist Ihr Tag –, aber als wir davon erfuhren, wollten wir unbedingt persönlich unser Beileid aussprechen.«

Die Überraschung durchdrang den Nebel. »Wie haben Sie davon erfahren?«

»Ach, es stand in der Zeitung. Jemand hat uns den Link geschickt, und da haben wir gleich am nächsten Tag die Flugtickets gekauft.«

Ich konnte nicht glauben, dass ein Ereignis in Owl's Creek bis nach Kalifornien vorgedrungen sein sollte, erinnerte mich dann aber, dass Ally eine Person des öffentlichen Interesses war. Ich hatte seit Tagen keine Nachrichten geschaut und wusste daher nicht, worüber sie berichteten.

»Ihre Tochter hat uns viel bedeutet«, fuhr Amanda fort. »Sie war eine wunderbare junge Frau, wir haben sie in wertvoller

Erinnerung, nicht wahr, David? Sie hat Ben so glücklich gemacht. Sie waren wie füreinander geschaffen.«

David nickte zerstreut, während sein Blick über die Menge schweifte. »Sie war ein tolles Mädchen. Wenn Sie mich entschuldigen …«

Amanda und ich sahen ihm nach, als er zum Büfett hinüberging. David holte eine Flasche Bier aus einem der mit Eis gefüllten Mülleimer, schraubte sie auf und nahm einen tiefen Zug.

»Sie müssen meinem Mann verzeihen«, sagte Amanda mit einem spröden Lachen. »Seit Bens Tod ist er nicht mehr er selbst. Es hat ihn schwer getroffen.«

Ich sah die dunklen Ringe unter ihren Augen, die kein Makeup dieser Welt verbergen konnte, und den sorgenvollen Zug um ihren Mund. Eins konnte ich nicht bestreiten: Diese Frau litt, und ich spürte unwillkürlich Mitleid in mir aufsteigen. »Es ist für uns alle schwer.«

Sie schaute mich dankbar an. »Eine wunderbare Trauerfeier«, sagte sie und deutete um sich. »Etwas Ähnliches hatte ich mir für Ben gewünscht – zwanglos, sodass sich alle willkommen fühlen –, doch David hat auf einer privaten Feier bestanden.«

»Sie haben ihn schon beerdigt?« Die Neuigkeit traf mich wie ein Schlag in den Magen. Sie hatten die Leiche ihres Sohnes erhalten. Sie hatten sich von ihm verabschieden können. Eine Chance, die ich selbst vielleicht nie bekäme. Ich tastete nach der Kette um meinen Hals. Ich hatte so wenig von Ally. Sie hatten so viel.

Amanda nickte. »Ja, am Freitag. In der Kirche, in der Ben getauft wurde. In der er und Allison –« Die Worte blieben ihr in der Kehle stecken, und ich sah, wie sie mit den Tränen kämpfte. »Ich will keine Szene machen. Ich hatte mir fest vorgenommen, das nicht zu tun, aber jetzt … wo ich all die Leute sehe, die wegen Allison gekommen sind, und Sie kennenlerne, da –« Sie begann nun richtig zu weinen, die Tränen liefen ihr übers Gesicht, und ich legte den Arm um sie und zog sie an mich. »Es ist so schrecklich«, schluchzte sie.

Ich sah über ihren gebeugten Kopf hinweg, wie David auf uns zukam.

»Wir sollten gehen«, sagte er zu Amanda. Er schien gar nicht zu bemerken, dass seine Frau sich die Augen ausweinte und ich sie tröstete.

Ich sah ihn verblüfft an. »Sie sind doch gerade erst gekommen.«

Amanda löste sich von mir und wischte sich die verschmierte Wimperntusche ab. »David hat morgen früh geschäftlich in Portland zu tun, daher fahren wir heute Abend hin.«

Sein Gesicht blieb vollkommen ausdruckslos.

»Nun, es war sehr nett, dass Sie den weiten Weg gemacht haben. Es tut mir leid, dass wir uns nicht länger unterhalten konnten.«

Amanda lächelte schüchtern. »Vielleicht können wir morgen Abend zusammen essen. Wir fliegen erst übermorgen nach Kalifornien, und Davids Geschäftstermin dürfte bis morgen Mittag erledigt sein. Stimmt's?« Er knurrte leise etwas.

»Wir könnten vor dem Flug noch einmal herkommen. Owl's Creek ist eine reizende Stadt. Ich würde gern mehr davon sehen.«

Das alles passierte viel zu schnell. Ich konnte es nicht verarbeiten, konnte nicht richtig denken. Ich riss mich zusammen. »Es gibt ein Lokal in der Main Street namens Chloe's, das ganz hübsch ist. Ich weiß nicht, ob Sie französisches Essen mögen …«

»Klingt perfekt. Acht Uhr?« Sie umarmte mich noch einmal. Ich roch einen Hauch ihres Parfums, Bergamotte und Vanille.

Ich sah ihnen nach, als sie zum Parkplatz gingen. Amanda stützte sich schwer auf David. Einmal stolperte sie, und er griff nach ihr und zog sie an sich. Neben ihm sah sie aus wie eine Porzellanpuppe.

»Wie kommst du zurecht?« Linda war mit besorgter Miene neben mir aufgetaucht. »Shannon hat mir gesagt, wer sie sind. Ich hätte nachgesehen, ob es dir gut geht, wollte dich aber nicht stören.«

»Es geht mir gut.« Mein Kopf fühlte sich watteweich und leicht an. »Sie kommen morgen wieder her. Wir essen zusammen zu Abend.«

Linda sah mich prüfend an und legte den Arm um mich. Wie immer las sie in mir wie in einem Buch. »Na los, bringen wir dich nach Hause.«

Allison

Die Haushälterin kam an den meisten Nachmittagen, was bedeutete, dass ich mich dann davonmachen musste. Es gefiel mir nicht, wenn sie mir beim Staubsaugen befahl, die Füße zu heben, oder missbilligend vor sich hin murmelte, wenn sie meine Haare im Abfluss entdeckte. Es gefiel mir auch nicht, dass sie mich wie eine unwillkommene Besucherin ansah.

Also suchte ich an ihren Tagen das Weite. Hin und wieder ging ich an den Strand, fuhr aber meistens durch die Gegend. Manchmal schaffte ich es bis Carlsbad, wo ich den Skateboardfahrern im weitläufigen Park zusah oder um den Lake Calavera joggte. Einmal war ich sogar bis Los Angeles gefahren. Ich hatte gesehen, wie sich der Smog über der Stadt hob, aber beim ersten Stau kehrtgemacht. Ben mochte es nicht, wenn er von der Arbeit kam und mich nicht zu Hause antraf – er sagte, er wolle möglichst gleich mein Gesicht sehen, um den Tag zu vergessen –, und ich wollte nicht zu spät kommen.

In Wahrheit war es jedoch egal, wohin ich fuhr. Hauptsache, ich schlug die Zeit tot. Ich musste mich irgendwie beschäftigen, sonst würde ich an Dinge denken, die ich am liebsten vergessen wollte.

An diesem Tag fuhr ich zum Pacific Gateway Park und beobachtete die Möwen, die träge am Himmel kreisten. Dann versuchte ich, das Buch zu lesen, das ich dabeihatte, doch es fesselte mich nicht. Meine Gedanken wanderten immer wieder in das Café und zu den rot geränderten Augen des Mannes, der seine Lügen über den Tisch gespien hatte. Er war verrückt, sagte ich mir. Ein Geistesgestörter. Doch sooft ich seine Stimme auch verdrängte, sie schlich sich wieder heran. Irgendwann packte ich meine Sachen zusammen und fuhr nach Hause, extra langsam, um sicherzugehen, dass die Haushälterin auch wirklich weg war.

Als ich ankam, war die Tür nicht abgeschlossen. Ich stieß sie auf und rief nach Teresa, rechnete schon damit, dass sie mit Staubtuch und missbilligendem Blick aus einer Ecke auftauchen würde, doch stattdessen hörte ich eine Männerstimme hinten im Haus. Mein Herz schlug bis in die Kehle. Es war nicht Ben.

»Hallo?« Schweigen. Ich ließ meine Tasche fallen und ging in die Küche, wo ich mit zitternder Hand ein Messer aus dem Block zog. In der anderen hielt ich mein Handy, bereit, die Polizei zu rufen. Ein gedämpfter Rums im Nebenzimmer.

»Wer ist da?«

»Bist du das, Allison?« Sam tauchte in der Tür von Bens Arbeitszimmer auf, in der Hand einen Stapel Papiere. Seine breiten Schultern füllten den Türrahmen aus. Er schien gar nicht überrascht, mich zu sehen. Jedenfalls nicht so überrascht wie ich. Er deutete auf das Messer, das ich in der Hand hielt. »Würdest du das bitte beiseitelegen?«

Ich ließ es auf die Arbeitsplatte sinken und kam mir ziemlich dämlich vor. »Ich – ich hatte nicht erwartet, dass jemand hier ist. Alles in Ordnung?«

Er schwenkte die Papiere, bevor er sie in seine Aktentasche steckte. »Ben hat mich gebeten, ein paar geschäftliche Unterlagen abzuholen.« Er bewegte sich zu geschmeidig für einen derart hochgewachsenen Mann, wie ein Tänzer oder eine Katze. Ich fühlte mich unbehaglich.

Sei nicht albern, mahnte ich mich. Sam war Bens bester Freund, sein Stellvertreter in der Firma. Ich wusste, dass er einen Hausschlüssel hatte. Es war also nicht verwunderlich, ihn hier anzutreffen.

»Möchtest du was trinken?« Gut so. Ganz normal verhalten.

»Sicher.« Er ließ sich auf dem Sofa nieder und breitete die Arme auf der Lehne aus.

Damit hatte ich nicht gerechnet. »Weißwein?«

Er schüttelte den Kopf. »Nur Wasser, bitte.«

Ich goss zwei Gläser ein, überlegte es mir dann anders und holte mir den guten Chablis aus dem Kühlschrank. Ich nahm ein paar tiefe Züge, bevor ich ins Wohnzimmer zurückkehrte, und als ich Sam gegenüber Platz nahm, breitete sich schon die Wärme in meinem Blut aus. Er hatte zu viel Eau de Cologne aufgelegt, die Luft roch schwer nach Orangen und Bergamotte, als wollte er sein Revier markieren.

Ich suchte nach Worten. »Alles gut bei dir?«

»Danke, bestens. Und bei dir?« Er trank einen Schluck Wasser und stellte das Glas behutsam auf einen Untersetzer. Er war kein Mann, der Spuren hinterließ.

»Gut! Super!« Meine Stimme klang zu hoch und zu schrill. Ich trank noch einen Schluck Wein und zwang mich zu lächeln. *Kein Grund, nervös zu sein*, erinnerte ich mich. *Sam ist nur freundlich zu mir*.

Dann hörte ich wieder Liz, die mich vor ihm gewarnt hatte. »Du magst ihn für deinen Freund halten«, hatte sie gesagt, »aber das ist er nicht.«

»Das ist schön. Was hast du heute Nachmittag so getrieben? Was Nettes?«

»Nichts Besonderes. Ich war im Park und habe gelesen. Aber es hat mir nicht so gefallen. Das Buch, meine ich. Vielleicht gebe ich es auf und lese was anderes. Und du? Liest du gerne?«

»Nein.«

Ich wartete, dass er weitersprach, aber das Schweigen zog sich in die Länge. Er betrachtete seine sorgfältig manikürten Fingernägel. »Allison, hat kürzlich jemand Kontakt zu dir aufgenommen?«

Ich trank einen Schluck Wein, um meinen Schock zu verbergen. »Wie meinst du das?«

Er sah mich gelassen an. »Ob kürzlich jemand Kontakt zu dir aufgenommen hat – ein Fremder oder jemand aus deiner Vergangenheit?«

In meinem Kopf drehte sich alles. Vielleicht meinte er gar nicht den Mann aus dem Café, sondern jemanden aus meinem früheren Leben, einen der Männer, die spätabends Nachrichten auf meinem Handy hinterlassen hatten. Die Faust schloss sich fester um meinen Magen. »Nicht dass ich wüsste«, stieß ich kopfschüttelnd hervor.

Er nahm sein Glas, und ich bemerkte, dass seine Fingerknöchel weiß waren. »Ganz sicher?« Sein Blick ruhte auf mir. *Du weißt nicht, was er weiß, also tu, als gäbe es nichts zu wissen.*

»Ich denke schon.« Doch ich konnte ihm nicht in die Augen sehen.

»Denkst du es oder weißt du es?«

Ich schwieg. Mein Herz hämmerte in der Brust, und ich war davon überzeugt, dass er es hören konnte.

Das Lächeln auf seinen Lippen blieb, aber seine Augen blickten hart und undurchdringlich. »Ein hübsches Mädchen wie du wird sicher dauernd angesprochen, aber ich möchte, dass du genau darüber nachdenkst.«

Säure brannte in meiner Kehle, und ich zwang mich, sie hinunterzuschlucken. Ich dachte an den Mann im Café – hatte man uns etwa beobachtet? War jemand dort gewesen, der mir vertraut erschien? Ich überlegte fieberhaft. Doch ich erinnerte mich nur an einige junge Mütter, die sich die Zeit mit ihren Babys vertrieben, und die Freiberufler mit ihren Macs. Niemand, den ich kannte. Hätte ich jemanden gesehen, hätte ich auf der Stelle kehrtgemacht.

Sam beugte sich vor und stützte die Ellbogen auf die Knie. *Der schöne Anzug*, dachte ich. *Er zerknittert ja.* »Du bist nicht in Schwierigkeiten, Allison. Ich passe doch nur auf dich auf. Falls dich jemand belästigt, möchte ich es erfahren.«

Ich zögerte. Der Mann im Café wollte Ben schaden. Er war gestört, geisteskrank – er konnte zu allem fähig sein. Vielleicht wäre es richtig, Sam von ihm zu erzählen. Vielleicht könnte er Ben beschützen. Doch wenn Sam ihn zur Rede stellte, würde er womöglich meine Vergangenheit enthüllen, und Sam würde Ben davon erzählen, und dann hätte ich alles verloren.

Das durfte ich nicht riskieren. Ich musste mich unwissend stellen. Es war die einzige Möglichkeit. »Nein«, sagte ich abschließend. »Ich habe mit niemandem gesprochen.«

Er stieß einen Seufzer aus und stand auf. »Falls dir doch etwas einfällt, weißt du ja, wo du mich findest.« Er brachte sein Wasserglas in die Küche. »Ich finde schon raus.«

Ich wartete, bis die Tür hinter ihm ins Schloss gefallen war, kippte den restlichen Wein hinunter und goss mir ein weiteres Glas ein. Ich sah auf die Uhr. Zehn vor sechs. Ben kam spätestens um sieben nach Hause. Wir waren mit einem Investor und seiner Frau zum Essen verabredet. Am Morgen hatte Ben das Outfit ausgewählt, das ich tragen sollte, ein schwarzes hochgeschlitztes Kleid. »Ich will, dass du sie heute Abend umhaust«, hatte er gesagt, als er es aus dem Schrank geholt hatte. »Es ist wichtig.«

Ich trank das Glas in wenigen Zügen aus. Der Alkohol verbreitete seinen Zauber und betäubte den Schock.

Sam war nur hergekommen, um mich nach dem Mann aus

dem Café zu fragen – daran bestand kein Zweifel. Daraus ergab sich die nächste Schlussfolgerung: Wenn Sam so daran interessiert war, was der Mann im Café zu mir gesagt hatte, hatte der möglicherweise doch die Wahrheit über Prexilane gesagt.

Ich dachte an die Studie, für die sich mein Vater nach seiner Diagnose gemeldet hatte. Der Arzt hatte ihm gesagt, das Medikament sei in der ersten Runde erfolgreich gewesen, die Tumore seien um bis zu achtzig Prozent zurückgegangen. Jetzt wollten sie es an einer größeren Anzahl Probanden testen. Er unterzeichnete sofort. Seine Diagnose lautete Endstadium, Lebenserwartung weniger als ein Jahr. Er hatte nichts zu verlieren – dachte er jedenfalls.

Er verlor beinahe sofort an Gewicht. Nach wenigen Wochen war er auf die Hälfte geschrumpft, die zerstörte Hülle des Mannes, der er gewesen war. Er schwand vor unseren Augen dahin, und wir konnten nichts dagegen tun.

»Das Risiko muss man eingehen«, hatte Dad gesagt, als er mit großen, gequälten Augen auf dem Sofa lag. »Wenn du nicht auf die Wissenschaft setzt, kannst du auch nicht gewinnen.«

Er vertraute auf das System, und ich war ihm darin gefolgt. Gewiss, Medikamente wirken nicht immer, aber es ging immer darum, Menschen zu heilen. Und niemals, ihnen zu schaden.

Doch vielleicht war er naiv gewesen. Oder wir beide.

Ich fühlte mich verloren. Eine so gewaltige Welle von Heimweh durchflutete mich, dass ich mich an der Arbeitsplatte festhalten musste, weil meine Knie unter mir nachgaben. *Mom.* Die Worte stiegen in meine Kehle, drückten gegen meine Lippen. Ich wollte ihre klare, ruhige Stimme hören, sie sollte mir sagen, alles sei gut, und mich mit den Fingerspitzen zwischen den Schulterblättern kraulen, wie sie es getan hatte, wenn ich als Kind nicht einschlafen konnte.

Ich griff zum Handy und tippte ihre Nummer ein, ich kannte sie auswendig. Mein Finger schwebte über der Taste, als sich ein Schlüssel im Schloss drehte und die Haustür aufschwang. »Hallo?«, rief Ben. »Bist du da, Liebes?«

Ich ließ das Handy auf die Arbeitsplatte fallen und stellte die halbleere Flasche Weißwein in den Kühlschrank. »In der Küche!« Mein Herz hämmerte gegen die Rippen. Meine Hände waren um die Arbeitsplatte gekrallt, die Nägel perfekt manikürt, der Diamant funkelte an meinem Finger. Es wäre idiotisch gewesen, sie nach all der Zeit aus heiterem Himmel anzurufen. Sie würde mich gar nicht mehr erkennen. Ich erkannte mich ja selbst kaum.

Dann kam Ben zur Tür herein, die Krawatte gelockert, mit funkelnden blauen Augen. Er umarmte mich und hob mich vom Boden. »Du hast mir gefehlt«, flüsterte er in meine Haare, und ich hob das Kinn, um seinen Kuss entgegenzunehmen. Er war das einzige Zuhause, das ich noch hatte. Es gab kein Zurück.

Bevor wir essen gingen, erbrach ich mich in die Toilette, der Weißwein kam als grünlich gelbe Galle hoch. Ich sorgte dafür, dass er mich nicht hörte.

Maggie

Ich saß eine Viertelstunde vor dem Chloe's im Auto und beobachtete, wie die Zeit auf der Uhr im Armaturenbrett vorübertickte. Zuerst war ich zu pünktlich, dann zu spät, dann viel zu spät. Das Restaurant war verglast und mit Kerzen beleuchtet, und ich konnte Amanda und David verschwommen durchs Fenster erkennen. Sie hatten die Köpfe zusammengesteckt und unterhielten sich. Natürlich hatte man sie am Fenster platziert. Zu Chloe's ging man nur bei besonderen Gelegenheiten – Hochzeitstage, Geburtstage und Schulabschlussfeiern. Es war eines der Restaurants, bei denen ich Charles immer hatte ermahnen müssen, er solle eine Krawatte oder wenigstens ein durchgeknöpftes Hemd anziehen. An Gäste wie Amanda und David aber waren sie wohl nicht gewöhnt – Menschen, denen der Reichtum aus allen Poren quoll und die keine Alltagskleidung und gute Kleidung, sondern einfach nur Kleidung besaßen.

Ich wollte nicht hineingehen. Ich wusste, ich musste es tun, für Ally und auch für mich, aber gern tat ich es nicht. Nach der Trauerfeier hatte ich lange nachgedacht und bezweifelte inzwischen, dass Amandas Tränen echt gewesen waren. Und auch David erschien mir eher unhöflich als zurückhaltend. Ich dachte an meine Anrufe, auf die sie nie reagiert hatten. An das große Haus in La Jolla, dessen abweisende Fenster an geschlossene Puppenaugen erinnerten. An das Haus in Bird Rock, in dem man alle Spuren meiner Tochter beseitigt hatte. Nein, mit diesen Leuten wollte ich nichts zu tun haben, doch wie so oft im Leben blieb mir keine Wahl.

Amanda war bereits aufgesprungen, als ich durch die Tür kam. Sie trug ein wallendes weißes Kleid mit eleganten Falten und Raffungen, und ich kam mir in meiner bequemen Hose und der geblümten Bluse wie ein Trampel vor. Als sie mich umarmte, spürte ich durch den Stoff ihren knochigen Rücken und musste einen Schauder unterdrücken. Sie machte viel Aufhebens, während ich mich an den Tisch setzte, und nahm selbst erst Platz, nachdem ich eine Serviette auf dem Schoß und ein Glas Wasser auf dem Tisch hatte.

David schüttelte mir die Hand und wandte sich wieder der Weinkarte zu. Er war nicht für mich aufgestanden.

Ich war nervös. Was sollte ich jetzt, da ich hier war, zu ihnen sagen? Ich merkte, wie Hitze in mir aufstieg. Meine Achselhöhlen wurden feucht. Ich trank einen Schluck Wasser und zwang mich zur Ruhe.

»Wie war es in Portland?«, fragte ich schließlich. Ich hoffte, dass sie meine zitternde Hand nicht bemerkten, als ich das Glas auf den Tisch stellte.

»Einfach reizend«, sagte Amanda strahlend und schob sich eine honigblonde Haarsträhne hinters Ohr. »Die kleinen Läden am Hafen sind entzückend.«

Ich nickte. »Es ist ein hübsches Städtchen. Dort gibt es auch einige gute Restaurants. Die haben James-Beard-Preise gewonnen und so.« Nicht dass ich in irgendeinem davon gewesen wäre, aber ich hatte in der Zeitung darüber gelesen.

Sie deutete auf den Raum um uns herum und lächelte. »Nun, hier ist es sicher auch ganz wunderbar. Die Karte sieht jedenfalls aufregend aus! Es gibt so viel Auswahl …« Sie griff nach der laminierten Karte und betrachtete sie stirnrunzelnd.

Ich selbst brauchte sie nicht zu studieren. Die Karte war seit fünfzehn Jahren die gleiche – Entenconfit, Cassoulet und Schnecken für die abenteuerlustigen Gäste. Eigentlich hatte ich gedacht, ich sei nicht hungrig, doch nun, da mich der Duft von in Butter sautiertem Knoblauch umwehte, meldete sich mein Magen.

Der Kellner kam, und wir bestellten. Steak für David, Bœuf bourgignon für mich und ein Frisée-Salat für Amanda.

»Werden Sie denn davon satt?«, fragte ich, was vermutlich unhöflich war. In ihrer Welt gab es sicher eine strenge Etikette, gegen die ich fortwährend verstieß. Ich fragte mich flüchtig, ob Ally diese Regeln gekannt hatte.

Amanda lachte trillernd und riss das Brötchen, dass sie seit fünf Minuten bearbeitete und von dem sie noch keinen Bissen gegessen hatte, weiter in kleine Stücke.

»Für mich reicht das völlig«, sagte sie bescheiden.

David bestellte eine Flasche Wein – rot, teuer –, ohne uns zu fragen, was wir trinken wollten. Dann lehnte er sich zurück und holte sein Handy heraus. »Ich muss nur ein paar Sachen im Büro checken«, sagte er und betrachtete stirnrunzelnd den Bildschirm.

Er war ein gut aussehender Mann, das ließ sich nicht leugnen. Auch Amanda war hübsch, aber David hatte die interessanteren Gesichtszüge, auch wenn er früher sicher schlanker gewesen war. Ich konnte Ben deutlich in ihm erkennen. Die gleichen Augen. Die gleiche Kieferpartie.

Amanda ergriff meine Hand und lächelte. »Ich bin so froh, dass wir uns getroffen haben«, flüsterte sie. »Ihre Tochter hat mir viel bedeutet, und sie und Ben zu verlieren …« Ihre Augen wurden feucht, und sie tupfte sie mit der Serviette ab. »Es war, als hätte ich zwei Kinder auf einmal verloren.«

Ich zwang mich zu einer neutralen Miene. Ally war meine

Tochter gewesen, nicht ihre. Ich spülte meinen Ärger mit einem Schluck Wein hinunter. »Sie haben einander also nahegestanden?«

Ihr Gesicht nahm einen verträumten Ausdruck an. »Wir haben jeden Donnerstagnachmittag die Hochzeit geplant. Oh« – sie ergriff wieder meine Hand, und ich musste mich zwingen, sie nicht wegzuziehen –, »Sie hätten sehen sollen, was wir alles geplant hatten. Sie wollte sich ein Kleid schneidern lassen, obwohl sie auch ein herrliches Modell von Vera Wang im Auge hatte, und wir hatten Torrey Pines für den Empfang reserviert. Weiße Rosen, Kerzenlicht …« Sie seufzte. »Es wäre eine wunderbare Hochzeit geworden.«

»Klingt sehr nett«, sagte ich. Ich versuchte mir vorzustellen, wie Ally in einem eleganten weißen Brautkleid durch einen mit Kerzen beleuchteten Gang schwebte. Wir hatten selten über Hochzeiten gesprochen – sie war keines der Mädchen gewesen, die von einer Märchenhochzeit träumten. Kurzum, ich hatte stets den Eindruck gehabt, sie lege auf Hochzeiten keinen großen Wert. Andererseits konnte sich so etwas ändern. »Ich hatte keine Ahnung.«

Sie keuchte auf und hob die Hand zum Mund, der sich zu einem perfekten O geformt hatte. »Maggie, ich bin untröstlich. Ich habe gar nicht daran gedacht –«

»Schon gut«, unterbrach ich sie leise.

Sie bedeckte meine Hand mit der ihren. »Allison hat mir erzählt, dass Sie beide sich nicht allzu gut verstanden haben.«

Ich merkte, dass sie ihre Worte sorgfältig wählte, und schämte mich plötzlich. Sie wusste, dass ich als Mutter versagt hatte. »Ich hatte gehofft, dass Sie die Probleme vor der Hochzeit klären könnten. Ich bin mir sicher, sie hätte Sie dabeihaben wollen …« Die Worte schwebten über dem Tisch. Sie glaubte selbst nicht, was sie sagte, und ich auch nicht. Wir wussten beide, dass meine Tochter nichts mehr mit mir zu tun haben wollte.

Ich legte die Serviette auf den Teller und stand auf. Ich spürte, wie sich Schweiß an meinem Haaransatz sammelte. Ich musste weg hier. »Wenn Sie mich kurz entschuldigen.«

Amanda sah mich betreten an, während David kaum die Augen von seinem Handy wandte.

Die Damentoilette war grellrosa, in einer Ecke stand ein Hocker mit flauschigem Sitzkissen. Ich ließ kaltes Wasser über meine Handgelenke laufen. Mein Gesicht sah fleckig aus und glänzte, als wäre ich dem Bus hinterhergelaufen. Die Wimperntusche unter einem Auge war verschmiert, und meine Haare hatten sich aus der Klammer gelöst, sodass einzelne Strähnen wie ein Heiligenschein vom Kopf abstanden. Ich sah aus wie eine Verrückte.

Ich wurde das Bild von Amanda und Ally nicht los, wie sie sich vertraut auf dem Sofa aneinanderdrängten, die blonden Köpfe über Hochzeitsmagazine gebeugt. War Ally mit ihr Kleider kaufen gegangen? Hatte Amanda in einem dieser luxuriösen Empfangsräume gesessen und darauf gewartet, dass sie in einer duftigen weißen Kreation erschien? »Ihre Tochter hat mir viel bedeutet.« Hatte Ally Amanda als ihre Mutter betrachtet? Hatte sie mich so gründlich aus ihrem Leben gestrichen, dass sie einen Ersatz gesucht hatte?

Ich dachte an Amandas hübsches, liebenswürdiges Gesicht, ihr trillerndes Lachen und ihre warme Hand in meiner. Falls es so gewesen war, konnte ich es Ally nicht verdenken. Nach dem, was ich getan hatte, hatte ich sie nicht verdient. Ein Schluchzen stieg in meiner Brust auf, und ich musste die Augen zukneifen, um die Tränen zu verdrängen.

Ich lehnte die Stirn an den kühlen Spiegel. »Reiß dich zusammen«, flüsterte ich meinem Gegenüber zu.

Als ich an den Tisch zurückkehrte, hatte man die Hauptgerichte aufgetragen.

David und Amanda hatten ihre nicht angerührt. Jemand hatte meine Serviette säuberlich zu einem Fächer gefaltet und auf meinem Stuhl platziert. David goss sich Wein nach und füllte unsere Gläser auf. Ich trank einen Schluck und spürte, wie meine Wangen sich noch röter färbten. Ich war nie eine große Weintrinkerin gewesen und fühlte mich betäubt und träge.

Amandas wachsame Augen ruhten auf mir. »Es tut mir so leid, dass ich Sie verärgert habe«, flüsterte sie und neigte den Kopf zu mir. Ihre Gabel verharrte über dem Teller mit Salat.

Ich breitete die Serviette auf meinem Schoß aus und tat ihre Bemerkung ab. »Das haben Sie nicht.« Ich versuchte, strahlend zu lächeln. »Alles gut.« Als ich in mein Fleisch schnitt, spürte ich noch immer ihren Blick.

»Ich weiß«, sagte sie und schüttelte mitfühlend den Kopf. »Ich weiß. Manchmal überkommt es einen einfach. Manchmal stehe ich morgens auf und vergesse einen Sekundenbruchteil, was passiert ist. Und dann stürzt es wieder alles auf mich ein.«

Ich sah sie an und erwartete, Berechnung in ihren Augen zu lesen, doch sie waren klar und blau und forschend.

»Es ist, als würde man alles noch einmal durchleben«, sagte ich schließlich. Es tat gut, es einzugestehen, und auch, das Verständnis in ihren Augen zu lesen.

»Ja«, flüsterte sie. »Genauso ist es.«

Davids Handy klingelte, worauf wir alle drei zusammenzuckten. Er schnappte es und eilte wortlos zur Tür hinaus. Amanda lächelte entschuldigend.

»Sie müssen ihm verzeihen. Er steht beruflich unter großem Druck.«

Ich schüttelte den Kopf. »Sie brauchen es nicht zu erklären.«

»Bens Tod hat ihn sehr getroffen. Es war eine so ... schwierige Zeit.«

Ich warf ihr einen Blick zu. Sie balancierte die Gabel immer noch über dem Teller, der Salat war unberührt. Sie sah aus wie ein kleines, verlorenes Mädchen, das von seiner Mutter nach Hause gebracht werden möchte.

»Es tut mir leid«, sagte ich aufrichtig. »Was für Geschäfte macht David denn?«

»Ach, es hat mit Finanzen zu tun«, sagte sie und tat das Wort ab, als würde es schlecht riechen. »Ich verstehe es nicht so richtig.«

»Und Sie? Arbeiten Sie auch?«

Wieder das kleine, trillernde Lachen. »Schon seit Jahren nicht mehr. Ich bin im Vorstand des San Diego Museum of Art und habe einige karitative Organisationen, die mir sehr am Herzen liegen. Es reicht, um mich zu beschäftigen.«

»Wie ich hörte, hat Ally nicht gearbeitet, während sie mit Ben zusammen war«, sagte ich vorsichtig. »Wissen Sie, warum?«

Amanda sah mich nachsichtig an, als wäre ich ein Kleinkind, das sie über die Straße begleiten musste. »Sie brauchte nicht zu arbeiten. Ben hatte mehr als genug, um ihr ein angenehmes Leben zu ermöglichen.«

Ich schob einen Pilz auf dem Teller herum. War es wirklich so einfach gewesen? Ally brauchte nicht zu arbeiten, also hatte sie nicht gearbeitet. Es hatte so gar nichts mit dem Denken zu tun, in dem wir sie aufgezogen hatten, und passte nicht zu der jungen Frau, die ich gekannt hatte. Ich fragte mich, ob sie wenigstens ihr eigenes Geld behalten hatte. Ich hatte ihr immer gesagt, wie wichtig es für eine Frau sei, unabhängig zu bleiben. *Selbst wenn eure Beziehung absolut solide ist, kann es nie schaden, für den Notfall etwas auf die Seite zu legen.* Ich dachte an den leeren Kleiderschrank. Hatte sie überhaupt etwas für sich behalten? Oder war ihr nichts Eigenes geblieben? Ich legte seufzend die Gabel weg. Jetzt oder nie.

»Wissen Sie, was aus Allys Sachen geworden ist?«

Amanda schob sich mit ihrer manikürten Hand die Haare aus der Stirn. »Wie meinen Sie das?«

Etwas flackerte in ihren blassen Augen, und da wurde mir klar, dass sie sich absichtlich dummstellte.

»Ich war in dem Haus in San Diego.« Mein Herz hämmerte, und ich fragte mich, ob meine Stimme verriet, wie nervös ich war. Ich kam mir vor wie ein Kind, das seiner Lehrerin gesteht, dass es bei der Klassenarbeit geschummelt hat. »Ich wollte sehen, wo sie gelebt hatte, und vielleicht ihre Sachen mitnehmen.«

»Sie hätten anrufen sollen«, sagte sie kühl. Ihr Mund verriet mir, dass sie wütend war, und auch in mir stieg die alte Wut empor. Die Wärme, die zwischen uns gewachsen war, verflüchtigte sich.

»Sie wissen, dass ich das versucht habe, aber Sie wollten anscheinend nicht ans Telefon gehen«, sagte ich spitz. »Jedenfalls bin ich zum Haus gefahren und habe dort nichts von ihren Sachen gefunden.«

Sie zuckte mit den Schultern. »Vielleicht hat sie einfach nicht viel dort aufbewahrt.«

»Ich glaube, Sie verstehen mich nicht.« Natürlich war ich mir absolut sicher, dass sie mich verstand. »Ihre Kleidung, ihr Schmuck, ihre Bücher – alles war weg. In diesem Haus gab es nicht die geringste Spur von meiner Tochter.«

Amanda lächelte gezwungen. »Ich weiß nicht recht, was Sie von mir erwarten.«

»Ich bitte Sie, mir zu sagen, was aus den Sachen meiner Tochter geworden ist.« Ich sprach jetzt langsam, doch meine Stimme bebte. »Sie war meine Tochter, also gehören ihre Sachen jetzt mir. Und ich will wissen, wo sie sind.«

Sie schüttelte den Kopf. »So einfach ist das leider nicht. Allison hat ihr Leben mit dem meines Sohnes verschmolzen und – um es klar auszudrücken – war vollkommen abhängig von ihm.« Sie sprach mit mir wie mit einem Kleinkind, dem man das Schlafengehen erklärt. »Sie lebte in einem Haus, das Ben gehörte, und alles, was er besaß – einschließlich des gesamten Inhalts dieses Hauses –, wird erst verfügbar, wenn das Testament vollstreckt ist.« Sie breitete die Arme aus. »Mir sind also die Hände gebunden.«

Ich starrte auf meinen Teller, fühlte mich gedemütigt. Ich hatte mich von ihr täuschen lassen, und wozu? Was machte ich eigentlich hier mit dieser Frau? Warum fragte ich sie nach Ally wie ein Hund, der auf ein paar Brocken vom Tisch hofft, wo sie mir doch offenkundig nicht entgegenkommen wollte? Ich hatte zu viel Wein getrunken. Mein Kopf begann zu pochen. Ich wollte nur noch nach Hause.

»Ich habe Sie schon wieder verärgert«, hörte ich Amanda sagen, und ihre Finger schlossen sich um mein Handgelenk. Die Schärfe war aus ihrer Stimme gewichen, sie klang jetzt weich wie ein Kissen.

Ich hielt die Augen auf mein Essen gerichtet. Sie sollte meine Tränen nicht sehen. Es gab vieles, das ich ertragen konnte, aber nicht, dass sie mich weinen sah. Denn genau das wollte sie, das verriet mir ihr prüfender Blick. Sie betrachtete mich wie ein Schloss, das es zu knacken galt.

»Mir ist nicht gut«, stieß ich hervor, schob den Stuhl zurück und stand auf.

Ein Schwall warmer Luft drang herein, als David durch die Tür kam und sich wieder an den Tisch setzte.

»Entschuldigung.« Er legte die Serviette auf den Schoß und griff nach seiner Gabel. »Das war die Firma.«

Wir sahen wortlos zu, wie er sich über sein Steak hermachte.

»Maggie fühlt sich nicht wohl, Liebling«, sagte Amanda und berührte leicht sein Handgelenk. »Sie fährt nach Hause.«

Er sah mich stirnrunzelnd an. »Tut mir leid. Soll ich Ihnen ein Taxi rufen?«

Ich schüttelte den Kopf. »Ich kann selbst fahren.«

Er nickte, als wäre ich damit entlassen. »Dann gute Nacht.« Mit diesen Worten wandte er sich wieder seinem Steak zu.

Amanda sprang auf und folgte mir zum Wagen. »Wie schade, dass der Abend kein schönes Ende genommen hat«, flötete sie. »Ich hoffe, Sie wissen, dass ich Sie um keinen Preis verärgern wollte.«

»Ich habe nur Kopfschmerzen. Danke für den netten Abend.«

Mein Lächeln geriet zur Grimasse. Sie zog mich an sich, und ich ließ mich von ihr umarmen. Der üppige Geruch ihres Parfüms stieg mir in den Kopf, der nun noch heftiger pochte. Ich löste mich aus ihren Armen und stieg ins Auto. Sie winkte noch, als ich auf die Straße bog, und ihr Gesicht leuchtete im Schein der Rücklichter grellrot.

Allison

Als ich noch etwa hundert Meter entfernt bin, sehe ich, dass es weniger eine Blockhütte als ein großes Gebäude ist, das sich mit unechten Baumstämmen verkleidet hat. Davor erstreckt sich ein perfekt gepflegter Rasen, die Lichtung dahinter ist von einem hohen Holzzaun umgeben. Ein kleines blaues Schild schwingt sanft in der Brise, darauf steht in roten Buchstaben »Chuck's Trailstop«.

Mein Magen knurrt aufgeregt. Welche Köstlichkeiten mögen sich in Chucks Regalen verbergen? Schachteln mit Wheat Thins und Cheez-Its. Tütenweise Chips in exotischen Geschmacksrichtungen. Eiskalte Dosen Cola light und Arizona Eistee, in Zellophan gewickelte Kuchen und, oh mein Gott, ob die wohl auch die kleinen Dosen mit Käsedip haben?

Ich betrachte den Laden. Natürlich ist es ein Risiko. Vielleicht eines, das ich lieber nicht eingehen sollte. Ich habe noch ein paar Kräcker aus der Hütte und könnte versuchen, etwas mit dem Gewehr zu jagen, bin aber dummerweise im Schießen völlig unerfahren. Außerdem bin ich kurz vor dem Verhungern und weiß nicht, wie lange ich mit so wenig Treibstoff noch durchhalte. Der Wasserkanister ist auch fast leer, und ich habe keine Ahnung, wann ich wieder Nachschub finde.

Mir bleibt keine Wahl. Ich muss reingehen.

Doch wenn ich das tue, darf ich möglichst keine Aufmerksamkeit erregen.

Ich berühre das Rattennest, in das sich meine Haare verwandelt haben. Meine Leggings sind fleckig und zerrissen, meine Arme mit Kratzern und Stichen übersät, meine Turnschuhe eigentlich keine Schuhe mehr, sondern Gummistücke, die lose an meinen Füßen hängen. Ich denke lieber nicht darüber nach, wie ich wohl rieche. Statt eines Rucksacks habe ich eine lederne Reisetasche dabei, trage vollkommen ungeeignete Kleidung, die zerrissen und schmutzig ist, und habe ein gestohlenes Gewehr um den Hals hängen.

Es gibt einiges zu tun.

Ich klopfe mich ab, so gut ich kann, und wische mir das Gesicht am Ärmel ab. Dann hole ich das Sweatshirt heraus, das wie durch ein Wunder noch einigermaßen sauber ist. Die Sonne brennt auf mich nieder, und ich beginne sofort zu schwitzen. Dann fahre ich mir mit den Fingern durchs Haar, sie bleiben in dem Filz hängen. Mein Gott, am liebsten würde ich es abschneiden. Ich binde die Haare mit einem Stück Schnur nach hinten und verstecke sie unter der Kapuze. Dann hole ich einige durchweichte Geldscheine aus der Tasche. Neun Dollar, um genau zu sein. Das ganze Bargeld, das ich noch besitze. Ich stecke es in meinen BH.

Wenn ich in den Laden gehe, muss ich wie eine Wanderin aussehen, nicht wie eine durchgeknallte Überlebenskünstlerin. Mit anderen Worten, ich kann weder das Gewehr noch die Tasche mitnehmen. Neben dem Weg ist ein dichtes Gebüsch, also werfe ich beides hinein und arrangiere die Äste so, dass von außen nichts zu erkennen ist. Dann gehe ich zum Laden hinüber.

Als ich eintrete, klingelt eine Glocke.

Der Luftstrom der Klimaanlage trifft mich wie ein Schlag. Ich bekomme eine Gänsehaut und bin plötzlich froh, dass ich das ausgeleierte Sweatshirt angezogen habe.

Dieser Geruch. Ich schnüffle und versuche, ihn einzuordnen. Er erinnert mich an etwas. Parkplätze im Sommer. Grillabende im Garten. Mir läuft das Wasser im Mund zusammen.

Und da sind sie, sie drehen sich langsam in einem Glasbehälter, der auf der Theke steht. Hotdogs. Mein Magen knurrt jämmerlich.

»Kann ich Ihnen helfen?«

Ich drehe mich um und sehe mich einem hochgewachsenen Mann Anfang dreißig gegenüber, der eine Baseballkappe der Cubs trägt. Ich habe keine Zeit, mich zu fürchten, mich interessiert nur noch mein Hunger. Ich lächle und weiche seinem Blick aus. »Ich hätte gerne einen Hotdog.«

Er mustert meine schmutzige Kleidung und die zerfetzten Schuhe. »Klar doch.«

Er geht zu dem Behälter und öffnet ihn. Wieder trifft mich der salzige, fettige, üppige Geruch. Er nimmt einen Hotdog mit der Zange heraus, steckt ihn in ein Brötchen und reicht es mir.

»Das macht zwei Dollar. Ketchup und Senf stehen da drüben.«

»Danke schön.« Ich holte die Scheine aus dem BH und reiche sie ihm über die Theke.

Er nimmt sie mit zwei Fingern und legt sie in die Kasse, wobei seine Augen über mein Gesicht huschen.

Ich kann nicht länger warten. Ich beiße hinein. Die Haut gibt unter meinen Zähnen nach, das salzige Fleisch füllt meinen Mund. Das Brot bleibt zwischen meinen Zähnen hängen, als ich kaue. Ich schlucke und nehme noch einen Bissen und noch einen. Der Mann betrachtet mich mit zurückhaltendem Interesse.

»Wollen Sie noch einen?«, fragt er, als ich den letzten Bissen verschlungen habe.

Ich nicke, während ich mit der Zunge ein Stückchen Knorpel zwischen den Backenzähnen hervorhole.

Er greift zur Zange. »Sie sind nicht gerade passend gekleidet für den Wanderweg.« Er deutet auf meine Turnschuhe. »Schon lange unterwegs?«

Ich zucke mit den Schultern und sage beiläufig: »Nur ein Tagesausflug.«

Er deutet auf einen rötlich braunen Fleck auf meiner Leggings. »Sieht aus wie Blut. Haben Sie sich verletzt?«

Ich schüttle den Kopf. »Nur Dreck. Bin ausgerutscht.«

Einen Moment lang sieht er aus, als wollte er noch etwas sagen, holt dann aber einen weiteren Hotdog heraus und gibt ihn mir. Auch den verputze ich mit wenigen Bissen.

»Für eine Tagesausflüglerin sind Sie ganz schön hungrig«, sagt er und nimmt zwei weitere welke Dollarscheine entgegen. »Wo sind Sie gestartet?«

Ich wische mir mit dem Handrücken über den Mund und spiele auf Zeit. »Hinter dem Grat da drüben«, sage ich schließlich. »An den Namen kann ich mich nicht erinnern.«

Er betrachtet mich jetzt genauer. »Sind Sie allein hier draußen?«

Bei mir schrillen alle Alarmglocken. Ich bin schmutzig und stinke, meine Kleidung ist zerrissen, ich bin mit blauen Flecken übersät, aber ich bin auch eine Frau, die allein unterwegs ist, und mir könnten immer noch furchtbare Dinge zustoßen. Ich schüttelte den Kopf. »Meine Freunde sind unten am Fluss.«

Er tritt ans Fenster. »Ich kann sie nicht sehen.«

Angst kribbelt mir im Rücken. »Vermutlich sind sie um die Ecke. Ich gehe gleich runter.« *Raus raus raus.* »Ich nehme nur noch ein paar Sachen mit.« Ich ziehe mich hinter ein Lebensmittelregal zurück. »Eine Sekunde.«

Er lächelt seltsam. »Lassen Sie sich Zeit.«

Ich versuche, meine aufsteigende Panik zu bekämpfen. Am liebsten würde ich weglaufen, aber ich brauche die Vorräte einfach zu dringend. Ein Glas Erdnussbutter – 1,99 Dollar. Gekauft. Ein Päckchen Überlebenskekse – 2,50 Dollar. Ich hasse mich, weil ich den zweiten Hotdog gegessen habe. Ich spüre schon, wie das Fett in meine Eingeweide dringt. Dafür werde ich später büßen.

Ich lege die Gegenstände auf die Theke und nehme noch ein Snickers. »Kann ich irgendwo meinen Wasserbehälter auffüllen?«

Sein Kopf zuckt zum Fenster. »Hinter dem Haus ist eine Pumpe. Bedienen Sie sich.«

»Super.«

Zum ersten Mal treffen sich unsere Blicke, und ich stelle fest, dass er warme braune Augen hat. Sie erinnern mich an meinen Vater, und ich lese in ihnen die gleiche vertraute Freundlichkeit. Ich entspanne mich ein bisschen. »Nur mal so aus Neugier: Wie weit ist es bis zur nächsten Stadt?«

Vielleicht kann ich mich in ein Motel schleichen, heimlich duschen, eine warme Mahlzeit abstauben, dann irgendwie Geld organisieren.

»Gleich hinter dem Berg in Richtung Osten. Sind etwa dreißig Kilometer. Das macht dann 4,99 Dollar.«

Ich schüttle den Kopf, als er mir den Penny herausgeben will. »Tun Sie ihn da rein.« Ich deute auf die Penny-Schale. Ich kann mir kein Szenario vorstellen, in dem mir ein einzelner Penny nützen würde. »Wie komme ich am besten dorthin? Am schnellsten, meine ich.«

Er zieht eine Augenbraue hoch. »Zu Fuß?«

»Ja.«

Er schüttelt den Kopf. »Für einen Tagesausflug ist es zu weit.«

»Nicht heute«, sage ich zu hastig. »Falls wir noch mal herkommen. Meine Freunde und ich.«

Er reicht mir die Plastiktüte. »Es gibt einen Wanderweg den Berg hoch. Er ist nicht sehr steil, aber Sie brauchen schon richtige Wanderstiefel dafür. Dem folgen Sie, bis Sie auf der anderen Seite sind, dann biegen Sie am Teich scharf nach links zur Hauptstraße ab. Die führt in die Stadt.«

»Super. Vielen Dank. Das merke ich mir fürs nächste Mal.«

»Bringen Sie dann auch die richtige Kleidung mit und mehr Proviant. Hier unvorbereitet zu wandern kann ganz schön riskant sein.«

»Danke für den Tipp.« Ich gehe zur Tür. »Nächstes Mal bin ich eine richtige Pfadfinderin, versprochen.«

Ich öffne die Tür und will hinausgehen, als mein Blick auf den Zeitungsständer fällt. Die Schlagzeile der ›Denver Post‹ lautet: *Stadt betrauert Absturzopfer – Seite 3*. Ich nehme eine Zeitung und schlage sie auf.

Ich erkenne mein Foto, es stammt von einer der zahllosen Benefizgalas, die wir besucht haben. Ich starre auf die Frau im schwarzen Etuikleid, blond und blank wie ein frischgeprägter Penny, und spüre keine Verbindung zu ihr. Diese Frau ist nicht real. Sie war eine Dekoration, die sich gut am Arm eines Mannes machte. Vor allem aber ist sie laut der fetten Unterschrift tot.

Allison Carpenter, 31, Verlobte des Prexilane-CEO Ben Gardner, wurde bei einem Flugzeugabsturz in den Colorado Rocky Mountains getötet. Gardner starb ebenfalls bei dem Unglück.

Eine Blase steigt in mir auf und zerplatzt. Natürlich stimmt es nicht, aber das ist mir egal, denn jetzt bin ich frei.

Meine Augen wandern die Seite hinunter und entdecken noch ein kleineres Foto. Mein Herz schlägt heftig, als ich meiner Mutter ins Gesicht sehe.

»Alles klar mit Ihnen?«, ruft der Mann.

»Bestens!« Meine Stimme klingt gepresst und zu laut. Ich halte die Zeitung näher ans Gesicht. Ich kann sie deutlich erkennen. Sie steht auf einem weiten Platz und trägt das gelbe Kleid, das wir vor Jahren zusammen gekauft haben. Sie hat die Hand vor die Augen gelegt, um sie vor der Sonne zu schützen. Sie ist gealtert. Die Haut an Hals und Wangen wirkt schlaff, sie hat dunkle Ringe unter den Augen. Zu dünn ist sie auch. Sie sieht müde aus. Mein Magen zieht sich schuldbewusst zusammen. Das alles habe ich ihr angetan.

Ich lese, was darunter steht: *Owl's Creek, ME: Maggie Carpenter, Mutter von Allison Carpenter, bei der städtischen Trauerfeier für ihre Tochter.*

Dann bemerke ich sie. Die Kette um ihren Hals blinkt mir förmlich entgegen, sie ist so vertraut wie meine eigenen Hände. Und im Hintergrund sehe ich sein Gesicht, dunkel und verschwommen, aber unverkennbar. Mein Blut gefriert zu Eis.

Ich schieße herum. »Haben Sie ein Auto?«

»Wie bitte?«

»Ob Sie ein Auto haben?« Mir bleibt keine Wahl. Ich muss ihm vertrauen.

Der Mann runzelt die Stirn. »Klar, aber ich –«

»Ich muss so schnell wie möglich in die nächste Stadt.«

Er zieht eine Augenbraue hoch. »Ich dachte, Sie hätten einen Wagen in der Nähe.«

»Das dauert zu lange«, sage ich ungeduldig. »Ich muss jetzt los. Es ist ein Notfall.«

»Was ist passiert?« Er sieht mich besorgt an, und ich erkenne, dass ich ihm zu Recht vertraut habe.

Ich schüttele den Kopf. »Das kann ich Ihnen nicht sagen.«

Er zögert. »Ich muss meinen Laden führen. Ich kann nicht

einfach alles stehen und liegen lassen, nur weil Sie dringend irgendwohin müssen.«

»Ich schwöre, ich würde Sie nicht darum bitten, wenn es nicht wichtig wäre.«

Sein Blick verrät, dass er ins Wanken gerät.

»Bitte.«

Dann nickt er einmal knapp. »Geben Sie mir zehn Minuten.«

»Danke. Ich kann Ihnen gar nicht sagen, wie viel mir das bedeutet.«

»Keine Ursache«, knurrt er. Und dann: »Wollen Sie Ihren Freunden nicht sagen, dass Sie wegfahren?«

Ich sehe ihm geradewegs in die Augen. »Wir wissen beide, dass ich keine Freunde da draußen habe.«

Er lächelt. »Wir treffen uns hinter dem Haus.«

Ich laufe los und hole das Gewehr.

Maggie

Ich sah ihn, bevor er mich sah. Fünf Minuten zu spät, die Haare noch nass vom Duschen und mit einem gehetzten Gesichtsausdruck, den ich bisher nicht an ihm erlebt hatte. Er entdeckte mich, winkte und ging an die Theke. Er machte eine Geste, ob er für mich bestellen solle, und ich deutete auf meinen noch vollen Kaffee und schüttelte den Kopf. Er plauderte mit der Kellnerin und lachte, als er in der Gesäßtasche nach seinem Portemonnaie angelte. Als er bestellt hatte, setzte er sich lächelnd zu mir.

»Verzeihen Sie die Verspätung.« Er fuhr sich durch die Haare. »Ich bin heute Morgen vollkommen durcheinander.«

»Alles bestens«, beschwichtigte ich ihn. »Ich komme immer zu früh. Das macht die Leute verrückt.«

»Zu früh sein ist überhaupt nicht schlimm.«

Ich lachte. »Wenn man das Wartezimmer dadurch verstopft, schon.«

Die Kellnerin stellte einen Keramikbecher vor ihn auf den Tisch. Es sah aus wie Kakao mit Schlagsahne. Er musste bemerkt haben, dass ich die Augenbrauen hochzog, denn er zuckte mit den Schultern und sah ein bisschen verlegen aus. »Verraten Sie es bloß nicht meinem Arzt.« Er tauchte den Löffel in die Schlagsahne und schob ihn in den Mund. »Ich habe eine schreckliche Schwäche für Süßes.«

Ich nickte. »Bei mir ist es salziges Knabberzeug.«

Charles hatte mich immer damit aufgezogen und mich die Kartoffelchipskönigin von Owl's Creek genannt. »Nicht dass ich noch viel davon essen dürfte«, fügte ich wehmütig hinzu.

Er lächelte mitfühlend. »Cholesterin?«

»Blutdruck.«

Der Arzt hatte mir Medikamente verschrieben, von denen mir schwindlig wurde. Also hatte ich sie abgesetzt und stattdessen meine Ernährung umgestellt. Doch die Kartoffelchips vermisste ich noch immer.

Er trank von seinem Kakao und wischte sich mit dem Handrücken die Sahne vom Mund. »Wie war die Trauerfeier noch?«

Ich dachte an David und Amanda, die aus heiterem Himmel aufgetaucht waren, und an unser steifes Essen gestern Abend. Darüber wollte ich aber nicht sprechen, also zuckte ich nur mit den Schultern.

»Ach, Sie wissen schon, ganz gut. Es war schön, dass so viele gekommen sind.«

Er nickte aufmunternd. »Ja, den Eindruck hatte ich auch. Ganz sicher haben viele Menschen Ihre Tochter geliebt.« Er hob die Tasse und hielt inne. »Tut mir leid, dass ich so plötzlich weggelaufen bin.«

Ich schaute ihn an. Ich hatte ihn schon danach fragen wollen, es aber für unhöflich gehalten. Doch nun hatte er es von sich aus angesprochen. »Was war denn los?«, fragte ich leichthin.

Er rutschte auf seinem Stuhl hin und her. »Ich kam mir aufdringlich vor. Einfach so aufzutauchen …« Es fiel ihm sichtlich schwer, es zuzugeben. »Ich dachte, Sie würden es vielleicht seltsam finden.«

Das bedauerte ich nun wirklich. Er hatte nett sein wollen, und ich hatte ihm das Gefühl vermittelt, etwas falsch gemacht zu haben. Ich drückte die Schultern durch und sah ihm in die Augen. »Nein. Ich war froh, dass Sie gekommen sind.«

»Gut.« Er spielte mit seinem Löffel und klopfte gegen die Untertasse. *Kling kling kling.* Ein dunkler Schatten zog über sein Gesicht.

»Tony, liegt Ihnen etwas auf der Seele?«

Er blickte überrascht auf. »Mir? Nein. Wieso fragen Sie?«

Er folgte meinem Blick zu dem Löffel und legte ihn behutsam auf die Untertasse. Er lächelte verlegen. »Entschuldigung. Nervöser Tick. Ich weiß gar nicht, was heute in mich gefahren ist. Aber sagen Sie mir doch«, er griff über den Tisch und nahm meine Hand, »wie kommen Sie zurecht?«

Ich versuchte, nicht an seine warmen Finger zu denken. »Ach, Sie wissen schon. Irgendwie.«

»Maggie«, sagte er sanft, »zu mir können Sie ehrlich sein.« Da war wieder dieser Blick, als könnte er mir geradewegs ins Herz schauen.

Meine Fassade bröckelte, und ich seufzte. »Alle scheinen zu glauben, dass ich nicht richtig mit meiner Trauer umgehe, dass ich mich irrational verhalte, weil ich nicht akzeptiere, was mit Ally geschehen ist.«

Er sah mich an, wartete ab.

»Finden Sie mich auch irrational?«

Er schüttelte den Kopf. »Was ich finde, spielt keine Rolle. Was denken Sie denn selbst?«

»Ich weiß es nicht. Natürlich sollte ich versuchen, nach vorn zu schauen, aber es kommt mir alles so verschleiert vor. Sobald ich glaube, ich hätte etwas erreicht, ich würde verstehen, was mit Ally passiert ist, es akzeptieren – puff! löst es sich in Luft auf. Es kommt mir vor, als würde ich den Verstand verlieren.«

Er drückte meine Hand. »Sie verlieren nicht den Verstand.«

Wir schwiegen eine Minute, während die Kaffeemaschine im Hintergrund rumpelte und zischte. Ich tastete nach der

Kette, umfasste das kühle Medaillon flüchtig und ließ sie wieder los.

»Hübsch«, sagte er schließlich. »Die Kette, meine ich. Ist sie neu?«

»Nein«, sagte ich leise. »Sie hat Ally gehört. Man fand sie an der Unglücksstelle.«

Er nickte. »Gut, dass Sie sie haben.« Er streckte die Hand aus, als wollte er sie berühren, hielt aber inne.

Dennoch spürte ich den Hauch seiner Finger auf meiner Haut, ein Kribbeln wie von einer elektrischen Ladung. Ich wich zurück, und er lächelte entschuldigend.

»Ich wollte Sie nicht erschrecken.«

»Ich bin nur ein bisschen nervös, das ist alles.«

Ich fragte mich, ob meine Wangen so rot waren, wie sie sich anfühlten. Das war einfach lächerlich.

»Die Eltern des Piloten waren da«, sagte ich unvermittelt. »Die Leute, die zu mir gekommen sind, gleich nachdem wir uns unterhalten hatten. Ich weiß nicht, ob Sie sie noch gesehen haben – ein elegant gekleidetes Paar.«

Er schüttelte den Kopf.

»Sie waren jedenfalls da. Wir haben auch gestern Abend zusammen gegessen.«

Er sah mich scharf an. »Sie haben mit Ihnen *gegessen?*«

Plötzlich fühlte ich mich in der Defensive. »Sie waren extra aus Kalifornien gekommen. Mir blieb keine andere Wahl.«

Ich rechnete schon mit Kritik, doch er nickte nur. »Das ist wahr. Was haben sie denn gesagt?«

Ich erinnerte mich, wie David auf sein Handy gestarrt und wie spröde Amandas Lachen geklungen hatte.

»Nichts.«

Das war nicht gelogen; etwas Brauchbares hatten sie nicht gesagt. Trotzdem ließ mir der Abend keine Ruhe. Amandas

Charme war abgekühlt, sowie ich etwas von ihr verlangt hatte, das sie mir nicht geben wollte, und David war so distanziert gewesen, überhaupt nicht richtig da …

Ich schaute Tony an, dessen Bäuchlein sich unter dem zerknitterten T-Shirt verbarg, dessen große Hand mit den abgebissenen Fingernägeln wieder auf meiner ruhte. Sicher konnte ich diesem Mann vertrauen. Jedenfalls wünschte ich es mir sehr.

»Ich war in dem Haus in San Diego«, sagte ich schließlich. »In dem sie mit diesem Mann gewohnt hat.«

Ich berichtete, wie die Haushälterin mir die kalte Schulter gezeigt hatte und dass alle Sachen, die Ally gehört hatten, verschwunden waren.

Er wurde zunehmend blasser, während ich sprach, und umklammerte die Tischkante. »Haben Sie das seinen Eltern gegenüber erwähnt?«

Mir fiel der sorgfältig beherrschte Zorn in Amandas Stimme ein, als ich sie danach gefragt hatte, ihr blumiges Parfüm, wie ich vom Wein betäubt und benebelt gewesen war, und ich fühlte mich aufs Neue gedemütigt.

»Amanda hat gesagt, die Sachen gehörten zum Nachlass und müssten erst vom Gericht freigegeben werden.«

Nun, da ich es angesprochen hatte, wollte ich eigentlich gar nicht mehr darüber reden. Ich griff nach meiner Tasse, merkte aber, dass der Kaffee kalt war.

Tony schüttelte den Kopf. »So ein Quatsch.«

Ich zuckte zusammen, aufgeschreckt vom Zorn in seiner Stimme.

»Sie sind Ihre Mutter, die nächste Angehörige. Man müsste Ihnen die Sachen sofort übergeben. Ich dachte …«

Er verstummte, und ich wartete, dass er weitersprach. »Sie dachten was?«

Doch er schüttelte den Kopf und verzog das Gesicht. Es war,

als hätte er sich tief in sich selbst zurückgezogen, an einen Ort, den ich nicht erreichen konnte.

»Nun«, sagte ich schließlich, »ich weiß nicht recht, was ich tun soll. Vermutlich könnte ich einen Anwalt einschalten, aber es erscheint mir verrückt, etwas nachzujagen, das womöglich gar nicht mehr existiert.« Ich hob die Hände. »Wer weiß, vielleicht haben sie alles einfach weggeworfen.«

Er lehnte sich zurück und rieb sich das Gesicht. »Diese Schweine«, murmelte er. Unsere Blicke begegneten sich, und ich war überrascht, dass er Tränen in den Augen hatte. »Solche Leute glauben, sie kämen mit allem durch.«

Ich starrte ihn an. »Wie meinen Sie das, solche Leute? Sie kennen sie doch gar nicht.« Mir war, als würde ich das Gleichgewicht verlieren, als hätte sich eine Falltür unter mir aufgetan.

»Natürlich nicht«, erwiderte er scharf. »Es ist nur …« Er suchte nach Worten. Auch er war vorsichtig. »Sie sind reich, oder?«

Ich nickte.

»Genau das habe ich gemeint. Reiche Leute denken immer, sie kämen mit allem durch. Sie behandeln Menschen wie uns – normale, fleißige Menschen – wie Dreck.« Sein Gesicht hatte sich rot gefärbt, seine Augen glänzten. Die anderen Gäste schauten zu uns herüber. »Die zerstören das Leben anderer, und dann lachen sie darüber, weil sie sich nur für sich selbst interessieren und ihr kostbares Geld. Das sollte man wirklich verbieten. Sie dürfen nicht mehr damit durchkommen.«

Ich merkte, er war nicht mehr bei sich. Das machte mir ein bisschen Angst. Jetzt legte ich meine Hand sanft auf seine. »Tony? Tony?«

Er schrak zusammen und schien überrascht, mich zu sehen. Der Zorn schwand aus seinen Augen, er wirkte entsetzt und reumütig. »Es tut mir leid. Meine Frau hat immer gesagt, ich sei ein Hitzkopf. Ich hoffe, ich habe Sie nicht vor den Kopf gestoßen.«

»Sie haben mir ein bisschen Angst gemacht«, gab ich zu. »Ich meine, es ist nett, dass Sie um meinetwillen so wütend werden, aber –«

»Ich weiß, ich weiß, ich habe mich hinreißen lassen. Mist.« Er sah verlegen aus wie ein Hund, den man beim Zerkauen der Zeitung ertappt hat. »Das ist noch der Sozialist aus den Sechzigern in mir. Immer auf der Seite der Unterdrückten.«

Ich lächelte und spürte, wie das Gleichgewicht zurückkehrte. »Und diesmal bin ich die Unterdrückte?«

Er lächelte. »Ich fürchte ja.« Er beugte sich über den Tisch und nahm das Medaillon in die Hand. Ich spürte seine warmen Finger auf der Haut, und da war auch wieder das elektrisierte Kribbeln.

»Meine Frau hatte auch so eins.« Er wog es in der Hand. »Aber aus Silber. Sie bewahrte eine Haarsträhne hinter dem Foto auf – von ihrer Mutter.« Er behielt das Schmuckstück in der Hand und sah mich an. »Es ist gut, dass Sie es haben. Tragen Sie es immer am Herzen.«

Sein Blick war so eindringlich, dass er mich aus dem Gleichgewicht brachte, und jetzt wurde ich ganz sicher rot. Ich löste mich von ihm, und das Medaillon rutschte ihm aus der Hand.

Zwischen uns war eine Spannung entstanden, obwohl ich nicht sagen konnte, warum. Eine Kraft schien von ihm auszugehen, die mich irgendwie beeinflussen wollte. Ich legte die Hand an die Stirn. Plötzlich war ich schrecklich müde.

Tony ließ die Handflächen auf dem Tisch ruhen und beugte sich vor. »Maggie, Sie glauben, sie sei noch am Leben, oder?«

»Irgendwie schon.« Die Worte kamen, noch bevor ich begriffen hatte, dass sie wahr waren. »Man hat ihre Leiche nicht gefunden, und die Kette ...« Ich schüttelte den Kopf. »Selbst wenn sie tot ist, muss ich sie verstehen und ihn und alles, was damit zusammenhängt. Ergibt das einen Sinn?«

»Oh ja.« Er tätschelte meine Hand. »Machen Sie weiter, Maggie. Graben Sie weiter. Sie werden die Wahrheit finden, das weiß ich genau.« Seine Finger glitten unter meine Handfläche. »Aber seien Sie bitte vorsichtig. Diese Leute ...« Er schüttelte den Kopf. »Seien Sie einfach nur vorsichtig. Ich will nicht, dass Ihnen etwas zustößt.«

Allison

Mein Geruch breitet sich im Führerhaus des Lasters aus – getrockneter Schweiß, dazu etwas Fauliges –, und ich öffne das Fenster, um frische Luft hereinzulassen. Nachdem ich so lange zu Fuß gelaufen bin, verunsichert mich die Geschwindigkeit, mit der wir uns bewegen. Meine Augen tun weh, weil ich angestrengt versuche, einzelne Bäume wahrzunehmen, die an uns vorbeisausen.

Ich denke an das verschwommene Gesicht auf dem Foto. Wenn er dort ist, sind auch die anderen nicht weit. Ich hätte vorsichtiger sein müssen. Ich hätte wissen müssen, dass sie nicht aufgeben. Ich hätte wissen müssen, dass sie es auch auf sie abgesehen haben.

»Und was ist das nun für ein schlimmer Notfall?«

Die Stimme des Mannes durchschneidet die Stille, und ich zucke zusammen. Ich hatte ganz vergessen, dass noch jemand außer mir im Wagen ist, obwohl er am Steuer sitzt.

»Eine Familienangelegenheit.« Ich halte die Augen auf die vorbeiziehenden Bäume gerichtet.

»Sie haben in der Zeitung von einer Familienangelegenheit gelesen?«, fragt er ungläubig. Kein Wunder. Ich kann es selbst kaum glauben, und dabei geht es um mein eigenes Leben.

Trotzdem bin ich nicht auf Konversation aus. Meine eigene Stimme schreit zu laut in meinem Kopf, als dass ich mich konzentrieren könnte.

»Hören Sie, ich weiß es zu schätzen, dass Sie mich fahren, aber mir ist gerade wirklich nicht nach Reden zumute.«

»Kein Problem.«

Ich werfe einen Blick auf sein Profil. Er hat eine Adlernase und einen kräftigen, eckigen Kiefer, ein Gesicht wie aus dem Mount Rushmore gemeißelt. Eine Hand ruht auf dem Lenkrad, die andere am Schalthebel. Es ist, als würde ich von GI Joe gefahren.

Ich schaue wieder zum Fenster hinaus. In der Ferne erhebt sich der schneebedeckte Gipfel des Berges über die Landschaft. Kaum zu glauben, dass ich erst vor wenigen Tagen auf diesem Berg gewesen bin, mich an den Hang geklammert und um Gnade gebetet habe.

Der Fahrer räuspert sich. »Sie sind das Mädchen, oder?«

Ich schaue ihn an, doch er hält die Augen auf die Straße gerichtet.

»Welches Mädchen?«, frage ich ausdruckslos und gleichgültig, spüre aber die Panik unter meinen Rippen aufsteigen.

Seine Augen zucken zu mir. »Das aus dem Flugzeug. Ich habe Sie in den Nachrichten gesehen.«

Ich schüttle den Kopf. »Ich habe keine Ahnung, wovon Sie reden.« *Stell dich dumm*, mahne ich mich. *Lass dir nichts anmerken.*

Er lächelt, worauf sich meine Kehle zusammenzieht. »Zuerst war ich mir nicht sicher. Sie sehen ein bisschen anders aus als auf dem Foto, aber das ist unter den Umständen kein Wunder. Dann habe ich Ihren Gesichtsausdruck gesehen, als Sie den Hotdog gegessen haben. So sehen Leute nur aus, wenn sie verzweifelten Hunger haben, und man ist nicht so verzweifelt, nur weil man einen Tag lang nichts gegessen hat.«

»Es war ein langer Tag.«

Ich habe mich in ihm geirrt – er ist keiner von den Guten.

Vielleicht gehört er zu ihnen, soll mich aufspüren. Oder er ist der übliche Psychopath, der mich in Stücke hacken will. Oder irgendein Durchschnittstyp, der eine Frau in Not zurück in die Zivilisation bringt, weil er auf Geld und ein paar Minuten Ruhm aus ist. Es ist auch egal, keine dieser Varianten bedeutet etwas Gutes.

Er seufzt ungeduldig. »Es hat keinen Sinn, es abzustreiten. Ich weiß, Sie sind das Mädchen aus dem Flugzeug.«

Meine Hand umklammert den Türgriff, ich ziehe vorsichtig daran. Abgeschlossen. Ich bin gefangen. Also muss ich versuchen, mit ihm zu verhandeln. »Was verlangen Sie für Ihr Schweigen?«

Er wirft mir einen raschen Blick zu, sieht überrascht aus. »Was ich verlange?«

Ich nicke.

Er lacht auf und richtet die Augen wieder auf die Straße. »Ich verlange gar nichts.«

Es gefällt mir nicht, dass er mit mir spielt. Vermutlich hat man ihm längst eine Belohnung versprochen. Ich versuche es noch einmal. »Ich bekomme bald Geld. Sobald wir in der Stadt sind. Dann kann ich Ihnen was geben.«

»Wie ich bereits sagte, ich will nichts haben.«

Wir verfallen wieder in Schweigen. Mein Überlebensinstinkt arbeitet fieberhaft. Vielleicht kann ich ins Lenkrad greifen und ihn zwingen, an den Straßenrand zu fahren. Aber was dann? Ich wäre mitten im Nirgendwo, schwach und erschöpft, und er ist doppelt so schwer wie ich. Er würde mich in einer Sekunde überwältigen.

Ich schaue mir das Fenster genauer an. Könnte ich hindurchgreifen und die Tür von außen öffnen? Wie schnell fahren wir – achtzig? Hundert? Würde ich den Sprung überleben oder auf dem Asphalt sterben?

Plötzlich dringt seine Stimme in meine Gedanken. »Hören Sie«, sagt er ruhig, »ich habe keine Ahnung, was in diesem Flugzeug passiert oder wie es Ihnen gelungen ist, zu überleben, und wohin Sie jetzt wollen. Das geht mich auch nichts an. Ich sehe nur eine junge Frau, die ganz allein und vermutlich in Gefahr ist. Da muss ich doch meine Hilfe anbieten. Also. Kann ich Ihnen irgendwie helfen?«

Ich balle die Fäuste. *Glaub ihm kein Wort. Du kannst ihm nicht vertrauen.* »Sie helfen mir bereits, indem Sie mich in die Stadt fahren«, sage ich bemüht beiläufig.

»Sonst noch was?«, brummt er.

»Ehrlich, Sie tun schon eine ganze Menge.« *Ich will deine Hilfe nicht. Das ist nur ein Trick.* Dann spekuliere ich ein bisschen. »Sagen Sie bitte keinem, dass Sie mich gesehen haben.«

Er nickt, die Augen auf der Straße. »Ehrenwort.«

Wieder wird es still zwischen uns. Mein Herz schlägt langsamer. Ein Eichhörnchen flitzt aus dem Gebüsch und verharrt reglos auf der Straße. Der Lastwagen weicht aus, doch das Eichhörnchen rennt in die falsche Richtung und gerät unter das Rad. Der Stoß, als wir es überfahren, ist kaum spürbar. Das Knacken seiner winzigen Knochen wird vom Motor übertönt. Der Mann flucht leise, und ich sehe das Bedauern in seinem Gesicht. Ich schaue in den Rückspiegel. Ein schmieriger Fleck aus Blut und Pelz auf der Straße, der bald verschwindet.

Der Mann räuspert sich. »Ich habe gesehen, dass Sie ein Jagdgewehr bei sich haben.«

Wieder überkommt mich die Angst. Ist das sein Plan? Will er mich mit meiner eigenen Waffe erschießen? »Das stimmt.«

»Wissen Sie, wie man damit schießt?«

»Klar doch.« Ich bemühe mich, selbstsicher zu klingen.

»Ganz sicher?«

Ich zögere. Ich habe meinen Eltern beim Schießen zugesehen, aber das heißt noch lange nicht, dass ich es auch kann. Doch wenn ich das zugebe, könnte er es ausnutzen.

Er spürt meine Unsicherheit. »Was halten Sie davon, wenn ich es Ihnen beibringe? Vielleicht könnte es nützlich sein.«

Er lässt mir die Wahl. Ich kann seine Hilfe akzeptieren oder ablehnen. Mit einer Art resigniertem Entsetzen wird mir klar, dass es keine Rolle spielt: Wenn er mich töten will, wird er es tun. Daran kann ich nichts ändern. Ich blicke durch die Windschutzscheibe. Vermutlich sollte ich mich für die Option entscheiden, bei der ich am Ende ein Gewehr benutzen kann.

»Das wäre nicht schlecht.«

Wir halten am Straßenrand und gehen einige Hundert Meter in den Wald hinein. Mein Herz hämmert jetzt, das Adrenalin strömt nur so durch meinen Körper. Ich halte das Gewehr dicht bei mir.

Auf einer Lichtung bleiben wir stehen. Ich kämpfe gegen den Drang, wegzulaufen. *Zeig keine Angst. Angst ist ein Auslöser.*

»Na schön.« Er deutet auf die Waffe. »Geben Sie mir die.«

Ich halte inne und umklammere den Lauf so fest, dass meine Finger weiß werden.

Er bemerkt es und lächelt. »Ich tu Ihnen nichts, versprochen. Ich zeige Ihnen nur, wie man das Gewehr lädt.« Er streckte mir die Hand entgegen.

Ich betrachte sie argwöhnisch. »Können Sie mir das nicht zeigen, während ich es festhalte?«

Er schüttelt lächelnd den Kopf. »Sie sind ein misstrauischer Mensch, was?«

Ich drücke das Gewehr an die Brust. »Aus Schaden wird man klug.«

Er beobachtet mich. »Also gut, Sie halten es fest, während ich lade. Zuerst vergewissern Sie sich, dass die Mündung nicht auf Sie gerichtet ist – oder mich.« Er schiebt den Lauf vorsichtig weg, sodass die Waffe auf einige weiter entfernte Bäume gerichtet ist. »Jetzt ziehen Sie den Bolzen zurück. Schauen Sie in die Patronenkammer.«

Ich spähe hinein.

»Sehen Sie was?«

Ich schüttle den Kopf.

»Gut. Dann ist es nicht geladen.« Er nimmt einige Patronen aus der Schachtel, die er neben seinen Füßen abgelegt hat. »Am besten laden Sie gleich voll. In dieses Gewehr passen drei Patronen.« Sie rasten mit einem Klicken ein. »Jetzt ist es geladen, also schieben Sie den Bolzen wieder an Ort und Stelle. Dadurch gleiten die Patronen in die Kammer. Verstanden?«

Ich nicke.

»Sehr gut. Das hier ist die Sicherung. Solange sie oben ist, passiert nichts, wenn Sie den Abzug betätigen. Klappen Sie sie runter, ist die Waffe schussbereit. Das machen Sie jetzt mal.«

Ich klappe die Sicherung hinunter.

»Am besten stützen Sie den Gewehrkolben gegen Ihr Schultergelenk – so.« Er hebt die Waffe und drückt den Kolben behutsam gegen meine Schulter. »Gut. Mit diesem Arm stützen Sie die Mündung und legen die andere Hand an den Abzug. Verstanden?«

Ich nicke.

»Jetzt holen Sie ein paarmal tief Luft, um sich zu konzentrieren. Schauen Sie durchs Visier und suchen Sie sich ein Ziel. Haben Sie eins?«

Ich konzentriere mich auf einen Knoten in einem Kiefernstamm, etwa zehn Meter entfernt.

»Alles klar? Gut. Jetzt können Sie schießen. Sie feuern immer beim Ausatmen. Also holen Sie tief Luft, atmen Sie aus und betätigen Sie dabei den Abzug.«

Der Rückstoß wirft mich nach hinten, und er fängt mich auf,

bevor ich hinfalle. Von dem Knall klingeln mir die Ohren, und das Echo hallt durch den Wald. Ich reibe mir die schmerzende Stelle an der Schulter, das wird wohl der nächste blaue Fleck.

Er lächelt mir zu. »Alles okay?«

Ich nicke. Mein Mund ist ganz trocken. Eigentlich bin ich nicht okay, ganz und gar nicht.

»Versuchen Sie es noch einmal«, ermuntert er mich. »Und diesmal versuchen Sie, das Ziel zu treffen.«

Ich halte mein Auge ans Visier, drücke die Waffe gegen die Schulter, halte sie fest und hole ein paarmal tief Luft, wobei der Geruch von Schießpulver in meine Lungen dringt. Ich denke an meine Mutter, wie mühelos sie die Waffe gehalten hat, wie ihr Körper ganz still wurde, bevor sie schoss. *Ruhig*, denke ich. *Sachte*. Ich atme aus und drücke ab.

Diesmal taumele ich nur einen Schritt zurück und kann mich auf den Füßen halten.

»Gar nicht übel«, sagt er anerkennend. »Sie haben es beinahe geschafft. Noch ein Versuch?«

Ich schüttle den Kopf, und er lacht. »Auch gut. Mit der Zeit könnte eine ganz brauchbare Schützin aus Ihnen werden. Auf geht's, wir fahren weiter.«

Erleichterung durchflutet mich, ich bekomme ganz weiche Knie. Ich bin in Sicherheit. Er wird mir nichts tun. Er wollte mir wirklich nur helfen. Dann zieht sich mein Magen krampfhaft zusammen, und ich hebe die Hand.

»Eine Sekunde.« Ich stolpere ins hohe Gras und erbreche mich lautstark auf den Boden.

»Alles klar?«

Ich atme keuchend, stehe gebeugt über den Überresten der beiden Hotdogs. »Bestens«, krächze ich, wische mir den Mund mit dem Handrücken ab und gehe zu ihm zurück. »Tut mir leid, dass Sie das mit anhören mussten.«

Er schüttelt den Kopf. »Ich habe schon Schlimmeres gehört. Ich bin übrigens Luke.«

Wir geben uns die Hand.

»Allison. Aber das wusstest du wohl schon.«

Wir steigen wieder in den Laster, und Luke biegt auf die Straße. Er schaut wieder durch die Windschutzscheibe und ich zum Fenster hinaus. Mein Magen fühlt sich noch sauer an, der Geschmack von Galle steckt mir in der Kehle. Das Adrenalin ist abgebaut, ich bin erschöpft. Die Bäume verschwimmen zu einer grünen Wand.

Gegen sechs erreichen wir die Stadt, die sich mit einem altmodischen Holzschild ankündigt – WILLKOMMEN IN BUCKSHOT CANYON! 2960 EINWOHNER – und sich als eine einzige lange Straße mit geschlossenen Läden und einigen neonbeleuchteten Kneipen entpuppt.

»Ich glaube, um die Ecke gibt es ein Motel«, sagt Luke. Kurz darauf parken wir vor einem weißverputzten Gebäude, dessen Schild freie Zimmer ankündigt. Aus einem Fenster im Erdgeschoss dringt gelbliches Licht, und ich bemerke eine Frau hinter der Rezeption, die kaugummikauend ins Leere starrt.

»Zu den Zimmern kann ich nichts sagen, aber die sind sicher besser als das, wo du die letzte Zeit verbracht hast.« Er springt aus der Fahrerkabine. »Kommst du?«

Ich zögere. »Wie viel mag das pro Nacht kosten?«

Luke blickt von dem Motel zu dem verlassenen Parkplatz, auf dem nur ein verrosteter Honda steht. Das Geländer im ersten Stock sieht aus, als hätte es jemand losgetreten. »Wenn die mehr als dreißig Dollar wollen, ist es Wucher.«

»Okay.« Ich bewege mich noch immer nicht.

Er steigt wieder ein. »Keine Sorge, ich kann das übernehmen, falls du dir deswegen Sorgen machst.«

Ich schüttle den Kopf. Ich habe schon zu viel von ihm angenommen. Mehr geht nicht. »Das sollst du nicht.«

Er grinst. »Dir bleibt wohl keine andere Wahl.«

Natürlich hat er recht. Außer ich will versuchen, morgen früh die Zeche zu prellen, aber das wäre riskant. Damit würde ich Aufmerksamkeit erregen. Man könnte mich erwischen. Schließlich nicke ich dankbar. »Ich gebe es dir zurück. Ich besorge mir gleich morgen früh Geld und schicke es dir, du musst mir nur deine Adresse geben.«

Er verschränkt die Arme vor der Brust. »Der Laden wirft nicht viel ab, aber immerhin genug, um einem Mädchen ein Zimmer mit Dusche zu bieten.«

»Ich gebe es dir zurück«, beharre ich. Ich will mich nicht mehr auf das Geld eines Mannes verlassen. Nie wieder.

Er kommt herum und öffnet die Beifahrertür. »Das sehen wir ja. Jetzt besorgen wir dir erst mal ein Zimmer.«

Er schwingt sich meine Tasche über die Schulter und marschiert zur Rezeption. Die Absätze seiner Stiefel klicken auf dem Pflaster.

Als ich die Tür öffne, hat er schon zwei Zwanziger herausgeholt und gibt sie der Empfangsdame. Über der Tür hängt ein Fernseher, den sie keine Sekunde aus den Augen lässt, selbst als sie sechs einzelne Dollarscheine Wechselgeld abzählt.

Ich schaue hoch. Judge Judy hockt auf ihrer Richterbank wie eine Krähe und schreit eine Frau an, die ihre Quittungen nicht aufbewahrt hat.

Die Empfangsdame gibt Luke den Schlüssel, der ihn mir zusammen mit den sechs Dollar weiterreicht.

»Falls du Lust auf etwas anderes als Erdnussbutter bekommst«, sagt er achselzuckend.

Ich begleite ihn zurück zum Laster und schaue zu, als er einsteigt.

»Ist so weit alles in Ordnung mit dir?«, fragt er.

Die Deckenbeleuchtung schimmert über ihm wie der Mond.

»Ich komm schon klar.« So ganz glaube ich nicht daran, aber egal. Ich habe gelernt, nicht weiter darüber nachzudenken. »Vielen Dank. Ich kann dir gar nicht sagen, wie –«

»Keine Ursache.« Er streckt den Arm aus dem Fenster und legt mir die Hand auf die Schulter. »Ich weiß nicht, was dir da draußen zugestoßen ist. Und ich weiß auch nicht, wohin du gehst oder in welchen Schwierigkeiten du steckst, aber für mich siehst du aus wie eine Überlebenskünstlerin. Daher mache ich mir keine Sorgen um dich.«

Ich spüre ein Knistern, als seine Fingerspitzen meine Haut berühren, und stelle mir eine Sekunde vor, ihn mit aufs Zimmer zu nehmen. Es wäre so leicht, es einfach geschehen zu lassen. Die Hitze eines anderen Menschen zu spüren. Der Geschmack seines Mundes auf meinem. Das Gefühl der Sicherheit, so flüchtig oder eingebildet es auch sein mag.

Doch ich lächle nur und klopfe auf die Motorhaube. Ich darf ihn da nicht hineinziehen. Das hier muss ich allein durchstehen.

Luke lässt den Motor an. »Mach's gut, Allison. Es war mir ein Vergnügen.«

Er tippt sich an den nicht vorhandenen Hut, legt den Rückwärtsgang ein und fährt in einer Staubwolke davon. Ich sehe ihm nach, bis die Rücklichter verschwunden sind.

Maggie

Ich warf meine Schlüssel auf die Arbeitsplatte und ließ mich auf einen Stuhl fallen. Das Koffein hatte mich zittrig gemacht, meine Nerven lagen blank. Ich ließ mir das Gespräch mit Tony noch einmal durch den Kopf gehen, seinen Gesichtsausdruck, als er mir gesagt hatte, ich solle vorsichtig sein, und wie er seinen Mund zu einem Strich zusammengepresst hatte, als ich fragte, was er damit meine. Er hatte nur den Kopf geschüttelt und seine Warnungen wiederholt, und ein paar Minuten später hatte er sich entschuldigt und war gegangen. Ich wusste nicht, was ich davon oder von ihm überhaupt halten sollte, und unser Treffen hatte bei mir einen seltsamen Nachgeschmack hinterlassen.

Ich schaute mich in der Küche um. Die Arbeitsplatte war voller Kaffeeflecken und Toastkrümel, der Fliesenboden wirkte stumpf, und die Post stapelte sich bedenklich hoch auf dem Schreibtisch. Der ganze Raum sah aus, als betrachtete man ihn durch eine schmierige Glasscheibe. Ich war immer stolz auf mein sauberes Zuhause gewesen, das ich in letzter Zeit sträflich vernachlässigt hatte. Es war mir peinlich, so zu leben. Peinlich, dass ich Besucher in dieses Haus gelassen hatte.

Ich stand mühsam auf und wühlte im Schrank unter der Spüle nach den Reinigungsmitteln. Dann machte ich mich daran, den Herd und die Fenster zu putzen, wobei ich eine zunehmende Flut aus zerknülltem, fleckigem Küchenpapier hinterließ. Allmählich sah die Küche wieder aus, wie sie sein sollte. Das Koffein summte förmlich in meinem Körper, als ich mich mit dem Holzreiniger über den Schreibtisch hermachte. Beim ersten Wischen stieg eine Staubwolke auf, und ich war wütend auf mich selbst, weil ich mich nicht früher darum gekümmert hatte.

Ich rückte den Poststapel gerade und schob ihn in den Schrank über dem Schreibtisch, wobei ich mir fest vornahm, ihn bald durchzusehen. Dabei rutschte ein Brief heraus und flatterte zu Boden. Ich bückte mich, was meinem Rücken gar nicht gefiel. Es war der Brief von der Bank, die Allys Konto auflösen wollte.

Ich las ihn noch einmal und wurde erneut wütend darüber, dass die Bankgebühren das Guthaben aufgefressen hatten. Natürlich sollte ich die Sache auf sich beruhen lassen und mich freuen, dass sich wenigstens das von selbst erledigt hatte, doch die Ungerechtigkeit störte mich gewaltig. Ich beschloss, persönlich hinzugehen und ihnen die Meinung zu sagen.

Ich räumte den Reiniger wieder unter die Spüle, zog ein frisches T-Shirt an und ging hinaus in den schwülen Spätnachmittag.

Es war kurz vor Geschäftsschluss, nur ein Schalter war noch geöffnet. Wendy winkte mir zu, kam hinter dem Schalter hervor und umarmte mich.

»Tut mir leid, dass ich es nicht zur Trauerfeier geschafft habe.« Sie schob die Brille auf der Nase hoch und deutete zu einer geschlossenen Tür weiter hinten. »Peter, der Idiot, wollte mir nicht freigeben.« Sie sagte es in einem theatralischen Bühnenflüstern, das durch die ganze Bank hallte. »Linda war vorhin hier und hat gesagt, es sei eine schöne Feier gewesen.«

»Das war es auch.«

Wendy war mit uns zur Highschool gegangen, und wir sechs – ich und Charles, Linda und Jim, Wendy und ihr Ehemann Mike – hatten früher zusammen Karten gespielt oder waren essen gegangen. Das hatte sich geändert, als Charles starb – Linda und Wendy ermunterten mich, weiter zu den Kartenabenden zu kommen, aber als fünftes Rad am Wagen machte es keinen Spaß mehr. Ich war nicht mehr hingegangen, und sie hatten irgendwann nicht mehr gefragt. Aber ich hatte Wendy immer gern gehabt. Alles an ihr war überdimensional – ihre Stimme, ihr Lachen, ihr Schmuck. Sie hatte in jeder Hinsicht Übergröße.

»So«, sagte sie mit ihrem zu breiten Lächeln, »was kann ich für dich tun?«

Ich holte den Brief aus der Tasche und reichte ihn ihr. Sie überflog ihn und runzelte die Stirn.

»Tut mir leid.« Sie gab ihn mir zurück. »Man hätte ihn dir persönlich übergeben sollen, statt ihn mit der Post zu schicken.« Sie schüttelte den Kopf. »Diese verdammten Computer – heutzutage ist alles automatisiert.«

»Es geht nicht um den Brief«, tat ich ihre Entschuldigung ab. »Das Konto ist seit Jahren inaktiv. Daher kann das Guthaben nur für die Gebühren draufgegangen sein.« Ich merkte, wie mein Gesicht heiß und rot wurde, wie der alte Zorn wieder aufflackerte. »Ich möchte nur wissen, warum eine Bank wie Saint Mary's – eine örtliche Bank, mit der meine Familie seit einer Ewigkeit zusammenarbeitet – ihren Kunden Gebühren berechnet wie einem Großkonzern. Das ist nicht richtig, Wendy.«

Sie schüttelte mitfühlend den Kopf und führte mich zu einem der Sessel, die an der Wand aufgereiht waren.

»Es tut mir leid, dass du das durchmachen musst«, sagte sie und reichte mir einen Pappbecher mit Wasser. »Aber es muss sich um einen Irrtum handeln. Wir berechnen unseren Kunden nämlich gar keine Gebühren.«

Ich schaute sie an. »Tatsächlich nicht?«

Sie schüttelte den Kopf. »Der Vorstand hat es vor einigen Jahren vorgeschlagen, aber Peter war dagegen. Er meinte, es sei schlecht fürs Geschäft, und damit hat er ausnahmsweise recht.« Sie blickte wieder auf den Brief. »Kann ich das rasch überprüfen?«

Sie eilte hinter den Schalter, und ich hörte, wie Tasten klickten. Schließlich tauchte sie mit einem Stapel Ausdrucke wieder auf.

»Streng genommen darf ich sie dir nicht zeigen, weil du nicht die Kontoinhaberin bist, aber angesichts der Situation …« Sie reichte mir die Blätter und schickte sich an, einige Broschüren zu ordnen, während ich die Unterlagen überflog. Es waren Allys Kontoauszüge vom vergangenen Jahr. Das Konto war keineswegs inaktiv gewesen. In den letzten Monaten hatte sie sogar regelmäßig eingezahlt – immer einige Hundert Dollar – und dann auf einen Schlag alles abgehoben. Bis auf den letzten Cent.

Ich starrte auf das Datum, das neben der Abbuchung stand: nur eine Woche, bevor das Flugzeug abgestürzt war.

Allison

Ich schaue auf meinen Schlüssel, Zimmer 113. Ich hänge mir die Tasche über die Schulter, klemme mir das Gewehr unter den Arm und steige die Treppe in den ersten Stock hinauf. Mein Zimmer ist das letzte auf dem Flur.

Ich drehe den Schlüssel und stoße die Tür auf. Der Geruch von Zigarettenrauch, Schimmel und abgestandenem Schweiß überwältigt mich, noch bevor ich einen Fuß über die Schwelle gesetzt habe. Ich drücke den Schalter, und an der Decke erwacht eine Neonlampe flackernd zum Leben. Der Teppich ist rot-blau kariert und stellenweise durchgewetzt, das Doppelbett steht mitten im Raum, und auf der geblümten Tagesdecke liegen ein paar schlaffe Kissen. Ein Kleiderschrank aus Kiefernholz hockt in der Ecke neben einem Mini-Kühlschrank, der nicht angeschlossen ist, und an der Decke kreist ein Ventilator.

Ich lasse Tasche und Gewehr fallen und trete die Tür hinter mir zu. Mein eigener Gestank überlagert jetzt schon den des Zimmers, und ich frage mich, ob meine Energie ausreicht, um zu duschen. Ich trinke gierig Leitungswasser aus dem milchigen Zahnputzglas und versuche, nicht in den Spiegel zu sehen. Ich bin noch nicht bereit, mich selbst zu betrachten. Ich ziehe mich aus und lasse die Kleidung auf dem Boden liegen, schalte das Licht aus und lege mich ins Bett.

Es ist noch früh, es dämmert gerade erst, und ich höre Autos draußen auf der Straße, gelegentlich dröhnt eine Hi-Fi-Anlage. Ich stehe wieder auf, überprüfe das Türschloss und lege die Kette vor, bevor ich mein Ohr an die Tür drücke. Ich horche auf den gedämpften Fernseher an der Rezeption, kann aber nichts hören.

Dann bemerke ich das Telefon auf dem Nachttisch. Cremefarben, Plastik, mit einem Zettel versehen, dass Ferngespräche berechnet werden. Es juckt mir in den Fingern, ihre Nummer zu wählen, aber das kann ich nicht riskieren. Vielleicht haben sie ihr Telefon verwanzt, und niemand darf wissen, dass ich komme, bis ich vor der Türe stehe. Nicht einmal meine Mutter selbst.

Die Matratze knarrt unter meinem Gewicht, eine Sprungfeder bohrt sich in mein Schulterblatt. Die Tageshitze ist verflogen, und ich spüre durch die dünne Decke, wie sich die Luft unter dem Ventilator bewegt. Es ist seltsam, in einem Bett zu liegen. Mein Rücken hat sich an den harten Erdboden gewöhnt, und ich komme mir vor, als läge ich auf einem gigantischen Marshmallow. Auch die Stille ist sonderbar. Kein Grillenzirpen, keine Eule, die ihren trauervollen Ruf ausstößt. Nur dann und wann das Geräusch eines vorbeifahrenden Autos und das stete Surren des Ventilators.

Ich greife nach der Fernbedienung und drücke den roten Knopf. Der Fernseher erwacht stotternd zum Leben. Es gibt kein Kabelfernsehen, der Empfang ist verschwommen. Alle Gesichter leuchten seltsam orange, doch die Geräusche beruhigen mich sofort. Ich zappe durch die Kanäle. Eine alte Folge von ›Friends‹. ›Dr. Phil‹, ›Entertainment Tonight‹. All das ist weitergegangen, während ich dort draußen war. Alles ist wie immer.

Irgendwann lande ich bei einem Nachrichtensender. Eine blonde Frau in leuchtend rotem Kleid erzählt mir, dass der Aktienindex heute um sechs Punkte gefallen und die wirtschaftliche Prognose nicht gut sei. Ein grauhaariger Mann im grauen Anzug schüttelt grimmig den Kopf, bevor er sich der Kamera zuwendet. »Zurzeit ermittelt die Polizei gegen eine Frau, die beschuldigt wird, ihren Partner bei einem gewalttätigen Angriff lebensbedrohlich verletzt zu haben. Zeugen beschreiben, dass Melanie Traynor schrie und ein Messer in der Hand hielt, während ihre kleinen Kinder zuschauten –«

Ich schalte den Fernseher aus. Ich habe genug gesehen.

Drei Tage, nachdem Sam bei mir gewesen war, holte ich den Zettel aus dem Skistiefel hinten im Kleiderschrank und wählte die Nummer. Er klang nicht überrascht.

»Sind Sie bereit zu hören, was ich zu sagen habe?«

Das war alles. Er fragte nicht, weshalb ich es mir anders überlegt hatte. Es war, als hätte er gewusst, dass ich mich melden würde. Wir verabredeten uns für den nächsten Tag.

Er würdigte mich kaum eines Blickes, als wir uns auf der Bank in Murray Ridge trafen, sondern senkte nur kaum merklich die Zeitung und deutete mit einem Nicken auf den Platz neben sich. Es war Montagnachmittag, der Park verlassen bis auf einige Mütter, die Kleinkinder auf Schaukeln anschubsten, und eine junge Frau in Cargoshorts, die eine Meute ungebärdiger Hunde ausführte. In der Ferne summte ein Rasenmäher. Als die Windrichtung wechselte, konnte ich den Duft des frisch gemähten Grases riechen.

Ich setzte mich. »Sam, Bens Geschäftspartner, war bei mir zu Hause und hat nach Ihnen gefragt.«

Der Mann nahm die Zeitung herunter. Ich sah den Schock in seinem Gesicht und noch etwas anderes. Angst. Er fluchte leise. »Was hat er gesagt?«

»Er hat Ihren Namen nicht erwähnt« – den ich im Übrigen gar nicht kannte –, »aber er hat gefragt, ob mich jemand wegen Bens Geschäften angesprochen habe.«

»Was haben Sie ihm geantwortet?« Er sah mich eindringlich an.

»Dass ich nicht wüsste, wovon er redete.«

»Hat er Ihnen geglaubt?«

Ich dachte an Sams undurchdringliche Miene, als er mich befragt hatte, den Zorn in seiner Stimme, als er begriff, dass er von mir nicht das hören würde, was er hören wollte. »Keine Ahnung.«

Er stand so unvermittelt auf, dass die Zeitung zu Boden flatterte. »Vergessen Sie's.«

»Wie meinen Sie das?«

»Es ist zu riskant. Vergessen Sie die ganze Sache. Tun Sie, als wären wir uns nie begegnet. Dieser Typ …« Er fuhr sich mit der Hand über den Mund. »Sie wissen nicht, wozu er fähig ist.« Er wurde bleich und sah plötzlich zehn Jahre älter und vollkommen verängstigt aus.

Ich sah Sams Hände vor mir mit den sorgfältig manikürten Fingernägeln und den flachen, fleischigen Handflächen. Er hielt sie dicht am Körper, zu Fäusten geballt wie ein Boxer, der auf den richtigen Augenblick für den Angriff wartet. Die Angst stieg mir bitter und scharf in die Kehle.

Sam war Bens bester Freund. Sein Stellvertreter.

Und jetzt wusste ich ganz sicher, dass er gefährlich war.

Ich schließe die Augen und will mich zwingen, einzuschlafen, sehe aber noch immer das Foto aus der Zeitung vor mir. Sie wirkte so müde, eine Frau, der das Leben übel mitgespielt hat. So hatte ich sie noch nie gesehen. Früher war sie immer die sichere, starke Hand gewesen, die mich von der Schaukel hob, die Arme, die mich hielten, wenn ich weinte. Mein Vater war voller Magie gewesen, er entdeckte immer etwas Neues, und sein Wunsch, die ganze Welt zu kennen, war wie eine Sucht, geradezu berauschend, doch meine Mutter war für mich die Erde gewesen.

Und dann hatte sie ihn mir genommen.

Ich spüre noch den Teppich unter meinen nackten Füßen und den Geruch von Krankheit – Desinfektionsmittel vermischt mit saurem Atem und Bettlaken, die übel rochen, egal wie oft man sie auch wechselte. Ich stehe in der Tür. Mein Vater liegt auf dem Sofa, die Augen geschlossen, das Gesicht hager und gelblich. Dann sehe ich, dass sie eine Hand an der Morphinpumpe hat, mit der anderen seine Hand hält und dass ihr Gesicht nass von Tränen ist, und dann begegnen sich unsere Blicke, und ich weiß, weiß genau, dass er tot ist.

Es ging nicht darum, dass sie es getan hatte. Tief im Inneren wusste ich, dass er es gewollt und sie darum gebeten hatte. Schlimm war, dass sie es ohne mich gemacht hatte. Und schlimmer noch, dass auch er mich nicht dabeihaben wollte. Er hatte sich mir entzogen, und in diesem Augenblick hatte ich beide für ihren Egoismus gehasst, dass sie mich für zu schwach gehalten und mich ausgeschlossen hatten. Ich hatte mich gefühlt, als hätte man mich chirurgisch von ihnen getrennt wie ein verkümmertes Organ, das sich als nutzlos erwiesen hat. Heute weiß ich natürlich, dass ich selbst egoistisch war. Meine Mutter hatte aus Liebe, aus reiner, unverfälschter Liebe gehandelt, und ich hatte sie bestraft, indem ich ihr meine Liebe entzog.

Ich verdränge die Scham. Nein. Ich habe mich genug bestraft, es reicht für ein ganzes Leben. Ich denke an das Foto in der Zeitung, das Medaillon um ihren Hals, das Gesicht am Rand des Bildes. Ich muss dorthin, auch wenn ich mich davor fürchte. Auch wenn ich es wahrscheinlich nicht schaffe. Auch wenn sie herausgefunden hat, was ich getan habe, und mich deswegen hasst, so wie ich sie gehasst habe. Nichts davon spielt jetzt noch eine Rolle. Ich muss sie retten.

Ich öffne meine Tasche und taste im Innenfutter nach dem harten Viereck. Ich schiebe es zum Schlitz im Futter und nehme es heraus.

Ich klappe den Pass auf und betrachte das Foto. Ich schaue mir selbst entgegen, blond und sonnengebräunt. Ich lächle in die Kamera, doch in meinen Augen steht die Angst. Der Name ist nicht mein eigener. Es ist der Name, den ich mir selbst ausgesucht hatte, für den Menschen, der ich werden wollte, exotisch und geheimnisvoll, eine Meerjungfrau, die an Land gespült wurde. Der Pass bringt mich nach Thailand. Das hatte mir jedenfalls der Typ versprochen, den ich dafür bar bezahlt hatte.

Ich hole das Ticket heraus, das zwischen den Seiten steckt. One-way nach Phuket. Ich versuche, mir die Sonne auf der Haut vorzustellen, den Duft von Kokosmilch und Jasmin in der Luft. Den türkisblauen Ozean. Der Flug geht in einer Woche von Los Angeles. Ich hatte angenommen, dass bis dahin alles vorbei, dass ich frei und ungebunden wäre.

Ich lege das Ticket wieder in den Pass und schiebe ihn zurück ins Innenfutter. Vielleicht ist es noch nicht zu spät, doch vorher gibt es einiges zu tun.

Der Mann wartete vor dem Laden. Seine Stiefel waren mit Staub bedeckt, und er rauchte seine letzte Zigarette.

– Kann ich Ihnen helfen?

– Ein Päckchen Marlboro Red.

– Eine Sekunde, ich mache sofort auf.

Luke schloss die Ladentür auf und schaltete das Licht ein. Es war früh, doch die Sonne schien schon heiß. Er würde die Kühlschränke mit Wasserflaschen auffüllen müssen.

Er ging zur Theke und nahm ein Päckchen Marlboro aus dem Regal.

– Auch Streichhölzer?

– Danke, nein.

– Das macht dann 5,65 Dollar.

Der Mann gab ihm einen Zehner.

– Zigaretten sind ganz schön billig hier draußen.

– Kommt drauf an, woher Sie kommen.

– Nicht von hier.

– Dachte ich mir.

Luke gab dem Mann sein Wechselgeld und wartete, dass er ging. Etwas an dem Mann gefiel ihm nicht. Er wirkte zu sicher in seinem Körper. Als säßen die Knochen zu lose unter der Haut.

Der Mann streifte das Zellophan vom Päckchen und klopfte damit auf seine Handfläche.

– Wohin haben Sie sie gebracht?

– Wohin habe ich wen gebracht?

– Das wissen Sie genau.

Sie starrten einander über die Theke hinweg an. Luke spürte, wie ihm Schweiß den Rücken hinunterrann.

– Ich weiß nicht, wovon Sie reden.

Der Mann stützte die Hände auf die Theke und beugte sich vor. Luke konnte jetzt seine schwarzen geschwungenen Wimpern sehen, die Bartstoppeln auf der Oberlippe, das Grübchen im Kinn.

– Sie sagen mir so oder so, wohin Sie das Mädchen gebracht haben. Ich empfehle Ihnen den einfacheren Weg.

Der Mann lächelte.

Luke roch den Tabak in seinem Atem.

– Obwohl ich zugeben muss, dass ich viel Spaß am schweren Weg habe, falls es darauf hinausläuft.

Luke spürte, wie seine Knie unter ihm nachgaben.

Maggie

Ich saß am Tisch, die Kontoauszüge vor mir ausgebreitet. Es tröstete mich ein wenig, dass sie etwas für sich selbst behalten, sich ein bisschen Unabhängigkeit bewahrt hatte, obwohl mir gleichzeitig nicht wohl dabei war. Warum hatte Ally das Konto nach so langer Zeit wieder benutzt? Wollte sie etwas verstecken oder sich vor etwas schützen – oder vor jemandem? Sie hatte fast zweitausend Dollar auf einmal abgehoben, alles in bar. Wofür hatte sie das Geld gebraucht?

Amanda hatte gesagt, Ally habe nicht gearbeitet. »Ben hatte mehr als genug, um ihr ein angenehmes Leben zu ermöglichen.« Als wäre sie ein Kind oder invalide. Falls es stimmte – falls sie wirklich nicht das Bedürfnis verspürt hatte, zu arbeiten, weil er sie versorgte –, warum hätte sie dann heimlich Geld auf einem alten Konto horten sollen? Und sie hatte es heimlich getan, da war ich mir sicher.

Mir fiel ein, was Tony über David und Amanda gesagt hatte, dass reiche Leute glaubten, sie könnten sich alles erlauben. Dadurch gelang es ihnen offenbar auch, sich vom schmutzigen Geschäft des Geldverdienens zu distanzieren. Amanda hatte angeblich keine Ahnung, was David genau machte, obwohl ich mir nicht sicher war, wie echt ihre Unwissenheit war. Sie war eine Frau, die als hübsche Fassade betrachtet werden wollte, dahinter aber blitzgescheit war.

Ich googelte »David Gardner Geschäftsmann«, »David Gardner Finanzen« und »David Gardner San Diego«, doch es kam nicht viel dabei heraus – kurze Erwähnungen seiner Person im Zusammenhang mit Amanda oder Ben. Amanda hatte gesagt, er habe geschäftlich in Portland zu tun gehabt, also versuchte ich auch das, ohne Ergebnis.

Ich lehnte mich zurück und streckte die Arme in die Luft. Ich hatte schlecht geschlafen, mein Rücken war steif und schmerzte. Ich betrachtete den blinkenden Cursor und überlegte, was ich als Nächstes tun sollte. Es war nahezu unmöglich, keine nennenswerten Spuren im Internet zu hinterlassen, vor allem, wenn man Geld hatte, aber David war es anscheinend gelungen. Andererseits war es sehr viel leichter, der Öffentlichkeit aus dem Weg zu gehen als dem Staat.

Also loggte ich mich in die Datenbank der Börsenaufsicht ein und suchte dort nach David Gardner. Ich erhielt seitenweise schwer verständliche Ergebnisse und musste mich langsam durcharbeiten. Meist ging es um »Quartalsberichte« und »Übernahmemeldungen« – doch ein Begriff tauchte wieder und wieder auf: »Hyperion Industries«. Mein Puls beschleunigte sich. Das war doch die Firma, von der die Empfangsdame gesprochen hatte, als ich bei Prexilane gewesen war, und die, wie ich später gelesen hatte, Prexilane übernehmen wollte.

Ich tippte den Namen ein. Hyperion war in San Diego eingetragen, David Gardner als einziger Direktor angegeben. Er hatte also versucht, die Firma seines Sohnes zu kaufen.

Ich hatte so viel Zeit an der Tastatur verbracht, dass sich die Arthritis in meinen Händen wieder meldete, doch das kümmerte mich nicht mehr. Meine Finger flogen nur so über die Tasten. Ich tippte »Hyperion Industries« bei Google ein und stieß auf zahlreiche Artikel, in denen Hyperion als Heuschrecke beschrieben wurde, die kränkelnde Firmen aufkaufte, die Vermögenswerte plünderte und die traurigen Reste abstieß.

Der Begriff »feindliche Übernahme« tauchte wieder und wieder auf. »Hyperion Industries ist der Pirat der Finanzwelt«, behauptete ein Artikel in ›Forbes‹.

Und so ging es weiter. Eine Fluggesellschaft in den achtziger Jahren, eine Supermarktkette in den Neunzigern, ein Stahlunternehmen in den Nullerjahren: allesamt von Hyperion demontiert und verkauft.

Und jetzt wollte David es mit Prexilane genauso machen.

Es begann wieder zu regnen, und ich stand auf, um die Fenster zu schließen. Meine Augen waren ganz trocken, weil ich so lange auf den Bildschirm gestarrt hatte, und meine Schultern taten weh, doch mein ganzer Körper war von Adrenalin durchdrungen. Denn allmählich begann ich, außer den Bäumen auch den Wald zu sehen.

Allison

Die Sonne weckt mich, sie strömt durch die Schlitze in den Jalousien und die Spalte im Türrahmen. Ich öffne die Augen und recke mich, dehne alle Muskeln. Ich kann mich erinnern, dass ich stundenlang an die Decke gestarrt und fieberhaft überlegt habe. Danach aber fiel ich in einen tiefen und traumlosen Schlaf. Ich brauche einen Moment, um mich zu erinnern, wo ich bin und was ich hier mache, doch dann fügt sich alles zusammen, und ich schließe wieder die Augen, um es zu verdrängen.

Nach seinem Besuch beobachtete Sam mich noch genauer. Ich spürte seine Augen auf mir, wann immer wir im selben Zimmer waren. Sie verfolgten mich wie ein Beutestück. Auf Partys blickte ich hoch und sah, wie er mich mit undurchdringlicher Miene anstarrte, die Hände zu Fäusten geballt.

Er ahnte allerdings nicht, dass ich ihm auch auf der Spur war.

Ich fragte Ben beiläufig, wie lange er Sam schon kenne, wo er aufgewachsen sei und wie er seine Freizeit verbringe.

Ben wich belustigt aus. »Warum?«, fragte er nur, als ich mich erkundigte, ob Sam eine Freundin habe. »Bist du an ihm interessiert?«

Ich lachte so schrill, dass wir beide zusammenzuckten. »Nein! Er kommt mir nur einsam vor.«

Ben grinste. »Mach dir keine Sorgen um ihn. Er sitzt sicher nicht zu Hause und wartet, dass das Telefon klingelt.«

Wenn Sam zu uns kam, drückte ich mich vor der geschlossenen Tür des Arbeitszimmers herum und versuchte, etwas aufzuschnappen. Das meiste konnte ich nicht verstehen – es ging um Lieferungen und sofort verfügbare Waren, Prognosen und Nettozuwachs. Eines Abends aber bekam ich mit, dass sie sich stritten. Die Angst kribbelte mir im Nacken. Ich dachte an Sams breite Schultern, seine großen Hände und die kalten, berechnenden Augen. Er war fähig zur Gewalt, da war ich mir sicher. Ben hingegen hatte den schlanken, sehnigen Körper eines Langstreckenläufers. Er war durchtrainiert, hätte aber keine Chance gegen einen Mann wie Sam. Der würde ihn zerbrechen wie einen Zweig.

Ich drückte das Ohr an die Tür und hielt die Luft an.

»Ich dachte, du hättest dich darum gekümmert.«

Das war Ben, seine Stimme klang leise und ruhig, doch ich hörte den unterschwelligen Zorn darin. So hatte er noch nie gesprochen.

»Habe ich doch.« Sam klang sanfter, beinahe flehend. »Sie wollen mehr Geld. Sie sagen –«

»Es ist mir egal, was sie sagen. Erledige das einfach. Denk dran, du steckst genauso tief drin wie ich. Wenn ich untergehe, nehme ich dich mit.«

Schritte näherten sich, und ich konnte mich gerade noch gegen die Wand drücken, bevor die Tür aufflog und Sam davonstürmte. Ben tauchte wenige Minuten später auf, entspannt und lächelnd. Ich war zum Sofa hinübergewechselt und tat, als würde ich lesen.

»Hey, Baby.« Er beugte sich vor und küsste mich auf den Kopf. »Lass uns essen gehen. Wie wär's mit Sushi?«

Ich lächelte. »Klingt gut.«

Er schlenderte den Flur entlang, und ich dachte an Sams verkniffenes Gesicht, als er aus dem Arbeitszimmer gekommen war, und wie seine Stimme während des Streits gezittert hatte.

Da wurde mir klar, dass nicht Ben sich vor Sam fürchtete, sondern umgekehrt.

Ich schwinge die Beine über die Bettkante und stehe mühsam auf. Mein Kreislauf streikt, und ich taumele wie betrunken ins Badezimmer, wo ich mich am Waschbecken abstützen muss. Ich hebe die Augen und sehe den Schock in meinem Gesicht. Mir schaut eine Fremde entgegen.

Die Haut an meiner Nase pellt sich, meine Lippen sind eingerissen, die Mundwinkel blutig. Meine Wangen sind eingefallen, die Haut dunkelbraun und mit Sommersprossen übersät. Ich habe noch die gleichen blassgrünen Augen, nun aber umgeben von feinen, spinnwebartigen Falten. Und noch etwas ist neu: eine Härte, die ich bisher nicht an mir gekannt habe. Ich frage mich, ob andere sie auch bemerken.

Ich hebe die Hände und löse mein Haar. Die honigblonden Töne, die der arme Kai so mühevoll hineingefärbt hat, sind jetzt messinggelb und weiß, die Haare ausgebleicht und trocken von der Sonne. Dicke Strähnen stehen vom Kopf ab wie die Schlangen auf dem Haupt der Medusa, und selbst mit den Fingern komme ich keinen Zentimeter weit hindurch. Ich erspüre den Wundschorf, der die Wunde am Hinterkopf bedeckt. Die Haare dort sind von Blut verfilzt, ganz hart und verkrustet. Himmel, denke ich. Was für eine Schweinerei.

Ich habe meine Haare jahrelang wachsen lassen, habe sie sorgfältig mit Shampoo behandelt und Conditioner in die Spitzen massiert. Ich wollte Haare, die mir verführerisch über den Rücken fallen oder die nackte Brust eines Mannes kitzeln, wenn ich mich im Bett über ihn beuge. Ich wollte Haare, die ich als Werkzeug oder Waffe einsetzen konnte.

Er hatte meine Haare geliebt. Manchmal war er hinter mich getreten und hatte eine Strähne in die Hand genommen, als wöge er ihren Wert.

Ich kann es gar nicht abwarten, sie loszuwerden.

Ich hole die Nagelschere aus der Tasche, arbeite langsam und methodisch, klemme dünne Strähnen zwischen Daumen und Zeigefinger und schneide sie knapp über den Wurzeln ab. Irgendwann ist mein Kopf mit ungleichmäßigen dunklen Stoppeln bedeckt. Ein Haufen blondes Stroh liegt im Waschbecken, und ich fege alles zusammen und werfe es in den Mülleimer. Es sieht irgendwie absurd aus, wie es über den Rand schaut, und erinnert mich an die langhaarigen Schoßhündchen, die Mädchen in San Diego in ihren Louis-Vuitton-Taschen tragen. Ich widerstehe dem Drang, es zu streicheln. Stattdessen fahre ich mir über die kurzen Stoppeln und bewundere mich im Spiegelbild. Meine Wangenknochen sind rasiermesserscharf, meine Augen zwei schimmernde Edelsteine. Jetzt sehe ich aus, wie ich mich fühle: stromlinienförmig und glatt wie eine Gewehrkugel.

Ich drehe das heiße Wasser bis zum Anschlag auf und steige in die Dusche. Dampf erfüllt die Luft. Ich lasse das Wasser über mich strömen, es ist schmerzhaft heiß. Dann packe ich das Seifenstück aus und schäume es zwischen den Händen auf. Das Wasser färbt sich grau, als sich der Schmutz von meinem Körper löst. Jeder Körperteil ist anders als zuvor: straffer und sehniger, es haben sich dicke Schwielen gebildet.

Ich hole tief Luft, gebe Shampoo in die Hände und wasche mir den frisch geschnittenen Kopf. Er fühlt sich an wie eine Kiwi. Ich spüle den Schaum aus und trete auf die Badematte. Ich habe noch immer dunkle Halbmonde unter den Fingernägeln und säubere sie, bevor ich mich abtrockne. Dann untersuche ich die Wunde an meinem Oberschenkel, eine gezackte schwarz-rote Linie, die an meinem Bein entlangläuft und mich mit ihren Zähnen anlächelt. Sie hätte genäht werden müssen. Ich lächle zurück, bevor ich nackt ins Schlafzimmer gehe und meine Sachen einsammle.

Ich ziehe die schmutzverkrustete Leggings und ein schweißfleckiges T-Shirt an und zwinge meine Füße in die Turnschuhe, die ich eigentlich nie wieder tragen wollte. Bei der Bewegung steigt der Geruch aus den Fasern, und mir wird beinahe übel. Mein Gott, wie hat der arme Luke es nur mit mir im Lastwagen ausgehalten? Sobald ich neue Kleidung habe, muss ich die alte verbrennen, auch wenn dann möglicherweise Geister aus den Flammen steigen.

Das Pfandhaus ist geschlossen, also gebe ich vier meiner verbliebenen sechs Dollar für eine Tasse Kaffee und einen Heidelbeer-Muffin aus und setze mich vor die Tür. Das Koffein pulsiert durch meinen Körper, der Muffin ist geradezu unerträglich süß. Der Zucker überzieht meine ohnehin schon pelzigen Zähne. Ich muss unbedingt eine Zahnbürste und Zahnpasta kaufen, dazu neue Kleidung und Schuhe.

Um zehn vor neun taucht ein bulliger Mann mit langem weißem Bart auf und öffnet das quietschende Metallgitter. Ich stehe auf und klopfe mich ab, bin nervös und will einen guten Eindruck hinterlassen.

»Damit kommen Sie hier nicht rein«, er deutet auf meinen Kaffee.

Ich eile über die Straße und werfe den Pappbecher in den Müll. Als ich zurückkomme, steht die Tür offen, und das Licht brennt. Der Mann sitzt schon auf einem Hocker hinter der Theke, die Zeitung vor sich ausgebreitet. Ich frage mich flüchtig, ob ich darin zu sehen bin.

»Was haben Sie?« Er macht sich nicht einmal die Mühe, mich anzusehen.

Ich streife den Ring vom Finger und lege ihn auf die Theke. Er nimmt ihn mit gesenktem Kopf entgegen, zieht aber sofort die Augenbrauen hoch. Er holt eine Lupe aus der Schublade und betrachtet den Diamanten.

»Ist das Ihrer?« Seine Stimme klingt neutral, doch ich erahne schon den Zweifel.

»Ja.« Es hört sich aufgesetzt und allzu fröhlich an. *Entspann dich*, ermahne ich mich. *Du hast nichts falsch gemacht. Er gehört dir, und es ist dein gutes Recht, ihn zu verkaufen.*

Er schaut mich an, betrachtet meine verschnittenen Haare und die schmutzige Kleidung. »Ganz sicher?«

Ich nicke ein bisschen zu eifrig. »Das war mein Verlobungsring.«

Er knurrt etwas, und sein Gesichtsausdruck verrät mir, dass kein Mann, der noch bei Verstand ist, mir einen Antrag machen würde, schon gar nicht mit einem makellosen Dreikaräter.

Da hat er nicht unrecht – ich an seiner Stelle würde mich auch für eine Lügnerin halten. Wenn ich die Augen schließe, sehe ich noch immer, wie Ben sich hingekniet und mir die kleine schwarze Samtschachtel hingehalten hatte.

»Er gehört mir«, sage ich noch einmal, doch die Worte bleiben mir im Hals stecken. Ich schaue auf den Ring, den ein Fremder in seiner fleischigen Hand hält, und spüre den Schmerz, der mein altes Leben wegätzt. Ich schlucke ihn hinunter.

Er schüttelt den Kopf, und einen Moment lang verlässt mich der Mut. Dann aber betrachtet er erneut den Diamanten, und ich begreife, dass es ihm egal ist, ob ich lüge. Ein Diamant dieser Größe hat diese Wirkung.

»Ich habe nicht genügend Bargeld dafür.« Er bläht die Wangen auf. »Selbst wenn ich es hätte, ist die Nachfrage nach Verlobungsringen für dreißigtausend Dollar hier nicht sonderlich groß.«

Mein Herz flattert aufgeregt. Ich brauche das Geld, und zwar dringend. *Ganz ruhig*, sage ich mir. *Nerven behalten.*

»Wie viel können Sie mir geben? Ich bin bereit zu verhandeln.« Es soll beiläufig klingen, doch er verzieht einen Mundwinkel. Ich klinge wohl sehr verzweifelt. Jetzt hat er mich in der Hand.

»Siebentausend.«

»Fünfzehn.« Es ist bei weitem nicht das, was ich mir erhofft hatte, aber dann muss ich meine Pläne wohl ändern. Mit fünfzehntausend könnte ich nach Maine fahren und ein neues Leben anfangen, wenn all das überstanden ist. Falls ich dann noch lebe.

Er starrt auf den Ring. Ich sehe, wie es in ihm arbeitet. Er weiß, dass er ein solches Angebot nie wieder bekommt, aber er muss eine gewaltige Summe vorschießen – vielleicht zu viel. Dann stößt er einen langen Seufzer aus. »Ich gebe Ihnen zehn, mein letztes Angebot. Aber ich brauche bis morgen.«

Ich schüttle den Kopf. »Ich muss das Geld heute haben.«

Er zieht die Augenbrauen hoch, hat wohl nicht erwartet, dass ich sein Angebot annehme. Ich hätte einen letzten Versuch unternehmen und zwölftausendfünfhundert verlangen sollen. Egal, jetzt ist es zu spät. Soll er mich doch über den Tisch ziehen.

»Nun, Schätzchen«, er grinst übers ganze Gesicht, »dann haben Sie wohl Pech gehabt.«

Ich nicke. Ich weiß, wann ich verloren habe. »Na schön. Aber nicht später als zehn Uhr. Und siebentausend brauche ich im voraus.«

Er betrachtet mich eingehend und hievt sich dann von seinem Hocker. »Geben Sie mir eine Minute.« Er geht ins Hinterzimmer, dann piept es mehrmals. Er tippt einen Code in den Safe ein. Dann kommt er mit einem Bündel Hunderter zurück, die von einem Gummiband gehalten werden. »Ich gebe Ihnen fünf«, sagte er grinsend, »weil ich so nett bin.«

Ich will die Scheine nehmen, doch er hält sie in die Höhe. »Der Ring bleibt bei mir.«

Panik überkommt mich. »Sollten wir das nicht schriftlich machen?«

»Verraten Sie mir Ihren Namen?«

Als ich schweige, lacht er. »Dachte ich mir. Ich gebe Ihnen mein Wort, okay? Ich ziehe Leute generell nicht über den Tisch und werde es auch bei Ihnen nicht tun.«

»Wie würden Sie es denn nennen, wenn Sie zehntausend Dollar für einen Ring bezahlen, der dreißigtausend wert ist?«

»Gutes Geschäft.«

Ich lasse den Ring in seine Hand fallen, und er reicht mir das Bündel Scheine. Ich stecke sie in meinen Sport-BH, wo sie eine auffällige Wölbung verursachen. »Zehn Uhr«, sage ich.

Er grinst. »Darauf können Sie Gift nehmen.«

Ich verlasse den Laden und bleibe einen Moment auf dem Gehweg stehen. Die Scheine drücken gegen meine Brust, und ich spüre, wie die Haut darunter feucht wird. Ich schaue die Straße entlang. In Orten wie diesen gibt es seit Jahren kaum noch Geschäfte an der Hauptstraße, die Einkaufszentren am Stadtrand haben sie vernichtet. In Owl's Creek ist es genauso. Also muss ich ins Einkaufszentrum fahren, wofür ich wiederum ein Auto brauche.

Ich stecke noch einmal den Kopf zur Tür hinein. Der Mann sieht aus, als hätte er schon damit gerechnet.

»Wo ist der nächste Autohändler?«

»Jetzt hauen Sie es schon auf den Kopf, was? Etwa zweieinhalb Kilometer von hier. Sie gehen am Ende der Hauptstraße links und folgen der Route 32. Nach etwa eineinhalb Kilometern ist es auf der rechten Seite. Der Laden heißt Chet's, das ist auch der Besitzer. Sie sind beide nicht zu übersehen.«

Das niedrige Betongebäude ist halbherzig mit bunten Wimpeln geschmückt, davor parkt eine Reihe staubiger Autos. Chet muss mich kommen gesehen haben, denn er wartet schon in einem schmierigen Overall auf mich, ein erwartungsvolles Lächeln im Gesicht.

»Wie ich hörte, brauchen Sie ein Auto«, ruft er schon, bevor ich auch nur einen Fuß auf den Parkplatz gesetzt habe.

Meine Schritte knirschen auf dem Schotter, der Geruch von Motoröl dringt in meine Lungen. »Hier verbreiten sich Neuigkeiten rasch.«

Chet ist ein Stück kleiner als ich, mit rundem Gesicht und rosigen Wangen, und die Hosenbeine hängen in Ziehharmonikafalten auf den Stiefeln mit den dicken Sohlen. Er zuckt freundlich mit den Schultern und wischt sich die Hände an einem Lappen ab.

»Bill hat Sie angekündigt. Hat gesagt, eine hübsche junge Dame käme mich besuchen, da sollte ich mich lieber ein bisschen herrichten. Was darf's denn sein?«

»Etwas Billiges«, sage ich und denke an das Geld in meinem BH. Ich muss so sparsam wie möglich damit umgehen. »Aber es muss auch eine weite Fahrt überstehen.«

»Wie weit?«

»Bis zur Ostküste.«

Er pfeift leise vor sich hin. »Wie billig?«

Ich überlege. »Haben Sie was für einen Riesen?« Das Angebot ist natürlich zu niedrig, aber je höher ich anfange, desto mehr verlangt er, und ich kann es mir nicht leisten, mich noch einmal über den Tisch ziehen zu lassen. Ich brauche jeden Cent, vor allem, falls der Typ morgen nicht die zweite Hälfte rausrücken sollte.

Er lacht. »Habe ich, aber ob der Sie bis zur Ostküste bringt? Ich würde Ihnen das alte Mädchen hier empfehlen.« Er klopft auf das Dach eines Subaru Station Wagon. »Sieht nach nichts aus, ist aber zuverlässig. Der bringt Sie problemlos hin.«

Eine lebenswichtige Reise quer durchs Land in einem alten Subaru – genau das, wovon ich geträumt habe. »Wie viel?«

»Drei fünf.« Er schaut mich von der Seite an, um meine Reaktion abzuschätzen.

Ich schüttle den Kopf. »Ich gebe Ihnen zwei.«

Er seufzt und fährt sich mit der Hand übers Gesicht. Er hat noch Reste von Schmiere an den Fingern und hinterlässt damit schwarze Streifen neben dem Mund. Er lächelt bedauernd.

»Ich würde einer hübschen kleinen Lady wie Ihnen gerne helfen, aber ich habe ein Geschäft zu führen.«

Ich verschränke die Arme vor der Brust. Chets Pokerface ist nicht so gut wie das des Pfandleihers, und ich merke, dass er verzweifelt auf einen Deal aus ist. Nach der Staubschicht auf den Motorhauben zu urteilen, hat er hier draußen im Nirgendwo wenig zu tun.

»Zweieinhalb in bar und dazu ein Händlerkennzeichen.«

Er schneidet eine Grimasse. »Wofür brauchen Sie das denn?«

»Spielt keine Rolle.« Ich will keine Fragen beantworten. Er soll mir einfach nur das Auto verkaufen, damit ich von hier verschwinden kann.

Wieder fährt er sich mit der Hand übers Gesicht und hinterlässt diesmal einen dicken Fleck auf der Nasenspitze. »Drei, und wir sind im Geschäft.«

Ich unterzeichne mit Amandas statt meinem eigenen Namen.

Die Vorstellung, dass sie jetzt stolze Besitzerin eines gebrauchten Subaru ist, macht mich beinahe hysterisch, und als ich vom Parkplatz fahre, lache ich so sehr, dass ich kaum noch die Straße erkenne.

Chet hat mir den Weg zum nächsten Walmart in Ponderosa erklärt – ich wusste, dass es einen gibt, die gibt es immer. Ich fahre langsam und vorsichtig und winke die Autos, die sich hinter mir drängen, vorbei. Ich weiß, dass es vermutlich auffälliger ist, als zu rasen, was auf diesen langen, breiten und nahezu verlassenen Straßen jeder zu tun scheint, aber ich traue mich einfach nicht, schneller als achtzig zu fahren. Mein Kopf ist wie vernebelt, als hätte man ihn mit diesem rosa Isolierschaum vollgestopft, den man in den achtziger Jahren als Dämmung verwendet hat, und ich habe Angst, einen Unfall zu bauen.

Ich gehe durch die Automatiktür und spüre den Schwall kalter Luft, den die Klimaanlage auf meinen Kopf pustet. Plötzlich bin ich verlegen, wegen meiner kurzen Haare und der schmutzigen Kleidung, die noch immer nach getrocknetem Schweiß riecht. Es ist mehr als ironisch, dass ich der am schlechtesten gekleidete Mensch in einem Walmart bin. Ich gestatte mir ein kleines Lächeln und eile mit meinem Einkaufswagen in die Kosmetikabteilung.

Ich habe Stunden in den Drogeriemärkten von San Diego zugebracht, Eyeliner und Lippenstifte am Handgelenk ausprobiert. Natürlich hätte ich auch in schickere Läden gehen können, in denen schwarz gekleidete Frauen mich umschwärmt, meinen Teint gelobt und mir kostenlose Proben in die Hand gedrückt hätten. Doch ich bevorzugte Drogeriemärkte, deren vertraute, hellerleuchtete Regale mir ein neues Ich versprachen, zumindest aber, dass ich das alte verbergen könnte.

Jetzt fahre ich an den Lidschatten-Trios, bonbonbunten

Nagellacken und Lippenstiften vorbei, ohne sie eines Blickes zu würdigen. Überrascht erkenne ich, dass ich nicht mehr darauf aus bin, hübsch auszusehen. Was hätte mir ein neuer Lippenstift schon zu bieten?

Ich nehme eine Zahnbürste und Zahnpasta, dazu einen Deostift und ein Päckchen Pflaster. Meine Zehen bluten wieder; sie rutschen und quietschen in den Turnschuhen. Dann gehe ich in die Bekleidungsabteilung und werfe ein Dreierpack weiße T-Shirts und eine Jeans in den Wagen, dazu einen BH und Unterwäsche. Ein Sechserpack Sportsocken. In der Schuhabteilung finde ich einfache weiße Turnschuhe. Ich will mich anonym kleiden, unsichtbar sein. Ich will einfach irgendjemand sein.

Schließlich mache ich mich auf in die Jagdabteilung. Ich rechne schon damit, dass sie mich wegschicken, weil sie mich für eine Irre oder Landstreicherin halten, aber der Typ hinter dem Tresen reicht mir die Munition, ohne mit der Wimper zu zucken. Ich renne zur Kasse, bevor er es sich anders überlegen kann.

Dann schleppe ich die Tüten zum Subaru und fahre zurück ins Motel. Die Putzfrau wechselt gerade die Bettwäsche und schaut mich mit unverhohlenem Ekel an, als ich hereinkomme. Die Wäsche liegt zusammengeknüllt in ihrem Wagen, die weiße Baumwolle ist mit Schmutz und Schweiß verschmiert. Ich lächle entschuldigend und gehe nach draußen. Neben meiner Tür steht ein roter Plastikstuhl, auf den ich mich fallenlasse, die Tüten vor den Füßen. Ich starre auf den Parkplatz, auf dem nur mein Auto und der Honda der Empfangsdame stehen.

Die Schachtel mit der Munition drückt gegen meinen Fuß, und ich frage mich, was ich machen soll, wenn ich bei meiner Mutter bin. Alle Optionen kommen mir theatralisch und absurd vor, wie aus einer der Telenovelas, die unsere Haushälterin in San Diego immer schaute. Andererseits ist mein Leben schon seit einer ganzen Weile theatralisch und absurd. Ich müsste eigentlich daran gewöhnt sein.

Seit ich den Streit zwischen ihm und Sam gehört hatte, beobachtete ich Ben auf Schritt und Tritt und suchte nach Hinweisen. Mir fiel jetzt auf, wie oft er zum Telefonieren ins Arbeitszimmer ging, dass er abends seinen Laptop in einer Schublade einschloss und das Thema wechselte, sobald ich mich nach seiner Arbeit erkundigte. Er sei zu müde, um darüber zu reden, oder ich würde es ohnehin langweilig finden.

Mit anderen Worten, ich drehte mich im Kreis. Also rief ich den Mann aus dem Café noch einmal an und bat ihn, sich mit mir zu treffen. Er wusste etwas über Ben und Sam, und ich musste unbedingt erfahren, was das war.

Es kostete Mühe, ihn zu überreden.

»Ich sage doch, es ist zu gefährlich. Wenn die ahnen, dass wir uns unterhalten haben ...«

»Werden sie nicht. Ich bin vorsichtig.«

Schweigen am anderen Ende.

»Sie haben mich doch zuerst angesprochen. Sie können nicht einfach eine Bombe mitten in meinem Leben platzieren und abhauen, wenn sie zu rauchen beginnt. Sie müssen mir sagen, was zum Teufel hier vorgeht.«

Wir trafen uns im Park. Er griff in seine Aktentasche und holte einige Fotos heraus. »Hier.«

Ich blätterte die Bilder durch. Die meisten zeigten Frauen, obwohl auch einige Babys darunter waren, die mit großen, klaren Augen in die Kamera schauten. »Wer ist das?«

»Menschen, die wegen Somnublaze gestorben sind«, sagte er leise.

Ich schaute ihn an. »Aber – weshalb sollte ein Kind ein Antidepressivum erhalten?« Ich hielt das Foto eines kleinen Jungen in die Höhe, der höchstens ein Jahr alt war. »Weshalb sollte ein Arzt ihm so etwas verschreiben?«

»Nicht er hat das Medikament bekommen, sondern seine Mutter.«

Ich schüttelte verständnislos den Kopf.

»Somnublaze wurde speziell für Frauen mit postpartaler Depression auf den Markt gebracht«, erklärte er mir. »Eine der Nebenwirkungen sind vorübergehende Psychosen.«

Ich musste das erst einmal begreifen, und als ich es schließlich tat, überlief es mich kalt. »Sie meinen, diese Kinder wurden von ihren eigenen Müttern getötet?«

Er nickte knapp und schaute auf den Park hinaus. Es war ein wunderschöner Tag, in der Luft lag ein Hauch von Meersalz, der Himmel war kobaltblau. Es schien falsch, über so dunkle Dinge zu sprechen.

Ich erinnerte mich an eine Geschichte, die mir ein Gast in der Bar erzählt hatte. Er war abends allein zu Hause gewesen und hatte gesehen, wie ihn ein Fremder von der Straße aus anstarrte. Als ihre Blicke sich begegneten, stürmte der Mann auf seine Haustür zu und schlug so lange mit dem Kopf dagegen, bis der Rahmen splitterte. Der Gast hatte sich in seinem Schlafzimmer eingeschlossen, einen Schreibtisch gegen die Tür geschoben und die Polizei gerufen. Als sie kamen, war der Fremde schon ins Haus eingedrungen und tot auf der Treppe zusammengebrochen. Er hatte sich an der Tür den Schädel eingeschlagen. Überall war Blut, erzählte der Gast mit weit aufgerissenen Augen. Wie sich herausstellte, war der Fremde ein glücklich verheirateter Mann mit zwei Kindern, die er liebte, und einem guten Job. Er sei einfach durchgedreht, erzählte die Polizei.

Manche Leute drehten einfach durch. Aber das eigene Kind zu töten …

»Warum halten Sie Somnublaze für die Ursache?«

»Ich habe eine frühe Studie gesehen, die sich über ein Jahr erstreckte. Am Ende hatte ein halbes Dutzend der Teilnehmerinnen einen psychotischen Zusammenbruch erlitten. Eine von ihnen blieb eine ganze Woche stumm. Eine andere wusch sich die Hände, bis die Haut rissig wurde und blutete. Wieder eine andere schlug mit dem Kopf gegen die Badezimmertür, bis sie bewusstlos wurde. Ihr Ehemann fand sie blutüberströmt auf dem Boden.« Er schüttelte den Kopf. »Es war schrecklich. Ganz schrecklich.«

»Das begreife ich nicht«, sagte ich, doch das stimmte nicht ganz. Allmählich dämmerte es mir. Ich spürte die hölzernen Latten der Bank, die sich in meinen Rücken bohrten, und drückte mich noch fester dagegen. Ich wollte den Schmerz spüren. Ich wollte mich daran erinnern, dass dies hier real war.

Er rückte näher heran. »Sie wussten, dass die Nebenwirkungen erst nach längerer Einnahme des Medikamentes auftraten – nach frühestens drei Monaten –, und verkürzten daher die klinischen Studien auf acht Wochen.«

»Wenn das stimmt, wie konnte das Medikament dann von der FDA zugelassen werden? Für so etwas gibt es doch Sicherheitsmaßnahmen.«

Er lachte verbittert. »Es gibt überall Menschen, die ein Auge zudrücken, wenn der Preis stimmt. Sogar dort.« Er ballte die Fäuste. »Und falls einer nicht mitspielt –« Er zuckte mit den Schultern. »Na ja, mit dem wissen sie auch umzugehen.«

Ich starrte ihn an. Sein Gesicht war faltig, mit Tränensäcken unter den Augen. Er sah aus wie ein Mann, der es einmal zu oft mit dem Leben aufgenommen und dabei verloren hatte.

»Woher wissen Sie das alles?«

Pause. »Ich habe dort gearbeitet.«

»Bei der FDA?«

Er nickte.

»Was ist passiert?«

Er hielt den Blick aufs Gras gerichtet. »Sagen wir mal, wir haben uns nicht freundschaftlich getrennt.«

Als er mich ansah, bemerkte ich zu meiner Überraschung, dass er Tränen in den Augen hatte.

»Sie waren derjenige, der nicht mitspielen wollte.«

Er wandte sich ab. »Zuerst wollten sie mich kaufen, und als ich keine Ruhe gegeben habe, verbreiteten sie Lügen über mich. Sie haben mir nicht nur meinen Job genommen, sie haben mir alles genommen, und es war ihnen scheißegal. Genau wie es ihnen scheißegal ist, was aus den Leuten wird, die sie vergiften.«

Ich betrachtete wieder das Foto des kleinen Jungen. Seine Augen waren schokoladenbraun, die Iris darin so groß, dass sie beinahe das Weiß verdeckte.

»Sie sagten, die Leute bei Prexilane wüssten Bescheid. Ben auch?« Es kam mir wie Betrug vor, auch nur seinen Namen auszusprechen.

Er nickte und fuhr sich mit der Hand übers Gesicht. »Es tut mir leid.«

»Aber – warum sollten sie das tun? Wenn sie die Nebenwirkungen kennen, weshalb sollten sie das Medikament trotzdem auf den Markt bringen?« Ich hatte noch einen letzten Funken Hoffnung und klammerte mich daran.

Er seufzte. Er sah aus, als hätte er seit Wochen, wenn nicht gar Monaten, nicht geschlafen. »Warum macht irgendjemand irgendetwas? Die Diagnose postpartale Depression hat im vergangenen Jahrzehnt exorbitant zugenommen. Man geht bewusster damit um, und mit dem Bewusstsein kommt auch die Suche nach einem Wundermedikament, das die Depression bekämpft, und mit diesem Wundermedikament kommt –«

Der letzte Funken Hoffnung erlosch in mir. Ben liebte mich, aber er liebte etwas anderes noch mehr. Das wusste ich, weil ich es auch liebte und unaussprechliche Dinge dafür getan hatte. Ich hatte denselben Drang in Ben aufblitzen sehen, er trieb ihn an.

»Geld«, sagte ich leise.

Er lächelte traurig. »Das regiert die Welt.«

Ich dachte an das Haus in Bird Rock, an unser gewaltiges Bett mit der weißen Baumwollwäsche, an den Schrank mit den wunderschönen Kleidern, an seine Stimme, wenn er meinen Namen sagte. Ich schloss die Augen und sah das alles verschwinden. Dann holte ich tief Luft.

»Sagen Sie mir, was ich tun soll.«

Maggie

Ich lehnte mich zurück und seufzte. Allem Anschein nach war Prexilane sehr erfolgreich. Warum also sollte die Firma das Übernahmeangebot einer Heuschrecke wie Hyperion in Erwägung ziehen?

Ich dachte an die Unruhe in den Geschäftsräumen der Firma, wie reserviert die Empfangsdame geworden war, sobald ich Fragen gestellt hatte, wie der Mann im Anzug mit gerötetem Gesicht gefragt hatte, ob Hyperion schon da sei. Ich mochte keine Ahnung von der Geschäftswelt haben, aber ich erkannte Panik, wenn ich sie sah. Nur wusste ich nicht, was sie ausgelöst hatte.

Ich ging wieder meine Notizen aus San Diego durch und hoffte, darin etwas zu finden, das mich auf den richtigen Weg bringen würde. Es kam mir wie eine Ewigkeit vor, dabei war ich erst seit einer Woche zurück. Ich entdeckte eine Internetadresse, die ich in eine Ecke gekritzelt hatte: die Adresse des Forumthreads, in dem Frauen über Somnublaze diskutiert hatten. Ich gab die Adresse in die Suchleiste ein und drückte Enter. »Fehler 404 – Seite nicht gefunden«, lautete die Meldung, die daraufhin erschien.

Es traf mich wie ein Schlag in den Magen. Wie hatte ich so nachlässig sein können? Ich hätte mich sofort mit einer der Frauen in Verbindung setzen und sie nach ihren Erfahrungen fragen müssen. Mich davon überzeugen, dass ihre Probleme tatsächlich mit dem Medikament zu tun hatten. Doch ich hatte mich ablenken lassen und so ein wichtiges Puzzleteil verloren. Ich hatte Ally im Stich gelassen.

Besorgt und unruhig stand ich auf und kippte meinen kalten Kaffee in die Spüle. Ameisen unter der Haut – so hatte Charles es genannt. Ich konnte keine Sekunde länger am Tisch sitzen, ich musste etwas unternehmen, Hauptsache, es lenkte mich von dem leeren Bildschirm und dem dämlich blinkenden Cursor ab.

Ich trug einen überquellenden Wäschekorb in den Keller. Die Luft roch vertraut nach Muff und Feuchtigkeit. Ich packte die Wäsche in die Maschine, schüttete Waschmittel hinterher und schaltete sie ein.

Der Thread ließ mir keine Ruhe. Warum hatte man ihn gelöscht? War es ein technischer Fehler, oder hatte jemand ihn vorsätzlich entfernt? Und war es nur ein Zufall, dass er ausgerechnet jetzt verschwunden war, da Prexilane verkauft werden sollte? Je mehr ich herausfand, desto weniger verstand ich. Es war, als wollte man Sand mit einem Fischernetz sieben.

Eines aber stand fest: Ally hatte immer an Gerechtigkeit geglaubt, und ich war mittlerweile zutiefst davon überzeugt, dass Ben in etwas Finsteres verstrickt gewesen war.

Als ich ein bisschen atemlos nach oben kam, tat ich, was ich längst hätte tun sollen: Ich griff zum Telefon und wählte Tonys Nummer. Er war der einzige Mensch, mit dem ich über alles sprechen wollte. Nur er würde mich verstehen.

Er hob beim ersten Klingeln ab. Schon der Klang seiner Stimme beruhigte mich.

»Tony, hier ist Maggie. Tut mir leid, dass ich einfach so anrufe, aber ich muss mit jemandem reden.«

»Immer gern. Was ist denn los?«

»Vermutlich gar nichts ...« Ich zögerte. Nun, da ich ihn in

der Leitung hatte, wusste ich nicht so recht, wie ich anfangen sollte. Das Bankkonto, Hyperion, die gelöschte Internetseite … All das schwirrte mir durch den Kopf.

»Was immer es ist, Sie können es mir sagen«, sagte er sanft.

Nicht zum ersten Mal kam es mir vor, als könnte er meine Gedanken lesen, und es überraschte mich immer aufs Neue. Ich fragte mich, welcher Glücksfall ihn genau im richtigen Moment in mein Leben geführt hatte. Es war das erste Mal seit langer Zeit, dass ich Glück hatte.

»Ich habe heute etwas über David Gardners Firma herausgefunden.« Dann erklärte ich in einem langen, atemlosen Satz, was ich entdeckt hatte. Tony gab ermutigende Laute von sich, um zu zeigen, dass er aufmerksam zuhörte.

»Sind Sie sicher, dass die über Hyperion gesprochen haben, als Sie bei Prexilane waren?«, fragte er, als ich fertig war.

»Todsicher.«

»Und der Thread im Forum ist zwischen damals und heute verschwunden?« Seine Stimme klang angespannt.

»So ist es. Aber es könnte auch Zufall sein«, fügte ich rasch hinzu. Ich wollte nicht wie eine Verschwörungstheoretikerin klingen. Alle um mich herum schienen zu glauben, ich hätte den Verstand verloren. Er sollte das nicht auch noch tun.

Ich hätte mir jedoch keine Sorgen machen müssen, denn er stieß einen leisen Pfiff aus. »Diese Hurensöhne«, murmelte er, bevor er sich entschuldigte. »Ich wollte nicht fluchen. Was haben Sie sonst noch herausgefunden?«

Ich holte tief Luft. »Ally hat Geld versteckt. Sie hat regelmäßig auf ein Konto hier im Ort eingezahlt und alles in der Woche vor dem Absturz abgehoben. Zweitausend Dollar in bar. Wofür könnte sie Geld gebraucht haben?«

»Um zu verschwinden.« Er sagte es so leise, dass ich ihn beinahe nicht verstand.

»Was haben Sie gesagt?«

Er gab einen erstickten Laut von sich, und ich hätte schwören können, dass er schluchzte.

»Was haben Sie gesagt?«, wiederholte ich, wobei mir meine eigene Stimme hohl vorkam. Ich umklammerte das Telefon so fest, als wollte ich das Plastik zerbrechen. »Tony, haben Sie mir etwas verschwiegen?«

Es entstand eine Pause, dann stieß er einen langen, zitternden Seufzer aus. »Ich hätte sie niemals in die Sache hineinziehen dürfen.«

Ally. Er sprach über Ally.

»Tony, bitte«, flehte ich ihn an. Ich zitterte so sehr, dass meine Zähne heftig aufeinanderschlugen. »Wenn Sie etwas über Ally wissen, müssen Sie es mir sagen.«

Schließlich räusperte er sich. »Sie haben recht«, sagte er leise. »Es ist Zeit, dass Sie die Wahrheit erfahren.«

Allison

Ich habe die letzte Nacht im Motelzimmer verbracht, mich durch die Kanäle gezappt und daran gedacht, was mir bevorsteht. Ich habe das Motel nur einmal verlassen und bin zur Tankstelle gegenüber gelaufen, um mir zwei graue Hotdogs, eine Packung Schokokuchen und eine kleine Flasche Whisky zu kaufen. Vom Kuchen habe ich kaum etwas gegessen, aber den Whisky getrunken. Zur Geräuschkulisse des Fernsehers schlief ich schließlich ein.

Ich sehe auf die Uhr – das Pfandhaus öffnet in einer halben Stunde. Es wird Zeit. Ich dusche, putze mir die Zähne, kämme mir die Haare. Es ist mir wichtig, sauber zu sein. Ich ziehe die neue Unterwäsche an, ein weißes T-Shirt und die steife Jeans, bevor ich meine Sachen packe und die Tasche auf den Rücksitz des Subaru werfe. Es ist noch früh, aber die Tageshitze liegt schon wie eine dicke Decke über der Stadt. Ich verstaue Gewehr und Munition unter dem Beifahrersitz.

Dann gehe ich ins Büro des Motels. Dieselbe Empfangsdame starrt immer noch auf den Fernseher über der Tür, nur läuft jetzt eine Immobilienshow.

»Sind Sie bereit für Ihre neue Küche?«, flötet die Moderatorin, und ich schaue automatisch auf den Bildschirm, gespannt auf die große Enthüllung.

Die Empfangsdame lässt mit einem Knall eine Kaugummiblase platzen. »Sie checken aus?«

»Ja. Ich bezahle für eine Nacht, die erste hatte ich schon im Voraus bezahlt.«

Sie grinst. »Ich dachte, Ihr Freund wäre der, der zahlt.«

Ich zucke mit den Schultern. Sie will mich provozieren, aber das zieht nicht bei mir. »Und wenn schon. Vierunddreißig, richtig?«

»Achtunddreißig. Es kostet extra, weil die Bettwäsche so schmutzig war. Das Mädchen hat gesagt, sie musste sie zweimal bleichen.« Sie knallt wieder mit dem Kaugummi, um ihre Aussage zu unterstreichen, und ich bemühe mich, nicht rot zu werden. Es ist egal, was sie von mir hält, sage ich mir. Es ist egal, was irgendjemand denkt.

»Hier sind vierzig.« Ich reiche ihr die Scheine. »Der Rest ist für Sie.«

Sie zählt sie ab und steckt sie in die Kasse. »Sie haben sich die Haare geschnitten?«

Ich berühre meinen kurz geschorenen Kopf. Ich habe mich noch nicht an das Gefühl der Stoppeln gewöhnt. »Ja. War Zeit für eine Veränderung.«

Sie nickt anerkennend. »Sieht süß aus.«

»Ehrlich?« Tränen brennen in meinen Augen, was mir furchtbar peinlich ist. Bin ich wirklich so jämmerlich geworden? Wie ein Hund, den man wieder und wieder getreten hat und der sich auf den Rücken rollt, sobald ihm jemand einen Knochen hinhält? Ich wische mir unwirsch über die Augen und lächle. »Danke. Dann auf Wiedersehen.«

»Wiedersehen.« Ihre Augen sind schon wieder zum Fernseher gewandert, wo ein junges Paar weinend vor einer Essgarnitur steht.

Ich fahre bis zur Main Street, vorbei an den leeren Schaufenstern, den Kneipen mit den dunklen Milchglasfenstern, dem einsamen Café mit dem verblichenen Werbeschild, das sein

Montagsangebot, zwei Frühstücke zum Preis von einem, anpreist. Ich parke vor dem Pfandhaus. Der Besitzer steht schon draußen, der Rollladen ist halb geöffnet.

»Pünktlich auf die Minute«, sagt er, als ich aus dem Station Wagon springe. »Ein neuer fahrbarer Untersatz, wie ich sehe. Hat Chet sich gut um Sie gekümmert?«

Ich erinnere mich an Chets Blick, als er mir die Schlüssel gab, wie ein kleiner Junge, der sich unbemerkt einen Keks gemopst hat, und lächle. »Ja.«

Er schaut zur Vorderseite des Wagens. »Sie haben noch das Händlerkennzeichen.«

Ich nicke. »Ich darf es benutzen, bis ich meine Nummernschilder abgeholt habe.«

Er zieht eine Augenbraue hoch, sagt aber nichts. »Dann mal los.« Er nickt zum Laden hinüber.

Wir ducken uns unter dem Rollladen hindurch. Drinnen ist es dunkel und kühl. Er verschwindet im Hinterzimmer und kommt mit einem Stapel Geldscheine zurück. »Alles in Zwanzigern«, sagt er achselzuckend. »Anders habe ich es nicht bekommen.«

»Kein Problem.« Das Bündel ist zu dick für meine Tasche, also halte ich es unbeholfen in der Hand. »Ich muss los. Danke für die Hilfe.«

»Ich habe zu danken.« Er schaut mich eine Minute an, die Stille zwischen uns ist greifbar. »Ich hoffe, Sie nehmen mir die Frage nicht übel, aber wofür braucht ein Mädchen wie Sie so viel Bargeld?«

Ich zucke mit den Schultern, sage aber nichts. Ich habe keine Zeit für Fragen, und je weniger er weiß, desto sicherer bin ich. Er vermutlich auch. »Ich muss jetzt los.« Ich werfe einen nachdrücklichen Blick auf den Subaru.

»Klar. Sie haben eine lange Fahrt vor sich, wie ich hörte.«

Er und Chet haben sich wohl unterhalten. Ich frage mich, was sie sonst noch über mich gesagt haben. Ich merke, dass er zögert, und begreife, dass er mir etwas sagen will – etwas, das er eigentlich nicht sagen möchte. Er kratzt sich am Nacken. »Jemand hat nach Ihnen gefragt.«

»Ach ja?« Es soll beiläufig klingen, aber ich höre das leichte Zittern in meiner Stimme. »Wer denn?«

Er schüttelt den Kopf. »Wollte er nicht sagen. Großer Typ. Dunkelhaarig. Sah nicht aus, als wäre er aus der Gegend.«

Die Beschreibung ist nicht gerade detailliert, aber ich weiß, wer es ist. »Was wollte er?« Auch das weiß ich. Er wollte mich.

»Hat er auch nicht gesagt. Hat Sie nur beschrieben und gefragt, ob ich Sie gesehen hätte.« Er hält inne und deutet auf meinen Kopf. »Aber er meinte, Sie seien blond.«

Ich sah ihn forschend an. »Was haben Sie ihm gesagt?«

»Dass ich hier seit zwanzig Jahren keine hübsche fremde Blondine mehr gesehen habe.«

Der Atem weicht pfeifend aus meiner Lunge. Er hat mir Zeit erkauft. Ich weiß nicht, wie viel, aber es ist besser als nichts. »Ich danke Ihnen.«

»Keine Ursache. Was Sie treiben, geht mich nichts an.« Er schaut mich unverwandt an. »Trotzdem, Sie sollten jetzt besser losfahren. Wer weiß, wen er sonst noch fragt. Manche Leute haben ein loses Mundwerk.«

Ich nicke. »Ich verlasse jetzt die Stadt.«

»Dann viel Glück.« Er greift nach der Zeitung, schüttelt sie und streicht sie auf der Theke glatt. »Passen Sie auf sich auf.«

Ich gehe hinaus ins grelle Sonnenlicht und steige sofort ins Auto. Dann schiebe ich das Geld unter den Vordersitz. Das muss fürs Erste reichen.

Als ich den Motor anlasse, sehe ich ihn. Er lehnt an einem Laternenpfahl, und obwohl ich seine Augen durch die Sonnenbrille nicht erkennen kann, ruhen sie auf mir. Er beobachtet mich. Wartet. Er greift in seine Tasche und tritt auf die Straße.

Ich gebe Gas und fahre los.

Er hatte mir gezeigt, wie ich die Spyware auf mein Handy laden konnte.

»Sehen Sie?« Er tippte auf den Bildschirm. »Ganz einfach.«

Ich nickte, obwohl mir schlecht war vor Angst. Als er es bemerkte, lächelte er beruhigend.

»Sie machen das schon.« Er ließ einen Chip in meine Handfläche fallen und schloss meine Finger darum. »Laden Sie alles runter.« Er deutete auf meine geschlossene Faust. »Verstecken Sie es gut. Da, wo er nie nachschauen würde.« Er deutete auf meine Kette. »Tragen Sie die immer?«

Ich befühlte das Medaillon mit dem heiligen Christophorus, das mir mein Vater geschenkt hatte, und nickte.

»Dann wäre das ein gutes Versteck.«

Ich zögerte. »Warum machen Sie das nicht selbst? Warum sind Sie zu mir gekommen?«

Er schüttelte den Kopf. »Mir würde keiner glauben. Dafür haben sie gesorgt.« Dann beugte er sich zu mir, und ich bemerkte wieder die dunklen Schatten unter seinen Augen. Er sah aus wie ein Mann, der seit Wochen, Monaten, vielleicht sogar Jahren nicht richtig geschlafen hatte, und ich fragte mich, was genau er durchgemacht hatte.

»Egal«, sagte er leise, »Sie sind ihm näher, als ich es je sein könnte. Er vertraut Ihnen.« Seine Augen brannten sich förmlich in meine. »Doch bevor Sie das tun, müssen Sie sich völlig darüber im Klaren sein, worauf Sie sich einlassen. Falls die Sie verdächtigen, auch nur für eine Sekunde –«

Ich schüttelte den Kopf. »Das werden sie nicht. Ich gehe clever vor. Sam mag mir misstrauen, aber Ben würde niemals damit rechnen, dass ich ihm schaden will.« Sowie ich es ausgesprochen hatte, wurde mir klar, dass es stimmte, und die Vorstellung, ihn zu betrügen, bohrte sich wie ein heißes Messer in meinen Körper. Trotzdem musste ich die Wahrheit erfahren. Ich konnte nicht leben, ohne zu wissen, mit wem ich jede Nacht ins Bett ging.

Meine Gefühle standen mir wohl ins Gesicht geschrieben – Verzweiflung, vermischt mit Entschlossenheit –, denn er lehnte sich zurück und ergriff meine Hand. Wir saßen schweigend da, dachten unsere eigenen Gedanken und verspürten unsere eigene Angst. Irgendwann schaute er zu mir und nickte einmal. »Wir können uns nicht mehr treffen. Wenn man uns zusammen sieht, ist das Spiel vorbei.«

Bei dem Gedanken fühlte ich mich einsam und verlassen, doch er hatte recht. Er hatte mich auf diesen Weg geführt, aber gehen musste ich ihn allein.

»Sie müssen sich schützen. Er wird Sie beobachten, Allison. Sollten Sie auch nur eine Sekunde glauben, dass die Ihnen auf der Spur sind, müssen Sie verschwinden. Verstehen Sie das?«

Ich nickte schwach. Mein Mund war trocken, meine Zunge drückte gegen den Gaumen und blieb dort kleben.

»Dafür brauchen Sie Geld. Haben Sie welches?«

Ich schüttelte beschämt den Kopf, doch er blieb ruhig. »Legen Sie jede Woche ein bisschen weg, in Beträgen, die ihm nicht auffallen. Bewahren Sie es an einem sicheren Ort auf. Falls Sie verschwinden müssen, brauchen Sie Bargeld für einen Pass und ein Flugticket.«

»Dazu wird es nicht kommen«, sagte ich und zwang mich zu lächeln. Es schien alles so absurd.

Er starrte mich lange an, und ich bemühte mich, seinen Blick zu erwidern. »Bitte. Sie müssen wirklich begreifen, worauf Sie sich einlassen.«

Da wurde mir klar, dass er es ernst meinte. »Na schön. Ich mache, was Sie gesagt haben.«

»Gut.« Er ließ mich nicht aus den Augen. »Sie sind sicher, dass Sie das alles wirklich tun wollen?«

Wenn ich zustimmte, würde ich den Mann betrügen, den ich liebte, den Mann, der mich aus einer Spirale der Selbstzerstörung gerettet und zu einem neuen Menschen gemacht hatte. Ich setzte meine ganze Zukunft aufs Spiel, vielleicht sogar mein Leben. Doch ich wusste auch, dass ich mich selbst nie wiederfinden würde, wenn ich jetzt kniff. Dann wäre ich für immer verloren.

»Ich bin mir sicher«, sagte ich so selbstbewusst wie möglich.

»Gut.« Er stand auf und sammelte die Seiten seiner Zeitung ein. »Wegen des Passes meldet sich jemand bei Ihnen.« Er streckte die Hand aus, und ich ergriff sie. »Es war mir ein Vergnügen, Sie kennenzulernen, Allison. Passen Sie auf sich auf.«

»Sie auch –« Mir wurde klar, dass ich seinen Namen nicht wusste.

»Anthony«, sagte er. »Aber meine Freunde nennen mich Tony.« Er drehte sich um und ging über den frisch gemähten Rasen davon, die Zeitung säuberlich unter dem Arm gefaltet.

Ich sah ihn nie wieder.

Maggie

In diesem Moment schien die Welt stehenzubleiben. Ich hörte, wie das Blut durch meine Adern rauschte und die Küchenuhr tickte und die Blätter der Bäume draußen raschelten. Aufgewirbelte Staubkörner funkelten in der Luft. Die Farben schienen auch greller, wie die Technicolorfarben in den alten Filmen, die Charles und ich sonntagsnachmittags angeschaut hatten. Das tiefe Rot des Fliesenbodens in der Küche. Das Giftgrün des Apfels, der auf der Arbeitsplatte darauf wartete, in Stücke geschnitten zu werden. Das leuchtende Gold des Sonnenlichts, das durchs Fenster strömte. Es hatte aufgehört zu regnen, die Sonne war herausgekommen.

»Maggie? Sind Sie noch da?«

Ich blinzelte langsam. Ja, ich war noch da.

»Was ist los? Was wissen Sie über Ally?« Meine Stimme klang fremd, erstickt und viel zu hoch, als hätte ich mir die Kehle verätzt.

»Das kann ich Ihnen nicht am Telefon sagen.« Er klang panisch. »Ich komme vorbei.«

Ich schaute mich hektisch in der Küche um, sah die abgenutzten Shaker-Schränke, die zerkratzte Arbeitsplatte und den leeren Kühlschrank. Der Gedanke, ihn – diesen Fremden, diesen Mann – in mein Haus zu lassen, kam mir plötzlich falsch vor. »Ich halte das für keine gute Idee.«

»Sie haben recht. Die könnten Ihr Haus verwanzt haben.

Wir sollten nicht einmal miteinander telefonieren. Wir treffen uns in zwanzig Minuten im Café.«

Die Welt schien zu kippen, und ich musste mich an der Arbeitsplatte abstützen, weil ich weiche Knie bekam. »Tony, Sie reden Unsinn. Das ist doch verrückt.«

»Ich bin nicht verrückt!« Er klang wütend.

Die Angst tat sich wie ein dünner Riss in mir auf. Ich wollte diesen Mann nicht in meinem Haus haben.

»Ich habe nicht gesagt, dass Sie verrückt sind.« Ich versuchte, beruhigend zu klingen wie damals, wenn Studenten in Bowdoin mit aschfahlem Gesicht zu mir gekommen waren und erklärt hatten, sie hätten versehentlich ihre Seminararbeit gelöscht. »Erzählen Sie mir, was los ist, und dann überlegen wir gemeinsam.«

»Aber wenn ich Ihnen sage ...« Ein gedämpftes Geräusch in der Leitung, ich begriff, dass er mit den Tränen kämpfte. »Es tut mir so leid, Maggie. So furchtbar leid. Ich wollte es Ihnen schon lange sagen, wusste aber nicht wie. Ich habe Ally in die Sache hineingezogen. Es ist meine Schuld, dass sie tot ist.«

Mein Herz hämmerte, kalte, schwere Furcht breitete sich in meinem Magen aus. »Sagen Sie mir einfach, was Sie wissen.«

Er schwieg so lange, dass ich schon dachte, er hätte eingehängt. Dann aber hörte ich seine leise, brüchige Stimme. »Sie hat gegen Prexilane ermittelt. Ich habe ihr gesagt, was die vorhaben, und sie hat Beweismaterial gesammelt, hat Anrufe aufgezeichnet ...«

»Was soll das heißen, sie hat ermittelt?«

»Die haben sie getötet, weil sie alles bekannt machen wollte. Ihre Tochter war sehr tapfer. Eine Heldin. Das wollte ich Ihnen sagen. Nur darum habe ich die weite Reise gemacht ... Ich hatte nicht damit gerechnet, dass Sie auch mit hineingezogen würden.«

»Bitte, ich verstehe nicht –«

Er holte tief Luft. »Die Kette, Maggie. Es ist alles in der Kette.«

Dann war das Gespräch weg.

»Tony? Sind Sie noch da?«

Doch ich hörte nur das Rufzeichen, und als ich seine Nummer wählte, meldete er sich nicht.

Noch 3370 Kilometer.

Allison

Ich bin seit Stunden unterwegs. Das Dröhnen des Motors lullt mich ein, Fetzen einer Talkshow driften aus dem Radio und verklingen in statischem Rauschen. Es ist später Nachmittag, und der Klammergriff des Schreckens hat sich allmählich gelöst, doch ich werde das Bild von dem Mann mit der Sonnenbrille nicht los.

Zwei Dinge weiß ich genau: Ich habe ihn noch nie im Leben gesehen. Und er wurde losgeschickt, um mich zu töten.

Wie lange, frage ich mich, folgt er mir schon? War er auch oben in den Bergen? Hat er mich beobachtet, als ich in der Hütte geschlafen habe? Hat er mich gesehen, als ich in Lukes Lkw gestiegen bin, oder im Motel, während der Fernseher über die dunklen Wände flackerte?

Tief im Inneren weiß ich die Antwort. Tief im Inneren weiß ich, dass er die ganze Zeit bei mir war, nur einen Schritt hinter mir, meine Witterung immer in der Nase. Denn jemanden ausspionieren ist einfach. Das weiß ich aus Erfahrung.

Ein Teil von mir glaubte noch immer nicht, was ich an jenem Tag im Park erfahren hatte. Der andere Teil von mir wollte die Spyware auf Bens Handy installieren und seine Gespräche belauschen, um ihn zu entlasten. *Er ist unschuldig*, dachte ich, als ich darauf wartete, dass er einschlief. *Das alles ist nur ein Missverständnis, und wenn es aufgeklärt ist, kann ich dieses*

Leben weiterführen. Daran glaubte ich auch noch, als ich die Spyware per SMS an sein Handy schickte, das Passwort eingab, das ich auswendig gelernt hatte, und zusah, wie das Programm heruntergeladen wurde. Mein eigenes Handy meldete: »619-555-3364 ist jetzt aktiv.« *Er ist unschuldig*, dachte ich, als ich zu ihm ins Bett kroch und seinen warmen Rücken an meine Brust zog. *Und jetzt kann ich es beweisen.*

Ich war auf dem Laufband im Fitnessstudio, als der erste Anruf durchkam. Ich hörte Beyoncé blechern aus den Kopfhörern, meine hämmernden Schritte, meinen schweren Atem, meinen Herzschlag, und dann klickte es plötzlich, und Stimmen klangen mir ins Ohr.

»Ich habe gerade von dem Anwalt gehört.« Eine Männerstimme, tiefer als Bens, aber vertraut. »Es sieht aus, als würden sie eine Sammelklage anstreben.«

Sam.

»Scheiße.« Bens Stimme klang fremd, irgendwie erstickt. »Wie schlimm ist es?«

»Schlimm. Die Aktionäre werden ausflippen. Wir müssen die Sache schnell begraben.«

Ich kam aus dem Tritt und musste mich am Handlauf festhalten, um nicht zu stürzen. Ich drückte auf den Notschalter, und das Band kam zum Stillstand. Die Frau, die neben mir lief, grinste.

»Wenn wir uns vergleichen, lässt die FDA möglicherweise mit sich reden. Wir können das noch regeln.« Bens Stimme zitterte ein wenig, ich spürte einen Anflug von Mitleid. »Unsere Forschung und Entwicklung arbeitet rund um die Uhr. Es sind nur – wie viel? – drei Prozent der Anwenderinnen betroffen?«

»Acht.«

Ben sog scharf die Luft ein. Immerhin, er war schockiert,

war noch imstande, so zu fühlen. »Aber es ist ein gutes Produkt, Sam. Es hilft vielen Menschen.«

Sam räusperte sich. »Mir gefällt das auch nicht, aber uns bleibt keine andere Wahl. Wenn die Sache vor Gericht geht, sind wir am Arsch. Ich habe die Anklageschrift gesehen.«

Ben fluchte leise. »Gibt es etwas, das wir dagegen anführen könnten? Drogenmissbrauch, Geisteskrankheit in der Familie?«

Mein Magen zog sich zusammen. Ich hatte zugelassen, dass dieser Mann mich mit seinen Händen berührte, seinem Mund, seiner Zunge. Ich hatte ihn in meinen Körper gelassen.

»Die Anklage ist absolut sauber. Diesmal haben die Anwälte einen wasserdichten Fall. Sie war Lehrerin, Herrgott noch mal. Ihr Mann ist Sozialarbeiter. Keine Depressionen, bevor sie das Baby bekam.«

Es entstand eine lange Pause. Mir verschwamm alles vor den Augen, und ich begriff, dass ich seit Beginn des Telefonats die Luft angehalten hatte.

»Wir haben keine Wahl, Ben. Die setzen uns die Pistole auf die Brust.«

Ben stieß die Luft aus. »Wie viel?«

Ich sollte bald lernen, dass es stets auf die gleiche Frage hinauslief: Was kostet es, die Angelegenheit unter den Teppich zu kehren? Wie viel müssen wir für ihr Schweigen bezahlen?

Sam räusperte sich. »Drei Millionen. Dreieinhalb.«

»Gib dem Ehemann vier, und lass ihn eine Vertraulichkeitsvereinbarung unterzeichnen, die ihm keinen Millimeter Spielraum lässt. Er muss begreifen, dass er ein toter Mann ist, wenn er je den Mund aufmacht.«

»Verstanden.«

Das Gespräch war zu Ende, und Beyoncé flutete wieder in meinen Kopf.

Ich sprang vom Laufband und rannte in die Umkleide, drängte mich an halbbekleideten Frauen vorbei und schaffte es eine Sekunde zu spät auf die Toilette. Ich erbrach mich auf den Boden der Kabine, während der sanfte Jazz aus der Umkleide mein Würgen übertönte.

Maggie

Alles war genau wie bei unserem letzten Treffen. Die gleichen Geräusche, als sie die Milch aufschäumten, der gleiche bittere Geruch von gerösteten Kaffeebohnen, der sich mit dem synthetischen Blumenduft eines Lufterfrischers vermischte, die gleiche Gitarrenmusik im Hintergrund. Dieselbe Kellnerin brachte mir Kaffee und einen überdimensionalen Schoko-Cookie, den ich nicht bestellt hatte.

»Die werfen wir abends ohnehin weg«, sagte sie auf meine Frage. Ich bedankte mich lächelnd, obwohl mir beim Gedanken an Butter und Zucker übel wurde.

Obwohl sich nichts verändert hatte, kam mir das Café völlig fremd vor. Die ganze Welt war unvertraut und erschreckend, als leuchtete man mit einer Taschenlampe unter den Kühlschrank und entdeckte den Dreck, der sich im Laufe der Zeit angesammelt hatte.

Ich zwang mich, mich hinzusetzen, meinen Caffè Latte zu trinken und an dem kostenlosen Cookie zu knabbern, um nicht unhöflich zu wirken, während ich den Zeiger der Uhr beobachtete, der langsam seine Kreise zog.

Er kam nicht. Das hatte ich gewusst, aber ich musste für den Fall der Fälle trotzdem hier sitzen.

Ich trug die Kette und berührte sie immer wieder, um mich zu vergewissern, dass sie noch da war. Nachdem die Kellnerin den Tisch abgeräumt und mir mit einem mitfühlenden Blick noch einen Cookie angeboten hatte, den ich dankend ablehnte, nahm ich sie ab und hielt das Medaillon in der Hand. Es war ein bisschen verbeult, an manchen Stellen war das billige Gold abgerieben und das Nickel darunter freigelegt, doch ansonsten sah es aus wie an dem Tag, an dem Charles es Ally geschenkt hatte.

Ich klappte es mit zitternden Fingern auf und starrte auf das Foto. Ich wusste noch genau, wann es aufgenommen worden war. Wir waren nach Ogunquit in Urlaub gefahren. Charles war wütend auf mich, weil wir uns verirrt hatten, und ich war wütend auf ihn, weil er wütend auf mich war, denn es war doch seine verdammte Schuld, weil er keine Karte mitnehmen wollte, und wir waren verschwitzt und müde, sonnenverbrannt und mit Sand bedeckt gewesen.

Ich glaube, Ally hatte mit dem Foto Frieden stiften wollen. »Lächeln«, hatte sie uns befohlen und die alte Canon hochgehoben, die wir ihr geschenkt hatten, und das Foto gemacht, bevor wir widersprechen konnten. Charles' Lächeln wirkt echt – er musste immer lächeln, wenn es um sein kleines Mädchen ging, auch wenn er sich über seine Frau ärgern mochte –, doch meins ist angespannt und gezwungen. Ich hatte vermutlich nur daran gedacht, woher wir Lebensmittel fürs Ferienhaus bekommen sollten, ob ich genügend Bargeld fürs Restaurant dabeihatte und ob ich die Hintertür abgeschlossen hatte.

Ich schüttelte den Kopf. Wenn ich das noch einmal erleben könnte, würde ich nicht mehr so viel Zeit darauf verschwenden, mir Sorgen zu machen. Ich würde breit in die Kamera lächeln und Charles' Hand halten, und danach würde ich zu Ally laufen und ihre sandige Wange an meine drücken. Niemand sagt einem in solchen Momenten, wie gut man es hat. Niemand sagt einem, wie man sich fühlt, wenn all das verloren ist.

»Die Kette.« Es war das Letzte, was er zu mir gesagt hatte. »Die Kette.«

Ich holte tief Luft, hob das Foto an und löste es aus dem Medaillon. Darunter lag ein kleines Rechteck aus weißem Plastik, nicht größer als mein Daumennagel.

Ein Computerchip.

Allison

Es geht so schnell. Gerade bin ich noch allein auf der Straße, ein kleiner Punkt auf dem langen Asphaltstreifen. Und dann klebt plötzlich ein Sattelzug an meiner rechten Seite, und von hinten donnert ein Sportwagen heran.

Eigentlich ein einfaches Manöver: auf die mittlere Spur wechseln und den Sportwagen vorbeilassen. Ich setze den Blinker und schaue über die Schulter, um mich zu vergewissern, dass der Abstand groß genug ist. Doch statt mich hereinzulassen, gibt der Sattelzug Gas. Ich bin eingekesselt.

Die Panik kommt rasch. Das ist er, es kann nicht anders sein.

Ich beschleunige. Der Subaru stöhnt und schießt nach vorn. Die Tachonadel wandert nach rechts. Hundertzehn. Hundertzwanzig. Hundertdreißig. Ich schaue zur Seite und stelle fest, dass der Sattelzug nicht langsamer wird. Ich suche den Blick des Fahrers, um auf mich aufmerksam zu machen, doch der sitzt in seiner Kabine weit über mir und sein Gesicht liegt im Schatten, ich sehe nur den Schirm einer Baseballkappe. Meine Augen zucken zum Rückspiegel. Der Sportwagen ist nur noch eine Wagenlänge entfernt, so nah, dass ich das Mercedes-Abzeichen auf der Motorhaube erkennen kann. Wenn ich jetzt bremse, fährt er auf, schiebt mich von der Straße oder unter den Sattelzug. Er blendet auf, ich soll aus dem Weg gehen. Ich fahre jetzt fast hundertvierzig, doch der Lastwagen ist immer noch neben mir. Ich merke, wie mein Subaru in den Sog des Sattelzugs gerät, und umklammere das Lenkrad fester.

Ich drücke auf die Hupe und recke den Hals, um den Fahrer zu sehen. *Sieh her*, denke ich beschwörend. *Sieh doch her!*

Hundertsechzig. Die Karosserie beginnt zu beben. Ich schaue wieder in den Rückspiegel. Die Vorderseite des Sportwagens füllt ihn jetzt komplett aus, verdeckt die Sonne, den Himmel und die Straße hinter uns. Der Fahrer sitzt allein im Wagen, die Hände in den Handschuhen umklammern das Lenkrad, er trägt eine verspiegelte Sonnenbrille und hat die Lippen aufeinandergepresst. Er betätigt wieder die Lichthupe und macht eine Geste mit der Hand.

Hundertachtzig. Vor uns ein Warnschild, scharfe Kurve. Ich kann den Wagen kaum noch gerade halten – die Kurve schaffe ich nie im Leben. Ich sehe, wie sich das schwarze Asphaltband zu krümmen beginnt, und als ich das Lenkrad drehe, spüre ich Widerstand. Die Schwerkraft zieht mich noch näher an den Sattelzug heran, als die Kurve enger wird. Es ist nur noch eine Frage von Zentimetern. Ich erkenne jede Delle im Führerhaus, das in einem blauen Metallic-Ton lackiert ist.

Sie mussten ihn von der Straße kratzen. Das pflegte Onkel Jim nach einem schlimmen Unfall zu sagen. *Von dem armen Schwein war nichts mehr übrig.*

Vor uns taucht ein Schild auf. Reissverschluss in sechzig Metern. Eine orangefarbene Warnmarkierung weist den Weg. STRASSENBAUARBEITEN brüllt ein weiteres Schild, doch es sind keine Arbeiter zu sehen, nur eine säuberliche Reihe von Betonsperren.

Kalter Schweiß steht mir im Nacken. Ich wappne mich für das Kreischen von Metall auf Metall, zersplitterndes Glas, die gewichtslose Reise durch den Raum. Fleisch, das über rauen Beton schabt wie über Schmirgelpapier. Das Knacken und Brechen von Knochen. Blut, das sich auf dem Asphalt ausbreitet, dick und zu rot, dessen metallischer Geruch sich mit dem von Benzin und Feuer vermischt.

Ich werde sterben. Ich bin seltsam ruhig, als hätte mich alles, was ich je getan habe, auf diesen einen Augenblick vorbereitet, als wäre es mir von Geburt an bestimmt gewesen, diese Welt im Flug zu verlassen.

Und dann ist es plötzlich vorbei. Der Lastwagen fällt zurück, der Sportwagen setzt sich davor und rast hupend an mir vorbei. Ich nehme den Fuß vom Gas und lenke den Subaru auf die rechte Spur, gerade noch rechtzeitig vor der Fahrbahnverengung. Hundertvierzig. Hundertdreißig. Hundertzwanzig. Hundertzehn. Ich lasse die enge Kurve hinter mir und gelange auf eine schnurgerade, verlassene Straße. Ich schaue in den Rückspiegel und sehe, wie der Lastwagen die Ausfahrt nimmt. Die Straße vor mir ist leer. Der andere Wagen ist nirgendwo zu sehen.

Ich habe einen metallischen Geschmack im Mund und begreife, dass ich mir von innen die Wange blutig gebissen habe. Ich versuche, meine zitternden Hände zu ignorieren, die das Lenkrad umklammern.

Mich beschleicht die Angst, dass ich es nicht nach Hause schaffe.

Nein.

Ich *muss* es nach Hause schaffen.

Maggie

Die Meldung kam nicht mal auf die Titelseite des ›Owl's Creek Examiner‹. Diese Ehre gebührte dem Highschool-Footballteam und einem Bericht über die Verschönerung der Main Street. Sie stand auf Seite 5, nur wenige Zeilen und ein daumennagelgroßes Bild. Es war körnig, doch ich erkannte ihn sofort. Tony.

> MANN TOT AUFGEFUNDEN
>
> Gestern in den frühen Morgenstunden wurde der Leichnam des Hotelgastes Anthony Tracanelli, 66, von einem Zimmermädchen entdeckt. Sie hatte den Raum betreten, obwohl sie strikt angewiesen war, den Gast nicht zu stören. Sie erklärte, sie sei misstrauisch geworden, nachdem es in dem Raum zu einer lautstarken Auseinandersetzung gekommen sei. Als man die Leiche entdeckte, war Tracanelli jedoch allein. Die Todesursache ist noch unbekannt, die Polizei ermittelt.

Ich hatte seinen Nachnamen nicht gekannt. Ich war nicht einmal auf die Idee gekommen, ihn danach zu fragen.

Ich hörte noch die Panik in seiner Stimme, dann wurde die Verbindung plötzlich unterbrochen, und jetzt war er tot.

Ich musste mit jemandem darüber reden. Ich musste diese Dinge laut aussprechen, um zu spüren, dass sie real waren. Wenn sie es waren.

Ich rief Jim an. Er meldete sich sofort.

Ich machte mir gar nicht erst die Mühe, Hallo zu sagen, sondern kam gleich zur Sache. Für Nettigkeiten war ich zu aufgewühlt. »Was habt ihr über Anthony Tracanelli herausgefunden?«

»Den Typen aus dem Hotelzimmer? Nicht viel. Dafür ist Branville zuständig, wir haben eigentlich nichts damit zu tun.«

»Kannst du dort nachfragen?«

»Warum willst du das wissen?«

Ich seufzte. »Ich kannte ihn.«

»Woher denn?«

Ich kratzte mit dem Fingernagel einen eingetrockneten Fleck vom Küchentisch, ließ mir Zeit mit der Antwort. »Ich habe ihn in Bowdoin kennengelernt. Er sagte, er sei Rentner und Gaststudent an der Uni. Wir haben uns unterhalten und …« Ich grub den Fingernagel tief ins Holz. »Irgendwie sind wir uns wohl nähergekommen.«

Ich kam mir schrecklich dabei vor, dumm und verräterisch. Jim hatte Charles wie einen Bruder geliebt, und obwohl zwischen mir und Tony nichts gewesen war, hatte ich den Eindruck, als durchschaute Jim mich sogar am Telefon.

»Verstehe.«

Er wartete wohl, dass ich weitersprach, doch ich schwieg. Ich warf einen Blick auf das kleine Stück Plastik, das auf der Arbeitsplatte neben dem Herd lag. Ich musste ihm alles sagen. Es ging nicht anders.

»In Allys Medaillon war ein Computerchip«, platzte ich heraus. »Er war dort drin versteckt. Tony hatte es mir erzählt. Ich habe keine Ahnung, woher er es wusste, aber er wusste es, und dann wurde unser Telefonat unterbrochen, und jetzt ist er tot.« Die Worte sprudelten aus mir heraus, als hätte man einen Wasserhahn bis zum Anschlag aufgedreht. »Er ist tot, Jim, wegen mir. Ich weiß nicht, was zum Teufel hier vorgeht, aber es ist nichts Gutes. Ich blicke da einfach nicht mehr durch. Mir ist –« Ich zögerte, holte tief Luft und stieß hervor: »Mir ist, als würde ich bald durchdrehen.«

Jim war still. Ich hörte förmlich, wie sich die Rädchen in seinem Kopf drehten und er meine Worte abwog, bevor er zu einem Entschluss gelangte. So war er eben: auch in Krisen immer ruhig. Er bewertete die Lage, bevor er handelte. Ich hatte schreckliche Angst, dass er mich für verrückt erklären würde. Dann endlich räusperte er sich. »Bist du jetzt zu Hause?«

»Natürlich.«

»Bleib, wo du bist. Ich komme rüber.«

Ich machte Kaffee, während ich auf ihn wartete, und schaute dabei auf das Schwarz-Weiß-Foto in der Zeitung, die auf der Arbeitsplatte ausgebreitet lag. Es war ein bisschen verschwommen, aber es war zweifellos Tony. Silberne Haare, traurige Augen, warmherziges Lächeln. Der Anblick tat mir innerlich weh. Mich überkam Zorn, vermischt mit Traurigkeit und dem Übelkeit erregenden Gefühl, gedemütigt worden zu sein.

Er hatte mir Dinge vorenthalten … Augenblick. Nein. Er hatte mich *belogen*. Er hatte vorgegeben, meine Tochter nicht gekannt zu haben, dabei hatte er mehr über sie gewusst als ich. Er hatte Allys Geheimnisse gekannt, und nun war er tot und konnte sie mir nicht verraten. Das schmerzte am meisten – nicht die Lügen, sondern dass er die Wahrheit mit ins Grab genommen hatte.

Ich stützte den Kopf in die Hände. Ich spürte noch immer das Kribbeln, das ich empfunden hatte, als er nach der Kette gegriffen und mich dabei berührt hatte. Ich hätte auf meinen

Instinkt hören und auf der Hut sein sollen. Herrgott, ich war so eine Idiotin gewesen.

Jims Streifenwagen bog in die Einfahrt ein, und ich wischte mir mit der Hand übers Gesicht. Ich musste mich zusammenreißen. Er musste mir glauben. Es durfte kein Raum für Zweifel bleiben.

Und dann stand er schon in der Küche. Ich gab ihm eine Tasse Kaffee und wir setzten uns an den Tisch.

»Ich hab mit den Jungs in Branville gesprochen. Die sind noch dabei herauszufinden, was passiert ist.«

Ich verschränkte die Arme vor der Brust. »Ich sage dir doch, ich weiß, was passiert ist. Er wurde umgebracht.«

Jim fuhr sich mit der Hand über den Mund. Er sah müde und älter aus, als er war. »Maggie, du musst mir sagen, was du weißt.«

Und so erzählte ich ihm alles. Wie Tony mich in der Bibliothek angesprochen hatte. Wie er zur Trauerfeier gekommen war. Wie wir uns im Café getroffen hatten. Dass er mich auf die Halskette gebracht und ich so den Computerchip gefunden hatte.

Als ich fertig war, schüttelte er den Kopf. »Du hättest früher zu mir kommen sollen. Du hättest mir sagen sollen, was du vorhattest.«

»Du hättest mir nicht geglaubt.«

Er wich zurück, als hätte ich ihn geschlagen. »Das ist nicht fair –«

Ich hob entschuldigend die Hände. »Mir ist doch klar, dass das alles verrückt klingt. Aber ich wollte der Sache auf den Grund gehen und erfahren, was mit Ally geschehen ist. Das ist alles.«

Er seufzte. »Ich weiß, Maggie, aber wir haben doch schon darüber gesprochen. Allys Tod war ein Unfall.«

»Das sehe ich anders. Und auch Tony hat es anders gesehen.« Mein Stuhl schabte über den Boden, als ich aufstand. Ich lief umher, getrieben von einer rastlosen Energie. »Je mehr ich über ihr Leben in San Diego herausfinde und was für ein Mann Ben gewesen ist …« Ich trat vor ihn hin. »Du kennst die Fotos. Du weißt, wie anders sie ausgesehen hat. Hast du gewusst, dass Ally nicht mehr gearbeitet und den Kontakt zu ihren Freundinnen abgebrochen hatte? Sie war von allem abgeschnitten, nur wegen dieses Mannes. Klingt das nach dem Mädchen, das du gekannt hast?«

Jim seufzte. Es war der längste und traurigste Seufzer, den ich je gehört hatte. »Ich habe sie schon lange nicht mehr gekannt«, sagte er sanft. »Und es tut mir leid, das zu sagen, aber auch du hast sie nicht wirklich gekannt. Verdammt, ich kenne meine eigenen Söhne kaum, obwohl ich sie fast jede Woche sehe. So läuft es eben. Unsere Kinder werden erwachsen und damit Fremde für uns.« Er ergriff meine Hand. »Allison ist tot. Ich wünschte, ich könnte dir etwas anderes sagen, aber ich habe die Fotos von der Absturzstelle gesehen und … Das kann sie nicht überlebt haben.«

Ich hielt ihm mit zitternden Fingern den Chip hin. »Warum sollte sie den in ihrem Medaillon versteckt haben? Das hat doch etwas zu bedeuten, Jim. Es kann nicht anders sein.«

Er wurde unsicher. »Weißt du, was da drauf ist?«

Ich schüttelte den Kopf. »Nein, aber wenn Ally sich die Mühe gemacht hat, ihn dort zu verstecken, muss es wichtig sein.«

Jims Augen wanderten vom Chip zu mir. Dann rieb er sich mit der fleischigen Hand über den Mund und seufzte. »Gib ihn mir. Ich bitte die Jungs, einen Blick drauf zu werfen.«

Ich wollte mich bei ihm bedanken, doch er unterbrach mich. »Ich mache das, wenn du mir etwas versprichst. Wenn wir herausfinden, was darauf ist, und es nichts zu bedeuten hat, lässt du die Sache sofort und ein für alle Mal fallen.«

Ich nickte stumm, obwohl meine Gedanken ganz andere Wege gingen.

»Gut.« Er stand auf, schloss die Faust um den Chip und schob ihn in die Brusttasche seines Hemdes. »Ich melde mich, sobald wir die Ergebnisse haben.«

Ich brachte ihn zur Tür. »Sagst du mir Bescheid, wenn sie herausgefunden haben, was mit ihm geschehen ist? Mit Tony?«

Jim nickte. Er hatte sich das Hemd mit Kaffee bekleckert, und ich dachte an Linda, die versuchen würde, den Fleck herauszuwaschen. Ich musste ihr raten, Essig zu benutzen.

»Vergiss nicht, was du versprochen hast. Du musst die Sache danach auf sich beruhen lassen.«

»Ich vergesse es nicht«, sagte ich.

Er nickte noch einmal und ging zum Streifenwagen.

Wir beide wussten, dass es gelogen war.

Noch 1826 Kilometer.

Allison

Ich glaube, ich bin in Indiana, sofern ich nicht das Willkommensschild für Ohio verpasst habe. Es ist auch egal: Hier in der Ebene gibt es nichts als gigantische Felder zu sehen und den einen oder anderen Ahorn, dessen Blätter im Scheinwerferlicht leuchten.

Ich bin allein auf dem endlosen Highway, und die Katzenaugen im Asphalt reflektieren die Sterne am Himmel.

Ich fahre seit beinahe siebzehn Stunden. Mein Körper hat das Adrenalin abgebaut, ich fühle mich leer und hohl. Meine Augenlider sind schwer, sie fallen über meine müden Augen, und ich muss sie wie eine klemmende Jalousie immer wieder in die Höhe zwingen.

Ich habe keine Zeit zum Schlafen. Oder Anhalten. Sie sind irgendwo da draußen und lauern mir auf. Könnten auch meiner Mutter auflauern. Sind vielleicht schon bei ihr. Nein. Ich reibe mir mit der Faust die Augen und gebe Gas. So darf ich nicht denken. Ich muss daran glauben, dass ich es bis zu ihr schaffe.

Ich erwache mit einem Ruck. Der Wagen vibriert, ein ohrenbetäubendes Dröhnen erfüllt die Luft.

Ich bin quer über die Spuren auf den Rüttelstreifen abgedriftet. Mir bleibt nur ein Sekundenbruchteil, um das Lenkrad herumzureißen, bevor ich gegen die Leitplanke pralle.

Mein Herz hämmert bis in die Kehle. Wie lange habe ich

geschlafen? Eine Sekunde? Eine Minute? Ich sehe auf die Uhr. 2.43 Uhr. Ich bin jetzt hellwach, weiß aber, dass es zu gefährlich ist, wenn ich weiterfahre. Ich werde es niemals bis zum Morgen schaffen. Ich muss einfach ein paar Stunden schlafen. Kurze Zeit später taucht eine Raststätte für Fernfahrer auf, an der einige Sattelzüge im grellen Neonlicht parken. Ich fahre vorbei. Es ist zu riskant, zu offen. Ich brauche ein Zimmer mit einer Tür, die ich hinter mir abschließen kann.

Ich fahre noch zehn Kilometer, eine Hand am Lenkrad, mit der anderen kneife ich mir in die Innenseite des Oberschenkels, um wach zu bleiben. Dann endlich taucht ein Motel-Schild auf, es ist riesig und beleuchtet alles um sich herum. Ich biege vom Highway ab und fahre durch die verschlafenen Straßen auf den halbvollen Parkplatz. Dort stelle ich den Motor ab. Alle Fenster sind dunkel bis auf eines im Erdgeschoss. Ich hieve die Tasche aus dem Kofferraum, stecke das Gewehr hinein und gehe zur Tür. Ich rechne damit, dass sie abgeschlossen ist, doch sie surrt automatisch auf. Die Lobby ist eng, es riecht nach künstlichem Kieferduft und abgestandenem Frühstück. Auf der Theke steht eine Glocke, die ich betätige.

Eine Frau erscheint. Sie ist blond, gepflegt, trägt eine gestärkte blaue Bluse und eine ordentlich gebügelte dunkelblaue Hose. Sie ist hübsch, mit frischem Gesicht, und wirkt angesichts der Uhrzeit erstaunlich munter.

»Guten Abend«, sagt sie fröhlich und lächelt breit. »Womit kann ich Ihnen helfen?«

»Ich – ich brauche ein Zimmer«, stottere ich. »Nur für diese Nacht. Den Rest der Nacht, meine ich.«

Ich rechne schon damit, dass sie mich hinauswirft, doch sie nickt nur und nimmt einen Schlüssel von dem Brett hinter ihr. »Zimmer 31. Dürfte ich die Kreditkarte haben?«

Ich schüttle den Kopf. »Kann ich bar im Voraus zahlen?«

»Kein Problem. Ich brauche auch eine Kaution von hundert Dollar, falls etwas kaputtgeht.«

Ich wühle in meiner Tasche und reiche ihr einige Scheine, sicher zu viele. Sie zählt sie seelenruhig auf der Theke ab und gibt mir den Rest zurück.

»Frühstücken Sie morgen bei uns?«

»Nein«, sage ich voreilig und merke dann, dass ich seit fast vierundzwanzig Stunden nichts gegessen habe. »Ich meine, ja. Falls das in Ordnung ist.«

»Natürlich. Unser kostenloses Frühstück wird von sieben bis neun serviert. Möchten Sie geweckt werden?«

Allmählich dämmert mir, wie absurd die ganze Situation ist, und ich muss das Lachen unterdrücken. »Nein, danke.«

»Zimmer 31 ist im dritten Stock. Der Aufzug ist dort links. Soll ich Ihnen mit dem Gepäck helfen?«

Sie deutet auf die schmutzige Tasche neben meinen Füßen, und diesmal muss ich wirklich lachen.

»Nein, alles bestens.« Ich schwinge mir die Tasche über die Schulter. »Vielen Dank.«

Das Zimmer ist klein, aber sauber, mit grau-weiß gestreifter Tapete und einem Aquarell über dem Bett, das einen Ort am Meer zeigt. Ich wasche mir das Gesicht und betrachte mich im Spiegel, während ich mir die Zähne putze, staune noch immer über die scharfen Konturen meines Gesichts und die kurzen Haare. Ich schließe die Jalousien und die schweren Vorhänge und lege mich ins Bett. Die Klimaanlage stöhnt leise, ansonsten ist es vollkommen still. Ich greife in meine Tasche und schiebe das Gewehr unters Bett.

Ich denke an meine Mutter, die am anderen Ende des Landes in ihrem Schlafzimmer liegt. Ich war zwei Jahre fort von zu Hause, sehe den Raum aber genau vor mir. Das große Eichenbett, die blaue Steppdecke mit den weißen Blumen, die dicken

Vorhänge, die zurückgezogen sind, um das Morgenlicht hereinzulassen. Barney hat sich zu ihren Füßen eingerollt und zuckt im Schlaf. Ich behalte dieses Bild im Kopf, bis mich die Erschöpfung überkommt. Friedlich. Sicher.

Sie wartet auf mich.

Maggie

Es gab nur einen Anthony Tracanelli, auf den die Beschreibung passte, doch er war nie Gasthörer in Bowdoin gewesen. Er lebte nicht einmal in Maine – jedenfalls nicht ständig. Die meisten Suchergebnisse nannten Kalifornien als seinen Wohnsitz. San Diego, um genau zu sein.

Ich hatte mich darauf vorbereitet, aber es war dennoch ein Schock, das alles schwarz auf weiß vor mir zu sehen. Ich holte tief Luft und scrollte durch die Ergebnisse. Und von denen gab es eine ganze Menge.

Die meisten Menschen unseres Alters hinterließen kaum Spuren im Internet. Wir hatten vielleicht eine Facebook-Seite, die unsere Kinder eingerichtet hatten, eine Profilseite bei einer Firma, wenn wir einen wichtigen Job gehabt hatten, doch das Internet ist größtenteils von jungen Menschen bevölkert. Außer natürlich, es gab einen Grund, über jemanden zu schreiben. Außer natürlich, man geriet in die Schlagzeilen.

Und Tony hatte tatsächlich Schlagzeilen gemacht. ›New York Times‹, ›Washington Post‹ und ›Boston Globe‹ – alle hatten Artikel über ihn gebracht.

Ich klickte auf den erstbesten.

Washington Tribune

Ehemaliger FDA–Mitarbeiter verhaftet

San Diego, Kalifornien. Ein Whistleblower und ehemaliger Mitarbeiter der Federal Drug Administration wurde verhaftet. Nach einer Razzia in seinem Haus in Clairemont wurde Anthony Tracanelli, 60, in Polizeigewahrsam genommen. Man habe nach einem anonymen Hinweis obszönes Material auf einem Laptop sichergestellt. Er wurde später auf Kaution freigelassen.

Tracanelli arbeitete bis Mai letzten Jahres im Bereich Forschung und Entwicklung der FDA und startete eine Kampagne, um, wie er behauptete, fragwürdige Vorgänge bei der Behörde offenzulegen. Laut internen Dokumenten, die an die Presse gelangten, warf Tracanelli seinen Vorgesetzten »eklatante Verstöße gegen ihre Pflicht, die amerikanischen Bürger zu schützen« vor. Er deutete weiterhin an, dass leitende Beamte der Behörde Bestechungsgelder von Pharmaunternehmen angenommen hätten, um Zulassungsprozesse zu beschleunigen. In manchen Fällen hätten sie sogar »schädliche und gelegentlich tödliche Nebenwirkungen« von Medikamenten ignoriert.

Während er noch bei der Behörde arbeitete, verblüffte Tracanelli seine Kollegen mit der Forderung, Pharmaunternehmen müssten mehr Daten über die Sicherheit ihrer Produkte vorlegen, längere klinische Studien und Doppelblind-Datenanalysen durchführen. Die FDA-Manager lehnten die Forderungen als übertrieben ab. Kurz darauf wurde Tracanelli entlassen, verfolgte die Angelegenheit aber weiter und veröffentlichte auf der Internetseite whistleblowers.org mutmaßliche Beweise dafür, dass die FDA mit dem Pharmahersteller Prexilane zusammenarbeitete. Prexilane verklagte die Website wegen Verleumdung, und der Eintrag wurde gelöscht.

Nach Tracanellis Ausscheiden kam es zu einer internen Ermittlung, die kein Fehlverhalten auf Seiten der Behörde ergab. Obwohl seine Vorwürfe für grundlos befunden wurden, behaupten Insider, dass nach wie vor ein Schatten über der Behörde liege.

Als wir Tracanelli um eine Stellungnahme baten, bestritt er, obszönes Material besessen zu haben, und behauptete, Opfer einer Hexenjagd zu sein. »Das ist ein abgekartetes Spiel«, sagte er. »Am Ende wird die Wahrheit siegen.«

Ich musste den Artikel zweimal lesen, um mich zu vergewissern, dass meine Augen mir keinen Streich spielten. Aber nein, da stand es auf dem Bildschirm, so klar wie die Nase in meinem Gesicht. Tony hatte gegen Prexilane ermittelt. Er hatte Ally gekannt. Er hatte von dem Chip gewusst, den sie um den Hals trug. Er hatte über alles Bescheid gewusst.

Was hatte er doch gleich gesagt? Sie sei eine Heldin gewesen. Trotz meines Kummers wurde mir warm ums Herz. Sie hatte versucht, eine Ungerechtigkeit zu enthüllen. Zum ersten Mal seit langem war mir, als könnte ich die Hand ausstrecken und sie berühren. Das war die Ally, die ich gekannt hatte. Das war meine Tochter, und ich war verdammt stolz auf sie.

Allison

Ich höre nicht einmal seinen rauen Atem, als er sich über mich beugt. Erst als sich seine Hände um meine Kehle schließen, wache ich auf.

Im Zimmer ist es pechschwarz, ich sehe nichts, als ich die Augen öffne. Sein Gewicht lastet auf mir, drückt mich auf die Sprungfedern der Matratze, die unter der Last aufstöhnen. Ich spüre seinen heißen Atem auf meiner Wange, den Druck seiner Finger um meine Luftröhre. Weiße Flecken tanzen vor meinen Augen.

Er ist hier. Er hat mich gefunden.

Ich versuche, meine Arme aus der Decke zu befreien. Jeder Muskel in meinem Körper ist angespannt, als ich verzweifelt in der Luft fuchtele und nach den Händen taste, die meinen Hals umklammern. Ich spüre, wie seine Haut unter meinen Fingernägeln reißt, doch er lässt nicht los, und die weißen Flecken werden größer und fließen ineinander. Ich merke, wie ich das Bewusstsein verliere. Sterne erstrecken sich über die Decke, und ich falle falle falle rückwärts und hoch zu ihnen, in sie hinein, gewichtslos.

Ich höre ein ersticktes Heulen, es klingt wie eine Katze, die den Schwanz in der Tür eingeklemmt hat, und begreife, dass ich das bin. Adrenalin durchflutet mich, und meine Hände zerren an seinen Fingern, meine Beine wehren sich gegen sein Gewicht, und dann, mit dem letzten bisschen Kraft, das mir verbleibt, bevor mich das Weiß verschlingt, öffne ich den Mund und stemme mich hoch, suche, und als ich ein Stück von seinem Körper finde, irgendeins, beiße ich zu, so fest ich nur kann. Ich merke, wie das Fleisch unter meinen Zähnen nachgibt, und er grunzt, und eine Sekunde lang lockert sich sein Griff. Ich hole Luft, und dann schreie ich.

Das Geräusch erschreckt uns beide, er spannt sich an, bewegt sich. Ich krieche unter ihm hervor und weg von ihm, und dann bin ich auf dem Boden, der Teppich ist rau unter meinen Knien. Ich spüre den Luftzug an meinen Knöcheln, als er sie packen will, und dann drehe ich mich um und trete zu. Mein Fuß trifft auf etwas Hartes. Ich höre ein Knacken, Schmerz durchzuckt meinen großen Zeh. Noch ein Knurren, diesmal wütender, und dann ist er mit mir auf dem Boden und greift nach meiner Taille und meinen Hüften und meinen Beinen, meine Hände schlagen verzweifelt unter dem Bett, und dann berühren meine Finger das kalte Ende des Laufs, und ich umklammere ihn mit einer Hand und dann mit beiden, doch er hat die Arme um mich geschlungen und will mich hochheben, also drehe ich mich um und hole aus und lasse den Kolben niedersausen. Ein Krachen, die Wucht des Schlags vibriert in meinen Armen, und dann lässt er los, und wir landen beide mit einem dumpfen Aufprall auf dem Boden, und da liegt er jetzt und bewegt sich nicht, aber ich höre nicht auf. Ich kann nicht aufhören. Ich schlage und schlage und schlage, und die Geräusche werden dicker, dumpfer, feuchter, und dann merke ich, dass meine Hände und Arme und mein Gesicht feucht sind, und als ich mit der Zunge taste, schmecke ich Blut und Tränen und noch etwas, das dick und dunkel und von dieser Welt ist und auch nicht.

Ich sitze in der Dunkelheit auf der Bettkante. Wie lange, weiß ich nicht. Eine Minute. Eine Stunde. Als das violette Licht der Dämmerung durch die Vorhänge dringt, gehe ich duschen. Beim Anziehen mache ich kein Licht.

Ich sehe die Umrisse seines Körpers auf dem Boden. Ich nähere mich vorsichtig, meide die dunkle Pfütze, die den Kopf umgibt. Ich suche in seiner Hosentasche nach dem Handy. Ich drücke einen Knopf, worauf es in meiner Hand aufleuchtet und das Zimmer in einen gelblichen Schein taucht.

Jetzt sehe ich sein Gesicht. Was davon übrig ist. Es ist der Mann, den ich in Colorado gesehen habe, der an dem Laternenpfahl lehnte. Trotzdem bin ich enttäuscht. Damit ist das Spiel noch nicht vorbei.

Er ist noch da draußen. Wartet.

Das billige, alte Handy ist von Nokia, vermutlich ein Wegwerfhandy. Nur eine Nummer in den Kontakten. Ich öffne eine neue Nachricht und tippe »Erledigt«. Dann schicke ich sie los und sehe zu, wie der Umschlag leise zischend im Äther verschwindet.

Das müsste mir ein bisschen Zeit verschaffen. Wie viel, weiß ich nicht, hoffentlich genug.

Ich stecke das Handy ein und verstaue das Gewehr in der Tasche, zusammen mit dem Handtuch, mit dem ich es abgewischt habe. Dann wasche ich mir ein letztes Mal die Hände, öffne die Tür, schlüpfe hinaus und schließe sie wieder. Ich schaue nicht zurück.

Ich eile die Treppe hinunter und durch die Hintertür. Mein Hals tut weh, ich spüre noch immer seine Hände, die mir die Luft abdrücken.

Ich laufe zum Parkplatz, ducke mich vor den Fenstern, aber das ist im Grunde überflüssig – das Motel schläft noch. Ich werfe die Tasche auf den Rücksitz, lasse den Motor an und bin schon kilometerweit gefahren, als die Sonne über den Horizont kriecht.

Erst dann erlaube ich mir zu weinen, und das auch nur wenige Sekunden. Ich kann es mir nicht leisten, Zeit dafür zu verschwenden, und außerdem tut es zu weh.

Es passiert. Es passiert wirklich. Er ist hinter mir her. Und wenn er hinter mir her ist, dann auch hinter ihr.

Ich gebe Gas und fahre weiter.

Maggie

In Anthony Tracanellis Leben zu stöbern war, als klaubte man die Bruchstücke einer Vase zusammen. Die Vase war in dem Moment zerbrochen, als er als Whistleblower gegen die FDA aufgetreten war.

Natürlich fand ich keinerlei Informationen darüber, was er zum Thema Prexilane herausgefunden hatte. Vermutlich hatten die Anwälte ganze Arbeit geleistet und nicht zuletzt auch dafür gesorgt, dass der Forumthread über die möglichen Nebenwirkungen von Somnublaze gelöscht wurde. Sie hatten das Internet weißgewaschen und alles herausgebleicht, das Prexilane belastet hätte. Ich konnte nicht still sitzen. Es war schon eine Weile her, dass Jim gegangen war. Also rief ich ihn auf der Wache an.

»Was Neues über den Chip?«, fragte ich, noch bevor er mich begrüßen konnte.

»Noch nicht. Shannon wirft gerade einen Blick darauf.«

»Shannon?«, fragte ich überrascht. »Ich wusste nicht, dass sie sich mit Computern auskennt.«

Er lachte. »Wie es aussieht, war sie in Florida eine richtige Expertin. Hat in einer Abteilung namens Digitale Forensik gearbeitet, man sagte ihr eine glänzende Zukunft voraus. Keiner von uns versteht, was sie hierher verschlagen hat.«

»Das Wetter«, sagte ich und erinnerte mich an ihr staunendes Gesicht, als sie über Schnee gesprochen hatte. »Ihr sagt die Hitze da unten nicht zu. Sie wünscht sich einen richtigen Winter.«

»Na ja, den wird sie hier bekommen. Jedenfalls hat sie gesagt, es dürfte höchstens einen Tag dauern, bis sie weiß, was auf dem Chip ist. Dann bekommst du deine Antworten.«

Das gefiel mir nicht. »Einen Tag? Geht das nicht ein bisschen schneller?«

Jim seufzte, ich hörte den Unmut in seiner Stimme. »Wir beeilen uns schon, Maggie. Du musst ein bisschen geduldiger sein. Es gibt aber auch was Neues über deinen Freund Tony.«

Mein Magen zog sich immer noch zusammen, wenn ich seinen Namen hörte. »Wissen sie jetzt, was mit ihm passiert ist?«

»Noch nicht genau, aber der Typ in Branville hat gesagt, dass es vermutlich Selbstmord war.«

Mir wurde kalt. Ich erinnerte mich an die Angst in seiner Stimme. »Er hat sich nicht umgebracht«, zischte ich.

»Ich gebe nur weiter, was ich von ihnen erfahren habe.«

»Jim –«

Er fiel mir ins Wort. »Maggie, er war ein Verbrecher.«

Ich schwieg.

»Er war ein Perverser – hast du das gewusst?«

Jim bezog sich wohl auf das obszöne Material, das man angeblich bei Tony gefunden hatte.

»Ja.« Dann schob ich eilig hinterher: »Nein. Ich meine, er hat es mir nicht erzählt, ich habe es im Internet gelesen. Aber es spielt keine Rolle –«

»Keine Rolle?« Seine Ungläubigkeit stand wie eine Mauer zwischen uns. »Ich habe mir seine Akte angesehen. Weißt du eigentlich, was für Zeug die auf seinem Computer gefunden haben? Mir wird schlecht, wenn ich mir vorstelle, dass er auch nur in deiner Nähe war.«

Bilder drängten in meinen Kopf, Dinge, die ich mir nie hatte vorstellen wollen. Ich schob sie beiseite. Er hatte das nicht getan. In dem Artikel hatte er selbst gesagt, man habe ihn in eine Falle gelockt. Tony hatte mein Vertrauen verdient, da auch Ally ihm vertraut hatte. »Es ist nicht so, wie du denkst«, sagte ich leise.

»Ich habe die Fotos gesehen.« Jims Stimme bebte vor Zorn. »Der Mann war krank.« Er holte tief Luft. »Er hat dich nicht angefasst, oder? Er hat nicht –«

Die Frage hing wie ein schlechter Geruch zwischen uns. Ich erinnerte mich, wie er die Hand nach mir ausgestreckt hatte, an das elektrisierte Kribbeln, als seine Finger über meinen Hals gestrichen hatten. »Nein«, sagte ich kategorisch. »Er hat mich nie angefasst.«

Er atmete erleichtert aus. »Gott sei Dank.«

»Jim.«

»Es ist meine Schuld – ich hätte besser auf dich aufpassen sollen.«

»Jim.«

»Du warst verletzlich, und dieser Freak hat das –«

»Jim!« Ich hatte es satt, dass die Leute mich wie ein Kind behandelten. Es war falsch von Tony gewesen, mich zu belügen, aber er hatte mich auf eine verdrehte Weise beschützen wollen. Er war kein schlechter Mensch gewesen. Was die Zeitungen über ihn geschrieben hatten, war nie im Leben wahr. Sie steckten dahinter – hinter allem. Ich musste nur herausfinden, wie.

»Du musst mir jetzt zuhören. Tony hat mich nicht ausgenutzt, und er hat auch nicht Selbstmord begangen. Er wurde getötet, und zwar wegen Ben Gardner.«

Jim seufzte. Ich sah ihn vor mir, wie er im Büro saß, die glänzenden schwarzen Schuhe auf der Tischkante, eine Hand hinter dem Kopf, neben sich einen Kaffee, der langsam kalt wurde. »Wir haben doch ausführlich darüber gesprochen.«

»Nein, haben wir nicht, da du dich weigerst, mir zuzuhören. Tony hat für die FDA gearbeitet. Er hat gegen Prexilane ermittelt – das ist Bens Firma. Er hat eine Beschwerde gegen sie eingelegt und wurde gefeuert, und dann – dann ist plötzlich das Zeug auf seinem Computer aufgetaucht.«

»Dreck. Es war Dreck.«

»Was immer es war, es spielt keine Rolle. Es geht nur um das, was er über Prexilane wusste.«

»Was meinst du denn, was er herausgefunden hat?«

Ich schaute zu dem gerahmten Foto von Ally, das über dem Kamin hing. Ihr strahlendes Lächeln, die dunklen Haare hinter dem Ohr, die leuchtenden Augen. Sie sah darauf so jung aus. Wie ein kleines Mädchen.

»Das weiß ich nicht«, sagte ich schließlich. »Aber ich glaube, Ally wusste es, und darum sind beide tot.«

Allison

Nach etwa achtzig Kilometern halte ich auf einer Brücke. Ich öffne das Fenster, vergewissere mich, dass kein Wagen hinter mir ist, und schleudere das Wegwerfhandy so weit ich kann. Es fällt mit einem leisen Platschen unter mir ins Wasser. Dann schließe ich das Fenster, schalte das Radio ein und fahre wieder auf die Straße.

In Chicago fand eine Pharmakonferenz statt, und ich hatte Ben überredet, mich mitzunehmen. Zuerst hatte er nicht gewollt – er vermische ungern Geschäft und Vergnügen, sagte er, und fürchte, ich könne mich langweilen –, doch letztlich war es mir gelungen, ihn zu überzeugen. Wir waren in seiner Mooney hingeflogen.

Es war Samstagnachmittag. Ich war in unserer Suite im Peninsula, rubbelte mir die Haare trocken und bewunderte die handgemalte Tapete, als mein Handy klickte.

»Ricci ist angreifbar.« Das war Sams Stimme. Ich kannte sie inzwischen sehr gut, hörte das leise, raue Rumpeln sogar im Schlaf.

»Wie meinst du das?«, fragte Ben. Eigentlich sollte er im Gleacher Center ein Seminar über DNA-gezielte Krebstherapien halten, doch im Hintergrund war Straßenlärm zu hören. »Er ist unser bester Forscher.«

Es traf mich wie ein Schlag. Sie sprachen von Paul, Liz' Ehemann. Sie war der einzige Mensch, der mir in diesen Kreisen freundlich begegnete.

»Es spielt keine Rolle, ob er ein guter Forscher ist, wenn er zu den Behörden rennt.«

Ich hielt die Luft an, mein Herz hämmerte in der Brust. Ben fluchte vor sich hin. »Ich fasse es nicht. Wenn er seinen Job vernünftig machen würde, hätten wir nicht diese Scheiße am Hals. Er hat mir immer wieder gesagt, er würde alles in Ordnung bringen.« Er klang hektisch.

»Wir haben die Sache unter Kontrolle. Zeman ist startbereit.«

Eine lange, angespannte Pause. Erst als Ben hörbar ausatmete, merkte ich, dass er die ganze Zeit die Luft angehalten hatte. Und ich mit ihm. »Na schön. Du wirst Ricci los und sagst Zeman, dass er befördert ist. Mit sofortiger Wirkung.«

Dann war das Gespräch zu Ende. Ich setzte mich auf die Bettkante, meine Hände zitterten. Ich dachte an das Foto ihrer Kinder, das Liz mir gezeigt hatte, drei lockenköpfige Teenager, alle mit den gleichen Grübchen. Was hatte Ben gemeint, als er von »loswerden« sprach? Ich dachte wieder an die Angst in Anthonys Gesicht, als ich Sams Namen erwähnt hatte. *Sie wissen nicht, wozu er fähig ist.* Jetzt wusste ich es, zumindest dämmerte es mir allmählich. Ich konnte nicht untätig bleiben. Ich musste sie warnen.

Ich wählte Liz' Nummer. *Na los*, drängte ich im Geiste, während es klingelte. *Geh ran geh ran geh ran.*

»Hey, Allison!« Ihre warme Stimme drang an mein Ohr, und ich war ungeheuer erleichtert. Es war also noch nicht zu spät. »Wir sind heute nicht zum Essen verabredet, oder? Im Kalender steht nächste Woche, aber ich habe ein Gedächtnis wie ein Sieb.«

»Nein, darum geht es nicht«, sagte ich hastig. »Ich – ich glaube, Paul steckt in Schwierigkeiten.«

»Ist etwas bei der Arbeit passiert? Doch nicht sein Herz, oder?« Ich hörte, wie panisch sie klang, und bekam Mitleid.

»Nein, es …« Ich verstummte. Ich hielt das Handy fest umklammert, und meine Wange war feucht von Schweiß. Ich wusste nicht, was ich ihr sagen sollte. Wie konnte ich sie warnen, ohne ihr Dinge zu erzählen, die sie in noch größere Gefahr brachten? »Ich kann es dir nicht erklären. Ich kann nur sagen, dass du und Paul die Stadt verlassen solltet.«

»Ich verstehe nicht …«

Ich hörte ein gedämpftes Rütteln an der Tür der Suite, dann schnappte das Schloss leise auf. Jemand war gekommen. Ich stürzte ins Bad und knallte die Tür hinter mir zu. Liz war die einzige Freundin, die mir geblieben war. Ich musste sie retten.

»Hör zu«, flüsterte ich, »er ist in Gefahr. Du auch.« Meine Stimme schien von den gekachelten Wänden widerzuhallen. »Ihr müsst weg. Bitte. Pack eine Tasche und dann los. Egal wohin.« Ich wollte sie beschwören, mir zu glauben.

»Allison, bitte! Was du sagst, ergibt keinen Sinn!« Sie klang jetzt panisch, ich hatte sie in Angst und Schrecken versetzt.

Bens Schritte bewegten sich über den dicken Teppich. »Baby? Bist du hier?«

»Ich muss Schluss machen«, wisperte ich. Mein Herz hämmerte. »Bitte tu, was ich gesagt habe.«

»Aber –«

Ich drückte sie weg und steckte das Handy in die Tasche meines Bademantels. »Bin in einer Minute da!«

Ich umklammerte das Waschbecken mit beiden Händen und starrte auf mein Spiegelbild. Meine Wangen waren gerötet, die Augen glasig, und ich sah, wie mein Pulsschlag am Hals pochte. Eine Stimme schrie in meinem Schädel: *Du dämliche, blöde Kuh. Was hast du dir dabei gedacht, sie einfach anzuru-*

fen? Sie können sie trotzdem erwischen. Sie können dich sogar als Erste erwischen.

Nein. Ich schloss die Augen und holte tief Luft. *Du musstest sie warnen. Du hast das Richtige getan. Und jetzt reiß dich gefälligst zusammen.*

Ben lächelte, als ich die Tür öffnete. »Komm her.« Er breitete die Arme aus, und ich trat wie betäubt hinein.

»Deine Haare sind noch nass«, murmelte er und vergrub sein Gesicht an meinem Hals. »Hast du gerade erst geduscht? Faulpelz.«

Ich zwang mich, in seinen Armen zu bleiben. »Ich hatte noch gar nicht mit dir gerechnet. Ich dachte, du wärst bei dem Seminar.«

Er zuckte mit den Schultern. »Ich hab's abgesagt.« Er beugte sich über mich und küsste mich auf den Mund. »Na los, mach dich fertig, dann trinken wir was.«

Ich kleidete mich sorgfältig an, entschied mich für das kleine Weiße, das er so gerne mochte. Dann schlüpfte ich ins Bad, rieb meine nackten Beine mit Lotion ein, schminkte mich und föhnte mir die Haare, und die ganze Zeit über dachte ich an Liz und kämpfte gegen meine Panik. Ich fragte mich, ob sie gerade mit Paul telefonierte und ihm von meinem Anruf erzählte. Ob sie mir glaubten. *Bitte mach, dass sie mir glauben.*

Ich zog Schuhe an und ging ins Schlafzimmer. Ben saß auf der Bettkante, mein Handy in der Hand. Mein Magen verkrampfte sich.

»Liz hat angerufen.« Er warf mir das Handy zu.

»Oh.« Ich sah aufs Display. Kein verpasster Anruf. Mir kam die Galle hoch. »Hast du's angenommen?«

»Ich habe ihren Namen gesehen und Hallo gesagt.« Er sah mich unverwandt an. »War das okay?«

»Natürlich!« Ich nahm meinen Verlobungsring vom Toilettentisch und streifte ihn über. Der Diamant funkelte im gedämpften Licht.

»Worüber habt ihr geredet?« Ich bemühte mich, ruhig zu klingen, doch meine Stimme kam mir künstlich vor.

»Nichts Besonderes.«

Ich glaubte, für einen Sekundenbruchteil Ärger in seinem Gesicht zu sehen, doch dann war sein Lächeln zurückgekehrt.

»Komm her.« Seine Hände glitten über mein Kleid.

»Du verschmierst meinen Lippenstift.«

Dennoch ließ ich mich aufs Bett ziehen. Er drehte mich auf den Rücken und hielt meine Arme über den Kopf. Ich schaute zu ihm hoch. Ich kannte jeden Millimeter seines Gesichts, doch in diesem Augenblick war er mir vollkommen fremd.

»Scheiß auf deinen Lippenstift«, murmelte er und presste den Mund auf meinen und fuhr mit den Händen über meinen Körper, drückte, knetete, forschte, drang in mich ein. Ich war nicht bereit für ihn und keuchte auf vor Schmerz, doch er schien es nicht zu merken. Ich kniff die Augen zu. Ich dachte an den Pass in meiner Tasche und das Flugticket darin. *Bald ist es vorbei*, versprach ich mir, *dann bin ich ganz weit weg*.

Er kam schnell und rollte sich atemlos von mir herunter. Er zog die Hose hoch, rückte die Manschetten zurecht und fuhr sich mit den Fingern durch die Haare. »Beeil dich«, sagte er mit einem flüchtigen Blick. »Wir sind spät dran.«

Ich ging schwankend ins Bad, wo ich mir die Haare richtete und den Lippenstift nachzog. Ich war es gewöhnt, dass er gelegentlich rau mit mir umging, hatte ihn manchmal sogar darum gebeten, doch das hier war etwas anderes gewesen. Es war zielgerichtet und grausam und sollte wehtun.

Ich nahm mit zitternden Händen die Rückseite meines Handys ab, holte den Chip heraus und versteckte ihn in meinem Medaillon.

Dann starrte ich mich im Spiegel an. Tief in meinen Augen, hinter den blonden Haaren und der geschminkten Maske, blitzte etwas Vertrautes auf. *Die Frau, die ich gekannt habe, steckt noch immer irgendwo in mir, und ich werde sie retten.*

Und ich schwöre bei Gott, er wird für alles bezahlen.

Maggie

Ich blieb stundenlang am Küchentisch sitzen und suchte weitere Informationen über Tony. Er war verheiratet gewesen, das jedenfalls stimmte, und seine Frau war ein Jahr, bevor die FDA ihn gefeuert hatte, an einem Herzinfarkt gestorben. Er hatte fast zwanzig Jahre dort gearbeitet, und es hatte keine einzige Beschwerde gegeben, bevor er zum Whistleblower wurde. Seine Kollegen sagten übereinstimmend, er sei nie ein Unruhestifter gewesen. »Tadellose Führung«, wie es ein Artikel beschrieb.

Ich spürte ein Ziehen im Magen und merkte, dass ich noch nichts gegessen hatte. Also holte ich ein Glas Erdnusscreme aus dem Schrank und suchte nach einem Löffel. Meine Finger schlossen sich um den Mickymaus-Teelöffel, den wir vor fast fünfundzwanzig Jahren in Disney World gekauft hatten. Ally hatte ein Jahr lang keinen anderen Löffel benutzt. Charles und ich hatten mal beobachtet, wie sie damit ein Schweinekotelett essen wollte, und hatten uns über den Tisch hinweg angesehen. »Wir hätten vielleicht das Geld für Messer und Gabel investieren sollen«, hatte er gesagt.

Ich löffelte die Erdnusscreme und schaute in den Garten hinaus. Im Mondlicht sah ich, dass die Begonien, die ich im Juni gepflanzt hatte, die Blätter hängen ließen.

Ich rieb mir die Augen und sah auf die Uhr. Schon nach drei. Mir tat der Rücken weh, weil ich so lange am Tisch gesessen und auf den Monitor gestarrt hatte. Ich nahm mir ein Glas Leitungswasser und trank es gierig aus. Dann ging ich ins dunkle Wohnzimmer.

Ich ließ mich schwer in Charles' Sessel fallen und schaute ins Leere. Durch die Fenster drangen die Geräusche der Sommernacht herein; das Zimmer war erfüllt vom gedämpften Zirpen der Grillen, den Eulenrufen, den Streifenhörnchen und Waschbären, die im Gebüsch raschelten. Es roch nach feuchter Luft, Mulch und abgestandener Hitze.

Ich lebte in einer Welt voller Schatten.

Ein Kloß bildete sich in meiner Kehle, ich wartete auf die Tränen. Was nützte es denn noch, sie zurückzuhalten? Es gab niemanden mehr, für den ich stark sein musste. Keinen Grund, mich zusammenzureißen. Ally war weg, und nun, da Tony tot war, wusste ich nicht, wie viel Kampfgeist mir geblieben war. Ich fühlte mich alt, müde und ausgelaugt.

Ich wünschte, Charles wäre hier. Mein Gott, ich vermisste ihn so sehr. Seine ruhige, selbstsichere Stimme, das Glitzern in seinen Augen, bevor er einen Witz erzählte, seine kühle Handfläche, die nachts auf meiner Hüfte ruhte. Seinen Geruch am Morgen. Seine rauen Bartstoppeln an meiner Wange. Wie wir einander mit einer Mischung aus Stolz und Ehrfurcht angeschaut hatten, wenn Ally im Zimmer war.

Er hätte gewusst, was zu tun war. Er hätte meine Hand genommen und sie fest gedrückt und mir gesagt, ich solle mir keine Sorgen machen, wir würden allem auf den Grund gehen, alles würde gut. Das wäre natürlich eine Lüge gewesen, aber ich hätte mir erlaubt, ihm zu glauben, wenigstens für eine Minute. Und dieser Glaube wäre eine Gnade gewesen.

Vielleicht sollte ich weggehen, dachte ich. Einen Schnitt machen und irgendwo neu anfangen. Das Haus verkaufen, nach Florida ziehen, ein Häuschen oder eine Eigentumswohnung am Meer kaufen. Meine Tage mit den anderen Geistern im Sonnenschein verbringen und warten, bis ich mit allen, die ich verloren hatte, wieder vereint wäre.

Ich lehnte mich im Sessel zurück, schloss die Augen und horchte auf den Chor der Grillen, bis mich der Schlaf hinabzog.

Noch 275 Kilometer.

Allison

Die Radiosender kommen und gehen, erst Country, dann Rock, dann wieder Country. Davon bekomme ich Kopfschmerzen, also schalte ich das Radio aus und öffne das Fenster, damit der Fahrtwind die abgestandene Luft vertreibt. Es ist ein furchtbar heißer Tag, schon jetzt fast zweiunddreißig Grad, und ich behalte die Kühlwasseranzeige im Auge. Bis jetzt hält sie sich wacker, und ich bedanke mich insgeheim bei Chet, der mir das Auto verkauft hat. Allmählich glaube ich, dass es mich doch noch nach Hause bringt.

Die Limousine fuhr durch die sonntäglich verlassenen Straßen und setzte uns am frühen Nachmittag am Midway Airport ab. Ben hielt die ganze Zeit meine Hand, schaute mich gelegentlich an und zwinkerte mir zu. Er wusste, dass ich nicht gerne flog, vor allem nicht in der Mooney. Nicht dass er ein schlechter Pilot gewesen wäre – ganz im Gegenteil –, aber das Flugzeug war so winzig im Vergleich zum gewaltigen Himmel.

Wir gingen durchs Terminal direkt auf die Landebahn. Für reiche Leute gelten keine Sicherheitsbestimmungen. Die Maschine wartete auf uns, der Propeller glitzerte in der erbarmungslosen Sonne. Die Hitze schien aus allen Richtungen zu kommen. Ben nahm mir die Tasche ab.

»Komm her«, sagte er, zog mich an sich und küsste mich heftig. »Du wirst mir fehlen, meine Hübsche.«

Ich sah ihn fragend an. »Was soll das heißen?«

»Sam bringt dich zurück nach San Diego. Ich habe hier noch ein paar Sachen zu erledigen.«

Ich folgte seinem Blick und sah Sam über die Landebahn auf uns zukommen, eine Ledertasche über der Schulter. Er hob grüßend die Hand.

Meine Gedanken wurden plötzlich träge, als arbeitete mein Verstand nur noch mit halber Kraft. Ich versuchte, ihm in die Augen zu sehen, doch sie waren hinter einer dunklen Sonnenbrille verborgen, die nur mein verblüfftes Spiegelbild zurückwarf. »Aber – das ist dein Flugzeug. Du bist der Pilot.«

»Sam hat den Pilotenschein zur selben Zeit gemacht wie ich. Habe ich das nie erwähnt? Der Mann ist ein echtes Ass. Nicht wahr, Kumpel?« Ben klopfte ihm auf den Rücken und reichte ihm meine Tasche. »Du bist bei ihm in guten Händen.«

Die Männer schauten einander an, und ich bemerkte, wie Sams Mundwinkel zuckte. Der Schrecken durchdrang mich, als flösse Eiswasser durch meine Adern.

»Bitte, Baby«, sagte ich flehend und ergriff seine Hand. »Du weißt doch, wie sehr ich dich immer vermisse. Im Haus ist es so still ohne dich. Ich will – ich will nur – bitte –« Die Angst ließ mich zusammenhanglos stammeln. Ich holte tief Luft. »Ich könnte doch bei dir bleiben, dir Gesellschaft leisten …«

Er schüttelte den Kopf. »Ich arbeite die ganze Zeit – das wäre viel zu langweilig für dich. Du fliegst besser nach San Diego. Liz hat erzählt, dass ihr nächste Woche zum Essen verabredet seid. Das willst du sicher nicht verpassen.«

Er schien mir die Verwirrung anzusehen. »Ich habe gestern Abend mit ihr gesprochen – weißt du noch? Während du in der Dusche warst.«

Ich nickte unsicher. Sein Gesicht verzerrte sich zu einem starren Grinsen. »Sie hat mir noch etwas anderes erzählt. Eine vollkommen verrückte Geschichte. Du hättest sie gewarnt, Paul sei in irgendwelchen Schwierigkeiten.«

Vor meinen Augen verschwamm alles. Er legte die Finger um mein Kinn. »Ich dachte, du liebst mich«, sagte er sanft und schüttelte ungläubig den Kopf.

Ich öffnete den Mund, doch es kam nichts heraus. Der Schock zerriss mich förmlich, eine Sekunde lang kam es mir vor, als hätte man mir den Kopf abgeschlagen. Liz hatte mich verraten. Ich hatte Ben verraten. Ich war vollkommen allein, und jetzt würde ich sterben.

Er nahm die Sonnenbrille ab und sah mich durchdringend an. Seine Augen waren vollkommen fremd, ohne Wärme, ohne Liebe.

Es waren die kalten, toten Augen eines Mörders.

»Ben …«, flüsterte ich, doch meine Kehle verschluckte den Rest. Für uns gab es keine Worte mehr.

Er drückte mein Kinn viel zu fest und küsste mich auf die Wange. »Ihr solltet besser loslegen, wenn ihr euren Slot nicht verpassen wollt.«

Das Blut pochte in meinen Ohren, während ich mich auf dem Flugplatz umsah. Konnte ich um Hilfe rufen? Nein. Rennen. Ich musste wegrennen. Das Flughafengebäude war nur wenige Hundert Meter entfernt – konnte ich es schaffen? Ich schaute die beiden Männer an, die vor mir standen. Ben war groß und schlank, Sam kräftig mit gewölbter Brust. Ich würde es niemals schaffen. Und selbst wenn, was sollte ich den Leuten sagen? Liz war der lebende Beweis, dass ich niemandem trauen konnte. Anthony hatte recht gehabt: Wenn die Zeit gekommen war, würde mir niemand helfen können. Dann wäre ich ganz allein.

Sie müssen bereit sein, hatte er gesagt, doch letztlich war ich nicht bereit gewesen. Nun saß ich in der Falle wie ein Tier, das man zur Schlachtbank führt.

Sam packte mich grob am Ellbogen und schob mich zur Tür.

»Warte!«, schrie ich und riss mich los. Ich war verzweifelt, in Tränen aufgelöst. Wenn ich schon nicht weglaufen konnte, würde ich wenigstens betteln. »Ben, bitte, das ist alles nur ein Missverständnis.«

Er strich mir eine Haarsträhne aus dem Gesicht. »Ich verstehe es nur zu gut.« Er küsste mich fest auf den Mund und schob mich zu Sam hinüber. Die beiden hatten mich eingekesselt. Mir blieb nichts anderes übrig, als in die Maschine zu steigen. Ich ging mit unsicheren Schritten die Treppe hinauf, der Metallrahmen schwankte unter meinem Gewicht. Ich spürte Sam hinter mir, die Hitze seines Körpers, als er ebenfalls einstieg.

Die Kabinentür fiel zu, und der Motor sprang dröhnend an. Ben ging über die Landebahn davon. Da wurde mir klar, dass es keine Rettung in letzter Minute geben würde. Dies war kein Märchen. Am Ende meiner Geschichte wartete kein Prinz.

Ich war allein.

Maggie

Als es an der Tür klingelte, schreckte ich hoch. Es war Morgen – ich war tatsächlich im Wohnzimmer eingeschlafen. Ich rappelte mich aus dem Sessel hoch und ging steif zur Haustür. Ich versuchte, durch das kleine Fenster zu spähen, sah aber nur den breiten Rücken eines Mannes und dunkle Haare. Vermutlich irgendein Vertreter.

Ich öffnete die Tür. »Kann ich Ihnen helfen?«

Der Mann drehte sich um und lächelte. »Mrs Carpenter.« Er legte die Hand auf seine Brust. »Wie schön, Sie endlich kennenzulernen.«

Allison

Wir waren still, als die Maschine in den Himmel stieg. Meine Eingeweide schienen flüssig vor Angst. Sam starrte unverwandt geradeaus, die Augen auf das gewaltige Blau gerichtet, die Hände fest an den Bedienelementen.

Solange er die Maschine steuerte, konnte er nichts anderes tun. Doch sobald wir landeten, wäre ich tot.

Wie viel wussten sie? Ich tastete am Halsausschnitt meines Kleides nach dem Medaillon. Wussten sie, was drin war?

Ich blickte auf die Bergkette, die sich wie zerknülltes Papier unter uns erstreckte. Ich stellte mir vor, wir säßen in einem Spielzeug, das ein unsichtbares Kind am Himmel tanzen und irgendwann gewichtslos ins Nichts stürzen ließ.

Aus dem Nebel des Schreckens erwuchs allmählich ein Plan. Ich hatte ein dutzendmal gesehen, wie Ben die Maschine steuerte. Wenn es mir gelang, Sam zu überwältigen, könnte ich versuchen, das Flugzeug selbst zu landen und zu fliehen. Vermutlich würde es nicht funktionieren, aber ich musste das Risiko eingehen. Wenn ich starb, würde ich ihn wenigstens mitnehmen.

Ich erinnerte mich an den Selbstverteidigungskurs, den ich auf dem College besucht hatte. »Augen Nase Kehle Bauch Schritt Füße«, hatte die Trainerin einem Singsang vorgetragen. Wir mussten die Worte wiederholen, und ich sang sie jetzt in meinem Kopf.

Nase. Er war groß, aber langsam. Als ich mit dem Ellbogen

ausholte, hörte ich Knochen knirschen, noch bevor er die Hände zur Abwehr heben konnte. »Scheiße, was soll das?«, rief er erstickt. Er schlug die Hände vors Gesicht, Blut und Tränen quollen zwischen seinen Fingern hindurch.

Augen. Ich bohrte ihm den Finger tief in die Augenhöhle. Er gab ein Geräusch von sich, das nichts Menschliches mehr hatte. Er wölbte die blutigen Hände schützend um das blinde Auge, als wäre es ein verletzter Vogel. Tränen und Rotz vermischten sich mit Blut, es lief ihm über die Unterarme auf sein makelloses weißes Hemd.

Kämpfe. Ich nutzte die Gelegenheit und griff nach den Bedienelementen. Die Maschine war im Sinkflug. Ich stellte mir Bens Hände an den Elementen vor. Wie würde er das korrigieren?

Denk nach. Ich nahm Gas weg und zog den Steuerknüppel in meine Richtung, worauf die Maschine stöhnend und bebend wieder stieg. Sam kam zu sich und packte mich an der Kehle. Meine Hände rutschten von den Bedienelementen. Seine blutigen Finger griffen nach mir. Sein Gesicht war fleckig, die Nase schon geschwollen, das verletzte Auge war rosa und tränte heftig.

Der Motor ging stotternd aus. Ich stieß Sam beiseite und wollte die Maschine mit dem Steuerknüppel stabilisieren. Ein Warnton heulte los.

»Was hast du getan?« Ich hörte die Panik in seiner Stimme, dann schüttelte er mich so heftig, dass mein Kopf aufs Armaturenbrett knallte. »Was zur Hölle hast du getan?«

Kämpfe.

Die Maschine begann zu sinken.

Er zog mich an den Armen hoch und schleuderte mich gegen die Kabinenwand. Der Alarm heulte weiter.

»Scheiße!« Sam drückte panisch verschiedene Knöpfe, zog

am Gashebel, riss das Seitenruder unter seinem Bein heraus und versuchte, geradeaus zu steuern, wobei sein gesundes Auge über die blinkenden Anzeigen zuckte. Doch es war zu spät.

»Du blöde Schlampe! Scheiße, was hast du getan? Was hast du getan?«

Wir fielen und fielen. Wir waren gewichtslos.

Das war's. Ich würde sterben.

Nein.

Ich hatte mal einen Artikel über ein Mädchen gelesen, das einen Flugzeugabsturz überlebt hatte. Sie war mit drei Freunden in einer Propellermaschine gewesen. Das Flugzeug hatte an Höhe verloren und war gegen einen Berghang geprallt. Die drei anderen waren beim Aufprall gestorben, doch das Mädchen war praktisch unverletzt geblieben. Sie war den Berg hinuntergewandert und hatte einen Ranger getroffen, der sie in Sicherheit brachte. Als eine Journalistin sie nach ihrer wunderbaren Rettung befragte, erklärte sie, sie sei ruhig geblieben, statt wie die anderen in Panik zu geraten, und habe deshalb überlebt.

Die Stimme meiner Mutter in meinem Kopf. *Keine Panik, Ally. Atme.*

Ich holte tief Luft, füllte meine Lungen, so weit es nur ging, und atmete dann aus.

Sam war in seiner eigenen Welt, und sie war erfüllt von Schmerz, Entsetzen und Zorn. Er merkte gar nicht, dass ich wieder auf meinen Sitz kletterte, mich anschnallte und in die Notfallhaltung ging. Er hämmerte aufs Armaturenbrett, während der Alarm weiterheulte.

Als der Berg näher kam und der gepixelte grüne Teppich sich in einzelne Bäume verwandelte, griff ich nach ihm. Er schrie jetzt, ein rohes, animalisches Geschrei, und seine Hände kratzten an der Windschutzscheibe. Er merkte gar nicht, dass ich seinen Gurt löste.

Kopf runter. Anspannen. Atmen.

Ich tastete nach meiner Kette. Ich musste ein letztes Mal ihre Gesichter sehen. Ich öffnete das Medaillon und schaute auf das Foto, meine winzigen Eltern, flachgedrückt in der goldenen Scheibe.

»Es tut mir leid«, sagte ich unter Tränen. »Es tut mir so schrecklich leid.«

Ich umschloss das Medaillon mit der Faust und sprach die Worte, die auf der Rückseite eingraviert waren: *Gott behüte den Reisenden, ob in der Luft, an Land, auf See, er möge ihn schützen und begleiten, wo immer er auch steh.*

Dann schloss ich die Augen und ließ die Erde auf mich zukommen.

Überleben.

Maggie

Auf den Fotos sah er besser aus. Im wirklichen Leben wirkte sein Kiefer zu kantig. Doch seine Augen waren von einem tiefen Saphirblau, und das Lächeln, mit dem er mich bedachte, war breit und entblößte seine perfekten, ebenmäßigen weißen Zähne. Ich konnte verstehen, warum ihn jemand attraktiv fand.

»Sie sind doch tot«, sagte ich dümmlich.

»Ich weiß, es muss ein Schock für Sie sein.« Er schob mich ins Haus und registrierte alles mit einem einzigen Blick: die Blumentapete im Flur, die verschlissenen Teppiche, Charles' Sessel, in dem noch der Abdruck meines Körpers zu erkennen war. Ich kämpfte gegen den Drang, mich für das Durcheinander zu entschuldigen.

Ich folgte ihm in die Küche. »Man hat Ihre Leiche gefunden. Ihre Eltern haben erzählt, es hätte eine Beerdigung gegeben.«

»Ja. Soll nett gewesen sein.« Er nahm einen Stapel Papiere vom Tisch, blätterte sie durch und legte sie wieder hin. »Mrs Carpenter – darf ich Sie Maggie nennen? Sie haben ein hübsches Zuhause.« Er ging durch die Küche und strich mit den Fingern über die Arbeitsplatte. »Es ist sehr … gemütlich.«

»Was wollen Sie hier?«

Er antwortete nicht, sondern nahm ein Geschirrtuch, faltete es ordentlich und hängte es über den Griff des Backofens.

Ich folgte ihm ins Wohnzimmer, wo er am Kamin Stellung bezog. Er nahm eins von Charles' kleinen Blechautos und hielt es in der Hand. Allys Foto blickte auf uns herab. Er folgte meinem Blick und lächelte. »Ist sie nicht schön?«

»Was machen Sie hier?«, wiederholte ich. Der Schock durchflutete mich in Wellen.

Er stellte das Auto zurück auf den Kaminsims und drehte sich zu mir. »Ich dachte, es sei an der Zeit, die Mutter meiner Verlobten kennenzulernen.«

Ich machte einen Schritt auf ihn zu. »Wo ist sie? Lebt sie noch? Was haben Sie mit ihr gemacht?«

Er schob mir besorgt einen Stuhl hin. »Sie sind ja ganz blass. Setzen Sie sich bitte. Ich weiß, es ist ein Schock für Sie. Bitte setzen Sie sich.«

»Ich stehe gern.« Er sollte nicht sehen, wie sehr ich zitterte.

Er lächelte. »Dann lassen Sie mich Ihnen wenigstens ein Glas Wasser holen.« Er ging in die Küche, und ich hörte Glas klirren, dann lief Wasser in die Spüle. Ich schaute mich wie betäubt im Wohnzimmer um. Passierte das wirklich? Oder hatte ich endgültig den Verstand verloren?

Als er zurückkam, machte sich Entsetzen in mir breit. Ich hatte keine Ahnung, wozu dieser Mann fähig war. Aber ich musste mich beherrschen. Er reichte mir das Glas, und ich trank pflichtschuldig daraus.

»Kann ich Ihnen sonst noch etwas bringen?« Er ragte über mir auf, attraktiv und hilfsbereit, mit aufgerollten Hemdsärmeln. »Ich habe die Kaffeemaschine gesehen – möchten Sie eine Tasse?«

Mir kam die Galle hoch, ich spürte, wie sie tief in meiner Kehle brannte. Ich schüttelte den Kopf. »Bitte«, sagte ich schwach. »Ich habe das Recht zu erfahren, was passiert ist.«

»Setzen wir uns doch.«

Ich ließ mich aufs Sofa fallen, zu betäubt und schwach, um noch länger zu stehen.

»Mir scheint, es hat eine Reihe von … Missverständnissen gegeben«, sagte er bedächtig und ließ sich behutsam in Charles' Sessel nieder. Das Leder knarzte unter seinem Gewicht.

»Ich habe die Berichte gelesen«, stotterte ich. »Man hat die zahnärztlichen Unterlagen –«

Er runzelte die Stirn. »Die sind nicht unfehlbar. Unterlagen gehen verloren oder werden verlegt.«

»Sie waren also gar nicht in dem Flugzeug?« Ich dachte an all die Stunden, in denen ich recherchiert hatte: in der grellen Hitze von San Diego, der muffig-stillen Bibliothek in Bowdoin, an dem alten Computer, der in der Küche auf mich wartete. Aber ich hatte nie daran gezweifelt, dass er tot war.

Er schüttelte den Kopf. »Der Plan hat sich in letzter Minute geändert. War unvermeidlich.«

»Aber – Sie waren der Pilot«, stammelte ich. »Wer hat die Maschine geflogen?«

Er verscheuchte die Frage wie eine lästige Fliege. »Egal.«

»Das verstehe ich nicht.« Plötzlich überkam mich eine fieberhafte Hoffnung. Wenn er am Leben war – wenn er nicht bei dem Flugzeugabsturz gestorben war – wenn er nicht einmal in dem Flugzeug gesessen hatte … »Heißt das, Allison war auch nicht in der Maschine? Ist sie auch noch am Leben?«

Er schaute mich traurig an und zog die Mundwinkel herunter. »Allison war in der Maschine. Es tut mir leid.«

Ich stürzte abrupt auf die Erde. »Aber Sie – ich verstehe nicht –« Ich kam mir dumm vor, als wäre die Antwort für jeden außer mir offensichtlich.

»Es tut mir leid«, wiederholte er leise. »Ich habe sie sehr geliebt. Ich hätte ihr alles gegeben, was sie wollte.« Er ergriff meine Hand. »Ich bin ein guter Mensch, Maggie. Nur wusste Ihre Tochter das nicht immer zu schätzen.«

Seine Stimme klang ruhig und stet, seine blauen Augen

glänzten, waren aber undurchdringlich. Er griff nach meinem Hals. Seine Finger lagen kühl und pulvertrocken auf meiner Haut. Ich zuckte zusammen. Er zog die Kette aus meiner Bluse und betrachtete sie. »Ich habe nie verstanden, weshalb sie das Ding getragen hat.« Er wog es in der Hand. Ich spürte seinen Atem am Schlüsselbein. »Ich fand sie immer ein bisschen … billig.«

Meine Stimme war nur ein Flüstern. »Ihr Vater hat sie ihr geschenkt. Sie standen einander sehr nahe.«

Er deutete auf das Medaillon. »Wenn Sie erlauben.« Es war keine Frage. Er klappte es auf und betrachtete das Foto. »Sie sehen beide sehr glücklich aus. Wir waren auch glücklich.« Er löste das Foto mit dem Fingernagel. Ein Muskel an seinem Kiefer zuckte. Entsetzen strömte wie Eiswasser durch meine Adern.

»Wo ist er?« Seine Stimme war kaum zu hören.

»Ich weiß nicht, wovon Sie reden.« Ich zitterte am ganzen Körper und hasste mich dafür, konnte es aber nicht unterdrücken.

»Oh, darauf falle ich nicht noch mal rein.« Er lächelte wieder sein breites, blendendes Lächeln. Und da begriff ich, dass er verrückt war. »Ihre Tochter hat mich zum Narren gehalten. Können Sie sich vorstellen, wie es sich anfühlt, von der Frau verraten zu werden, die man heiraten will?«

Ich schüttelte den Kopf. Gewalt lag in der Luft, bedrohlich.

»Als würde man sterben«, sagte er leise. »Es fühlt sich an, als würde man sterben.«

Noch 24 Kilometer.

Allison

Ich nehme die Ausfahrt. Das McDonald's an der Kreuzung ist noch da, genau wie das Matratzengeschäft. Das Starbucks hingegen kenne ich noch nicht.

Granville liegt südlich von Owl's Creek. Als Teenager war ich jedes Wochenende durch die weiten Flure des Einkaufszentrums gestreift. Viel gekauft hatte ich nie – Ohrringe bei Claire's, ein T-Shirt aus dem Sonderangebot von Gap, ein paar CDs bei HMV. Es war nicht das Shoppen an sich, das ganze Horden von Teenagern dorthin lockte, die in tief sitzenden Jeans und mit überlauten Stimmen durch die Läden zogen. Es war das Gefühl, etwas vorzuhaben, wie banal es auch sein mochte. Owl's Creek war die Stadt unserer Eltern und schon lange auf dem absteigenden Ast. Mein Vater erzählte mir von dem Drive-in, in das sie früher gegangen waren, und wie sie im Gemeindesaal getanzt hatten. All das hatte nichts mit dem zugenagelten Ort zu tun, den wir kannten, mit der staubigen Bibliothek und der Heilsarmee und dem Café, das den ganzen Tag über Rühreier servierte.

In Granville erhaschten wir einen Blick auf die weite Welt, auch wenn sie nach Parfum von Abercrombie und frittiertem Käse roch. Der Ort hatte immerhin Potenzial.

Und nun bin ich fast wieder dort, wo ich angefangen habe. Ich bin der Sonne zu nah gekommen und stürze in schwindelerregendem Tempo auf die Erde zu.

Bei Marshalls biege ich rechts ab und dann noch mal links an der Tankstelle. Ich schaue nicht auf die Schilder. Das ist auch nicht nötig. Die Straßen haben sich in mein Gedächtnis eingebrannt. Ich muss nicht nachdenken, wohin ich fahre. Auf die lange Straße nach Owl's Creek, die mit der Kurve, die ich immer zu schnell genommen habe, wobei ich das Lenkrad mit beiden Händen umklammerte und mein Lachen die quietschenden Reifen übertönte. Vorbei an der Grundschule, in der ich den dritten Preis im Naturwissenschaftswettbewerb gewonnen habe. Am Spielplatz links, wo ich das erste Mal einen Jungen geküsst habe, er hieß Andy. Rechts in die Straße, in der ich im Sommer Rad gefahren bin. Vorbei am Friseur, der mir den ersten Haarschnitt verpasste. Am alten Lagerhaus mit den eingeworfenen Fenstern. Am Café, das einen Anstrich vertragen konnte. Alles ist noch hier, so als wäre ich nie weg gewesen.

Ich fahre auf den Parkplatz hinter dem Spirituosenladen und steige aus. Meine Beine sind so steif, dass ich bei den ersten Schritten stolpere. Es ist heiß, die Art Hitze, die das Pflaster singen lässt. Der Himmel ist strahlend blau, und ich höre in der Ferne das leise Klingeln eines Eiswagens. Plötzlich fällt mir ein, dass Sommer ist. Die Menschen sind auf dem Weg zum Grillen, liegen in Liegestühlen, atmen den Geruch von Chlor und Sonnenmilch ein und lecken Eis, das ihnen über den Handrücken rinnt, bevor sie die Tropfen mit der Zunge auffangen können.

Ich öffne den Kofferraum und hole das Gewehr heraus. Es liegt schwer in meinen Händen, das Metall fühlt sich heiß an. Ich überprüfe die Patronenkammer und lade nach. Drei Schüsse. Mehr habe ich nicht.

Ich lege das Gewehr auf den Boden vor dem Beifahrersitz und steige wieder ein. Hole tief Luft. Es riecht nach Geranien und Purpurdost, vermischt mit frisch gemähtem Gras und dem beißenden Gestank von schmelzendem Asphalt. So riecht der Sommer in Maine.

Ich bin jetzt schon sehr nah. Ich bin fast zu Hause.

Maggie

Ein mechanisches Klingeln ertönte. Wir erstarrten beide. Ich konnte eine schmale Gestalt durch die Milchglasscheibe erkennen. Es klingelte erneut, und eine Stimme rief: »Mrs Carpenter? Sind Sie da?«

Mein Herz zog sich zusammen, als ich ihre Stimme erkannte.

Ben schoss zu mir herum. »Wer ist das?«, zischte er.

»Shannon«, sagte ich. »Eine Freundin von mir.« Ich überlegte, ob ich erwähnen sollte, dass sie Polizistin war, um ihn ein bisschen zu erschrecken, doch es schien mir zu riskant. Dieser Mann hatte seinen eigenen Tod vorgetäuscht. Ich wollte Shannon nicht in mein Drama hineinziehen.

Sie drückte die Handfläche ans Glas. »Ich habe Ihren Wagen in der Einfahrt gesehen«, rief sie. »Jim schickt mich. Ich habe die Ergebnisse vom Chip!«

Sein Atem stockte. »Lassen Sie sie rein«, befahl er rau, legte mir die Hand auf die Schulter und schob mich zur Tür.

Meine Füße waren bleischwer. Ich wollte Shannon warnen, die Tür aufreißen und ihr sagen, sie solle weglaufen, doch stattdessen drehte ich mit zitternder Hand den Knauf und machte auf.

Shannon lächelte mich an. »Wusste ich's doch, dass Sie zu Hause sind!« Sie trat in den Flur. »Warum hat es so lange gedauert?«

»Ich –« Ich drehte mich um. Das Wohnzimmer war leer. Ich

schaute wieder zu ihr. Sie trug ihre Uniform, die Waffe steckte im Holster an der Hüfte. Es war ihre Aufgabe, Leute zu beschützen, doch ihr Gesicht war so jung und offen, und sie war so winzig, wie ein Vögelchen … Am liebsten hätte ich sie beschützt.

»Ich war auf der Toilette«, sagte ich eilig. »Es ist gerade ungünstig. Mir geht es nicht so toll, und ich wollte mich hinlegen …«

»Sie sind auch ein bisschen blass.« Shannon legte mir die Hand auf die Stirn. »Fieber haben Sie aber keins. Kann ich etwas für Sie tun? Tee machen? Eine Kopfschmerztablette holen?«

Ich schüttelte den Kopf. »Das ist lieb von Ihnen, aber ich komme klar. Sie sollten wirklich wieder fahren. Ich möchte Sie nicht anstecken.«

»Ich habe ein Immunsystem wie ein Pferd«, verkündete sie. »Außerdem wollen Sie sicher hören, was ich Ihnen zu sagen habe. Das Ding, das Sie in Allisons Medaillon gefunden haben, ist eine Micro-SD-Karte. Ein Speichermedium, mit dem man auch Gespräche aufzeichnen kann. Und genau das hat Ally getan. Auf der Karte sind viele Aufzeichnungen, Hunderte von Stunden. Ich konnte noch nicht alles durchgehen, aber Jim hat mir gesagt, was Sie ihm erzählt haben, und Sie hatten recht. Ally hat definitiv belastendes Material über die Firma gesammelt.«

»Bitte, Shannon.« Ich schob sie zur Tür. Ich zitterte jetzt, meine Handflächen waren klamm, die Furcht lag wie ein kalter Stein in meinem Magen. »Wir können später über alles sprechen. Ich wäre jetzt wirklich lieber allein.«

Sie ignorierte mich. »Sie kannte auch Anthony Tracanelli«, fuhr sie fort. »Von ihm sind Dokumente auf der Karte. Woher kannten Sie ihn doch gleich?«

Ich kämpfte gegen den Drang, sie hinauszuwerfen. Sie musste weg von hier, sofort, bevor sie noch ein Wort sagte. »Shannon, bitte –«

Ein gedämpfter Rums aus der Küche, wir erstarrten.

Sie betrachtete mich prüfend, als sähe sie mich zum ersten Mal. Ich wollte ihrem Blick standhalten, wusste aber, dass sie die Angst in meinen Augen las. »Ist noch jemand hier?«

»Nein«, sagte ich zu hastig. Sie wollte an mir vorbei, doch ich vertrat ihr den Weg. Aus dem Augenwinkel sah ich Bens Schatten. »Bitte«, flehte ich. »Bitte gehen Sie.«

»Ich habe gerade Kaffee gemacht.«

Shannon und ich drehten uns um. Ben kam leichtfüßig auf uns zu. Sein Gesicht war eine höfliche, ruhige Maske. »Warum bitten Sie Ihre Freundin nicht auf einen Kaffee herein?«

Ich wartete darauf, dass Shannon ihn erkannte, doch vergeblich. Sie schaute mich misstrauisch an. »Ich dachte, es wäre niemand hier?«

Ich wollte etwas sagen, konnte es aber nicht. Ich war in meinem Körper gefangen, wie gelähmt.

Sie ging an mir vorbei in die Küche. Ben lächelte und bedeutete mir, ihr zu folgen. Es war, als hätten sich die Knochen in meinen Beinen aufgelöst.

In der Küche roch es nach frischem Kaffee und seinem Aftershave, einem würzigen Moschusduft mit einem Hauch von Zitrus. Shannon saß schon am Tisch und schaute argwöhnisch zu, wie Ben Kaffee in drei Becher goss.

Er bemerkte, dass ich an der Tür stehen geblieben war. »Bitte setzen Sie sich doch.«

Seine Stimme klang leicht, doch ich hörte den scharfen Unterton. Ich setzte mich und versuchte, Shannons forschendem Blick auszuweichen. Wenn ich sie davon überzeugen konnte, dass alles in Ordnung war, würde sie vielleicht gehen. Vielleicht wäre noch Zeit. Ihre Finger schwebten über der Kante des Holsters. Ich hatte sie wohl doch nicht überzeugt.

»Wir wurden uns noch gar nicht vorgestellt«, sagte Ben, als er ihr einen dampfenden Becher hinstellte. »Ich bin Ben Gardner.«

Der Schock zuckte flüchtig über ihr Gesicht, doch sie fasste sich wieder. Sie nickte knapp und sagte förmlich: »Vielleicht erklären Sie uns, was Sie hier machen.«

Er schüttelte lächelnd den Kopf. »Lieber nicht.« Er griff nach der Zuckerschale und hielt sie ihr hin.

Sie schüttelte den Kopf. »Nein, danke. Nur Milch.«

Er kippte einen Teelöffel Zucker in seinen Becher und rührte sorgfältig um, bevor er den nassen Löffel in die Zuckerschale legte. Die Körner färbten sich dunkel und klebten aneinander.

»So«, er trank einen Schluck, »was haben Sie Maggie da über eine Speicherkarte erzählt?«

Shannon zuckte kaum mit der Wimper. »Vermutlich sind Sie deshalb hier.« Sie mochte wie ein niedliches Mädchen aussehen, war jetzt aber eiskalt und beherrscht. Sie hielt den Blick auf Ben gerichtet. »Ich hätte gedacht, jemand wie Sie wäre am Telefon diskreter.«

»Was bleibt uns denn in dieser Welt, wenn wir Menschen nicht mehr vertrauen können?« Er schob seinen Stuhl nach vorn. »Jetzt möchte ich aber hören, was Sie angeblich gegen mich in der Hand haben. Es ist sicher nur ein Missverständnis.«

Shannon ignorierte ihn. »Kürzlich ist ein Mann gestorben. Ein ehemaliger Mitarbeiter der FDA namens Anthony Tracanelli. Kannten Sie ihn?«

Ben zuckte mit den Schultern, doch sein Kiefer spannte sich an. »Ich kenne viele Leute.«

»Er hat gegen Ihre Firma ermittelt. Er hat Material zusammengetragen, mit dem er beweisen konnte, dass Prexilane die Öffentlichkeit über die Nebenwirkungen eines Medikaments namens Somnublaze getäuscht hat. Er wurde nicht weit von hier in seinem Hotelzimmer getötet.«

Ihre Augen zuckten flüchtig zu mir, als wollte sie den Schock damit dämpfen. Also war es tatsächlich kein Selbstmord, sondern Mord gewesen, und Ben steckte dahinter. Unter dem Tisch bewegte sich etwas. Ich schaute hin und sah, dass sie ihr Holster geöffnet und die Hand am Griff der Waffe hatte.

Ben reichte ihr Milchkännchen und Teelöffel. »Sie haben noch keine Milch. Hier, bedienen Sie sich.«

Shannon benutzte die freie linke Hand, um das Kännchen anzuheben. Sie zitterte ein bisschen, und die Milch spritzte auf den Tisch. Doch es war das einzige Anzeichen von Angst, dass sie sich erlaubte. Ben schaute genau hin, als sie das Kännchen auf den Tisch stellte und mit derselben Hand nach dem Löffel griff.

Was dann geschah, ging so schnell, dass ich es kaum im Kopf zusammenfügen konnte. Gerade noch rührte Shannon in ihrem Kaffee, Metall klirrte gegen Keramik, und dann lag sie auf dem Boden, und Blut quoll aus einem Loch in ihrer Brust.

Ich war auf allen vieren, hielt ihren Kopf umfangen, während ihre weit aufgerissenen Augen panisch zur Decke starrten.

Das Blut war so rot, dass es beinahe schwarz aussah. Ich drückte die Hand darauf und hoffte, die Flut einzudämmen. Ich hatte noch nie im Leben so viel Blut gesehen. Es breitete sich wie ein Teppich unter uns aus und durchweichte meine Jeans. Shannons Blut. Wie konnte das hier real sein? Wie konnte so etwas passieren? Ich schaute zu Ben, der eine Waffe in seiner zitternden Hand hielt und mit einem Geschirrtuch die verschüttete Milch vom Tisch wischte. Er wirkte wie betäubt.

»Sie haben sie erschossen«, sagte ich matt. Shannons blasses

Gesicht starrte uns vom Boden an. Der Atem rasselte in ihrer Brust, unregelmäßig und schwach. »Wir müssen einen Krankenwagen rufen. Wir müssen etwas tun.«

Er schüttelte den Kopf. Er sah aus wie ein verschreckter, trauriger Junge. »Sie wissen, dass das nicht geht.«

In diesem Moment wusste ich, dass er mich töten würde. Ich war müde. So müde.

»Was ist wirklich mit Ally passiert?«

Er streckte die Hand aus, um mir vom Boden aufzuhelfen, doch ich verweigerte mich.

»Es tut mir leid«, sagte er sanft. »Das hätte nie geschehen dürfen.«

Dann hob er den Arm, und die Welt wurde schwarz.

Noch 0 Kilometer.

Allison

Ich parke einen Block entfernt. Ein kleiner Junge fährt wackelig auf seinem Fahrrad, die Stützräder halten ihn in der Balance. Seine Mutter ist dicht hinter ihm, trinkt Eiskaffee durch einen Strohhalm, eine Babytrage an der Brust. Ich warte, bis sie an mir vorbei sind, steige aus und hänge mir das Gewehr um.

Ich bin ruhig, als ich über den ersten Zaun springe. Das hier war das Haus der Walters – mit dreizehn hatte ich für Billy Walters geschwärmt und sehnsüchtig über den Zaun geschaut, um einen Blick auf ihn zu erhaschen. Heute steht kein Name mehr am Briefkasten, und die blaue Holzverkleidung des Hauses ist dunkelgrün gestrichen. Im Garten gibt es jetzt einen Swimmingpool, und ich weiche einem Haufen Spielzeug aus: verschiedene Ringe, ein halb aufgeblasenes Floß, Schwimmnudeln aus Schaumstoff. Im Vorbeigehen schaue ich zu den Fenstern. Drinnen ist es dunkel, die Küche leer und still bis auf ein goldenes Augenpaar. Auf dem Fensterbrett sitzt eine große orangefarbene Katze und betrachtet mich argwöhnisch.

Ich ducke mich und drücke mich gegen den Zaun, vor dem dichtes Gebüsch wächst. Die kleinen grünen Blätter verfangen sich in meiner Kleidung. Meine Jeans klebt an den Oberschenkeln, Schweiß läuft mir an den Beinen hinunter und sammelt sich in den Kniekehlen.

Ich steige über den nächsten Zaun und lande im Garten der Mancuzos. Mr Mancuzo war immer stolz auf seine Rosen, und sie blühen schön wie eh und je, gewaltige rosa Blüten, die sich gähnend zum Himmel öffnen. Wäsche weht sanft in der Brise: einige Unterhemden, ein Bettlaken, ein einzelner Kissenbezug. Mrs Mancuzo ist einige Jahre vor meinem Vater gestorben. Auch an Krebs. Irgendwo tief im Haus höre ich die gezwungene Fröhlichkeit einer Talkshow. Ich drücke mich mit dem Rücken an die Mauer und eile weiter.

Danach kommen die McCormicks, die Stones, die Woodburys, die ihren Rasenmäher draußen vor sich hin rosten lassen.

Und dann endlich unser Haus.

Ich spähe über den Zaun. Als Erstes sehe ich die Schaukel. Sie ist ein bisschen rostiger als früher, steht aber noch. Ich weiß noch, wie mein Vater mich höher und höher geschubst hat, bis die Kette einen Sekundenbruchteil erschlaffte und mein Magen sich überschlug, weil ich plötzlich schwerelos war. Meine Mutter hatte ihn gewarnt, es nicht zu übertreiben – *Sie fällt runter!*, hatte sie geschrien –, doch er hörte nicht auf sie. Ich flog immer höher, bis ich beim Zurücklehnen nur noch den Himmel über meinen Schuhen sah.

Nun, da ich das alles nach zwei Jahren wiedersehe, überwältigt mich die Vertrautheit. Das Gras ist ein bisschen zu lang, und die Begonien, die gewöhnlich in säuberlichen Reihen wachsen, wirken ein wenig zerrupft, doch ansonsten hat sich kaum etwas verändert. Wohin ich auch schaue, sehe ich Schattenbilder meiner selbst, Erinnerungen überlagern sich, bis sie sich in einem allumfassenden Nebel auflösen.

Ich hole tief Luft. Es gibt nur noch einen Menschen auf dieser Welt, an dem mir liegt, und er ist gleich hinter dieser Glastür.

Ich muss zu ihr.

Maggie

Ich liege auf der Couch, weiß aber nicht, wie ich dorthin gelangt bin. Die Zeit läuft nicht mehr linear. Mir verschwimmt alles vor den Augen. Ich berühre meine Stirn. Meine Finger sind nass, mein eigenes Blut vermischt mit dem von Shannon.

Shannon. Oh, Gott.

Einen Moment lang sehe ich klar und bemerke Ben, der mir in einem Sessel gegenübersitzt und mich beobachtet. »Nicht bewegen«, sagt er leise. »Das tut sehr weh.« Er klingt beinahe freundlich.

Ich lege den Kopf wieder auf die Sofalehne und betrachte die Kringelmuster an der Decke. Charles hatte sie selbst verputzt, als wir eingezogen waren. Ich schließe die Augen und ergebe mich in das Gewicht, das auf mir lastet. Ich bin müde bis auf die Knochen. Ich habe alles auf dieser Welt verloren. Ich will nur noch schlafen.

»Woher wussten Sie es?« Meine Stimme klingt fremd, als käme sie von weit her. »Das mit dem Medaillon, meine ich. Wie haben Sie es herausgefunden?«

»Ihr Telefon«, sagt er leise, und ich verfluche mich, weil ich so unvorsichtig war.

Bens Stimme durchdringt die Stille. »Ich habe Ihnen zugehört.«

Meine Augenlider flattern. Er schaut mich beinahe liebevoll an. »Sie erinnern mich an Sie.«

Meine Augen fallen wieder zu. Ich höre, wie er aufsteht.

»Wer weiß sonst noch, was auf dem Chip ist?«

Ich bringe es nicht über mich, zu antworten. Es kostet zu viel Kraft, den Mund zu öffnen. Er wiederholt die Frage. Ich höre, wie er sich auf mich zubewegt. Er legt mir die Hand auf die Stirn. Es erinnert mich an früher, wenn ich Fieber hatte und meine Mutter mir eine kalte Kompresse über die Augen legte.

»Bitte.« Seine Stimme ist sanft und beruhigend. Sie lullt mich ein. »Ich möchte es nicht noch schlimmer machen. Sagen Sie mir einfach, was Sie wissen, dann ist es vorbei.« Er klingt jetzt flehend, verzweifelt. Ich öffne die Augen weit genug, um seine Silhouette zu erkennen. Hinter ihm strömt die Nachmittagssonne durchs Fenster.

Ich schüttle den Kopf, nur ein bisschen. Ally ist gestorben, weil sie seine Geheimnisse enthüllen wollte. Ich werde sie nicht im Stich lassen. Nicht jetzt. Nicht noch einmal.

Ein Schatten fällt über mich, und ich weiß, er ist jetzt über mir. Es ist nur eine Frage der Zeit, bevor er den Abzug drückt und allem ein Ende macht.

Ich bin bereit.

Allison

Das Haus ist still, als wollte es seine Geheimnisse nicht preisgeben. Ich versuche es an der Hintertür. Abgeschlossen. Ich hebe die Topfpflanze hoch, die links danebensteht, und nehme den kleinen Bronzeschlüssel, der darunter versteckt ist. Manche Dinge ändern sich nie. Ich stecke ihn ins Schloss und zucke zusammen, als er sich quietschend dreht. Dann schiebe ich die Tür behutsam auf und trete ein.

In der Küche ist es dunkel, nur ein Lichtstrahl fällt durchs Fenster. Ich atme ein. Es riecht wie immer nach Bleichmittel, Kaffee und einer Yankee Candle mit dem Duft von Oliven und Thymian, doch da ist noch etwas anderes. Kot und Metall. Dann sehe ich sie. Sie liegt auf dem Boden, das Gesicht friedlich, bis auf das Blut im Mundwinkel und das Loch in ihrer Brust. Der Boden ist klebrig von schwarzem Blut. Der Geruch überwältigt mich, er ist widerlich süß und dringt in meine Nase, meine Lungen, zieht in meine Haut. Galle steigt in meiner Kehle hoch, und ich muss mich zwingen, nicht zu würgen.

Ich komme zu spät.

Oder – nein.

Ich kauere mich neben den Körper. Ihr Gesicht erkenne ich nicht, aber sie ist jung. Sie trägt eine Polizeiuniform. Ich sacke erleichtert in mich zusammen. Sie ist es nicht. Ich habe noch eine Chance.

Ein Geräusch aus dem Wohnzimmer. Ein leises Kratzen. Ich

erstarre. Das Blut hämmert in meinen Ohren und droht alles andere zu überdecken. Ich muss mein hämmerndes Herz beruhigen. Ich horche wieder. Jetzt höre ich nur das stete Ticken der Uhr, aber es ist, als würden die Wände pulsieren. Dort drinnen ist jemand.

Ich hebe das Gewehr an die Schulter und mache einen Schritt nach vorn. Ich stehe an der Tür, das Spätnachmittagslicht malt Schatten in den Flur. Ich schiebe mich um die Türkante, der Atem stockt mir in der Kehle. Dads alter Sessel taucht auf, der Kamin mit dem Krimskrams, der verschlissene Teppich und das Foto von mir als Schülerin.

Es wurde in einem Fotostudio nahe der Route 32 aufgenommen. Der Fotograf war ein Alt-Hippie mit Betperlen in der Hand und einem langen, ergrauten Pferdeschwanz, der mich ermuntert hatte, einige Knöpfe an meiner Bluse zu öffnen und den Rock ein bisschen hochzuziehen.

»So ein tolles Mädchen«, hatte er gesagt, während seine Kamera klickte. Ich hatte einfach nur gelächelt. Bis dahin hatte mich niemand außer meinen Eltern hübsch genannt, und er übte damit Macht über mich aus.

Als ich die Negative bekam, wurde mir ein bisschen schlecht. Da war ich nun, machte einen Schmollmund für irgendeinen alten Mann, die Schulter zur Kamera gewandt, die Hand auf die vorgeschobene Hüfte gestützt. Ich hatte die Hälfte der Fotos in den Müll geworfen, bevor ich die übrigen meinen Eltern zeigte. Dad hatte das Foto ausgesucht, das jetzt gerahmt an der Wand hing. Es war eine Nahaufnahme, auf der ich breit lächelte und wie das Mädchen aussah, das ich wirklich war.

Ich beuge mich vor und spähe um die Ecke. Jetzt kann ich sie auf dem Sofa liegen sehen, sie hat die Augen geschlossen. Meine Mutter, die auf der Couch schläft, die Hände wie immer unter den Achselhöhlen, die Knie angewinkelt, die Füße dicht beieinander. Ein ganz normaler Anblick.

Doch etwas stimmt nicht. Ihre Haut ist gelblich und wächsern, ihre Augen sind tief eingesunken, mit Schatten darunter. Mir stockt der Atem. Ein dunkler Fleck auf ihrer Stirn. Und Blut.

Ich komme zu spät. Ich habe sie verloren. Jetzt hat er mir alles genommen, mein ganzes Selbst, das ich verloren und mühsam wieder aufgebaut hatte. Alles ist weg. Es gibt keinen Menschen mehr auf dieser Welt, der mich liebt. Ich habe nichts zu verlieren.

Der Zorn durchzuckt mich wie ein Stromschlag.

Er hat das getan.

Und wenn ich ihn finde, bringe ich ihn um.

Maggie

Ich höre eine Stimme. Sie ist leise und schwach und weit weg, aber sie ist da. Ich kann sie hören. Ich greife nach ihr wie eine Pflanze, die sich nach der Sonne reckt, hoch hoch hoch hoch hoch ins Licht.

Allison

Ich versuche gar nicht mehr, leise zu sein. Ein Geräusch steigt in meinem Brustkorb auf, halb Schrei, halb Heulen. Ich stürze ins Wohnzimmer, das Gewehr an der Schulter, den Finger am Abzug. Ich suche nach Anzeichen von Bewegung, aber hier ist niemand, nur meine Mutter auf dem Sofa. Dem Sofa, auf dem mein Vater vor zwei Jahren gelegen hat. Ich verdränge den Gedanken.

»Wo bist du?«, kreische ich, wobei das Gewehr gegen mein Schlüsselbein stößt. »Scheiße, ich will dein Gesicht sehen, du beschissener Feigling!«

Ein Geräusch, ein leises, trockenes Schaben, und ich erstarre. Es klingt wie ein Vogel, der mit den Flügeln gegen seine Käfigstangen schlägt. Es kommt von meiner Mutter.

Ich falle vor ihr auf die Knie, das Gewehr landet auf dem Boden. »Mom?«

Ihre Augenlider öffnen sich flatternd.

»Mom, kannst du mich hören? Ich bin's, Ally. Ich bin hier, Mom. Ich bin zu Hause.«

Sie macht den Mund auf, bringt aber nur ein Stöhnen zustande, das tief aus ihrem Inneren dringt. Erleichterung durchflutet mich, gefolgt von dem geradezu animalischen Drang, sie zu beschützen. Sie ist noch bei mir. Niemand nimmt sie mir jetzt noch weg.

»Keine Sorge, bleib ganz ruhig. Ich hole Hilfe.« Ich berühre die Wunde an ihrer Stirn. Das Blut gerinnt schon, eine dunkle Beule hat sich gebildet. Übel, denke ich, aber nicht tödlich. Wieder überkommt mich Erleichterung, warm wie Badewasser. »Alles wird gut«, flüstere ich.

»Du hast es also geschafft.«

Ich schieße herum und sehe Ben aus der Ecke auftauchen, eine Waffe auf meinen Kopf gerichtet. »Wusste ich's doch.«

Ich schaue zum Gewehr neben meinen Füßen. Er tritt es weg, es rutscht unter das Sofa. Meine Mutter stöhnt leise. Er ragt drohend über uns auf. An seinem gestärkten weißen Hemdkragen sind Blutspritzer.

»Lass sie in Ruhe.« Ich stehe schwankend auf. Er hat noch immer die Waffe auf mich gerichtet, und ich hebe die Hände. »Es ist mir egal, ob du mich tötest, aber versprich mir, sie in Ruhe zu lassen. Das hier ist eine Sache zwischen dir und mir.«

Er schüttelt traurig den Kopf und macht einen Schritt nach vorn. »Sie weiß jetzt zu viel. Es ist alles deine Schuld. Es hätte nicht so kommen müssen. Wir waren doch glücklich miteinander, oder?«

Er sieht mich flehend an. Ich spüre einen dumpfen Schmerz hinter dem Brustbein, als drückte man auf einen alten Bluterguss. »Ja«, sage ich leise. »Wir waren glücklich.«

Der Schatten eines Lächelns huscht über sein Gesicht, und er berührt meine Wange mit dem Finger. Es überläuft mich kalt.

»Aber es war eine Lüge«, sage ich und weiche zurück. »Du bist nicht der Mann, für den ich dich gehalten habe. Du bist ein Ungeheuer.«

Sein Kopf zuckt zurück, als hätte ich ihn geschlagen. »Und was ist mit dir? Bist du der Mensch, für den ich dich gehalten habe?« Er stößt ein gemeines Gelächter aus. »Als ich dich kennenlernte, warst du nur eine zugekokste Hure.«

Ich schaue zu meiner Mutter. »Das ist nicht wahr.«

Er lacht erneut und macht einen Schritt auf mich zu. »Was ist denn los? Hast du Angst, deine Mutter könnte herausfinden, was du in der Kneipe wirklich getrieben hast? Und dass sie dich dann nicht mehr lieb hat?« Er sieht wohl den Schock in meinem Gesicht und lächelt. »Ich wusste es die ganze Zeit. Hast du wirklich geglaubt, ich würde einer Frau einen Heiratsantrag machen, ohne sie vorher zu überprüfen?« Er schüttelt den Kopf. »Das schmerzt am meisten. Ich habe dich aus der Gosse geholt. Ich habe meine Familie wegen dir belogen, habe getan, als wärst du ein süßes, naives Mädchen aus Maine, ich habe dich in meine Welt geholt und dir alles gegeben, was du wolltest – alles.« Seine Augen blicken jetzt wild. »Ich habe dir alles gegeben«, flüstert er, »und du hast mich betrogen. Also nehme ich dir jetzt alles wieder weg.«

Meine Knie geben unter mir nach, ich muss mich am Sessel meines Vaters abstützen. »Damit kommst du nicht durch. Die werden herausfinden, was du getan hast, dass du noch am Leben bist. Dafür gehst du ins Gefängnis.«

Er schüttelt den Kopf. »Du hast mir letztlich einen Gefallen getan. Als ich von dem Absturz hörte, war ich zuerst wütend. Sam war wie ein Bruder für mich. Doch als die ersten Berichte kamen, in denen ich als Pilot aufgeführt wurde, wurde mir klar, dass ich besser tot bleibe. Das macht vieles leichter.« Ich spüre den Ernst in seiner Stimme und sehe einen Moment lang wieder den Mann, in den ich mich verliebt habe, der die Welt retten wollte, der sich mehr als alles andere wünschte, Menschen glücklich zu machen. Doch er ist im Nu verschwunden. »Wenn alles erledigt ist, verschwinde ich.«

»Wenn du verschwinden willst, kann es dir doch egal sein, ob Prexilane angeklagt wird.«

Er lächelt verhalten. »Meine Eltern sind die einzigen Menschen, die wissen, dass ich nicht in der Maschine war. Mein

Vater war bereit, mitzuspielen. Vorausgesetzt, ich verschaffte ihm genügend Zeit, um das Kapital aus der Firma zu ziehen, bevor ihm alles um die Ohren flog.«

Allmählich fügt sich das Bild zusammen. »Deine Eltern wissen, dass du noch lebst?«

Ich denke an das Foto meiner Mutter, das auf der Trauerfeier gemacht wurde, an ihre kummervollen Augen und den Schmerz, den sie empfunden haben musste, nachdem ich angeblich in einem Inferno aus Metall und Blut gestorben war. Dieser Schmerz war seinen Eltern erspart geblieben. Ihnen war alles erspart geblieben.

»Mein Vater arbeitet hinter den Kulissen, seit die Aktionäre von den Vergleichen Wind bekommen haben.« In diesem Augenblick sieht er aus wie ein Kind, klein und verletzlich und verzweifelt um Anerkennung bemüht. »Ich habe ihm gesagt, ich würde es in Ordnung bringen. Das habe ich allen gesagt, aber sie haben mir nicht geglaubt, und dann hast du mir die Chance genommen. Ich wollte es wiedergutmachen, Allison. Ich wollte niemandem wehtun. Ich hätte es in Ordnung gebracht.« Er umfängt mein Kinn mit den Fingern, sie zittern auf meiner Haut. »Warum hast du mir nicht die Chance gegeben? Ich habe dich geliebt.«

Ich drehe den Kopf, um mich aus seinem Griff zu lösen. »Du hast mich nie geliebt. Du wolltest mich nur wie eine Puppe verkleiden und ficken.«

Er schüttelt lächelnd den Kopf. »Du hast recht. Ich hätte einfach dafür bezahlen sollen, so wie alle anderen.« Er hebt die Waffe und entsichert sie.

Mein Blick verengt sich. In einer Sekunde wird die Kugel meinen Schädel durchschlagen und mich töten. Und wenn er mich getötet hat, tötet er auch meine Mutter. Das kann ich nicht zulassen. Ich muss ihn stoppen.

Mein ganzer Körper spannt sich an, meine Muskeln sind wie Sprungfedern. Mein Blut dröhnt. *Das ist sie. Das ist meine Chance.* Ich schließe die Augen und werfe mich mit aller Gewalt nach vorn.

Meine Stirn trifft krachend auf seinen Nasenrücken. Er lässt die Waffe fallen und geht zu Boden, tastet aber sofort danach, während er die andere Hand vor seine zerschmetterte Nase hält. Blut fließt auf den Holzboden. Auch ich bin betäubt, mein Kopf hämmert von dem Aufprall, ich sehe Sterne, schaffe es aber, auf seine Finger zu treten, als sie sich um den Kolben der Waffe schließen. Er heult auf und schlägt verzweifelt nach mir, trifft mit der Faust meine Kniescheibe, und ich stürze krachend neben ihm zu Boden. Jetzt ringen wir miteinander, Arme und Beine verschlungen, schwer atmend, unsere Münder suchen nach Fleisch, in das sie sich verbeißen können. Der Boden ist glitschig von Blut und Schweiß. Es kommt mir so vertraut vor, es erinnert mich an unseren Sex, Gewalt, die von einer gewissen Art der Liebe kaum zu unterscheiden ist. Er gräbt seine Zähne in meine Schulter, und ich schreie auf.

Er steht jetzt auf mir, umklammert den Kolben der Waffe und schlägt mir damit gegen den Kopf. Der Schmerz ist schockierend, eine weißglühende Hitze, die meinen ganzen Körper durchströmt. Ich öffne lange genug die Augen, um zu sehen, wie er den Lauf auf mich richtet und die Sehnen in seiner Hand sich anspannen, als er den Abzug drückt, und dann ertönt ein Schuss und er fällt auf mich, und sein Gewicht reicht aus, um mir den letzten Atem zu rauben.

Maggie

Ich werde nie vergessen, wie er ihr mit der Waffe gegen den Kopf schlug und sie wie leblos auf dem Boden lag.

Er stand über ihr, mit dem Rücken zu mir. Er hatte mich ganz vergessen, doch ich wusste, er würde sich bald erinnern. Ich musste schnell handeln. Ich zog mich hoch und tastete unter dem Sofa nach dem Gewehr.

Als ich es an die Schulter hob, kam es mir vor, als hielte ich ein Baby. Als hätte ich mein Leben lang nichts anderes getan.

Das Gewehr war bereits entsichert, und mein Finger fand den Abzug, als er die Waffe auf Ally richtete. Ihre Augen gingen auf, und ich sah das Entsetzen, mit dem sie auf den Lauf starrte, und dann drückte ich ab.

Ein Gewehr ist nicht dazu gemacht, in einem Haus abgefeuert zu werden. Es ist für Fernschüsse gedacht. Der Rückstoß schleuderte mich gegen das Sofa, Schwefelgeruch drang mir in die Nase.

Ich sah ihn schwankend im Zimmer stehen. Er hatte ein Loch im Rücken, das schon schwarz von Blut war.

Dann stürzte er nach vorn auf Ally, die Luft wich pfeifend aus ihren Lungen.

Ich versuchte, ihn von ihr herunterzuziehen, vergeblich. Er war zu schwer oder ich zu schwach. Zeit verging. Wie viel, weiß ich nicht. Vielleicht ein paar Minuten. Vielleicht eine

Stunde. Dann ging eine Tür auf, und starke Hände zogen mich an den Schultern weg, und das Einzige, was ich jetzt noch hörte, war ein wildes Schluchzen. Ich begriff erst später, dass es mein eigenes war.

Allison

Ein Gewicht wird von mir gehoben.

Atme.

»Bewegt sie nicht zu sehr«, höre ich eine Stimme sagen. »Vorsicht mit dem Hals.«

Ich öffne die Augen und schaue in ein vertrautes Gesicht.

»Keine Sorge«, sagt Jim, »bleib einfach ganz still. Der Krankenwagen ist unterwegs. Alles wird gut. Du hast eine üble Beule am Kopf, aber das wird schon.«

»Mom.« Ich erkenne meine eigene Stimme nicht.

»Ally«, sagt meine Mutter. »Ich bin hier, Liebes.«

Ihre kühlen, trockenen Hände umfangen mein Gesicht. Ihre Finger tasten nach der Narbe, die sich über meinen Schädel schlängelt. »Oh, Ally, was ist nur mit dir passiert?«

»Alles gut, Mom«, murmele ich. Der Schmerz ist ein Nebel, und ich muss ihn durchdringen, um den Weg zu ihr zu finden. »Alles gut. Ich bin zu Hause.«

Sie beugt sich vor und küsst mich auf die Stirn. »Das weiß ich«, sagt sie. »Das weiß ich doch.«

Danach.

Allison

»Ich glaube nicht, dass die Fans der Sox noch mehr schlechte Neuigkeiten ertragen können, Chuck. – Zur Wirtschaft.

Die Aktien des Pharmaunternehmens Prexilane sind abgestürzt, nachdem die Federal Drug Administration Ermittlungen bezüglich des erfolgreichen Antidepressivums Somnublaze angekündigt hat. Es wurden Beweise bekannt, nach denen Topmanager Beamte der FDA bestochen und Versuchsdaten gefälscht haben, um Nebenwirkungen des Medikaments zu vertuschen, darunter vorübergehende Psychosen.

Ben Gardner, der frühere CEO der Firma, wurde nach einem Flugzeugabsturz in den Bergen von Colorado für tot erklärt, doch wie sich herausstellte, hatte er seinen Tod nur vorgetäuscht, um dem Skandal zu entgehen. Er wurde später in einer Auseinandersetzung mit seiner früheren Verlobten, der aus Maine stammenden Allison Carpenter, getötet, die ebenfalls zunächst für tot erklärt worden war.

Sein Vater David Gardner wartet zurzeit auf seinen Prozess. Wir werden darüber berichten.«

Der Nachrichtensprecher schüttelt den sorgfältig frisierten Kopf. »Ich denke, darüber werden wir noch eine ganze Menge hören, Susan.«

Ich schalte den Fernseher aus. Ich will nichts mehr von Ben hören. Ich werde seinen Namen noch oft genug ertragen müssen, wenn der Prozess beginnt.

Der Vorfall, wie ich ihn jetzt nenne, obwohl es eher ein Riesenschlamassel war, liegt zwei Wochen zurück. Die erste Woche habe ich im Krankenhaus verbracht, mit bandagiertem Kopf und dem Gefühl, als hätte man mein Gehirn durch Watte ersetzt. Ben hatte mir das Jochbein gebrochen, und ich habe einen üblen Kratzer am Kopf, wo mich die Kugel gestreift hat. Sie hat mein Gehirn nur um wenige Millimeter verfehlt, wie mir der Arzt kopfschüttelnd erklärte. »Sie sind wirklich ein Glückspilz.«

Ich hatte zustimmend genickt. Ja, ich hatte Glück gehabt.

Ab und an blitzen verschwommene Erinnerungen auf. Das verbogene Metall des Wracks. Sams fleischloser Schädel. Die Berge über mir. Der endlose Himmel. Der saure Atem des Mannes im Hotelzimmer, der die Finger um meine Kehle schloss. Wie seine Knochen unter dem Gewehrkolben knirschten. Bens kalte, lieblose Augen, als er die Waffe auf mich richtete. Der kratzige Rauch des Schießpulvers in meinen Lungen. Das klebrige Blut an meinen Fingern. Das Entsetzen. Das Entsetzen. Das Entsetzen. Und dann spüre ich eine kühle Hand auf meiner Stirn und schaue hoch und sehe das Gesicht meiner Mutter, die mich besorgt anschaut. Sie ist nicht von meiner Seite gewichen.

Von meinem Sturz im Wald habe ich eine üble Narbe am Hinterkopf. Sie sieht aus, als hätte sich eine Reihe blutiger Zähne in die Haut gebohrt. Am Oberschenkel prangt ein glänzender, höckriger Streifen Haut, wo die Wunde schlecht verheilt ist. Ich fahre gerne mit den Fingern über die Narben und spüre ihre harten, unebenen Kanten. Lauter Beweise.

Die Polizeibeamtin, auf die er geschossen hat – sie heißt Shannon, wie ich inzwischen weiß –, hat überlebt. Wie durch ein Wunder, sagen die Ärzte – ein solcher Blutverlust hätte eigentlich tödlich sein müssen.

Doch meine Mutter war nicht überrascht. »Sie ist eine Kämpferin. Genau wie du.«

Ich bin jetzt in meinem alten Zimmer in Owl's Creek. Alles fühlt sich so klein an, als wohnte ich in einem Puppenhaus, aber ich bin glücklich hier, vorerst jedenfalls. Es schenkt mir Frieden, wenn ich morgens die Treppe hinuntergehe, den frisch gebrühten Kaffee rieche und meine Mutter höre, die mit dem Radio im Chor singt.

Es fühlt sich wie Zuhause an. Darum geht es wohl, denke ich. Wie weit man auch weggeht, man trägt es immer in sich, tief in den Knochen. Zuhause.

Maggie

Ich höre, wie sie oben durch den Flur ins Badezimmer geht. Ich bleibe stehen und horche auf ihre Schritte. Es ist so lange her, dass ich andere Menschen im Haus gehört habe. Damit hatte ich gar nicht mehr gerechnet.

Ich habe noch Albträume, und in manchen Nächten läuft der vertraute Film in meinem Kopf ab. Entsetzen. Schmerz. Blut. Feuer. Knochen. Ally. Ich sehe sie noch vor mir liegen, die Wange geschwollen und blau, mit blutigem Kopf. Ihr Gesicht so anders als das, an das ich mich erinnerte.

Sie ist jetzt auch anders. Sie ist nicht mehr das Mädchen, das hier aufgewachsen ist, das die Treppe herunterrannte, um Charles und mir von dem Buch zu erzählen, das sie gerade gelesen hatte, oder von ihren neuesten Plänen. Sie ist nicht mehr die junge Frau, die nach San Diego gegangen ist, die das hellblaue Kleid trug und in der chaotischen Wohnung lebte, oder die blasse, hohläugige Tochter, die sah, wie ihr Vater bei lebendigem Leibe vom Krebs zerfressen wurde. Oder die glamourhafte blonde Frau von den Fotos, der ich nie begegnet bin.

Sie ist jetzt jemand anders. Eine Frau mit einer stillen Kraft, die mir manchmal den Atem raubt. Sie ist die Frau, die mir das Leben gerettet hat und deren Leben ich im Gegenzug gerettet habe. Sie ist die Summe aller Menschen, die sie zuvor gewesen ist, im Feuer geschmiedet und hart wie Eisen.

Für mich aber ist sie die, die sie immer war und immer sein wird. Sie ist das Baby, mit dem Charles und ich aus dem Krankenhaus gekommen sind. Sie ist unsere Tochter und trägt all die Liebe in sich, die wir ihr geben konnten.

Danksagung

In diesem Buch steckt die harte Arbeit vieler Menschen, doch drei möchte ich ganz besonders hervorheben: meinen Ehemann Simon Robertson, meine beste Freundin Katie Cunningham und meine Freundin und Agentin Felicity Blunt. Simon hat mich ermutigt, nicht lockerzulassen, Katie hat mich ermahnt, weiterzugraben, und Felicity hat zahllose Entwürfe gelesen und mich vorangetrieben. Ich danke euch. Ich schulde euch eine Menge Drinks.

Außerdem hatte ich das Glück, zwei brillante Lektorinnen an meiner Seite zu haben: Sara Nelson bei HarperCollins und Jade Chandler bei Harvill Secker sowie ihre tollen Teams, darunter Mary Gaule, Heather Drucker und SallyAnne McCartin bei HarperCollins und Sophie Painter und Anna Redman bei Harvill Secker.

Ich danke auch der unvergleichlichen Alexandra Machinist bei ICM, die mich zusammen mit Felicity bei Verstand hielt und auf den richtigen Weg brachte, und Lucy Morris, Claire Nozieres, Enrichetta Frezzato, Callum Mollison und Sophia Macaskill bei Curtis Brown. Ich habe mehrere Leute gezwungen, frühe Versionen des Buches zu lesen: Chad Pimentel, Alice Dill und Alice Lutyens, denen ich für ihre behutsamen und hilfreichen Anmerkungen danke und dass sie nicht gesagt haben, das Buch sei Mist.

Zuletzt danke ich meiner Familie – den Pimentels und den Robertsons –, weil sie einfach wunderbar sind.